Wirtschaftspolitische Forschungsarbeiten der Universität zu Köln

Band 41

I0028614

Finanzintermediation und Leitwährungen

Ein grundlegender Beitrag zu einer internationalen Geldtheorie

von

Axel Engellandt

Herausgegeben von Prof. Dr. Manfred Feldsieper

Tectum Verlag
Marburg 2001

In der Schriftenreihe *Wirtschaftspolitische Forschungsarbeiten* des Tectum Verlags erscheinen in unregelmäßiger Folge herausragende Forschungsarbeiten aus dem Umfeld der Universität zu Köln.
Herausgegeben wird die Reihe von Prof. Dr. Manfred Feldsieper.

Die Deutsche Bibliothek - CIP-Einheitsaufnahme

Engellandt, Axel:
Finanzintermediation und Leitwährungen. Ein grundlegender Beitrag zu einer internationalen Geldtheorie.
/ von Axel Engellandt
- Marburg : Tectum Verlag, 2001
Zugl: Univ. Diss Köln 2001
Wirtschaftspolitische Forschungsarbeiten der Universität zu Köln ; Bd 41
ISBN 978-3-8288-8298-0

Tectum Verlag
Marburg 2001

VORWORT DES HERAUSGEBERS

Das internationale Finanzsystem hat in den vergangenen 25 bis 30 Jahren ganz grund-legende Veränderungen erfahren. Hier begann das, was später ab den 90er Jahren des vorigen Jahrhunderts mit dem Begriff ‚Globalisierung' bezeichnet wurde, aber für das internationale Finanzsystem historisch gesehen eine so völlig neuartige Situation nicht war. Denn bereits während des Goldstandards bis zum Ersten Weltkrieg waren die internationalen Finanzbeziehungen bei weltweit vollständiger Konvertibilität – jeden-falls gemessen im Verhältnis zu den damaligen Einkommensgrößen und dem interna-tionalen Handelsvolumen von einer Bedeutung, wie sie es dann erst wieder mit Beginn der sogenannten Globalisierungsphase werden sollten.

Blickt man auf das Internationale Währungs- und Finanzsystem der vergangenen 150 Jahre zurück, so sind drei Phasen deutlich erkennbar: die Phase des internationalen Goldstandards mit dem britischen Pfund Sterling als zentraler und überragender Leit-währung, die Phase der weltwirtschaftlichen und währungspolitischen Desintegration vom Ersten bis zum Ende des Zweiten Weltkriegs und die Phase der Reglobalisierung, die mit dem Bretton-Woods-System ihren Neubeginn fand und die nach dem Zusam-menbruch dieses Systems glücklicherweise ihren Fortgang nahm. Sie umfasst inzwi-schen über fünf Dekaden und stand währungspolitisch gesehen eindeutig unter der Ägide und Dominanz des US- Dollars als zentraler Leit- und Reservewährung.

Zu Beginn des neuen Jahrtausends und Jahrhunderts stehen wir möglicherweise am Beginn einer neuen Ära im internationalen Finanz- und Währungssystem, einer Epo-che, die erstmals durch zwei im Weltmaßstabe bedeutsamen Währungen gekennzeich-net sein könnte: dem EURO und dem US-Dollar.

Das ist sicher Grund genug, sich der in der währungstheoretischen Literatur bisher eher stiefmütterlich behandelten Frage nach der Bedeutung von Leitwährungen, den Ursachen für ihre Entstehung und ihren Aufgaben zuzuwenden. Herr Engellandt tut dies in der vorliegenden Arbeit im Rahmen einer umfassenden theoretischen Untersu-chung des Phänomens der Finanzintermediation. Und die mit Leitwährungen zusam-menhängenden Fragen bilden Teil des Komplexes der internationalen Finanzinter-mediation, deren Bedeutung im Zuge der zunehmenden Integration der Weltfinanz-märkte stark zugenommen hat, weil zum einen die Zahl der Währungsgebiete mit vollständiger – oder aber doch sehr umfassender – Konvertibilität in den vergangenen drei Jahrzehnten ständig angestiegen ist und dies auch zum anderen von einem – jedenfalls tendenziell – abnehmenden Protektionsgrad nationaler Wirtschaftsräume und einer entsprechenden Intensivierung des internationalen Handels begleitet war.

Die in theoretischer und empirischer Sicht interessanten und in Teilen neuen Erkenntnisse und Ergebnisse aus Herrn Engellandts Arbeit können an dieser Stelle nicht vorweggenommen werden, denn sie werden erst im Zusammenhang und vor dem Hintergrund der der Analyse zugrunde liegenden Modelle und Systemstrukturen einsichtig und verständlich. In einigen Bereichen betritt Herr Engellandt mit seinen Untersuchungen und Überlegungen währungstheoretisches Neuland. Die weitere Forschung auf diesem Gebiet wird zeigen müssen, wie zutreffend und tragfähig die von Herrn Engellandt gelieferten theoretischen und empirischen Bausteine seiner internationalen Finanzintermediationsanalyse sind. Angesichts des durch das Erscheinen des EURO völlig veränderten internationalen währungspolitischen Szenariums - und damit einer Reise in noch nicht vollständig ausgelotete Gewässer - bedarf es verlässlicher Orientierungshilfen, die Herr Engellandt mit seinen Untersuchungen zu entwickeln versucht.

Für alle, die an Fragen hinsichtlich der internationalen Finanzmärkte und des Internationalen Währungssystems und seiner Entwicklung interessiert sind, bietet die Arbeit von Herrn Engellandt daher eine sehr anregende und spannende Lektüre.

Köln, im August 2001   Univ.- Prof. Dr. Manfred Feldsieper

VORWORT DES VERFASSERS

Mein besonderer Dank gilt meinem langjährigen Hochschullehrer und Doktorvater Herrn Prof. Dr. M. Feldsieper, der die Arbeit angeregt und durch vielfältige Gespräche gefördert hat. Die Teilnahme an den regelmäßigen und international besetzten Graduiertenseminaren am Lehrstuhl hat zu angenehmen Arbeitsbedingungen beigetragen. Mein Dank gilt zugleich Herrn Prof. Dr. R. G. Anderegg für die Übernahme des Koreferats. Ebenso danke ich der Friedrich Flick Förderungsstiftung für die mehrjährige Förderung des Promotionsprojektes mit einem Stipendium. Erst dieses hat mir den Erwerb relevanter Kenntnisse der empirischen Kapitalmarktforschung und der Ökonometrie im Rahmen eines umfangreichen und intensiven Graduiertenstudiums ermöglicht. Schließlich möchte ich mich bei meinen Freunden und Kommilitonen im Promotionsstudium Dr. Jörg Roling und Dr. Kai-Peter Menck sowie meinem Bruder Dr. iur. Frank Engellandt bedanken, die wertvolle Anregungen gaben und mir bei der Erstellung des Manusskriptes hilfreich zur Seite standen. Der Gedankenaustausch mit meinen Kommilitonen, der stets kurze Draht zu Jörg Roling und seine humoristischen Auflockerungen haben ein produktives Klima geschaffen.

Köln, im August 2001   Axel Engellandt

Für Antje

INHALTSVERZEICHNIS

ABBILDUNGSVERZEICHNIS

TABELLENVERZEICHNIS

ABKÜRZUNGSVERZEICHNIS

APT   Arbitrage Pricing Theory
BIS   Bank for International Settlements
CAPM   Capital Asset Pricing Model
EU   Europäische Union
IFS   International Financial Statistics
IMF   International Monetary Fund
LBABI   Lehman Brothers Aggregate Bond Index
MFI   System Monetärer Finanzinstitute, Geldschöpfungssektor
MSCI   Morgan Stanley Capital International World Equity Index
OECD   Organization for Economic Cooperation and Development
SPT   State Preference Theory
TARGET   Trans-European Automated Real Time Gross Settlement Transfer
            System

1 EINFÜHRUNG IN DIE PROBLEMSTELLUNG

Mit der Einführung der europäischen Gemeinschaftswährung hat sich die Architektur des Weltwährungssystems nachhaltig verändert. Die Einführung des Euros wird deshalb auch als das größte Ereignis der monetären Nachkriegsgeschichte[1] und letztlich, vermutlich noch treffender, als Jahrhundertwerk[2] bezeichnet. Die Aufhebung der Währungssegmentierung hat bereits heute die Etablierung europaweiter Finanzpreisindizes möglich gemacht. Die neue Währungskonstellation ist durch das Nebeneinander zweier Wirtschaftsräume von vergleichbarer weltwirtschaftlicher Bedeutung gekennzeichnet. Während der US-Dollar aber bereits seit Ende des 2. Weltkrieges die globale monetäre Szene beherrscht, verkörpert der Euro eine neue Währung. Diese ersetzt eine Vielzahl nationaler Währungen, von denen die D-Mark auf eine besondere und verhältnismäßig lange Erfolgsgeschichte zurückblickte. Da selbst das wiedervereinigte Deutschland für neue Kapitel in der Erfolgsgeschichte seiner Währung als zu klein anzusehen war[3], konnte die D-Mark zu keinem Zeitpunkt ein mit dem US-Dollar vergleichbares Ausmaß an globaler Bedeutung erlangen. Mit der Einführung einer europäischen Gemeinschaftswährung ist für das internationale Finanzsystem eine Konstellation entstanden, die bisher noch nicht abschließend geklärte wissenschaftliche Grundsatzfragen wiederbelebt. Diese bestehen konkret in verschiedenen Aspekten zur Theorie monetärer, nichtmonetärer und internationaler Finanzintermediation. Die vorliegende Arbeit hat es sich daher zur Aufgabe gemacht, eine systematische Integration dieser in der Forschungspraxis üblicherweise stark fragmentierten Theoriebereiche zu leisten.

Warum dies berechtigt ist, soll an folgender Gedankenskizze aufgezeigt werden: Für Leitwährungsräume wird angenommen, daß ihnen im Gefüge der internationalen Kapitalströme die Rolle einer Weltbank zukommt.[4] Eine modelltheoretische Explikation dieser Hypothese wurde erstmals in Anlehnung an die traditionelle Auswirtschaftstheorie mit dem Entwurf eines internationalen Vermögensschmetterlings vorgestellt.[5] Zeitgleich mit der Einführung des Euros vollzog sich die wissenschaftliche Infragestellung der Notwendigkeit zur staatlichen Basisgeldproduktion. In diesem Zusammenhang wird für die Begebenheiten einer deregulierten Geldordnung in letzter Konsequenz zudem die Anwendbarkeit der herkömmlichen Theorieansätze zur internationalen Währungskonkurrenz bestritten. Auch ist das klassische Bankgeschäft wegen zunehmend beliebter direkter Kapitalmarktfinanzierungen in die Diskussion

---

[1] Vgl. Danthine/ Giavazzi/ Thadden (2000), S. 41.
[2] Vgl. Feldsieper (1996), S. 36.
[3] Vgl. Sievert (1997), S. 6.
[4] Vgl. Buckley (2000), S. 15.
[5] Vgl. Niehans (1984).

gekommen. Nachhaltige Umwälzungen in den Informations- und Kommunikationstechnologien haben die internationale Finanzwirtschaft mit modernsten Handels-,
Zahlungs- und Clearingsystemen ausgestattet. Unter den Bedingungen einer globalen
Wissensgesellschaft und eines freien Welthandels treten nachhaltige Änderungen
wirtschaftlicher Strukturen zunehmend rascher ein. Übertragen auf die Sphäre der
unternehmerischen Kapitalbeschaffung wächst so der Bedarf an der Finanzierung
ökonomischer Wagnisse und auf diesem Wege die Nachfrage nach Risikoteilung bzw.
nach Eigenkapitalfinanzierung anstelle der herkömmlichen Kreditfinanzierung. Poin-
tiert zusammengefaßt könnte hieraus gefolgert werden, daß im Zeitalter von Cyber-
Cash die Notwendigkeit zur volkswirtschaftlichen Preisflexibilität durch eine Vielzahl
umlaufender hochverzinslicher privater Währungen und ihrem Wechselkursmechanismus ersetzt wird und der ehedem von Banken getragene traditionelle Geld-
Kreditmechanismus in den Hintergrund gedrängt wird. In diesem Sinne könnte dann
auch die Bill Gates zugeschriebene Vision „Banking ist necessary, banks are not"[6]
Wirklichkeit werden. In einem solchen Szenario verlören die monetäre Weltordnung
dominierende Leitwährungen ihre Rechtfertigung, und eine Ausübung von Weltbank-
funktionen käme schwerlich in Betracht. Diese Überlegungen machen deutlich, daß
die vordergründig so heterogen anmutenden skizzierten Fragestellungen und Trends
doch in einem sehr engen theoretischen Beziehungsgeflecht gesehen werden können.

Die Notwendigkeit, geldtheoretische Fragestellungen in eine allgemeine Theorie der
Finanzmärkte und Finanzintermediäre einzubetten, wurde aber auch bisher schon an
der Bedeutung von Intermediären für den Transmissionsprozeß geldpolitischer Maßnahmen erkannt. Über diesen bestimmt sich das Ausmaß der Geldversorgung eines
Wirtschaftsraumes über die monetäre Basis hinaus: „Nur wenn es gelingt, die Geldschöpfung der Banken zu steuern, ist es letztlich auch möglich, die Menge des Geldes
knapp und damit seinen Wert stabil zu halten."[7] Allgemeine Beobachtungen und
Deutungen von Finanzmarktentwicklungen sind wichtig, um frühzeitig Anhaltspunkte
für eine Veränderung der Geldnachfrage zu evaluieren oder rechtzeitig die Grenzlinie
zwischen jederzeit für kaufkräftige Nachfrage aktivierbarem und damit potentiell
inflationswirksamen Geld und (stärker) aus intertemporalen Konsumerwägungen heraus abgeleitetem Verzicht auf Gegenwartskonsum (=Nachfrage nach Zukunftskonsum) und somit Geldkapital den geldpolitischen Erfordernissen adäquat anzupassen.
Der Wandel der Zahlungs- und Vermögensbildungsgewohnheiten kann es auch notwendig machen, den Kreis monetärer Finanzinstitute zu erweitern. Diese Beispiele
machen wiederum deutlich, daß an der Kenntnis des Finanzsystems einschließlich

---

[6]   Zitiert nach Stehmann in der FAZ vom 9.8.1999.
[7]   S. Remsperger (1999), S. 1.

seiner Ausformung durch Finanzintermediäre auch und vor allem aus geldtheoretischen Überlegungen heraus ein natürliches Erkenntnisinteresse bestehen muß.

Ziel der Untersuchung ist es damit, die engen Bezüge zwischen Kapitalmarkttheorie, Finanzintermediation und Geldtheorie offenzulegen und mit den so gewonnenen Kenntnissen gleichzeitig neue Beiträge zur Theorie der internationalen Währungskonkurrenz zu erarbeiten.

Der Gang der Untersuchung stellt sich dabei im Grundkonzept wie folgt dar: Im zweiten Kapitel werden die für die nachfolgende theoretische Diskussion erforderlichen Grundlagen der Geld- und Finanztheorie dargestellt. Im dritten, vierten und fünften Kapitel werden Grundlagenhypothesen zum mikro-, makro-, geld- und ordnungstheoretischen Verständnis von Finanzintermediation erarbeitet. Die so gewonnen Erkenntnisse werden im sechsten Kapitel abschließend für eine internationale Theorie der Finanzintermediation angewendet.

Mit dem dritten Kapitel beginnt die theoretische Diskussion um die Existenzrechtfertigung und das Aufgabenspektrum von Finanzintermediären. Ausgangspunkt stellt das Modell der delegierten Kontrolle dar.[8] Dieses hat einen konstitutiven Stellenwert, dient als Bezugspunkt für eine Vielzahl weiterer Ansätze agencytheoretischer Provenienz und bietet zudem mehrere Anknüpfungspunkte zur geldtheoretischen Forschung. Bei der Diskussion in diesem Kapitel wird insbesondere geprüft, inwieweit das Kooperationsproblem in Finanzierungsbeziehungen in diesem Modell überzeugend begründet ist und ob es generell als einzelwirtschaftlich fundiert eingeordnet werden kann. Es wird hinterfragt, ob Informationsasymmetrien zwingend einen Trade-off zwischen Anreizkompatibilität und Risikoallokation begründen, ob sie eine Konnexität zwischen Informationsproduktion und dem Pooling von Ersparnissen rechtfertigen sowie ob die darüber aufgestellten Hypothesen zur Kapital- und Vermögenstruktur von Bankbilanzen und damit zur Begründung des Fremdkapitalcharakters von Bankeinlagen bzw. Geld zwingend sind.

Im vierten Kapitel geht es um die Deutung von Finanzintermediation als kapitalmarktbezogenen Engineering-Prozeß. Der wachsenden Bedeutung von institutionellen Investoren und der Notwendigkeit zur theoretischen Ergründung von verbrieften, eigenkapitalähnlichen und nur einseitig zinsdifferenten Finanzprodukten wird so Rechnung getragen. Es werden Spezialisierungsvorteile von Finanzintermediären dargelegt, ihre Grenzen aufgezeigt und begründet, welche Rolle der Wettbewerb zwischen unterschiedlichen Finanzintermediären einerseits und Finanzintermediären und Direktanlegern andererseits zukommt. Auf wissenstheoretischer Ebene wird der gängige Begriff

---

[8] Vgl. Diamond (1984).

von Finanzmarkteffizienz weiterentwickelt. Es werden Interaktionseffekte zwischen direkter und indirekter Anlage aufgezeigt sowie einzel- und gesamtwirtschaftliche Effekte des Pooling erarbeitet. Auf Grundlage dieser Kenntnisse werden schließlich geschlossene einzelwirtschaftliche Kalküle von Sparern und Schuldnern zum Verzicht auf marktzinsdifferente intermediäre Anlage- und Finanzierungsprodukte erarbeitet sowie eine makroökonomische Verhaltensfunktion aufgestellt.

Im fünften Kapitel werden die Leitideen der Freigeldbewegung und die gängige Kritik an ihren Hypothesen vorgestellt. Mit Hilfe dieser Diskussion werden dann Unterschiede zwischen monetärer und nichtmonetärer Finanzintermediation aufgezeigt. In weiterführenden Überlegungen wird geprüft, inwieweit die vorgebrachte Idee eigenkapitalähnlichen Geldes tatsächlich mit dem Hinweis auf heterogene Risikopräferenzen verworfen werden kann. Es wird diskutiert, inwieweit der Wechselkurs als geeigneter Indikator für die Qualität einer Geldemission brauchbar ist. Es wird vor dem Hintergrund des Gewinnmaximierungskalküls von Geldproduzenten aufgezeigt, ob der freie monetäre Markt stärker von Parallel- oder Sekundäremissionen geprägt sein würde. Die Vorstellung Hayeks zum monetären Gleichgewicht wird in Frage gestellt und neue Konzeptionalisierungen eines solchen Gleichgewichts werden vorgeschlagen. In diesem Rahmen wird gleichzeitig erörtert, ob das Vordringen elektronischen Geldes an diesem etwas ändert und inwiefern Währungskonkurrenz unabhängig von der Rechtsform des Basisgeldemittenten eine internationale Dimension behält. Schließlich wird auf die Rolle von Zahlungssystemen und Korrespondenzbankbeziehungen bei der Währungskonkurrenz eingegangen.

Im sechsten Kapitel werden die bis zu dieser Stelle gewonnenen Kenntnisse in die Diskussion um die Bedeutung von Leitwährungsräumen als Intermediäre für die Weltwirtschaft eingeflochten. Ausgehend von der Besprechung des internationalen Vermögensschmetterlings wird referiert, worin sich Währungsinternationalität konkret manifestiert. Die bestehenden theoretischen Ansätze zur Wahl von Recheneinheiten auf den internationalen Güter- und Finanzmärkten werden vorgestellt. Sowohl die Bestimmungsgründe für die Fakturierung auf den Gütermärkten als auch diejenigen zur Denominierung auf den Finanzmärkten werden auf ihre Gültigkeit bzw. ihr Modifikationspotential geprüft. Der detaillierten Erarbeitung neuer Theorieentwürfe zur Erklärung des Denominationsverhaltens auf den internationalen Finanzmärkten und der Konzentrationsprozesse auf den Devisenmärkten wird ein besonderer Schwerpunkt eingeräumt. Auf Basis der entwickelten Hypothesenzusammenhänge werden mögliche Auswirkungen durch die Einführung des Euros eruiert. In einer empirischen Untersuchung werden Hypothesen zur Denominierung auf den Finanzmärkten und zu den fundamentalen Determinanten der internationalen Nachfrage nach einer Währung überprüft bzw. quantitativ geschätzt. Es folgt abschließend die Untersuchung, Begründung und Modellierung des Weltbankcharakters von Leitwährungen.

Im siebten Kapitel werden die Hauptergebnisse der gesamten Arbeit zusammengefaßt.

2 GRUNDLAGEN DER GELD- UND FINANZTHEORIE

Auf Finanzmärkten treffen Finanzmittelanbieter und Finanzmittelnachfrager aufeinander. Erstere treffen Dispostionen über den Tausch von Gegenwartskonsum gegen Anwartschaften auf künftigen Konsum. Letztere erhalten Mittel in der Gegenwart im Austausch für einen vereinbarten künftigen Ressourcenentzug bzw. für ein überzeugendes Wertmehrungsversprechen des betreffenden Wertpapiers in der Zukunft. Mit dem intertemporalen Konsumtausch ist indirekt wegen seiner in die unsichere Zukunft weisenden Ausrichtung immer auch eine Entscheidung darüber verbunden, ob, in welchem Ausmaß und zu welchem Entgelt eine Inkaufnahme von Risiko akzeptiert wird.

In arbeitsteiligen Volkswirtschaften spielen Finanzintermediäre auf diesem Markt eine wichtige Rolle für das Zustandekommen von wechselseitig vorteilhaften Tauschbeziehungen. Werden Intermediäre in der Weise tätig, daß Mittelnehmer und Mittelgeber isoliert voneinander nur mit dem Intermediär – und für diesen folglich bilanzwirksam - kontrahieren, spricht man von indirekter Finanzierung und Intermediation im engeren Sinne. Direkte Finanzierungsbeziehungen zwischen Gläubiger und Schuldner entstehen dagegen entweder ohne Inanspruchnahme von Intermediationsdienstleistungen oder mit ihrer auf die Vermittlerfunktion (Maklerrolle) beschränkten Inanspruchnahme, die für den Finanzintermediär den Charakter eines bilanzunwirksamen Provisionsgeschäfts hat. Diesen Fall der Anbahnung von Finanzkontrakten ohne Selbsteintritt bezeichnet man als Intermediation im weiteren Sinne.

Im folgenden werden die Grundlagen des Optimierungsverhalten der Marktakteure auf dem Finanzmarkt dargestellt. Hierbei werden auch die wichtigsten Modellkonzepte für den Kapitalmarkt sowie monetäre Grundfragestellungen berücksichtigt.

2.1 RATIONALES VERHALTEN UNTER UNSICHERHEIT

Viele wirtschaftliche Entscheidungen müssen unter Unsicherheit getroffen werden. Im besonderen Maße gilt dies für finanzierungs- und anlagebezogene Dispositionen. So sind der mit einer Investitionsentscheidung verbundene künftige Einzahlungsüberschuß oder die Rendite des eingesetzten Kapitals häufig keine sicheren Größen und damit auch nicht der Preis künftigen Konsums.

Die Unsicherheit wird meist mit Zufallsvorgängen beschrieben. Vor der Durchführung eines Zufallsvorgangs ist die Menge möglicher Ergebnisse bekannt. Welche Ergebnisrealisation sich tatsächlich einstellt, ist jedoch unsicher. Eine Risikosituation läßt sich dadurch kennzeichnen, daß (subjektive oder objektive) Wahrscheinlichkeiten für das

Eintreten der verschieden Umweltzustände bzw. damit verbundenen ökonomischen Ergebnisse bekannt sind. Der Zufallsvorgang läßt sich durch eine Wahrscheinlichkeitsverteilung charakterisieren.[9]

Im folgenden werden die Besonderheiten von menschlichen Optimierungsentscheidungen unter Unsicherheit aufgezeigt.

2.1.1 Risikonutzen

Nach Bernoulli (1738) maximieren rationale Entscheidungsträger unter Unsicherheit ihren erwarteten Nutzen (Risikonutzen, Bernoulliprinzip) und nicht den Erwartungswert zustandsabhängiger Auszahlungen. Auf diese Weise gelingt eine Berücksichtigung der den verschiedenen Handlungsalternativen anhaftenden Risikograde. Bei Risikoaversion ist das Tragen von Risiko für Entscheidungsträger mit Nutzeneinbußen verbunden[10]: Eine sichere Auszahlung wird einer nur erwarteten Auszahlung in derselben Höhe vorgezogen, d. h. der Erwartungswert des Nutzens einer Geldzahlung ist kleiner als der Nutzen ihres Erwartungswertes. Die Risikonutzenfunktion hat in diesem Fall einen konkaven Verlauf. Das Sicherheitsäquivalent einer Wahrscheinlichkeitsverteilung von Zahlungen bezeichnet denjenigen sicheren Einkommensbetrag, dessen Nutzen ein risikoscheuer Entscheidungsträger mit dem Nutzen eines zwar höheren dafür aber unsicheren Einkommensbetrags als gleichwertig einstuft. Die Differenz zwischen der unsicheren Größe und dem Sicherheitsäquivalent stellt die Risikoprämie dar, die gewissermaßen das monetäre Äquivalent für die risikoinduzierten Nutzeneinbußen repräsentiert. Nur im Fall der Risikoneutralität beträgt diese Null.

Vielfach wird im Zusammenhang mit Entscheidungen unter Unsicherheit nicht direkt mit dem Bernoulli-Prinzip argumentiert, sondern gemäß dem μ-σ Prinzip auf Basis der Kennzahlen Erwartungswert (μ) und Standardabweichung bzw. Volatilität (σ). Anstelle letzterer findet häufig auch ihr Quadrat, die Varianz (σ^2), Verwendung. Standardabweichung und Varianz messen die erwartete (realisierte) Abweichung einer Zufallsvariable um ihren Erwartungswert (ihr Mittel) und erfassen so das Ausmaß an Streuung oder Risikopotenzial.

Bernoulli-Prinzip und μ-σ Prinzip sind nur bei Anwesenheit spezieller Wahrscheinlichkeitsverteilungen und/oder Nutzenfunktionen miteinander vereinbar. Bei beliebigen Klassen von Wahrscheinlichkeitsverteilungen bleibt die Kompatibilität der beiden

---

[9]   Von Risikosituationen sind nach Knight (1921) Ungewißheitssituationen zu unterscheiden, bei denen per definitionem keinerlei Informationen bezüglich der Zustandswahrscheinlichkeiten vorliegen.

[10] Ein solches Entscheidungsverhalten wird dieser Untersuchung zugrundegelegt.

Prinzipien etwa bei Vorhandensein einer quadratischen Nutzenfunktion des Entscheiders gewährleistet. Ist diese nicht gegeben, muß die relevante Wahrscheinlichkeitsverteilung vollständig durch die Parameter Standardabweichung und Erwartungswert gekennzeichnet sein. Diese Voraussetzung erfüllen aber nur wenige Verteilungen wie bspw. die (multivariate) Normalverteilung.[11] Für diese Untersuchung wird angenommen, daß die Bedingungen für die Kompatiblität erfüllt sind.

2.1.2 Investitionsentscheidungen

Unter Sicherheit erweisen sich nach der Kapitalwertmethode[12] diejenigen Investitionsentscheidungen als vorteilhaft, deren mit dem Kalkulationszinsfuß (i) auf den Bezugszeitpunkt t_0 abdiskontierten Einzahlungsüberschüsse (EZÜ) der Perioden $t=0...n$ positiv sind bzw. deren kumulierten Einzahlungsüberschüsse einen positiven Gegenwartswert (B_0) besitzen: $B_0 = \sum_{t=0}^{n} EZÜ_t \cdot (1+i)^{-t} > 0$. In Höhe des Kapitalwertes wird über die Investition eine Vermögensmehrung und potentielle Mehrkonsummöglichkeit in t_0 erreicht.

Falls die Einzahlungsüberschüsse jedoch stochastischer Natur sind, stellt sich die Frage, ob divergierende Risikopräferenzen im Wege subjektiver Sicherheitsäquivalente die klare und präferenzfreie Entscheidungsregel aufbrechen. Grundsätzlich muß bei Investitionsentscheidungen unter Unsicherheit die obige Entscheidungsregel um risikoadjustierte Diskontierungszinssätze bzw. risikoadjustierte Einzahlungsüberschüsse modifiziert werden. Tatsächlich bleibt die Bewertung aber auch unter Unsicherheit präferenzfrei, falls die Prämissen der Kapitalmarktgleichgewichtsmodelle erfüllt sind und Marktbewertungen für Risiken ermittelbar sind. Andernfalls müssen jedoch präferenzabhängige Investitionsentscheidungen getroffen werden.

2.1.3 Portefeuilleanalyse

In der Realität halten Anleger nicht nur Wertpapiere bzw. unsichere Zahlungsansprüche gegenüber einer einzigen Unternehmung, sondern Mischungen oder Portefeuilles von Finanztiteln unterschiedlicher Emittenten. Die Theorie der portfolio-selection[13] macht Aussagen darüber, wie sich die erwartete Rendite und das Risiko des gesamten Portefeuilles bestimmen lassen. Sie zeigt auf, wann und in welchem Ausmaß Mi-

---

[11] Vgl. Franke/ Hax (1999), S. 288-302.
[12] Vgl. Jacob/ Klein (1996), S. 74ff.
[13] Vgl. grundlegend Markowitz (1952, 1959).

schungen von Wertpapieren mit der Anzahl (n) dazu beitragen können, Risiken zu diversifizieren und gegebene Ertragsziele mit reduziertem Risiko zu verwirklichen. Ein Portefeuille wird als effizient bezeichnet, wenn die Anlagegewichte so gewählt sind, daß der erwartete Portefeuilleertrag mit dem geringst möglichen Risiko verbunden ist bzw. zu gegebenem Portefeuillerrisiko der größtmögliche durchschnittliche Ertrag erreicht wird. Der Erwartungswert der Portefeuillerendite (μ_p) entspricht dem mit den Wertanteilen (w_i) gewogenen Durchschnitt der erwarteten Renditen der einzelnen Werpapiere (μ_i): $\mu_p = \sum_{i=1}^{n} w_i \cdot \mu_i$. Für die Varianz der Rendite des Portefeuilles (σ_p^2) gilt hingegen: $\sigma_p^2 = \sum_{i=1}^{n}\sum_{j=1}^{n} w_i w_j \sigma_{ij}$. In das Portefeuillerisiko fließen gewichtet demnach n Varianzen und $[n \cdot (n-1)]$ Kovarianzen ein, so daß dieses dominant vom stochastischen Zusammenhang der Wertpapierrenditen geprägt ist. Der Varianz einer beliebigen Wertpapierrendite stehen an Bedeutung gewissermaßen (n-1) paarweise Kovarianzen mit anderen Wertpapierrenditen gegenüber. Falls sich das Portefeuille nur aus riskanten Anlagen zusammensetzt, liegen die effizienten Risiko-Ertrags-kombinationen (Effizienzkurve) graphisch auf dem äußeren aufsteigenden Rand einer Hyperbel in einem Diagramm, bei dem das Risiko auf der Abzisse und die Rendite auf der Ordinate abgetragen wird. Nur wenn gleichzeitig eine risikolose Anlagemöglichkeit existiert, ergibt sich für diese Effizienzlinie (Kapitalmarktgerade) eine lineare Beziehung zwischen Risiko und Rendite. In diesem Fall sind effiziente Punkte stets das Ergebnis von Mischungen der risikolosen Anlage mit einem einzigen effizienten Portefeuille riskanter Anlagen, nämlich dem, bei dem die Kapitalmarktgerade ihre maximale Steigung besitzt (Tangentialportefeuille).[14]

2.2 DER VOLLKOMMENE KAPITALMARKT

Kapitalgeber erwerben auf dem Finanzmarkt Finanzierungstitel, die gegenüber dem Kapitalnehmer ein Bündel von Rechten und Pflichten beinhalten. Dieses kann neben monetären Rechten und Pflichten auch Gestaltungsrechte sowie Einwirkungs- und Informationsrechte umfassen. Finanzierungstitel können durch ein entsprechendes Design mehrere ökonomische Funktionen erfüllen:

Die Stückelung eines investiv bedingten Kapitalbedarfs in eine Vielzahl marktgängiger Quanten führt zu *Größentransformation*. Denn sie erlaubt eine Beteiligung vieler Kapitalgeber, von denen unter Umständen keiner in der Lage oder gewillt wäre, den Anlagebetrag individuell aufzubringen.

---

[14] Vgl. Schmidt/ Terberger (1997), S. 311- 338 u. S. 349.

Existiert ein Sekundärmarkt, kann der Anleger einen etwaigen Liquidätsbedarf durch Veräußerung seiner Titel erfüllen und, sofern er Kursrisiken scheut, diese mit Hilfe von Termingeschäften versichern. Da hierbei lediglich der Kapitalgeber substituiert wird, bleibt die Liquiditätslage des Erstemittenten unverändert, womit die Existenz eines Sekundärmarktes *Fristentransformation* erlaubt.

Schließlich ist durch die Konstruktion von der globalen Rendite-Risiko-Relation des Investitionsprojektes abweichender heterogener Zahlungsansprüche eine *Risikotransformation* möglich. Idealtypisch stehen dabei für unterschiedliche Zahlungsansprüche Beteiligungs- und Forderungstitel.[15] Forderungstitel verkörpern einen erfolgsunabhängigen Anspruch auf Zins- und Tilgungszahlungen, der zwar ggf. ausfallbedroht sein kann, aber mindestens den vorhandenen Einzahlungsüberschuß umfaßt. Beteiligungstitel hingegen stehen für einen von vornherein erfolgsabhängigen Anspruch auf die verbleibenden variablen Überschüsse, der sich nach dem individuell präferierten Beteiligungsumfang bemißt. Der Marktwert einer Unternehmung ergibt sich schließlich als Summe der Marktwerte der Beteiligungs- und der Forderungstitel.[16]

Bereits eine Aufspaltung der zu erbringenden Investitionssumme in homogene Parten ermöglicht bereits eine mit dem Stückelungsumfang wachsende *Risikoteilung*.

Die Aufbringung des Kapitalbetrages kann so unter Berücksichtigung der spezifischen Risikopräferenzen stattfinden und erlaubt die allseitige Realisation eines individuell optimalen Portfeuillegesamtriskoverbunds und somit eine effiziente *Risikoallokation*.

Auf einem vollkommenen Kapitalmarkt läßt sich die Bestimmung eines optimalen Konsumplans von der eines optimalen Realinvestitionsprogramms trennen (Fisher-Separation)[17]. Zu gegebenen Kapitalkosten lassen sich alle rentablen Investitionen durchführen und gleichzeitig durch entsprechende Finanzierungsentscheidungen Zahlungscharakteristiken generieren, die mit dem individuell angestrebten intertemporalen Komsumprofil optimal korrespondieren.

Die Handelbarkeit von Risiken auf dem Kapitalmarkt wirkt wohlfahrtssteigernd. Risiken können dann von denjenigen Wirtschaftssubjekten getragen werden, bei denen die risikobedingte Wohlfahrtsminderung minimal und zugleich geringer ist als der Nutzen aus der im Gegenzug erwarteten Risikoprämie.

---

[15] Erwerber von Beteiligungstiteln sind Miteigentümer oder Gesellschafter der Unternehmung und führen dieser bei Primärerwerb Eigenkapital zu. Inhaber von Forderungstitel sind Gläubiger und führen dieser Fremdkapital zu.
[16] Vgl. Breuer (1998), S. 7-16 u. S. 44.
[17] Zurückgehend auf Fisher (1930).

Das Tauschoptimum ist erreicht, falls die individuellen Grenzraten der Substitution zwischen sicheren und unsicheren Anwartschaften auf Zukunftskonsum zum Ausgleich gekommen sind und betragsmäßig ihrem umgekehrten Preis- und Grenznutzenverhältnis entsprechen. Im Ergebnis leistet ein vollkommener Kapitalmarkt allein aufgrund seiner bloßen Existenz eine Erweiterung der Handlungsmöglichkeiten, können ökonomische bedeutende Transformationsleistungen induziert werden sowie unterschiedliche Zeit- oder Risikopräferenzen und ggf. unterschiedliche subjektive Erwartungen wegen der dadurch divergierenden Grenzbewertungen (Grenzraten der Substitution) in paretosuperiore Tauschvereinbarungen umgesetzt werden.

Auf einen vollkommenen Kapitalmarkt gilt zudem Wertadditivität. Für einen additiv in Teilströme zerlegten gegebenen stochastischen Zahlungsstrom ist der Marktwert des letzteren gleich der Summe der Marktwerte dieser Teilströme. Die Risikobeschaffenheit jedes einzelnen Teilstroms ist bereits in seinen Wert eskomptiert, so daß etwaige Risikomischungseffekte nicht mehr zum Tragen kommen.[18]

Da auch die Finanzierungspolitik eines Unternehmens letztlich einer additiven Zerlegung des Zahlungsstroms aus dem Investitionsprogramm in verschiedene Teilströme gleichkommt, implizieren unterschiedliche Finanzierungspolitiken bzw. Verschuldungsgrade lediglich das Ersetzen einer beliebigen additiven Zerlegung durch eine andere. Der Marktwert einer bestimmten Investitionspolitik ist damit von der Finanzierungspolitik unabhängig. Diese Separationseigenschaft geht auf Modigliani und Miller (1958) zurück und wird auch als Theorem von der Irrelevanz der Finanzierung bezeichnet.[19]

Mit einer marktwertmaximierenden Investitionspolitik findet zugleich eine Nutzenmaximierung aller Anteilseigner statt. Interessengegensätze unter ihnen treten nicht auf, da Marktwert- bzw. Anteilswertmaximierung über präferenzgeleitete Reallozierungen auf dem Sekundärmarkt jedem ein präferenzwertmaximales Konsumprofil in Aussicht stellt.[20]

2.3   GLEICHGEWICHTSMODELLE FÜR DEN VOLLKOMMENEN KAPITALMARKT

In diesem Abschnitt sollen die für den weiteren Gang der Untersuchung relevanten Kapitalmarkttheorien mit ihren zentralen Aussagen skizziert werden. Dies erscheint

---

[18] Abweichungen von dieser Gleichgewichtsidentität würden Arbitragegewinne im Ausmaß der Ungleichbewertung eröffnen.
[19] Vgl. Franke/ Hax (1999), S. 324-330.
[20] Vgl. Breuer (1998), S. 45.

für die Verständlichkeit und Geschlossenheit der Analyse sinnvoll. Wegen seiner besonderen Bedeutung an den verschiendensten Stellen dieser Arbeit kommt der Erläuterung des Capital Asset Pricing Model (CAPM) dabei ein vorrangiger Stellenwert zu.

2.3.1 State Preference Theory

Für homogene Güter gilt auf vollkommenen Märkten das Gesetz des einheitlichen Preises, da ansonsten gewinnbringende Aritragebewegungen möglich wären. Auf Märkten für Gegenwartskonsum liegen die Gleichartigkeit handelbarer Güter und damit ihre gleichgewichtigen Preise mehr oder weniger offen. Anwartschaften auf Zukunftskonsum bzw. unsicheren Zahlungsströmen mangelt es aber zunächst einmal an solcher Vergleichbarkeit, da die Titel zweier Emittenten in der Regel nicht in allen künftigen Umweltzuständen dieselben Zahlungen abwerfen und überhaupt zukünftigen Entwicklungen naturgemäß ein konstitutionelles Moment der Unwägbarkeit innewohnt.

Die State Preference Theory (SPT)[21] zeigt Bedingungen auf, unter denen das Konzept des einheitlichen Preises gleichwohl auch bei der Bewertung von Anwartschaften auf Zukunftskonsum anwendbar bleibt. Voraussetzung hierfür ist einerseits, daß alle Marktteilnehmer den Ereignisraum identisch in einzelne Umweltzustände zerlegen und zugleich die von ihnen ausgehenden finanziellen Folgen identisch einschätzen. Zum anderen muß der Markt vollständig sein, d. h. die Anzahl der Wertpapiere mit linear unabhängigen Zahlungsanwartschaften ist so hoch wie die Anzahl der möglichen Umweltzustände.[22] Unter diesen Voraussetzungen kann ohne weitere Annahmen über Ressourcenausstattungen, Präferenzen oder Eintrittswahrscheinlichkeiten die Zahlungscharakteristik eines Finanztitels über ein Portefeuille von Wertpapieren, deren Preise bekannt sind, äquivalent rekonstruiert und damit einer Marktbewertung zugeführt werden. Divergierende Präferenzen beeinflussen lediglich die individuelle Konditionierung des persönlichen Einkommensstroms auf die unterschiedlichen künftigen Zustandsrealisationen. In einem derart verfaßten Markt sind die Preise von Elementaranlagen (Arrow-Debreu Preise) ermittelbar. Elementaranlagen oder zustandsbe-

---

[21] Grundlegend sind die Arbeiten von Arrow (1951, 1953), Arrow/ Debreu (1954) sowie Debreu (1959).

[22] Derivate tragen zu einer Vervollständigung von Märkten und zur Verbesserung der Risikoallokation bei. Mit dem Konzept der dynamischen Vollständigkeit verringert sich die Anzahl notwendiger Wertpapiere für einen vollständigen Markt, falls das Aufkommen zwischenzeitlicher Informationen eine Zerlegung des Zustandsraumes in disjunkte Teilmengen erlaubt. Ist eine Vollständigkeit definitiv nicht gegeben, so ist hilfsweise die Konstruktion eines Preisintervalls möglich, dessen Breite mit dem Grad der Vollständigkeit sinkt.

dingte Zahlungsansprüche haben die Eigenschaft, in einem bestimmten Umweltzustand eine Auszahlung von einer Geldeinheit und in allen übrigen Zuständen keine Auszahlung zu erbringen. Mit Kenntnis dieser Preise sind nach dem Farkas-Lemma auch die Preise aller Wertpapiere bekannt.

Paretoeffizienz ist erreicht, falls die Grenzrate der Substitution zwischen künftigem Konsum im Zustand s und gegenwärtigem Konsum für alle Wirtschaftssubjekte identisch und gleich dem Preis der Elementaranlage für diesen Umweltzustand ist.

Faßt man die Prämissen durch Unterstellung eines hinsichtlich Wahrscheinlichkeitseinschätzungen, Präferenzen und Anfangsvermögen repräsentativen Investors noch enger, dann stimmen darüber hinaus die optimalen Entscheidungen aller Investoren überein: Jeder Investor erwirbt einen Bruchteil des in einem bestimmten Umweltzustand möglichen volkswirtschaftlichen Reichtums. Der Preis für einen Anspruch im Zustand s steigt proportional mit der Eintrittswahrscheinlichkeit und ist um so niedriger, je reicher die Volkswirtschaft in diesem Zustand ist.[23]

Weichen umgekehrt die subjektiven Wahrscheinlichkeitseinschätzungen von den preisbildungsbestimmenden Erwartungen des „repräsentativen" Marktes ab und wird gleichzeitig - sowie ex-post zutreffend - erwartet, daß der Markt früher oder später eine entsprechende Korrektur vornimmt, kann der Investor sein Wohlfahrtsniveau über die Realisierung von Spekulationsgewinnen heben.

2.3.2 Capital Asset Pricing Model

Das Capital Asset Pricing Model (CAPM)[24] macht auf Basis der Portefeuilletheorie Aussagen über Gleichgewichtspreise für unsichere Zahlungsanwartschaften auf dem Kapitalmarkt.[25] Es ermöglicht die Bewertung von Investitionsentscheidungen unter Risiko mit Hilfe von Marktpreisen, d. h. ohne Rückgriff auf individuelle Risikopräferenzen. Der Übergang von der individuellen Portefeuilleoptimierung zum allgemeinen Marktgleichgewichtsmodell wird durch die Berücksichtigung der Möglichkeit zur risikolosen Anlage bzw. Verschuldung sowie insbesondere durch die zusätzliche Annahme homogener Erwartungen der Entscheidungsträger erreicht. Homogene Erwartungen bedeuten, daß alle Anleger ihrem Optimierungskalkül gleiche Vorstellungen über erwartete Renditen, Varianzen und Kovarianzen zugrundelegen.

---

[23] Vgl. Franke/Hax (1999), S. 375ff.
[24] Die grundlegenden Arbeiten hierzu gehen auf Sharpe (1964), Lintner (1965) und Mossin (1966) zurück.
[25] Eine Darstellung dieses Modells und seine Einbettung in die finanzierungstheoretische Diskussion liefern Franke/Hax (1999), S. 342-349.

Im Marktgleichgewicht werden für alle Marktteilnehmer effiziente Portefeuilles durch Mischungen aus dem Marktportefeuille[26] und der sicheren Anlage repräsentiert. Investorenpräferenzen schlagen sich nur in aus der persönlichen Risikoneigung abgeleiteten inidividuellen Mischungsgewichten[27] nieder. Für die erwartete Rendite eines bestimmten Wertpapiers gilt im Kapitalmarktgleichgewicht dabei folgender als Wertpapiermarktlinie bezeichneter funktionaler Zusammenhang:

$$\mu_i = r_f + (\mu_m - r_f) \cdot \frac{\sigma_{im}}{\sigma_m^2} = r_f + (\mu_m - r_f) \cdot \beta_{im}.$$

Die Bewertungsgleichung läßt sich auch graphisch über die sogenannte Wertpapiermarktlinie (Abb. 1) darstellen. Sie ist in dem Parameter $(\mu_m - r_f)$, der für die vom Markt erwartete Risikoprämie steht, linear. Im Gleichgewicht entspricht die erwartete Rendite eines Wertpapiers (μ_i) demnach dem Zinssatz für die sichere Anlage (r_f) zuzüglich der mit der erwarteten Risikoprämie des Marktes bewerteten - und mit der Varianz des Marktportefeuilles standardisierten - systematischen Risikomenge ($\frac{\sigma_{im}}{\sigma_m^2} = \beta_{im}$). Wertpapierindividuelle Schwankungen des Betas resultieren bei gegebener Varianz des Marktportfeuilles allein aus unterschiedlichen Kovarianzen der jeweiligen Aktienrenditen mit der Rendite des Marktportefeuilles. Die Kovarianz (σ_{im}) stellt das einzige bewertungsrelevante Risikomaß dar und ist als Beitrag des einzelnen Wertpapiers zum Risiko des Gesamtportefeuilles zu verstehen. Sie verkörpert gewissermaßen die einer Diversifikation nicht zugängliche Komponente des Risikos und steht damit für die systematische Risikomenge. Ein negatives Vorzeichen der Kovarianz überträgt sich auch auf die Risikoprämie, so daß die gleichgewichtige Aktienrendite in diesem Fall unter der Verzinsung der risikolosen Anlage liegt. Der Beitrag der Varianz einer bestimmten Aktienrendite auf das Portefeuillerisiko kann dagegen durch hinreichende Wertpapiermischung ausgeschaltet werden, so daß die Varianz für die unsystematische nicht entgoltene (unternehmensspezifische, idiosynkratische) Risikomenge des betreffenden Wertpapiers steht. Das totale Risiko eines Finanztitels läßt sich in diesem Sinne in eine systematische und eine unsystematische (diversifizierbare) Komponente zerlegen.

---

[26] Die Gewichte der einzelnen unsicheren Wertpapiere lassen sich dabei technisch durch die jeweilige Kapitalisierung gemessen an der gesamten Marktkapitalisierung bestimmen.

[27] Die Entkoppelung der Frage einer Portfoliozusammensetzung riskanter Anlagetitel von den Risikopräferenzen des Investors bei Anwesenheit einer sicheren Anlagemöglichkeit wurde von Tobin (1958) erkannt und wird als Separationstheorem bezeichnet.

Abbildung 1: Wertpapiermarktlinie

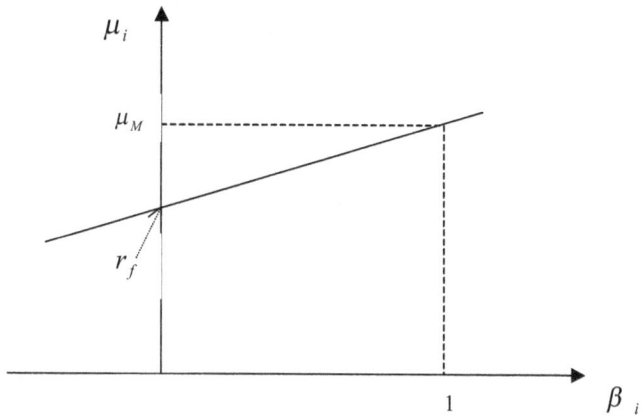

Quelle: In Anlehnung an Franke/Hax (1999, S. 345)

Auf temporär nicht vollkommen arbitragefreien Märkten lohnt sich die Aufnahme einer weiteren riskanten Zahlungsanwartschaft dann, falls für das betreffende Wertpapier die folgende Bedingung erfüllt ist:

$$\mu_i \geq r_f + (\mu_m - r_f) \cdot \frac{\sigma_{im}}{\sigma_m^2} = r_f + (\mu_m - r_f) \cdot \beta_{im}.$$

Die Aufgabe der Annahme homogener Erwartungen ändert nicht den linearen Charakter der Bewertungsgleichung. Bis auf die risikolose Verzinsung werden die zuvor intersubjektiv identischen Werte der Modellvariablen dann aber durch subjektive Vorstellungen, Dispositionen und Erwartungen des Investors (Inv.) substituiert. Für diesen Fall soll dann folgende Notation gelten:

$$\mu_i^{Inv.} \geq r_f + \left(\mu_m^{Inv.} - r_f\right) \cdot \beta_{im}^{Inv.}.$$

2.3.3 Arbitrage Pricing Theory

Kernidee der auf Ross (1976) zurückgehenden Arbitrage Pricing Theory (APT) ist eine Faktorisierung des systematischen Risikos.[28] Der Renditeprozeß einer beliebigen Anlage wird hier von K voneinander unabhängigen und empirisch zu ermittelnden

---

[28] Vgl. Dimson/ Mussavian (1999), S. 1758ff.

ökonomischen Kenngrößen beeinflußt. Diese können mikro-, meso- und makroökonomischer Natur sein[29]:

$$\tilde{r}_i = a_i + \sum_{k=1}^{K} \beta_{ik} \cdot \tilde{f}_k + \tilde{\varepsilon}_i .$$

Die Faktorsensitivität (β_{ik}) steht für die partielle Risikomenge des Finanztitels (i) hinsichtlich des Faktors $(\tilde{f}_k)$. Der Bewertungszusammenhang gilt jedoch nicht exakt, sondern wird von dem nicht systematisierbaren Störprozeß $(\tilde{\varepsilon}_i)$ überlagert.

Dem bloßen Faktormodell lassen sich jedoch nicht unmittelbar die erwarteten Risikoprämien (λ_k) je Einheit Faktorrisiko entnehmen. Hierzu ist ein Hedge- oder Arbitrageportfolio zu konstruieren, dessen Anlagegewichte so gewählt werden, daß sich die gewichtete Portefeuillesensitivität hinsichtlich der einzelnen Faktoren wechselseitig zu Null aufhebt ($\sum_{k=1}^{K} w_i \cdot \hat{\beta}_{ik} = 0$). Auf diese Weise läßt sich wiederum eine präferenzfreie Bewertungsgleichung ermitteln, bei der sich die erwartete Anlagerendite schließlich aus dem risikolosen Zinssatz zuzüglich der mit den erwarteten Risikoprämien bewerteten Faktorsensitivitäten ergibt:

$$E(r_i) = r_f + \sum_{k=1}^{K} \hat{\beta}_{ik} \cdot \lambda_k .$$

2.4 GELDFUNKTIONEN UND MONETÄRE ANALYSE VON WÄHRUNGSGEBIETEN

Der Naturaltausch erfordert eine doppelte Koinzidenz hinsichtlich der räumlichen, zeitlichen, sachlichen und mengenmäßigen Übereinstimmung der Tauschwünsche. In einer Naturalwirtschaft mit n Gütern ist das Preissystem durch eine Vielzahl relativer Preise gekennzeichnet. Die Anzahl der Tauschrelationen beträgt $\frac{n \cdot (n-1)}{2}$. Erhält in einer Geldwirtschaft eines dieser Medien die Funktion als Zahlungs- und Wertaufbewahrungsmittel sowie Recheneinheit[30] entfallen die multiplen Koordinierungszwänge und können alle *(n-1)* Preise absolut in Einheiten des numéraire (Geld) ausgedrückt

---

[29]   Sie reichen von Variablen zur Unternehmensgröße oder dem Verschuldungsgrad über Branchenindizes bis hin zur Zinsterminstruktur, Geld- und Kreditmarktkennzahlen, Produktion und Arbeitsmarktbedingungen. Eine anwendungsorientierte Darstellung und zugleich detailliertere formale Ausführungen zur APT können der Dissertation von Brandenberger (1995), S. 105-109 und S. 127-147 entnommen werden.

[30]   In der Realität bedingen sich die unterschiedlichen Geldfunktionen wechselseitig.

werden. In diesem Sinne ist Geld als ein Medium zu begreifen, das wohlfahrtssteigernde Spezialisierungsprozesse begünstigt und allgemein paretosuperiore Tauschakte von einer Vielzahl von Transaktionskosten befreit. Die Effizienz, mit der Geld diese Transaktionskosten zu eliminieren vermag und damit sein Potenzial an Nutzenstiftung für seine etwaigen Nachfrager, hängt vor allem von dem Ausmaß seiner Wertstabilität und seinem Verbreitungsgrad ab. Je weiter verbreitet Geld in seiner Funktion als Zahlungsmittel ist, in desto mehr Güter und/oder Finanzaktiva ist es jederzeit (direkt) umtauschbar. Hierin besteht seine Liquiditätseigenschaft.[31] Je qualitativ besser die Geldfunktionen von einem Medium ausgefüllt werden, desto größer ist die mit seinem Gebrauch realisierbare Transaktionskostenersparnis.

Monetäre Analyse von Währungsgebieten

Inflation ist letztendlich ein monetäres Phänomen, so daß die Geldmenge prinzipiell als ein geeigneter nominaler Anker zur Erreichung des Ziels der Geldwertstabilität angesehen werden kann.[32] Der langfristige Zusammenhang zwischen Geldmenge und Preisentwicklung gilt in Einklang mit der Quantitätsgleichung als empirisch fest bestätigt.[33] Da kurzfristig Bewegungen des Preisniveaus auftreten können, die sich einer Kontrolle der Notenbank entziehen, werden in einem breiteren Indikatorset auch zusätzliche Variablen mit (un-) mittelbarem Informationsgehalt für Inflationsprognosen wie bspw. Lohnentwicklung, Wechselkursentwicklung und Zinsstruktur berücksichtigt. In Währungsgebieten mit stabiler Geldnachfrage kommt der Geldmengensteuerung für eine stabilitätsorientierte Geldpolitik eine herausragende Bedeutung zu. Eine strikte Stabilitätsorientierung leistet ihrerseits einen wichtigen Beitrag zur Verstetigung der Erwartungsbildung[34] und damit zur Stabilität der Geldnachfrage bzw. zur Stabilisierung ihrer trendmäßigen Entwicklung. Die geldpolitische Transmission verläuft zweistufig, indem sich Änderungen am Geldmarkt zunächst auf den Finanzmarkt, d. h. in den Preisen für Vermögenswerte sowie in in der Liquiditätslage und in den Kreditkonditionen niederschlagen und erst in Folge auf die Ausgaben und Güterpreise rückwirken.[35]

Die monetäre Lage eines Währungsraumes ist jedoch noch nicht erschöpfend mit einem Vergleich von laufender Geldmengenentwicklung mit ihrem Referenzwert erfaßt. Vor diesem Hintergrund ist es Ziel der monetären Analyse über das Aufzeigen von ökonomischen und institutionellen Bestimmungsfaktoren der aktuellen monetären

---

[31] Vgl. Schobert (1998), S. 19.
[32] Vgl. Deutsche Bundesbank (03/99), S. 16-19.
[33] Vgl. EZB (07/00), S. 47.
[34] Insbesondere wird die Stabilisierung der Inflationserwartungen auf dem von der der Zentralbank anvisierten Niveau erreicht.
[35] Vgl. EZB (07/00), S. 45.

Expansion auf ihre Relevanz für die künftige Preisentwicklung schließen zu können. Basis der monetären Analyse ist dabei die konsolidierte Bilanz des geldschaffenden Sektors. Diese besteht aus der Bilanz der Zentralbank und den Ausweisen der übrigen in den monetären Transmissionsprozeß eingebundenen geldschaffenden Institute. Sie enthält Informationen über Forderungen und Verbindlichkeiten des geldschaffenden Sektors gegenüber den nicht zu diesem Sektor gehörenden Gebietsansässigen und dem Ausland und damit auch über Komponenten und Bilanzgegenposten der Geldmenge. Anhand der Bilanzidentität läßt sich ein Geldmengenaggregat auch als Summe aller Aktivpositionen an gebietsansässige Nichtbanken und gegenüber Ansässigen außerhalb des Währungsgebiets abzüglich aller nicht zu dem betrachteten Geldmengenaggregat zählenden (längerfristigen) Verbindlichkeiten bestimmen.

Der Geldschöpfungssektor umfaßt die Monetären Finanzinstitute (MFIs), zu denen die Zentralbanken, Kreditinstitute sowie diejenigen gebietsansässigen Finanzinstitute zählen, deren wirtschaftliche Tätigkeit im Passivgeschäft in der Entgegennahme von Einlagen oder Einlagensubstituten[36] und im Aktivgeschäft in der Kreditgewährung und/oder in Wertpapierinvestitionen besteht. Zu der letzten Kategorie zählen im wesentlichen Geldmarktfonds. Die ex-post Analyse des Geldmengenwachstums im Bilanzzusammenhang ist dabei lediglich Ausgangspunkt weiterführender Erörterungen, die letztlich eruieren sollen, ob Verschiebungen im Finanzierungs- oder Portfolioverhalten der Wirtschaftssubjekte bestehen und wenn ja, inwieweit diese zu temporären Sondereinflüssen, anhaltenden Instabilitäten oder trendmäßigen Veränderungen in der Geldnachfrage führen. Der Charakter einer Bilanzidentität ist nicht mit einem kausalen Zusammenhang zu verwechseln: Eine Ausweitung der Kreditätigkeit wird im Regelfall eine Geldmengenausweitung nach sich ziehen, muß dies aber nicht: Eine Geldmengenausweitung bleibt etwa aus, falls parallel zur Kreditexpansion eine gleichgerichtete Expansion der nichtmonetären Geldkapitalbildung einsetzt. Sie bliebe auch dann aus, falls die Mittel zur Finanzierung von Auslandsinvestitionen eingesetzt werden und damit lediglich ein geldmengenneutraler Aktivtausch bewirkt würde.[37]

Sind die internationalen Finanzmärkte zeitweise von außergewöhnlichen Unsicherheiten und wachsender Risikoscheu geprägt, kann dies zu spekulativen Portfolioumschichtungen und Kapitalrepatriierungen gebietsansässiger Nichtbanken führen. Es kommt zu einem Anstieg von M3, ohne daß dieser künftige Inflationsgefahren indizieren würde. Denn hierbei handelt es sich im wesentlichen um eine Umschichtung von Geldkapital, bei der der für Inflationsprognosen erforderliche enge Zusammenhang zur

---

[36] Ob ein Nichtkreditfinanzinstitut zu den MFIs zählt, hängt davon ab, wie gut die von ihm emittierten Finanzinstrumente mit Bankeinlagen substituierbar sind. Die Substitutionsgüte bestimmt sich dabei insbesondere nach der Erfüllung der Kriterien Übertragbarkeit, Konvertibilität, Sicherheit und Marktfähigkeit.
[37] Vgl. EZB (08/99), S. 63ff.

inländischen monetären Gesamtnachfrage nicht zu vermuten ist. Nimmt hingegen die
Bedeutung des bargeldlosen Zahlungsverkehrs trendmäßig zu, kann dies den Geldschöpfungsmultiplikator durch eine Abnahme des Bargeldkoeffizienten vergrößern
und wegen der erhöhten Nachfragewirksamkeit der verzinslichen Geldmengenbestandteile auf eine dauerhafte Änderung der Einkommenselastizität der Geldnachfrage
bzw. der gleichgewichtigen Umlaufgeschwindigkeit hindeuten, die es bei der Konzi-
pierung eines adäquaten Referenzwertes für die monetäre Expansion zu berücksichtigen gilt. Weiterhin können Finanzinnovationen eine Erweiterung der konsolidierten
Bilanz des MFI-Sektors um andere Finanzintermediäre[38] sinnvoll erscheinen lassen,
nämlich dann, wenn der Ausweis der Geldmenge ansonsten das tatsächliche - inzwischen um zusätzliche kaufkraftrelevante Finanzinstrumente realiter erweiterte - Nach-
fragepotenzial unterzeichnet. Schließlich kann der qualitative Charakter des Geld-
schöpfungsprozesses bei internationalen Währungen auch dadurch verändert werden,
daß er zunehmend die Monetisierung ausländischer Aktiva umfaßt oder leistungswirt-
schaftlich bedingte Geldabflüsse ins Ausland dauerhafter Natur sind.[39] Die letzten
beiden Aspekte deuten auf die Notwendigkeit hin, die monetäre Analyse nicht auf eine
strikte status quo Bilanzanalyse zu verkürzen, sondern sie um die monetär relevant
erscheinende Erfassung von generellen Rollen– und Strukturverschiebungen im (internationalen) Finanzsystem zu erweitern.

Nach den derzeit für den Euro-Raum geltenden Abgrenzungen besteht die Geldmenge
M1 aus dem Bargeldumlauf und den täglich fälligen Einlagen. Die Geldmenge M2
umfaßt neben M1 Einlagen mit einer vereinbarten Laufzeit von bis zu zwei Jahren und
Einlagen mit einer vereinbarten Kündigungsfrist von bis zu drei Monaten. M3 beinhaltet über die in M2 enthaltenen Finanztitel hinaus die vom MFI-Sektor ausgegebe-
nen marktfähigen Instrumente, die als enge Substitute zu den Depositen verstanden
werden können. Dies sind Repogeschäfte, Geldmarktpapiere und Geldmarktfondszerti-
fikate sowie Bankschuldverschreibungen mit einer Laufzeit von bis zu zwei Jahren.

---

[38] So unterscheidet sich die konsolidierte Bilanz der MFIs für das Euro-Währungsgebiet im Vergleich zur vorherigen deutschen Praxis um die Einbeziehung von Bausparkassen und Geldmarktfonds. Vgl. Deutsche Bundesbank (03/99), S. 19.
[39] Bei Währungen, die keine Geldfunktionen im internationalen Rahmen erfüllen, ist dagegen nicht -
oder jedenfalls nur in geringem Maße - zu erwarten, daß Nichtgebietsansässige eine Nachfrage
nach dieser Währung artikulieren. Sofern der außenwirtschaftliche Verkehr dennoch zu Geldab-
flüssen führt, ist eine Rückströmung über Tauschvorgänge am Devisenmarkt, über Exporte oder
Kapitalimporte dieses Landes zu erwarten.

2.5 DER UNVOLLKOMMENE KAPITALMARKT

Ein wesentliches Kennzeichen unvollkommener Märkte ist die Existenz einer Vielfalt von Transaktionskosten. Transaktionskosten im weitesten Sinne treten sowohl vor als auch nach Vertragsschluß auf. Typische Transaktionskosten der Vertragsanbahnung bestehen in Such- und Informationskosten. Nach Vertragsschluß fallen vor allem Kosten der Überwachung und Durchsetzung vertraglicher Leistungspflichten an. Im folgenden wird so verfahren, daß die aus asymmetrischen Informationsverteilungen resultierenden Kosten ebenfalls als Transaktionskosten aufgefaßt werden, da Agency-Kosten als eine Spielart von Informationskosten interpretierbar sind.

Sofern auf (beliebigen) Märkten eine Intermediation stattfindet, kann dies als Wunsch der Marktteilnehmer verstanden werden, über eine volkswirtschaftliche Institution zur Senkung von Transaktionskosten zu verfügen. Auf den Finanzmärkten haben sich hierfür Finanzintermediäre herausgebildet. Da diese gleichzeitig zu einer Verlängerung der Transaktionskette zwischen Gläubiger und Schuldner führen, müssen sie ihre Existenz durch Generierung von Tauschkonstellationen legitimieren, in denen der einzelne Mittelgeber oder –nehmer letztlich niedrigere Transaktionskosten vorfindet, als er sie hätte, wenn er weniger oder überhaupt keine Intermediationsdienstleistungen nachfragen würde. Seine ökonomische Existenz kann der Intermediär deshalb nur über die Realisierung hinreichend großer Produktivitätsgewinne behaupten.

Hinsichtlich der Systematisierung der Transaktionskosten im Finanzmarktgeschehen bietet sich eine Fallunterscheidung an, je nachdem ob es sich um die schlichte (technische) Abwicklung des Zahlungsverkehrs als monetäres Korrelat von Leistungsbeziehungen oder um autonome Finanzierungs- oder Anlageentscheidungen handelt. Zwar ist auch der Erwerb oder der Verkauf von Finanzaktiva mit Zahlungssequenzen verbunden, die mit Finanzierungs- und Anlageentscheidungen einhergehende Entscheidungskomplexität bezüglich verschiedener zu treffender Modalitäten enthält aber eigene bzw. spezifische zusätzliche Transaktionskostenkomponenten. Entsprechend dieser Fallunterscheidung lassen sich approximativ die grundlegenden einzelwirtschaftlichen Funktionsbereiche von Intermediären spiegelbildlich definieren als das Anbieten und Eröffnen von Zahlungsverkehrsfazilitäten, das Anbieten und Eröffnen von Finanzierungsfazilitäten, das Anbieten und Eröffnen von Geld- und Kapitalanlagefazilitäten sowie dazu komplementäre, nicht bilanzwirksame Leistungen im allgemeinen Sinne.

Transaktionskosten im Zahlungsverkehr

Gütekriterien bei und für die Abwicklung von Zahlungen sind direkte, indirekte und risikoinduzierte Transaktionskosten. Als direkte Kosten wären bei Einschaltung eines Intermediärs eventuell an diesen zu entrichtende Gebühren oder bei Eigendurchführung bspw. Fahrtkosten der persönlichen Übermittlung anzusehen. Indirekte Kosten bzw. Opportunitätskosten sind einerseits durch den erforderlichen Zeiteinsatz und andererseits durch die Geschwindigkeit der Zahlungsabwicklung bestimmt: Je höher der erforderliche persönliche Zeiteinsatz, desto größer der alternativ entgangene Freizeitgenuß bzw. desto größer der Verlust alternativ erwerbbaren Arbeitseinkommens, und je langsamer die Zahlungsabwicklung verläuft, desto höher ist die entgangene Zinsersparnis. Risikoinduzierte Kosten enstehen dadurch, daß die Transaktionskasse im unmittelbaren Fall vor Verlust und Diebstahl gesichert werden muß. Im indirekten Fall birgt die aktivseitige Verwendung der anvertrauten Zahlungsmittel durch den Mittler darüber hinaus das Risiko, daß die in Form von Depositen gehaltene Transaktionskasse durch Mißwirtschaft, Fehlspekulationen oder durch negative Vertrauensexternalitäten (Bank Run) gefährdet wird.[40]

Direkte Transaktionen sind vor allem in Niedrigkostensituationen ökonomisch plausibel begründbar und realiter auch beobachtbar, d. h., wenn die Beteiligten ohnehin zusammentreffen oder wenn die Transaktionssumme verhältnismäßig niedrig ist, so daß Verlustrisiken sowie direkte Übermittlungskosten und Opportunitätskosten der Bargeldhaltung marginal und ggf. unterhalb der Schwelle von Kontoführungsgebühren bleiben.

Transaktionskosten beim intertemporalen Tausch

Der intertemporale Tausch zwischen zwei Marktparteien führt zu anderen Nutzen-Kosten-Kalkülen. Die Vorteilhaftigkeit der Einbeziehung eines Intermediärs kann sich dementsprechend nur aus anderen ökonomischen Erwägungen heraus begründen lassen. Da beim Zahlungsverkehr der Empfänger des Zahlungsstroms feststeht, konzentriert sich das Optimierungsproblem auf die Kostenminimierung bei seiner praktischen Überleitung. Beim intertemporalen Tausch hingegen gilt es für den Finanzmittelanbieter erst einmal, einen geeigneten Empfänger für die zu überlassene Kaufkraft zu finden. Hierzu müssen Informationen in der Regel kostenaufwendig erhoben und verarbeitet werden.

2.5.1 Finanzmarkteffizienz

Ist es nicht möglich, durch Tauschvorgänge den Nutzen eines Wirtschaftssubjektes zu steigern, ohne gleichzeitig den Nutzen eines anderen Individuums zu schmälern, so sind alle Ressourcen ihrer produktivsten Verwendung zugeführt. Die Ökonomie ist paretoeffizient. Die besondere Bedeutung effizienter Geld- und Kreditmärkte ergibt

---

[40] Das Ausmaß eines solchen Risikos kann durch Einlagensicherungssysteme reduziert werden.

sich daraus, daß der Ablauf güterwirtschaftlicher Vorgänge mit Kosten verbunden ist. Diese Kosten gilt es mit kostengünstigen Transaktions- und Kreditmitteln über die monetären Märkte als eine Art Schmiermittel zu glätten.

Die Vollständigkeit eines Finanzmarktes ermöglicht es, künftige Konsumanwartschaften auf den Eintritt von Umweltzuständen zu konditionieren und sich gegen ökonomische Risiken abzusichern. Die Vollständigkeit oder Tiefe eines Finanzmarktes erhöht sich mit einem hinsichtlich Risiko-, Ertrags- und Laufzeitcharakteristik ausdifferenzierten und sich dynamisch entwickelnden Spektrum an Instrumenten. Neue Finanzinstrumente tragen zur Vervollständigung bei, falls sie eine Charakteristik aufweisen, die zuvor nicht durch Kombination bereits existierender Produkte zu gleich günstigen Konditionen erreichbar waren. Hierzu tragen wegen kostengünstiger und flexibler Steuerbarkeit der individuellen Risikoposition auch leistungsfähige Märkte für Derivate sowie ausgeprägte Sekundärmärkte bei.

Sämtliche Aufwendungen an Geld (Gebühren, Steuern), Zeit und Mühen, die mit der Anbahnung, Durchführung und Abwicklung von Finanzmarkttransaktionen verbunden sind, treiben einen Keil zwischen Finanzierungskosten von Kreditnehmern und Nettozinsertrag von Sparern. Je kleiner dieser Keil gehalten wird, desto höher ist die Transaktionskosteneffizienz und desto höher sind gesamtwirtschaftliche Ersparnis, Investitionen und Wirtschaftswachstum. Indirekt wirkt auf den Umfang des Keils auch die Marktbreite bzw. Marktliquidität ein. Denn je breiter der Markt bzw. der durchschnittliche Handelsumsatz ist, desto geringer ist die durch ein bestimmtes Handelsvolumen (technisch) induzierte Kursvolatilität (market impact[41]). Selbst höhere Umsatzvolumina werden dann ohne ungewünschte Kursbewegungen absorbiert. Käufe und Verkäufe lassen sich schnell und leicht (immediacy) zu einem fairen Preis (depth) bei geringen Handelsspannen (tightness) tätigen. Zudem wird liquiden Märkten eine größere Widerstandskraft gegenüber ausländischen Preiseinflüssen sowie nach temporären Störungen eine schnellere Rückkehr zu dem normalen Preisniveau zugeschrieben (resiliency).[42]

Ein informationseffizienter Markt ist dadurch gekennzeichnet, daß sich die bewertungsrelevanten Informationen sofort, vollständig und korrekt im Preis des gehandelten Wertpapiers widerspiegeln. Dies ist gleichbedeutend mit der Abwesenheit systematischer Erwartungsfehler der Marktteilnehmer bei der Bewertung eines Akti-

---

[41] Da institutionelle Investoren höhere Umsätze tätigen, werden ihnen auf realen Märkten je Aktivum höhere Kosten der Marktbeeinflussung zugeschrieben. Umgekehrt profitieren sie aber gemessen an den zu entrichtenden Kommissionskosten von einem besseren Marktzugang. Vgl. Rudolph/Röhrl (1997), S. 171.

[42] Vgl. Borio (2000), S. 38 sowie für den empirischen Zusammenhang zwischen Liquidität und bid-ask spreads McCauley u. Remolona (2000), S. 55ff.

vums und Abwesenheit monopolistischen Zugangs zu Informationen (Insider-Wissen) sowie einem engen Verbund von Kursrealisationen mit ihrem fundamental fairen Niveau.[43]

2.5.2 Informationsasymmetrien in Finanzierungsbeziehungen

Asymmetrische Informationsverteilungen liegen vor, wenn das Wissen zwischen Kapitalnehmer und Kapitalgeber systematisch ungleich verteilt ist.[44] Sie können bei Kredit- und Beteiligungsbeziehungen auftreten. Unter der Bedingung der Informationsasymmetrie offenbaren sich dem besser Informierten strategische Handlungsspielräume, die sich ex-post nicht oder jedenfalls nicht zweifelsfrei am eingetretenen Ergebnis erkennen lassen. Denn dieses stellt sich bei Finanzierungsbeziehungen unter Umweltsicherheit im idiosynkratischen Zusammenspiel mit den Spielzügen der Natur ein. Eine Separierbarkeit von Umwelt- und Verhaltenseinflüssen auf das Projektergebnis ist deshalb nicht gewährleistet.

Informationsasymmetrien wären gleichwohl unerheblich, falls mit Sicherheit davon ausgegangen werden könnte, daß der besser Informierte die Unkenntnis seines Vertragspartners nicht zu dessen Lasten ausnutzt, und zwar selbst dann nicht, wenn ihm durch abweichendes Verhalten keine negativen Sanktionen drohen. Üblicherweise unterstellt man dann jedoch im Rahmen des Strebens nach persönlicher Nutzenmaximierung Anreize zu opportunistischem Verhalten, dem die (von äußeren Sanktionen freie) Verletzung vertraglicher, gesetzlicher und moralischer Verpflichtungen im Zweifel untergeordnet wird. Informationsasymmetrien legen in diesem Moment trotz wechselseitigen Kontrahierungsinteresse Vermögenskonflikte offen.

Ungleich verteiltes Wissen kann sich auf den Vertragszeitpunkt oder auf das Verhalten danach beziehen. Im ersten Fall spricht man von versteckten Eigenschaften (hidden information, hidden characteristics) und im letzteren von verstecktem Handeln (hidden action) oder auch moralischem Risiko (moral hazard). Eine nachvertragliche Informationsasymmetrie hat auch den Charakter einer Prinzipal-Agenten-Beziehung, wobei der Kapitalnehmer die Rolle des besserinformierten Agenten einnimmt. In einem solchen Umfeld sind Finanzierungsverträge nicht mehr nur Ausfluß intertemporaler Tauschentscheidungen, Instrumente der Risikoteilung und Risikotransformation. Parallel zu der Unsicherheit über die Spielzüge der Natur tritt die Unsicherheit über das

---

[43] Vgl. Deutsche Bundesbank (04/98), S. 63-70.

[44] Eine für den Gebrauchtwagenmarkt beispielhafte und zugleich grundlegende Analyse von Koordinierungsmängeln aufgrund von Informationsasymmetrien geht auf Akerlof (1970) zurück.

menschliche Verhalten. Es sind zusätzlich die von unterschiedlichen Entgeltregelungen ausgehenden spezifischen Anreizwirkungen zu berücksichtigen.

Informationsasymmetrien und Beteiligungsfinanzierung

Anreizprobleme im Rahmen der Beteiligungsfinanzierung können sich offenbaren, solange durch opportunistisches Verhalten des (angestellten) Unternehmers induzierte Gewinnschmälerungen diesen nur anteilig treffen. Denn der Unternehmer kann die ihm nur anteilig berührenden Nachteile mit den gesamten Vorteilen aus seinem opportunistischen Verhalten verrechnen. Ein Unternehmer kann sich dazu geneigt fühlen, sein Arbeitsleid zu reduzieren, sich Spielräume für persönlichen Luxuskonsum zu schaffen oder Dienstleistungen wie Rechtsberatung und Reisen für private Zwecke zu entfremden. Diese (idealtypischen) Anreizwirkungen gelten streng genommen jedoch nur, wenn Beteiligungsfinanzierung auf die Funktion einer Kapitalbeteiligung gegen Gewinnbeteiligung reduziert wird.[45]

Informationsasymmetrien und Kreditfinanzierung

Die für die Beteiligungsfinanzierung aufgezeigten Spielarten opportunistischen Verhaltens schädigen die Vermögensposition des Fremdkapitalgebers solange nicht, wie die Zahlungsfähigkeit des Unternehmens außer Frage steht. Liegt andererseits die Insolvenz des Unternehmens bereits aufgrund der Umweltunsicherheit, beschränkter Haftung und/oder unvollständiger Haftungsmasse von vornherein im Bereich des Möglichen, tritt das für die Fremdkapitalfinanzierung eigene Risikoanreizproblem auf. Dieses besteht darin, daß die spezifische Ausgestaltung von Gläubigeransprüchen dazu führt, daß der Kapitalnehmer nach Erhalt des Kredits Anreize hat, das Risiko des Investitionszahlungsstroms zu erhöhen. Denn während die hierdurch auftretenden höheren Ausfälle die Wohlfahrt der Kapitalgeber negativ berühren, profitiert er selbst von einer höheren Eigenkapitalrendite. Der Kreditgeber ist bereits dadurch geschädigt, daß das höhere Risiko nicht mit entsprechenden Zinskonditionen abgegolten wird. Gesamtwirtschaftlich bleibt festzustellen, daß dieser Risikoanreiz auch dann auftritt, wenn das riskantere Investitionsprogramm einen geringeren Marktwert aufweist. In diesem Sinne ist der Kapitalnehmer der Gewinner in einem Negativsummenspiel.

Vorvertragliche Informationsasymmetrien können gesamtwirtschaftlich ebenso zu einem Negativsummenspiel und im Extrem zu Marktversagen auf dem Kreditmittelmarkt führen: Falls der Kreditgeber mangels besseren Wissens mit einem durchschnittlichen Ausfallrisiko kalkuliert (Pooling-Situation) und den geforderten Zinssatz hieran ausgerichtet, müssen die guten Kreditnehmer quasi die schlechteren subventionieren und laufen dabei Gefahr, wegen der verminderten und ggf. zu niedrigen Eigen-

---

[45] Vgl. Franke/ Hax (1999), S. 409f. u. S. 418ff.

kapitalrendite vom Markt verdrängt zu werden. In diesem Fall wird auch von Negativauslese oder adverse selection gesprochen.

Sind die Kreditgeber sich aber wiederum diesen verschiedenartigen Ausprägungen opportunistischen Verhaltens bewußt, kann es zu einer Kreditrationierung kommen. Kreditrationierung bezeichnet dabei eine Situation dauerhafter Überschußnachfrage nach Krediten. In das Kalkül des Kreditgebers wird mit einfließen, daß von einer Erhöhung des Zinssatzes über eine kritische Schwelle hinaus, die Vorteile einer etwaigen Ertragsmehrung von den Kosten einer reichlicheren Erhöhung des Kreditrisikos dominiert werden könnten.[46] Gesamtwirtschaftlich führt dies zu einer eingeschränkten Koordinierungsfunktion des Zinssatzes, so daß etwaige Überschußnachfragen ggf. rationiert werden. Ein Teil der Kreditbewerber erhält dann keinen Kredit, obwohl sich diese aus Sicht der Bank nicht von den übrigen Bewerbern unterscheiden.[47]

Effiziente Verträge

Es ist davon auszugehen, daß rationale Kapitalgeber in einem von Informationsasymmetrien geprägten Umfeld Vorkehrungen treffen werden, die sie vor potentiellen Schädigungen durch defektierende Kapitalnehmer immunisieren. Dies führt letztlich dazu, daß der Schleier der Verhaltensunsicherheit bzw. die Kosten der Informationsasymmetrie auf die Kapitalnehmer selbst zurückfällt. Mit anderen Worten, es entsteht so eine Konstellation, in der sich letztlich alle Beteiligten durch Abbau der Informationsasymmetrien und Aktivierung entsprechender Kooperationsrenten besser stellen könnten. Kapitalgeber und Kreditnehmer haben Interesse daran, effiziente Verträge[48] abzuschließen, die die zunächst abwesende Anreizkompatibilität zu minimalen Kosten (Agency-Costs[49]) wieder herstellen. Die Initiative dazu kann gleichermaßen vom Kapitalnehmer (Signalling[50]) oder vom Kapitalgeber (Screening) ausgehen. Im Fall der Kreditfinanzierung wird ein Signalling bspw. darin gesehen, den Verschuldungsgrad zu begrenzen, gemischte Finanzierungsinstrumente wie Wandelschulverschreibungen zu emittieren oder eine (positive) Kopplung des Fremdkapitalzinses an das Kreditvolumen zuzulassen.

---

[46] Für grundlegende modelltheoretische Arbeiten hierzu vgl. Stiglitz/Weiss (1981) und Jaffee/Stiglitz (1990).
[47] Vgl. Schmidt/ Terberger (1997), S. 415-432.
[48] Eine geeignete Technik hierfür ist der Entwurf eines Vertrages, der gewissermaßen die persönliche Nutzenmaximierung unter Berücksichtigung der Randbedingung widerspiegelt, daß die Partizipation des anderen noch gewährleistet bleibt.
[49] Diese können pekuniärer Natur sein oder sich indirekt aus einer subjektiv suboptimalen Risikoallokation ergeben.
[50] Das Signal muß dabei so gewählt werden, daß nur für den geeigneten Vertragspartner der Nutzen der Signalproduktion ihre Kosten übersteigt.

Das Bestreben zu einer Aktivierung von Kooperationsrenten wird in der Praxis insbesondere daran deutlich, daß mit der Kapitalüberlassung nicht nur die künftige Engeltregelung festgelegt wird. So findet in Finanzierungsverträgen immer auch eine teilweise gesetzlich, teilweise autonom vereinbarte Regelung[51] und Zuordnung von Kontroll-, Mitwirkungs-, Verfügungs- sowie Informationsrechten statt. Zudem besteht eine Verpflichtung des Unternehmers zur Rechnungslegung und Prüfung durch externe Revisoren, sowie ein Konkursrecht, das ein extrem riskantes Geschäftsgebaren in Krisenzeiten durch Delegation der Verfügungsmacht an einen Konkursverwalter unterdrückt.[52]

Als weitverbreitetes vertragliches Kontrollinstrument haben sich Kreditsicherheiten herausgebildet, die der Kapitalnehmer im Konkursfall dem Kapitalgeber zu überlassen hat. Damit erhöhen sich einerseits die Kreditkosten, da ein Vermögenswert in Höhe der Kreditsicherheit sich nicht mehr ertragsmaximierend anlegen läßt, zum anderen sinken die Risikoanreizprobleme, da die Last eines höheren Risiko in erster Linie den Kapitalnehmer selbst trifft. Auch wenn Kreditsicherheiten keine bestimmte Investionspolitik vorschreiben, hindern sie den Kreditnehmer so dennoch, eine für den Kreditgeber nachteilige Investition durchzuführen.[53]

---

[51] Inwieweit staatliche Regulierungen dabei eine aus Transaktionskosterwägungen allseits gewünschte Normierung darstellen und wieweit sie als eine privatwirtschaftliche Evolutionspotenziale hemmende Überregulierung wirken, bleibt dabei eine offene Frage.
[52] Vgl. Franke/Hax (1999), S. 413-418 u. S. 447ff.
[53] Zu der theoretischen Bedeutung von Sicherheiten vgl. Bester (1987).

3 FINANZINTERMEDIÄRE

Ziel dieses Kapitels ist es, ein breites Fundament an Erkenntnissen und Fragestellungen zu entwickeln, die für mikro- und makroökonomisches Verständnis der Finanzintermediation hilfreich sind. Ausgangspunkt hierfür stellt das auf Diamond (1984) zurückgehende Modell der delegierten Kontrolle dar. Dieses basiert auf multiplen Informationsasymmetrien. Für die bis in die Gegenwart hinein dominierenden agencyfundierten Theorien zur Finanzintermediation nimmt es einen konstitutiven Rang ein. Dies zeigt sich daran, daß es als Grundlage einer Reihe weiterführender Modellierungen verwendet wird. Im Rahmen dieser Untersuchung kommt der Darstellung und detaillierten Diskussion dieses Modells aber auch deshalb eine hervorgehobene Rolle zu, weil es wegen seiner Implikationen zur (optimalen) Bilanzstruktur von Banken eine außergewöhnliche Nähe zur geldtheoretischen Forschung besitzt. Abgeschlossen werden die Betrachtungen mit einem Überblick über andere Modelle.

Im einzelnen besteht die Zielsetzung dieses Kapitels in der Beantwortung mehrerer Fragen. Es wird geklärt, zu welchen Folgen eine realistischere Annahmensetzung führt. Es wird weiter geprüft, ob eine theoretisch zwingende Konnexität zwischen Informationsproduktion und dem Pooling von Anlagebeträgen besteht. Geklärt wird zudem, inwiefern die Existenz von Informationsasymmetrien eine bestimmte Bilanzstruktur von Intermediären begründet. Es wird im übergeordneten Sinne untersucht, ob dieses Modell als mikroökonomische und spieltheoretische Basis zur Erklärung der Finanzintermediation hinreicht. Damit eng verbunden wird gleichzeitig beurteilt, welche Beiträge zum Verständnis von Finanzintermediation im weiteren Gang der Untersuchung als gegeben übernommen werden können oder alternativ der weiteren Behandlung bedürfen.

Das Modell von Diamond steht in der neoinstitutionalistischen Theorietradition. Da der theoretische Kern dieses Analyserahmens in der Modellierung von Kooperationsproblemen gesehen werden kann, sollen zunächst kurz die relevanten spieltheoretischen Erkenntnisse zur Theorie der Kooperation referiert werden.

3.1 THEORIE DER KOOPERATION

Kooperationsprobleme und ihre intertemporale Dynamik stellen einen zentralen Untersuchungsgegenstand der Institutionenökonomik dar. Diese erfaßt wirtschaftliche Problemstellungen, die aus Informationsunvollkommenheiten entstehen und arbeitet Mechanismen zu ihrer Überwindung heraus. Dabei wird auf Methoden und Ergebnisse der Spieltheorie zurückgegriffen. Die Spieltheorie beschreibt Entscheidungsprobleme als Spielsituationen. Den Akteuren steht eine Menge von Handlungsalternativen zur

Verfügung, denen nach Maßgabe der spezifizierten Spielregeln, Reihenfolge der Züge und Informationsstand der einzelnen Spieler Auszahlungen zugeordnet werden. Spiele können danach unterteilt werden, ob die Spielzüge simultan oder sequentiell stattfinden, ob die Summe der Auszahlungen für jede Alternativenkombination fest ist (Konstantsummenspiel) und ob für kollektiv rationale Wahlhandlungen individuelle Anreize bestehen (Abwesenheit eines Gefangenendilemma). Zudem finden Klassifizierungen nach dem Grad der Informiertheit und nach dem Zeithorizont (Anzahl iterierter Spielsituationen) statt. Übliche Darstellungen sind Matrizen, Spielbäume und sonstige Methoden.

Der ökonomische Tausch ist unter den Bedingungen des vollkommenen Marktes kein Konstantsummenspiel, bei dem die Besserstellung des einen stets die Schlechterstellung des anderen erzwingt. Vielmehr sichert die Verfolgung von Eigeninteressen in freiheitlichen Wirtschaftsordnungen, daß nur solche Tauschvereinbarungen getroffen werden, die zu einer wechselseitigen Besserstellung der beteiligten Vertragsparteien führen. Grundsätzlich behält diese Feststellung ihre Gültigkeit auch für den intertemporalen Tausch. Sind die Bedingungen des vollkommenen Marktes dagegen verletzt, deckt sich die Verfolgung von Eigeninteressen nicht mehr mit einer kollektiven Nutzenmaximierung. Es entsteht das Grundproblem der Kooperation: die Verfolgung des Eigeninteresses führt zu einer beiderseitigen die Absprache brechenden Defektion, weil sie unabhängig vom Verhalten des anderen vorteilhafter ist. Andererseits ist beiderseitige Defektion ungünstiger als wechselseitige vertragskonforme Kooperation. Dieses Grundmuster von Kooperationsproblemen wird als Gefangenendilemma bezeichnet. Es charakterisiert im engeren Sinne einperiodige Spielsituationen, bei denen die Spieler simultan ihre Entscheidungen zu treffen haben. Da niemand weiß, wie der andere entscheidet, ist es ein Spiel unter unvollständiger Information. Es wird zur Abbildung unterschiedlichster spezifischer Situationen[54] verwendet.

Wenn man dieses Spiel für geeignet hielte, auch die Kooperationsprobleme beim intertemporalen Tausch zu modellieren, ließen sich die Bedingungen einer Kooperation bei Finanzierungs- und Investitionsentscheidungen einfach herausfinden: Immer dann, wenn das Gefangenendilemma überwunden wird, wäre auch strategisches Verhalten bei Kapitalüberlassungsverträgen überwunden. Wann wird das Gefangenendilemma überwunden?

---

[54] Axelrod (1995, S. 7) sieht in dem Gefangenendilemmaspiel ein leistungsfähiges Instrument zur Analyse einer Vielzahl spezifischer Situationen, ohne sich zu sehr in den Details einzelner Situationen zu verlieren. Auch Sieg (2000, S.3ff.) betont, daß die Geschichte des Gefangenendilemmas zwar außerökonomischen Ursprungs ist, aber strategisch äquivalente Situationen in vielen ökonomischen Anwendungen vorzufinden sind.

Ob ein solches Kooperationsdilemma überwunden wird, hängt eng mit der Frage zusammen, ob und in welchem Ausmaß der Defekteur negative Sanktionen zu erwarten hat.[55] Eine Lösung des Dilemmas wird in mehrperiodigen, sich ins Unendliche fortsetzenden Interaktionsprozessen mit demselben Interaktionspartner gesehen (spieltheoretische Infinitätsstruktur).

Kommt es zu Abweichungen von dieser hinsichtlich der Begünstigung einer Kooperationsatmosphäre idealen Mehrperiodigkeit, werden die genaueren Voraussetzungen, bei denen dennoch eine Überwindung von Kooperationsproblemen erwartet werden kann, unterschiedlich streng gefaßt.[56] Es wird zurecht daraufhin hingewiesen, daß die Tauschprozesse nicht notwendigerweise mit den gleichen Partnern stattfinden müssen.[57] Von zentraler Bedeutung ist vor allem die Existenz eines Kommunikationsnetzes, das geeignet ist, relevante Informationen kostengünstig zwischen den Marktteilnehmern zu übertragen. Präsenz von Massenmedien und Vordringen neuer Informationstechnologien liefern hierfür jedenfalls günstige Rahmenbedingungen.

Auf dieser Basis läßt sich weiter argumentieren: Ob ein Spieler sich wegen antizipierter Sanktionen Kooperationsanreizen ausgesetzt sieht oder nicht, hängt letztlich nicht davon ab, von wem er diese zu erwarten hat, sondern nur davon, ob er diese grundsätzlich für sich in Rechnung stellen muß. Das Sanktionspotenzial eines anonymen Marktes mit effizienten Kommunikationsnetzen ist vermutlich höher, als es das eines einzelnen Spielers je sein könnte.[58]

Endliche Spieliterationen werden dagegen nur noch dann als vereinbar mit rufschonendem kooperativem Verhalten selbstinteressierter Individuen angesehen, wenn das Ende der Tauschbeziehung für die beteiligten Parteien zumindest ungewiß ist. Bei bekanntem endlichen Zeithorizont ließe sich sonst der Spielbaum von hinten (Rückwärtsinduktion)[59] lösen. Jeder Spieler würde die Defektionsanreize des Gegenspielers in der letzten Periode antizipieren und damit selbst Defektionsanreizen bereits in der Vorperiode ausgesetzt sein. Jedes Kooperationsproblem, das sich als eine Folge von

---

[55] Im weiteren Sinne sind Kooperationsprobleme dann weniger durch ihre einperiodige Spielsituation gekennzeichnet als vielmehr durch das Kriterium einer adäquaten Sanktionierbarkeit von Defekteuren. Zu den Wegen aus dem Gefangenendilemma in spieltheoretischer Sicht vgl. Dixit/Nalebuff (1995), Kap. VI.

[56] Vgl. Holler/Illing (2000), S. 22 und S. 133-165.

[57] Vgl. Terres (1999), S. 224f.

[58] So schreibt Hayek etwa über das Schicksal von Geldemittenten, die opportunistischen Verhaltensanreizen verfallen: „Der Wettbewerb zwischen den Emissionsbanken würde sehr verschärft durch die eingehende Überwachung ihres Verhaltens seitens der Presse und der Umlaufsmittelbörse. [...] In der Tat würden Tausende von Spürhunden den unglücklichen Bankier verfolgen, der die sofortigen Anpassungen versäumte, die zur Sicherstellung des verbürgten Wertes seines Geldes notwendig gewesen wären. Die Zeitungen würden wahrscheinlich täglich eine Tabelle veröffentlichen..." S. Hayek (1977a), S. 37.

[59] Vgl. Blattner (1997), S. 20.

Spieldurchgängen bekannter endlicher Länge darstellen läßt, löst sich über alle Züge zurück zu beiderseitiger Defektion ab dem ersten Schritt auf.[60]

Auch wird dargelegt, daß die endliche Wiederholung eines statischen Spiels, das ein eindeutiges Nash-Gleichgewicht besitzt (wie das Gefangenendilemma), als eindeutiges teilspielperfektes Gleichgewicht[61] die Wiederholung des Nash-Gleichgewichts in jeder Runde besitzt.[62]

Axelrod weist daraufhin, daß für die Vorteilhaftigkeit einer kooperativen „tit for tat" Strategie die Bedeutung der Zukunft nur groß genug sein muß.[63] Eine solche (ange-kündigte) Strategie besteht darin, sich auf eine kooperative Strategie einzulassen, aber im Falle des Abweichens des anderen von der kooperativen Strategie diesen selbst solange - aber auch nicht länger[64] - mit Defektion zu sanktionieren, bis dieser selbst einmal einseitig kooperiert hat.[65] In dieser Perspektive ist Kooperation bereits dann individuell vorteilhaft, wenn die erwarteten abdiskontierten Erträge der Kooperation, die als Investition aufgefaßt werden kann, ihre Kosten in Form des Verzichts auf kurz-fristige (Einmal-)Vorteile übersteigen. Die Anreize zur individuellen Kooperation werden von der Höhe einzelner periodischer Kooperationsgewinne und der Beschaf-

---

[60] Vgl. Axelrod (1995), S. 9.

[61] Ein solches ist gegeben, wenn die Nash-Gleichgewichtsstrategie auch für alle Teilspiele ein Gleichgewicht repräsentiert, weil es für keinen Spieler rational ist, bei irgendeinem Teilspiel von dieser Gleichgewichtsstrategie abzuweichen. Ein Teilspiel (subgame) besteht bei einem Spielbaum aus einem einzelnen Knoten, an dem das vorherige Spiel abgeschlossen ist und allen seinen Nach-folgern. Vgl. Sieg (2000), S. 37f.

[62] Vgl. ebd., S. 41.

[63] Sie ist groß genug, falls eine ausreichend hinreichende Chance für eine erneute Spielteilnahme besteht und die Bedeutung dieses Spiels nicht zu stark diskontiert wird. Vgl. Axelrod (1995), S. 157.

[64] Faßt man den (Kapital-) Markt als generalisierte, institutionalisierte und anonyme Sanktionsin-stanz auf, die langfristig Preise gemäß der evolutionär stabilen „tit for tat"- Strategie generieren sollte, dann lassen sich indirekt Arbitrageanreize für die mittlere Frist ableiten: Solange gemessen an dieser Idealstrategie eine übertriebene Sanktionierung ehemals defektierender Kapitalnehmer festzustellen ist, würden diejenigen Kapitalgeber Überrenditen realisieren können, die als erste be-reit sind, den betreffenden Kapitalnehmern Finanzierungskonditionen anzubieten, die zu den aktu-ellen Fundamentaldaten besser passen. Indem diese Kapitalgeber die entsprechenden Kapital-nehmer weniger auf ihre Vergangenheit reduzieren als der Durchschnitt und bereit sind, stärker Zukunftsaussichten zu berücksichtigen, tragen sie zum Abbau der Unterbewertung bei.

[65] Eine solche Strategie ist freundlich (nice), weil sie zunächst einmal mit Kooperation beginnt. Sie ist andererseits durch die Bereitschaft zum Vergeltungsschlag provozierbar (retaliatory). Schließ-lich ist sie aber auch nachsichtig, falls der Gegenspieler auf den Pfad der Tugend zurückzukom-men bereit ist (forgiveness). Diese Strategie wird auch in abgewandelter Form vorgeschlagen. Nachsicht und Aufrechterhaltung eigener Kooperation sollte bereits dann zur Geltung kommen, wenn aufgrund der Interaktionsvergangenheit opportunistisches Verhalten die Ausnahme zu sein scheint, das möglicherweise lediglich Resultat eines Mißverständnisses war. Vgl. Dixit/ Nalebuff (1995), S. 108 u. S. 112.

fenheit des Diskontparameters gesteuert. Ein Kooperationsklima entsteht bereits dann, wenn „der Schatten der Zukunft hinreichend groß" ist.[66]

Für geldtheoretische Argumentationen läßt sich schließen, daß eine spieltheoretische Infinitätsstruktur für Geldemittenten gegeben ist, da eine Redundanz von Geld in komplexen, hoch arbeitsteiligen Volkswirtschaften nicht zu erwarten ist.[67]

Bei Finanzierungsbeziehungen[68] besteht eine mögliche Sanktionierung von defektierenden Schuldnern in der (marktlichen) Verteuerung von künftigen Mittelaufnahmen. Diese Sanktion würde dann nicht nur fest etablierte Unternehmen zur Schonung ihres Rufes kooperativ stimmen, sondern auch bereits solche, deren Verweildauer am Markt nicht vorhersehbar und damit ungewiß ist.

Allerdings stellt der Aufbau von Reputation nur eine Form des Signalverhaltens dar. Andere Formen des Signalverhaltens erfordern keineswegs eine Mehrperiodigkeit im oben beschriebenen Sinne. So kann eine andere Form des Signalverhaltens in einer freiwilligen Selbstbindung mit einer vorher festgelegten „Strafe" bestehen. In der ökonomischen Sphäre könnte eine solche Selbstbindung von Garantien ausgehen: Gibt der Hersteller dem immanenten Anreiz zur Qualitätsreduktion (Kostenersparnis) nach, erleidet er durch gestiegene Garantieansprüche sofort Verluste. Bei Schuldfinanzierung bestehen geeignete Signalinstrumente für den Kapitalnehmer neben der Bereitstellung von Garantien (hier in Form von Kreditsicherheiten), in der Einräumung von Informations-, Kontroll- und Verfügungsrechten, von Exit-Optionen (Kündigungsrechten)[69] sowie in dem Nachweis einer adäquaten Kapitalstruktur und -fristigkeit.

3.2 DELEGATED MONITORING ALS THEORETISCHE GRUNDLEGUNG

3.2.1 Grundidee

Diamond konzipiert eine Theorie der Finanzintermediation für eine von ex-post Informationsasymmetrien geprägte Umwelt in Gestalt der Nichtöffentlichkeit der wahren Projekterträge. Diese ermöglicht Kapitalnehmern durch Verschleierung ihrer tatsächlichen Ertragslage nachvertraglichen Opportunismus in Form strategisch niedrig gehal-

---

[66]   Vgl. Axelrod (1995), S. 22, S. 32 u. S. 157.
[67]   Vgl. Terres (1999), S. 224f.
[68]   Diese weichen von der Struktur eines typischen Kooperationsproblems im Stil eines Gefangenendilemmas insofern ab, als die Spieler nicht simultan ziehen.
[69]   Dies gilt insbesondere für nichthandelbare Kredittitel. Bei handelbaren Forderungen wird diese Exit-Option quasi durch die Existenz eines Sekundärmarktes gewährleistet.

tener Rückzahlungen. Kapitalgeber können durch Erhebung zusätzlicher für Dritte nicht beobachtbarer Kontrollinformationen derartig motivierte Vermögensschädigungen abwenden. Allerdings fallen bei der Durchführung von Kontrollen Kosten an.

Annahmegemäß reicht das Vermögen eines Sparers für die Finanzierung eines einzelnen Investitionsprojekts nicht aus. Dies führt dazu, daß die Beschaffung von Investitionsmitteln bereits für den Fall der Direktfinanzierung die Überwindung einer Vielzahl von Agencybeziehungen für jedes einzelne Projekt voraussetzt. Der Übergang zu einem System indirekter Finanzierung, bei dem die Kontrolle an einen Intermediär delegiert wird, erhöht zunächst nur die Anzahl von Agencybeziehungen je Projekt um eins. Denn auch das Kontrollergebnis und damit die wahren Einnahmen des Intermediärs gelten für seine Einleger als nicht beobachtbar. Einer Vereinfachung des Beziehungsgeflechts zu dem kapitalsuchendem Unternehmer durch einen Ressourcen und Kontrollrechte bündelnden Intermediär muß damit die Entstehung neuer und andersartiger Prinzipal-Agenten-Beziehungen zwischend den Anlegern und der Bank gegenüber gestellt werden.

Sowohl bei direkter als auch bei indirekter Finanzierung bleibt deshalb das Vorhandensein einer Vielzahl von Prinzipalen festzustellen. Lösungen des Anreizproblems für Situationen, in denen nur ein Principal existiert[70], lassen sich auf eine - neoinstitutionalistische Anreizwirkungen berücksichtigende - Theorie der Finanzintermediation deshalb per se nicht übertragen.

Ob die Einbeziehung eines Intermediärs überhaupt noch Nettovorteile versprechen kann, bleibt insoweit eine theoretisch zu klärende Frage. In Diamonds Analyse nimmt der Intermediär nicht nur die Rolle eines Principals gegenüber den Unternehmern ein, sondern tritt simultan gegenüber seinen Einlegern als kontrollbedürftiger Agent auf (zweistufige Agency Problematik).

Vor diesem Hintergrund diskutiert Diamond drei institutionelle Alternativen hinsichtlich ihrer Eignung, die Kooperationsprobleme mit minimalen Kosten zu beseitigen: Direktfinanzierung mit individueller Kontrolle, Direktfinanzierung ohne Kontrolle aber mit ergänzender zahlungsabhängiger nichtmonetärer Straffunktion und Delegation der Kontrolle an einen Intermediär, der gleichfalls aus Anreizgründen einer entsprechenden Straffunktion auszusetzen ist.

Die Lösung der Anreizproblematik verursacht in jedem Fall Kosten, und zwar entweder in Form der gesamten Kontrollkosten, den erwarteten Strafkosten oder für den Fall der delegierten Kontrolle der Summe aus beiden.

---

[70] Bei den im Grundlagenteil dargestellten Effekten von Informationsasymmetrien wurden die hieraus ggf. resultierenden Koordinierungsprobleme noch ausgeklammert.

Die erwarteten Strafkosten, die der Intermediär zu tragen hat, stellen die Kosten der Delegation dar. Finanzintermediation ist dann vorteilhaft, wenn die durch sie entstehenden Vorteile in Form einer Vermeidung von Koordinationsproblemen oder der Vervielfachung von Kontrollaufwendungen durch die anfallenden Delegationskosten nicht zu stark geschmälert werden.

Diamonds Ausführungen zielen darauf ab, Randbedingungen herauszuarbeiten, unter denen die erwarteten Delegationskosten letztlich vernachlässigbar werden. Dabei wird aufgezeigt, welche zentrale Bedeutung hierfür der Diversifikation beizumessen ist, auch wenn sich alle Entscheidungsträger risikoneutral verhalten.

3.2.2 Modelldarstellung

Diamond geht von einer *1*-Gut-Ökonomie aus. Der Zeithorizont ist eine Periode. Das Gut wird am Anfang der Periode als Input eingesetzt. Am Ende der Periode findet vollständiger Konsum statt.

Auf dem wettbewerblichen Kapitalmarkt ist eine Verzinsung von R erzielbar. Alle Entscheidungsträger verhalten sich risikoneutral. Kapitalnehmer erhalten folglich nur dann Kapital, wenn sie eine erwartete Verzinsung in mindestens derselben Höhe glaubwürdig versprechen können. Es existieren $i = 1,...,N$ vermögenslose Unternehmer mit unteilbaren Investitionsprojekten, deren Rückflüsse $\tilde{y}_i$ stochastischer Natur sind. Jeder Sparer verfügt über einen Anlagebetrag von *1/m*. Der anfängliche Kapitalbedarf für ein einzelnes Projekt wird auf *1* festgelegt. Die Finanzierung eines einzelnen Projektes erfordert den Vermögenseinsatz von m Kapitalgebern. N Projekte setzen entsprechend die Mittelbereitstellung von $n \cdot m$ Sparern voraus.

Der Output eines Projektes $\tilde{y}_i$ stellt eine Zufallsvariable dar. Ihre Realisationsmöglichkeiten y_i sind vom Verhalten des Unternehmers unabhängig, aber nur durch diesen kostenlos beobachtbar. Er wird nach unten durch *0* und nach oben durch $\bar{y}$ beschränkt. Es gilt daher $0 \le y_i \le \bar{y} < \infty$. Die verschiedenen $\tilde{y}_i$ sind voneinander stochastisch unabhängig. Weiterhin besteht zwischen Kapitalgebern und Kapitalnehmern Einigkeit über die Wahrscheinlichkeitsverteilung von $\tilde{y}_i$ und insbesondere auch darüber, daß $E(\tilde{y}_i) > R + K$. Unter $\tilde{z} \in [o, \bar{y}]$ sind die aggregierten Rückzahlungen eines Unternehmers i an seine m Kapitalgeber zu verstehen.

Aufgrund der bestehenden Informationsasymmetrie sowie der Möglichkeit, daß y tatsächlich den Wert Null annehmen kann, besteht für den Kapitalnehmer der opportu-

nistische Verhaltensanreiz, Rückzahlungen an die Kapitalgeber zu unterlassen und dies
mit dem Verweis auf eine vermeintlich schlechte Ertragslage zu begründen.

Für einen Kapitalgeber ist das Projektergebnis nur unter Aufbringung von Kontrollkosten K beobachtbar. Die aus den Kontrollanstrengungen resultierenden Informati-
onserträge sind privat. Insbesondere sind die Kontrollanstrengungen Dritter sowie die
an sie geleisteten Zahlungen nicht beobachtbar. Bei Direktfinanzierung sind damit
nach Diamond Kontrollkosten in Höhe von $m \cdot K$ zu veranschlagen.

Andererseits kommt ein (Kapitalüberlassungs-) Vertrag in Betracht, der in Verbindung
mit einer nichtmonetären Straffunktion ϕ $(\tilde{z})$ opportunistisch motivierte Rückzahlungen, die gemessen an der tatsächlichen Ertragslage zu gering sind, anreizkompatibel
sanktioniert.[71] Gleichzeitig ist den Kapitalgebern eine marktmäßige Verzinsung zu
sichern. Hierin besteht gewissermaßen die Kontraktpartizipationsbedingung der Kapitalgeber. Sie wird erfüllt, falls $E(\tilde{z}) \geq R$ gegeben ist. Diejenige Kombination von
Rückzahlungs- und Straffunktion, die den erwarteten residualen Ertrag des Unternehmers [$E(\tilde{U}_i)$]

$$E(\tilde{U}_i) = \tilde{y} - \tilde{z} - \phi(\tilde{z})$$

maximiert, ergibt einen optimalen Vertrag mit [$\tilde{z}^*; \phi^*(\tilde{z})$]. Der optimale Vertrag hat
die Eigenschaft, einen anreizkompatiblen Handlungsrahmen zu minimalen erwarteten
Kosten bereitzustellen. $E(\tilde{U}_i)$ ist in diesem Fall maximal. Die kostenminimale Rückzahlungsfunktion besteht in einem schuldartigen Zahlungsversprechen (Standardkreditvertrag), mit

$$\tilde{z}^* = \min(h, y), \, d.\, h. \quad z = \begin{cases} y, \text{ falls } y < h \\ h, \text{ falls } y \geq h \end{cases},$$

---

[71] Diamond zeigt verschiedene Bestrafungen nichtmonetärer Art auf. Sie lassen sich aber über monetäre Äquivalente mit genuin monetären Zahlungsströmen verrechnen. Als Beispiele für solche
Strafen können die zeitliche Verwicklung in Konkursverfahren, öffentliche Bloßstellung und
Rechtfertigungszwang sowie Suchkosten des „gefeuerten" Managers zu einem reputationsbedingt
reduziertem Marktwert verstanden werden. Da die Strafen die Wohlfahrt des Kapitalnehmers reduzieren, ohne die der Kapitalgeber zu erhöhen, entstehen „deadweight penalties". Andererseits
müssen die Strafen aus Anreizgründen auch bei rein umweltbedingt schlechten Projektergebnissen
tatsächlich durchgeführt werden. Vgl. Diamond (1984), S. 396ff. sowie Hartmann-Wendels u. a.
(2000), S. 123ff. Diese beiden Eigenschaften der Strafe legen die Suche nach einer Straffunktion
nahe, deren erwartete Strafkosten minimal sind. Im folgenden wird eine solche Straffunktion gesucht.

so daß $E(\tilde{z})=R$ gilt. Der nominelle Schuldbetrag h ist folglich so hoch anzusetzen, daß unter Berücksichtigung der erwarteten Ausfälle gerade eine marktmäßige Verzinsung des eingesetzten Kapitals zu erwarten ist.

Während ein niedrigerer Nennwert mit der Vertragsteilnahmebedingung der Kapitalgeber unvereinbar ist, stünde ein höherer Nennwert im Widerspruch zu der Optimalitätsbedingung einer Maximierung des erwarteten residualen Ertrages für den Unternehmer.

Der Nennwert h eines solchen Schuldvertrages stellt die kleinste Lösung zu

$$P(\tilde{y} < h) \cdot E(\tilde{y}|y < h) + P(\tilde{y} \geq h) \cdot h = R$$

dar. Der Erwartungswert der Rückzahlung setzt sich aus den mit den Eintrittswahrscheinlichkeiten gewichteten Szenarien einer nur teilweisen Rückzahlung[72] und dem Fall der vollständigen Rückzahlung zusammen.

Eine optimale Straffunktion muß zu minimalen Kosten sicherstellen, daß die vereinbarte Zahlungscharakteristik des Schuldvertrages $z = \min(h, y)$ tatsächlich verwirklicht wird. Wenn die Straffunktion $\phi^*(z) = \max(h - z, 0)$ gewählt wird, ist dies der Fall. Sie stellt sicher, daß die Summe aus monetären Kosten und nichtmonetären Kosten stets die Höhe des Nennwerts vom Schuldvertrag hat. Auf diese Weise kann der Unternehmer keine Vorteile mehr dadurch erlangen, daß er von der vereinbarten monetären Zahlungsfunktion nach unten abweicht. Denn alle Zahlungen unterhalb des Nennwerts führen zu Strafkosten, die sicherstellen, daß $z + \phi(z) = h$ erfüllt bleibt. Höhere Strafen wäre nicht mehr kostenminimal. Bei niedrigeren Strafen verblieben hingegen opportunistische Verhaltensanreize.

Der Schuldvertrag mit der Rückzahlungsfunktion $z^* = \min(h, y)$ in Verbindung mit der Straffunktion $\phi^*(z) = \max(h - z, 0)$ stellen damit eine Übereinkunft für die Kapitalüberlassung dar, die zu minimalen Kosten den gesuchten anreizkompatiblen Handlungsrahmen implementieren. Für den Umfang der erwarteten Strafkosten folgt daraus $E[\phi^*(\tilde{z})] = E[\phi^*(\tilde{y})] = h - R$, da der Nennwert des Schuldvertrages die wettbewerbliche Vergütung gerade um die Höhe der erwarteten Ausfälle zu übersteigen hat. Diese symbolisieren gleichzeitig die durch die Informationsasymmetrie bedingte Differenz des Unternehmergewinns zur einer etwaigen First-Best-Lösung.

---

[72] Die erwartete Rückzahlung ist in diesem Fall durch den bedingten Erwartungswert $E(\tilde{y}|y < h)$ gegeben.

Welche Form der Direktfinanzierung ist vorzuziehen? Es ist diejenige Art der Direktfinanzierung für ein Projekt vorteilhafter, die die anfallenden Agencykosten pro Projekt minimiert. Mit anderen Worten, die Höhe von $m \cdot K$ ist mit der von $E[\phi^*(\tilde{z})]$ zu
vergleichen. Je höher die Anzahl der Kapitalgeber m ist, desto stärker wirkt sich die
Vervielfachung des Monitoringaufwandes negativ auf die Vorteilhaftigkeit individueller Kontrolle gegenüber der von m unabhängigen Höhe der erwarteten Strafkosten
aus. Bei hohem m ist daher anzunehmen, daß $E[\phi^*(\tilde{z})] < m \cdot K$ gilt.

Allerdings schließt sich die Frage an, ob die erwarteten Strafkosten auch noch niedriger sind als in einem System, bei dem die Kontrollfunktion an einen Finanzintermediär
delegiert wird. In einem System der delegierten Kontrolle findet eine Zentralisierung
der Kontrolltätigkeit und ihre Konzentrierung auf einen einzigen Akteur, den Finanzintermediär, statt. Ein solches System ist jedoch nicht von vornherein als vorteilhaft
einzuschätzen, da annahmegemäß auch die Kontrollanstrengungen des Finanzintermediärs für seine Einleger nicht beobachtbar sind. Der Finanzintermediär kann zwar
durch Pooling der Ersparnisse eine Multiplikation der Kontrollaufwendungen je Projekt vermeiden. Andererseits entstehen zusätzliche Kosten der Delegation für ein Projekt in Höhe von D, da auch der Intermediär Kooperationsanreizen zur Unterlassung
opportunistischen Verhaltens ausgesetzt werden muß. Ob nun ein System delegierter
Kontrolle gegenüber einer Direktfinanzierung mit Straffunktion vorteilhaft ist, hängt
entscheidend von der Höhe der Delegationskosten ab.

Mit $g_i(\tilde{y}_i) = \tilde{g}_i$ wird die Rückzahlung eines Unternehmers an den Intermediär bezeichnet. Für die aggregierte Rückzahlung G_N der N Unternehmer folgt daraus

$$\tilde{G}_N = \sum_{i=1}^{N} \tilde{g}_i \le \sum_{i=1}^{N} \tilde{y}_i .$$

Z_N bezeichnet die gesamten Zahlungen des Intermediärs an seine Einleger. Da er nicht
mehr auszahlen kann, als er bekommen hat, gilt weiterhin $Z_N \le G_N$. Ein anreizkompa-
tibler Handlungsrahmen muß auch für den Intermediär durch die Verbindung eines
Schuldvertrages (Einlagenvertrag) mit einer nichtmonetären Straffunktion hergestellt
werden.

Wie hoch ist D nun zu veranschlagen? Zu ihrer Bestimmung wird hier eine vom Ori-
ginal[73] abweichende Darstellung unter Anwendung des zentralen Grenzwertsatzes[74]

---

[73] Diamond stützt dort (S. 401) seine Ausführungen auf das (schwache) Gesetz der großen Zahlen.
Dieses läßt sich mit $N \to \infty$ zur Bestimmung des durchschnittlichen Mittelrückflusses je vom
Intermediär finanziertem Projekt [$g_{\overline{N}} = \dfrac{1}{N} \cdot \sum_{i=1}^{N} g_i$] und seiner Varianz anwenden. Die Wahr-
scheinlichkeit dafür, daß $g_{\overline{N}}$ in ein beliebig kleines Intervall ξ um seinen Erwartungswert $E(\tilde{g}_i)$

gewählt. Auf diese Weise lassen sich besser als mit einer Betrachtung der durchschnittlichen Rückzahlungswerte die Eigenschaften der gesamten (Netto-) Zahlungsströme des Intermediärs charakterisieren und damit auch sein Insolvenzrisiko.[75]

Der Intermediär muß seinen Einlegern eine wettbewerbsfähige Verzinsung anbieten, so daß er sich aus seinen Schuldverträgen Zahlungsabflüssen in Höhe von $N \cdot R$ gegenübersieht. Abwesenheit von Strafkosten und negativen Gewinnen setzen deshalb voraus, daß der Intermediär mindestestens in Höhe von $N \cdot (R + K)$ Zahlungseingänge erwarten muß. Ein Intermediär finanziert dann nur solche Projekte, bei denen der erwartete Rückfluß Kontroll- und Fremdkapitalkosten deckt, d. h. $E(\widetilde{g}_i) > R + K$ erfüllt ist.

Unterschreiten die Zahlungseingänge den Betrag von $N \cdot R$, wäre der Intermediär insolvent, so daß in Höhe der dann einsetzenden Strafen Delegationskosten anfielen. Bei unabhängig identisch verteilten $\widetilde{g}_i$ konvergiert die Summe $\widetilde{G}_N$ gegen eine Normalverteilung mit $E(\widetilde{G}_N) = N \cdot E(\widetilde{g}_i) = N \cdot (R + K)$, $Var(\widetilde{G}_N) = N \cdot var(\widetilde{g}_i) = N \cdot \sigma^2$ als Erwartungswert und Varianz. Nach Standardisierung der normalverteilten Zufallsvariable „aggregierte Rückzahlungen" erhält man für die Wahrscheinlichkeit eines Insolvenzeintritts:

$$P(\widetilde{G}_N < N \cdot R) = F(N \cdot R) = \Phi(\frac{N \cdot R - N \cdot (R + K)}{\sigma \cdot \sqrt{N}}) = \Phi(\frac{-K \cdot \sqrt{N}}{\sigma}).$$

Diese konvergiert für unendlich großes N gegen Null, d. h. die Delegationskosten lassen sich nach Maßgabe der Anzahl finanzierter Projekte beliebig klein halten.

Solange $K < E[\phi^*(\widetilde{z})]$ gegeben ist, stellt ein System der in Händen eines Intermediärs zentralisierten Kontrolle deshalb das optimale institutionelle Arrangement zur Überwindung der Informationsasymmetrie dar.

---

fällt, konvergiert gegen 1: $P\left(\left|g_{\overline{N}} - E(\widetilde{g}_i)\right| \leq \xi\right) \to 1$ *für* $N \to \infty$. Für endliche N gilt hingegen $Var(g_{\overline{N}}) = \dfrac{\sigma^2}{N}$. Die Nullgewinnbedingung für den Intermediär erfordert andererseits, daß er nur solchen Unternehmen Kapital bereitstellt, deren Rückzahlungen dem Erfordernis $E(\widetilde{g}_i) > R + K + D$ genügen. Zusammengenommen sieht Diamond so die Voraussetzungen dafür erfüllt, daß die Delegationskosten in praxi beliebig klein gehalten werden können.

[74] Zu allgemeinen Voraussetzungen und Aussagen dieses Gesetzes vgl. Fahrmeir u. a. (1997), S. 309f.

[75] Zudem gewinnt hierdurch die anschließende Modelldiskussion an Präzision.

3.2.3 Modellergebnisse

Die Delegation von Kontrollaufgaben an einen Intermediär kann trotz des Entstehens einer zusätzlichen Agencyproblematik das kostenminimale Arrangement zur Gewährleistung eines anreizkompatiblen Handlungsrahmens darstellen. Die verschiedenen auftretenden Anreizprobleme werden durch jeweils unterschiedliche effiziente Verträge gelöst. Während der Unternehmer Kontrollrechte abtreten muß, hat der Intermediär sich über anreizkompatible Kreditverträge in Verbindung mit angedrohten Konkursstrafen zu refinanzieren.

Je höher das Ausmaß der vom Intermediär erzielten Diversifikation ist, desto geringer sind die Delegationskosten in Gestalt der erwarteten Konkursstrafe und um so wahrscheinlicher ist die Vorteilhaftigkeit eines Systems delegierter Kontrolle. Hieraus ergibt sich indirekt die Optimalität einer einzigen möglichst großen Bank und die wohlfahrtserhöhende - da Anreizkosten senkende - Wirkung der Diversifikation auch bei Risikoneutralität aller Entscheidungsträger.

Die Delegationskosten können aber auch bei unvollständiger Diversifikation durch das Zusammenwirken mit einer angemessenen Eigenkapitalausstattung bis auf Null sinken. Die Einlagen bleiben risikolos, solange eine angemessene Eigenkapitalausstattung etwaige Fehlbeträge auszugleichen vermag.[76]

In dem Modell von Diamond sind Produktion von Kontrollinformationen und bilanzwirksames Pooling von Ersparnissen miteinander gekoppelt.

Durch die allseitige Normierung des Entscheidungshorizonts auf eine Periode entfällt die Notwendigkeit zur Fristentransformation.

Aus der Anreizkompatibilität von Schuldbeziehungen (Einlagenverträgen) zwischen Intermediär und seinen Einlegern folgt die Prägung der intermediären Kapitalstruktur durch Fremdkapital. Die durchgeführten Projektkontrollen unterbinden opportunistisches Verhalten unabhängig davon, ob es um die Sicherung von unsicheren ertragsabhängigen Ansprüchen oder um nominal[77] feste geht. Eine von Krediten geprägte Vermögensstruktur des Intermediärs steht in dieser Hinsicht jedenfalls nicht im Widerspruch zur Modellstruktur und liegt insbesondere bei einer geringen Eigenkapitalausstattung der Bank nahe.

---

[76] Vgl. Hartmann-Wendels u. a. (2000), S. 134f.

[77] Aufgrund der getroffenen Annahmen über die Projekterträge ist die Wahrscheinlichkeit für den vollständigen oder teilweisen Ausfall eines einzelnen Kredits aber größer Null. Die einzelne Kreditforderung verkörpert daher gegenüber vollständig ertragsabhängigen Zahlungsanwartschaften lediglich eine weniger unsichere Anwartschaft.

Das von Diamond beschriebene Tätigkeitsfeld eines Finanzintermediärs läßt sich als zweiseitig zinsdifferent auffassen: Die von den Unternehmern zu leistenden Zinszahlungen beinhalten neben den marktüblichen Entgelten mindestens noch die beim Intermediär anfallenden Kontrollkosten. Realistischerweise wird man jedoch davon ausgehen können, daß bei der Finanzintermediation darüber hinaus noch vielfältige andere Kosten[78] anfallen. Da zudem sowohl Unternehmer als auch Sparer Vorteile durch die Existenz des Finanzintermediärs verbuchen können, besteht für den Intermediär die Möglichkeit, diese in zinsdifferenter Weise auf beide Marktseiten überzuwälzen.

3.3 DISKUSSION

Die Grundüberlegungen und Ergebnisse des Modells der delegierten Kontrolle werden vielfach als Durchbruch für die mikroökonomische Fundierung von Finanzintermediation eingeordnet.[79]

Diamond selbst betont hinsichtlich der genealogischen Einordnung seines Modells[80]: „Any theory which tries to explain the role of intermediaries by an information cost advantage must net out the costs of providing incentives to the intermediary from any cost savings in producing information. Existing intermediary theories do not make this final step."

Demgegenüber soll hier eine skeptische Rezeption versucht werden. Dabei ist unstrittig, daß modelltheoretische Analysen regelmäßig vor Abstraktionserfordernissen stehen. Eine Modellkritik, die allein hieran aufgezogen würde, wäre daher wenig überzeugend. Dennoch folgt aus berechtigten Vereinfachungserfordernissen wiederum nicht, daß jedes Modell per se gegen Kritik immun ist. Im folgenden wird daher versucht, zentrale Prämissen dahingehend zu beleuchten, ob zum einen die aus ihnen gefolgerten Verhaltensprognosen unter dem Gesichtspunkt individueller Rationalität zwingend sind und zum anderen, ob lediglich geringfügige und gleichzeitig realitätsnähere Prämissenmodifikationen das Hypothesengerüst zusammenfallen lassen.

Relativ einfach ist die Einführung systematischen Risikos und die Erweiterung der Agencyproblematik um ex-ante und ex-interim Informationsymmetrien zu bewerten. Erstere Modifikation wird von Diamond selbst im Anhang seiner Arbeit durchgeführt. Systematisches Risiko führt dazu, daß die Projekterträge nicht mehr nur von pro-

---

[78] Darunter können bspw. Kosten der Gebäudenutzung, der allgemeinen Marktbeobachtung oder Personalkosten verstanden werden.
[79] Vgl. Breuer (1993), S. 148.
[80] Vgl. Diamond (1984), S. 399.

jektspezifischen Eigenarten beeinflußt werden, sondern auch von einigen gemeinsamen Faktoren wie bspw. Bruttoinlandsprodukt, Zinssätzen, Wechselkursen und Inputpreisen. Solange dieser Zusammenhang aber den Charakter einer öffentlichen Information hat, gibt es keinen Ansatzpunkt für opportunistisches Verhalten und kann der Intermediär wahlweise, systematische Risiken auf Terminmärkten für die relevanten Faktoren hedgen, das Risiko über den Aufbau von korrespondierenden Positionen kompensieren oder einfach seine kontraktuellen Verpflichtungen auf die beobachtbaren Faktoren konditionieren. Hinsichtlich der Natur und den Umfang der existierenden Informationsasymmetrien läßt sich festellen, daß sich solange an den Hypothesen nichts ändern wird, wie die Kontrollkosten des Intermediärs vom Finanzierungsvolumen (weitgehend) unabhängig bleiben.

An anderen Stellen fällt das Urteil über die adäquate Explikation rationalen Verhaltens und Modellrobustheit aber wesentlich komplexer aus. Dies wird in der weiteren Besprechung detailliert aufgezeigt. Konkret werden Antworten auf folgende Fragen gesucht: Ist die zentrale Bewertungsvergleichung des Modells überhaupt mikroökonomisch fundiert? Sind die aufgezeigten Verhaltensmuster spieltheoretisch begründbar? Welche Konsequenzen sind etwa mit den realistischeren Annahmen der Existenz einer heterogenen Vermögensverteilung oder der Anwesenheit von Risikoaversion verbunden? Besteht wirklich eine zwingende Konnexität zwischen Informationsproduktion und Ressourcenpooling? Reicht das Vorhandensein von Informationsasymmetrien aus, um die Illiquidität des Vermögens und die schuldbestimmte Kapitalstruktur von Intermediären zu begründen?

3.3.1 Mikroökonomische Fundierung der zentralen Bewertungsgleichung

Mit der Modellierung intertemporaler Tauschbeziehungen bei ungleich verteilten Informationen hat Diamond ein mikroökonomisches Erkenntnisobjekt zum Gegenstand seiner Analyse gemacht. Wann und warum individuell der Erwerb eines von einem Intermediär geschaffenen Finanzprodukts dem Aufbau einer direkten Finanzierungsbeziehung vorgezogen wird, muß vor dem Hintergrund individueller Kosten-Nutzen Abwägungen erklärt werden. Aus diesem Umstand ergibt sich, daß unterschiedliche Konstellationen und Kombinationen von Verhaltensweisen auftreten können. Erstens wäre vorstellbar, daß es sich für Kollektive von Gläubigern und Schuldnern insgesamt rechnet, mit einem Intermediär bilanzwirksam zu kontrahieren. Zweitens wäre gruppenspezifisches Verhalten bspw. in der Form denkbar, daß Unternehmer sich über die Emittierung eigener Finanztitel direkt zu Marktkonditionen[81]

---

[81]   Oder jedenfalls marktnahen Konditionen, sofern man die Inanspruchnahme provisionspflichtiger
        Intermediationsdienstleistungen mitberücksichtigt.

finanzieren, während Sparer grundsätzlich zu einer Kapitalüberlassung an den Intermediär neigen. Drittens mag es zu keinen derartigen Regelmäßigkeiten kommen, weil die Kosten-Nutzen-Kalküle aus verschiedenen Gründen individuell und unabhängig von einer etwaigen Schuldner- oder Gläubigerposition variieren.

Diamond führt seine Betrachtungen vor dem Hintergrund der Existenz eines kompetitiven Kapitalmarktes durch, auf dem die Möglichkeit einer sicheren Direktanlage besteht. Diese Randbedingung und ihre Konsequenzen auf die individuellen Kosten-Nutzen-Kalküle der Entscheidungsträger rücken trotz der aus ihr ableitbaren zentralen Implikationen bei Diamond jedoch in den Hintergrund. Die Existenz einer direkten sicheren Anlage mit einer Verzinsung in Höhe von R kann als eine „bench mark" aufgefaßt werden, deren Vorhandensein insbesondere für eine einperiodige Sichtweise etwa in Form einer kurzfristigen Staatsanleihe als realistisch angesehen werden kann. Diamond folgert daraus jedoch lediglich, daß „the entrepreneur must convince potential lenders that the rate of return which he will pay to them has an expected value of at least R"[82]. Diese Folgerung ist richtig, schöpft aber nicht die gesamte Tragweite dieser Annahme aus: Bei einer einperiodigen Betrachtung, teilweise ausfallbedrohtem Fremdkapital und rationalen Erwartungen antizipieren Kapitalgeber das opportunistische Verhalten der Kapitalnehmer, solange diese eine glaubwürdige Signalproduktion im vertraglichen Vorfeld unterlassen. Mit anderen Worten, die Inzidenz der Agency-costs lastet stets auf dem Kapitalnehmer, weil die „bench mark" den Finanzmittelmarkt zu einem Gläubigermarkt macht. Solange die Kosten der Signalproduktion die Agency-costs unterschreiten, verspricht Kooperationsbereitschaft die allseitige Realisierung einer Kooperationsrente.

Positiv gewendet, gewinnt die Entscheidungssituation damit für den Kapitalnehmer an Offenheit. Ob er eine intermediäre Finanzierung nachfragt, wird realistischerweise davon abhängen, wie hoch er die Kosten der Signalproduktion bzw. allgemeiner die Kommunikationskosten mit potentiellen Kapitalgebern einschätzt. Nur diejenigen Kapitalnehmer, die sich relativ hohen Kosten der Signalproduktion ausgesetzt sehen, werden eine intermediäre Finanzierungs- und Kontrollösung vorziehen.

Schwerer zu erkennen ist, wann und warum der einzelne Kapitalgeber die Anlagefazilität eines Intermediärs nachfragen sollte. Die Existenz der sicheren Anlage erlaubt ihm zunächst einmal, die Finanzierungskonditionen zu diktieren. Die zentrale Bewertungsgleichung[83] für die eventuelle Vorteilhaftigkeit einer intermediären Kontraktlösung

---

[82] S. Diamond (1984), S. 396.
[83] Vgl. Diamond (1984), S. 398.

$$K + D \le \min\left\{E\big(\phi^*(\tilde{y}), m \cdot K\big)\right\}$$

in dem Grundmodell von Diamond ist aus der hier verfolgten einzelwirtschaftlichen Perspektive kritisch zu sehen. Sie unternimmt eine Vorteilhaftigkeitsbetrachtung aus gesamtwirtschaftlicher Perspektive mit der realitätsfremden Folge, daß eine bilanzwirksame intermediäre Finanzierungslösung entweder für alle betrachteten Wirtschaftssubjekte oder für keins vorteilhaft ist.

Vorgelagert ist jedoch die Frage, wann ein einzelner Sparer sich entscheiden wird, sein Vermögen einem Intermediär zu überlassen. Da Diamond dieser Frage nicht weiter nachgeht, soll sie einer näheren Untersuchung unterzogen werden. Neben Risikoaversion, Unteilbarkeiten und unterschiedlich großen Anlagebeträgen gehören dazu die begrenzte Liquidität einzelner Markttitel und die Kosten der Informationsverarbeitung. Klein(st)anleger verfügen regelmäßig über Sparbeträge, die die Losgröße der sicheren Direktanlage nicht erreichen. Bliebe theoretisch die Alternative, über Diversifikation des investiven Engagements in Finanztitel mit geringerem Preis und nur spezifischen Risikoinhalten die sichere Anlage zu rekonstruieren. Erlaubt die Vermögensgröße aber weder den unmittelbaren Erwerb der sicheren Anlage noch eine hinreichende Diversifikation zu ihrer Rekonstruktion oder wären die für ihre Realisierung notwendigen Informationskosten zu hoch, werden die Sparer die Kapitalüberlassung an einen Intermediär als subjektiv vorteilhaft in Erwägung ziehen.

Ist die Liquidität der sicheren Finanztitel zudem begrenzt, wird die Emission der sicheren Anlage auf dem Primärmarkt zu einem gegebenen Zeitpunkt nicht das gesamte an einer sicheren Anlage interessierte Sparkapital zur gegebenen Verzinsung befriedigen. Die Folge wären Kursbewegungen auf dem Sekundärmarkt, deren negative pekuniäre Externalitäten auch auf das Kalkül von Kleinanlegern rückwirken. Titel auf dem Primär- und Sekundärmarkt müßten über dem Nominalwert erworben werden. Zeichnet sich diese Verteuerung ab, bestehen verstärkt Arbitrageanreize, solange die volkswirtschaftliche Grenzleistungsfähigkeit des Kapitals konstant geblieben ist. Die gewünschte und annahmegemäß dann ja noch weiterhin erzielbare sichere Verzinsung werden Wirtschaftssubjekte über Diversifikation in unsichere Projekte mit nur spezifischen Risiko – einschließlich solcher mit Agency Charakter - zu erlangen versuchen. Diese Alternative steht Kleinanlegern wiederum nur indirekt über die Einschaltung eines Intermediärs zu Verfügung.

3.3.2 Spieltheoretische Begründung der Defektionsanreize

Diamond ordnet seine theoretischen Ausführungen nicht unmittelbar in einen spieltheoretischen Kontext ein. Er trifft die Annahme einer *einperiodigen* 1-Gut-Ökonomie mit vollständigem Konsum am Ende der Periode. Mit der weiteren Annahme einer den Kapitalnehmer begünstigenden Informationsasymmetrie scheint die Existenz opportunistischen Verhaltens spieltheoretisch begründet:

Der Kapitalnehmer kann seine persönliche Ertragssituation durch unwahre Tatsachenbehauptungen zu Lasten derjenigen des Kapitalgebers verbessern. Das strategische Verhalten des Kapitalnehmers besteht gewissermaßen darin, die in der Kapitalüberlassung kristallisierte Kooperationsbereitschaft des Kapitalgebers auszunutzen. Da der gegnerische Spieler (der Kapitalgeber) vor dem Kapitalnehmer agieren muß und negative Sanktionsmöglichkeiten in späteren Perioden nicht vorhanden sind, wird der zweite Spieler (Kapitalnehmer) seine private Wohlfahrt maximieren, indem er seinen ursprünglich versprochenen Kooperationsbeitrag (vertragskonforme Rückzahlung seiner Schuld) vorenthält.

Diese Argumentation suggeriert, der Kapitalnehmer könne seine (Ausbeutungs-) Entscheidung unter Sicherheit treffen, solange Sanktionen in späterer Perioden ausgeschlossen sind. Ein solcher Gedankengang vernachlässigt aber die Natur sequentieller Spiele, bei denen Zug um Zug gehandelt werden muß[84]: Da der Kapitalgeber weiß, daß er vor dem anderen Spieler ziehen muß[85], wird er als rationales Wirtschaftssubjekt versuchen, sich in die Lage des rationalen Gegenübers zu versetzen. Rationale Erwartungen würden es dem Kapitalgeber dann erlauben, sich durch Kontrollen vor etwaigen verhaltensbedingten Schädigungen zu schützen. Diamonds Modell diskutiert letztlich nur, wie diese Immunisierung am kostengünstigsten bewältigt werden kann.

Spieltheoretisch bedeutsam ist aber auch die Frage, ob überhaupt noch und wenn ja welche Anreize für rationale Kapitalnehmer zur Defektion bestehen, sofern er wissen muß[86], daß diese für Kapitalgeber antizipierbar ist. Mit anderen Worten, der Kapitalnehmer und nicht der Kapitalgeber muß als erster ziehen, da der Spielbeginn de facto bereits in der Vertragsanbahnungsphase und nicht erst mit der Kapitalüberlassung erfolgt. Hier entscheidet der Kapitalnehmer über seinen ersten Zug, da er darüber zu befinden hat, ob er Signalverhalten zeigt oder nicht: Eine Sanktion über im Vergleich zu einer geeigneten Referenzfinanzierung höhere Kapitalkosten setzt streng genommen schon dann ein, wenn der Kapitalnehmer nicht gewillt ist, Besorgnisse der Kapitalgeber über etwaige Verhaltensunregelmäßigkeiten durch entsprechendes Einfüh-

---

[84] Vgl. Rehkugler/Schindel (1990), S. 171f.
[85] Hierin unterscheidet sich das Kooperationsproblem einer Finanzierungsbeziehung von dem, welches durch die Struktur eines Gefangenendilemmas abgebildet wird. Dort besteht aufgrund der Gleichzeitigkeit der Entscheidungen Unwissenheit über das tatsächliche Verhalten des anderen.
[86] Ein rationaler Kapitalnehmer hat sich in die Lage seines rational antizipierenden Kapitalgebers zu versetzen. Indem er dies tut, weiß er, daß die Kosten asymmetrischer Informationen auf ihn zurückfallen werden.

lungsvermögen und Produktion vertrauensbildender Signale[87] im vertraglichen Vor-
feld zu entkräften. Das Ausmaß der Kapitalkostenverteuerung wird sich dann mit dem
Spielraum vergrößern, der dem Kapitalgeber beim Aufbau seiner kapitalnehmerbezo-
genen Verhaltenserwartungen verbleibt. Es ist davon auszugehen, daß Passivität des
Kapitalnehmers bei der Signalproduktion nur und vor allem dazu beiträgt, diesen
Spielraum wegen mangelnder Orientierung zu erweitern. Berücksichtigt man darüber
hinaus die Möglichkeit, daß wegen der Unsicherheit über das „wahre Verhalten" des
Kapitalnehmers aus Vorsichtsmotiven auch „übertrieben" pessimistische Verhal-
tenserwartungen aufgebaut werden, schrumpft das Potenzial etwaiger Defektionsgewinne zusätzlich. Der Kapitalnehmer erhält Defektionsgewinne nur, falls ihm
Überraschungserfolge gelingen.[88]

Die bisherigen spieltheoretischen Ausführungen sollen nun in einem Auszahlungsta-
bleau[89] (Abb. 2) dargestellt und abschließend ökonomisch beurteilt werden. Den verschiedenen Handlungsalternativen werden erwartete Nettoeinzahlungen am Ende der
Periode zugeordnet. Neben den bereits eingeführten Variablen bezeichne PR den Un-
ternehmerprofit und SC die Kosten des Signalling. Der Nutzen des Signalling besteht
in dem potentiellen Wegfall der Kontrollkosten. Es wird davon ausgegangen, daß
$K>SC$ ist und daß der hieraus resultierende Wohlfahrtsgewinn $(K-SC)$ auf beide
Marktseiten symmetrisch verteilt wird.

---

[87] Worin könnten diese in Diamonds Modellrahmen bestehen? Vorstellbar wäre etwa, daß der Kapitalnehmer sich bereit erklärt, dem Kapitalgeber bereits über die laufende Geschäftsentwicklung
Rechenschaft abzulegen. Sollte sich dann für die Geschäftsentwicklung ein ungünstiger Verlauf
abzeichnen, wären dem Kapitalgeber Mitwirkungs- oder Kündigungsrechte einzuräumen. Man-
gelnde Kooperationsbereitschaft ist in diesem Fall eine beobachtbare und unmittelbar sanktionier-
bare Vertragsverletzung.

[88] Die im Falle revolvierender Finanzierungen unentdeckt bleiben müssen, damit spätere Sanktionie-
rungen am Kapitalmarkt tatsächlich ausbleiben.

[89] Sowohl Zug um Zug Spiele als auch Spiele, bei denen die Spieler gleichzeitig ziehen, können
gleichermaßen in extensiver Form (Spielbaum) oder in Normalform (Auszahlungsmatrix) dargestellt werden. Vgl. Sieg (2000), S. 33f.

Abbildung 2: Spieltheoretische Modellierung des Finanzierungsproblems

Kapitalnehmer / Kapitalgeber	Opportunismus	Fairneß	Signalling
Ausweichen auf die	0	0	0
Marktalternative	R	R	R
Finanzierung ohne	R+K+PR	K+PR	**PR+(K-SC)/2**
Kontrolle	0	R	**R+(K-SC)/2**
Finanzierung mit	PR-h	PR-(h-R)	PR-SC-(K-SC/2)
Straffunktion	R	R	R
Finanzierung mit	PR	*PR*	PR-(K-SC)/2
Kontrolle	R	*R*	R-(K-SC)/2

Quelle: Eigene Darstellung

Ökonomische Spiele werden üblicherweise entweder mit dem Kriterium der iterierten Dominanz oder mit dem Konzept von Nash-Gleichgewichten gelöst.[90] Dominante (schwach dominante) Strategien sind Aktionen, bei denen unabhängig vom Verhalten des Gegenüber der Spieler mehr (gleich viel) an Auszahlung erhält als bei allen anderen Spielzügen. Bei diesem Spiel führt das Dominanzkriterium aber zu keinem eindeutigen Ergebnis, da der Kapitalgeber seine optimale Strategie an dem ersten Zug des Kapitalnehmers ausrichten wird. Der Kapitalnehmer muß bei Auswahl seines ersten Zuges antizipieren, wie ein nutzenmaximierender Kapitalgeber darauf reagieren wird. Für den Fall, daß er als Kapitalnehmer ein Signalling unterläßt, besteht die Möglichkeit, daß der Kapitalgeber auf die Marktalternative ausweicht. In diesem Fall erhielte der Kapitalgeber mit Sicherheit die marktübliche Verzinsung, während Unternehmerprofite aus mit Informationsasymmetrien belasteten Projekten vollständig entfielen. Eine etwaige Finanzierung solcher Projekte kommt für den Kapitalgeber nur bei Anwesenheit von Kontrollen oder einer Straffunktion in Betracht. Die Durchführung von Kontrollen oder Androhung von Strafen hätten andererseits aber zur Folge, daß der Kapitalnehmer sein Wohlfahrtsoptimum verfehlt. Denn würde er signalisieren, hätte der nutzenmaximierende Kapitalgeber keine Anreize mehr, Kontrollen durchzuführen oder Strafen einzusetzen, da dieser sich mit der Strategie einer Finanzierung ohne

---

[90] Vgl. Sieg (2000), S 11f.

(unbedingte) Kontrolle dann am besten stellt. Mit anderen Worten, bei der Strategie-
kombination „Signalisieren und Finanzierung ohne Kontrollen" handelt es sich um ein
Nash-Gleichgewicht: Wenn jeder Spieler seine Gleichgewichtsstrategie spielt, erhält
jeder eine Auszahlung, die größer ist, als wenn er eine beliebige andere Strategie ver-
folgte. Diese Strategienkombination verkörpert zugleich das sozial wünschenswerte
Ergebnis, da die Gesamtauszahlung mit $R+PR+K-SC$ in diesem Fall ihr Maximum
erreicht. Die Vorteilhaftigkeit wächst mit dem Umfang an möglichen Kontrollko-
stenersparnissen. Von der hieraus entstehenden Kooperationsrente profitieren Kapitalnehmer und Kapitalgeber gemäß der vereinbarten Teilungsregel.

Der Kapitalnehmer ist daher ab dem ersten Spiel Kooperationsanreizen ausgesetzt,
solange die Kosten glaubwürdiger Signalproduktion niedriger sind als die alternativ
von ihm zu tragenden Kontrollkosten. Der sequentielle Charakter von Finanzierungsbeziehungen verbessert die Bedingungen für Kooperation. Sie rechnet sich gewissermaßen für alle von Anfang an. Der Rückgriff auf eine Infinitätsstruktur oder einen
ungewissen Abbruch bei endlichem Spielhorizont ist anders als bei Gefangenendi-
lemmasituationen nicht notwendig. Bereits eine endliche Spielwiederholung liefert
gegenüber einer einperiodigen Interaktion zusätzliche Sanktionsinstrumente und damit
Kooperationsanreize, denn: in freiheitlichen Wirtschaftssystemen gibt es keinen
Zwang, Finanzierungsbeziehungen zu wiederholen. Das künftige Ende einer Spielwiederholung kann insofern nicht mehr als eine nominelle Obergrenze sein. Ein Aufkün-
digen des Geschäftsinteresses bzw. der Spielabbruch vor Erreichen dieser nominellen
Obergrenze ist jederzeit möglich.[91]

Grundsätzlich profitieren unabhängig vom Zeithorizont nur signalisierungsbereite
Kapitalnehmer von günstigen Finanzierungskonditionen. Für den Fall, daß wider Erwarten dem „findigen" Kapitalnehmer überraschende Ausbeutungserfolge gelingen,
werden mit „tit for tat" für die (endliche) Zukunft zusätzliche Sanktionen wirksam.
Entweder bleiben Anschlußfinanzierungen ganz aus oder aber der Kapitalnehmer muß
bei Folgefinanzierungen seine Kapitalgeber mit entsprechend höheren (überdurch-
schnittlichen) Wertzuwachsversprechen oder wesentlich sensibleren und teueren
Signalisierungsmethoden wieder versöhnen.

Vor diesem Hintergrund ist das von Diamond entwickelte Konstrukt einer Straffunktion kritisch zu bewerten. In seine zunächst einperiodig gesetzte Annahmestruktur wird
nämlich eine Inkonsistenz eingebaut. Diamond beschreibt mögliche Strafen mit nega-

---

[91] Mit anderen Worten ist auf einem Kapitalmarkt die Ankündigung einer modifizierten „tit for tat"
Strategie seitens der Kapitalgeber ein glaubwürdiges Drohinstrument. Die Modifikation kann in
dem zusätzlichen Vorhandensein einer permanenten Exit-Option gesehen werden. Sie führt zu einer Vergrößerung von Spielkontexten, bei denen von rationalen Individuen Kooperation erwartet
werden kann.

tiven Sanktionen wie die zeitaufwendige und öffentlich bloßstellende Verwicklung in Konkursverfahren und den Suchkosten des gefeuerten Managers bei reputationsbedingt verringertem Marktwert.[92] Auf diese Weise führt er u. a. explizit Reputationsgesichtspunkte in seine Analyse ein.[93] Ein reputationsbasierter Sanktions- und Wettbewerbsmechanismus greift aber aus spieltheoretischer Sicht nur in mehrperiodigen Interaktionsprozessen.[94] Diamond übersieht diese Problematik, indem er einerseits eine einperiodige Modellökonomie beschreibt und andererseits Strafen konstruiert, die Mehrperiodigkeit voraussetzen. Im Grunde entsteht hier ein theoretisches Dilemma: Soll es sich um ein einperiodiges Modell handeln, wäre eine andere Straffunktion zu konstruieren. Wird hingegen Mehrperiodigkeit zugelassen, würde ein Pfeiler seines Grundmodells nicht mehr tragen, da die Nutzen-Kosten Kalküle der Entscheidungsträger eine andere Gestalt annähmen. Allerdings wäre eine (generell) einperiodige Betrachtung für eine passende Abbildung realen Wirtschaftsgeschehens wenig überzeugend.

3.3.3 Bedeutung einer heterogenen Vermögensverteilung

Die Annahme, jeder Kapitalgeber verfüge über den gleichen Anlagebetrag, stimmt nicht mit der Empirie überein. Realiter hängt die Höhe des individuellen Sparaufkommens zu einem bestimmten Zeitpunkt von einer Vielzahl von subjektiven Faktoren ab, vor allem dem individuell verfügbaren Einkommen und der individuellen Position im Lebenszyklus. Die Antwort auf die Frage, wie sich eine adäquate Prämissenmodifikation auf die Modellstabilität auswirkt, muß für einen risikoneutralen und einen risikoaversen Modellkontext getrennt gegeben werden.

Unter Risikoneutralität ist die Berechnung von Erwartungswerten als Entscheidungsgrundlage mit einer Maximierung des Erwartungsnutzens vereinbar, so daß die Argumentation im Grundmodell im wesentlichen beibehalten werden kann. Allerdings kann nun auch die Möglichkeit bestehen, daß ein vermögender Privatinvestor in der Lage ist, ein Projekt in ganzem Umfang selbstständig zu finanzieren. Sofern dieser seine Kontrolltechnologie gegenüber derjenigen des Intermediärs für überlegen hält, könnten Vorteilhaftigkeitsüberlegungen eine Direktfinanzierung nahelegen.

Unter Risikoaversion wäre der Privatinvestor zudem bemüht, das spezifische Risiko mit dem restlichen Vermögensbetrag soweit wie möglich zu diversifizieren. Die bei

---

[92] Vgl. Diamond (1984), S. 396.
[93] Problematisieren ließe sich auch die mit der Verwicklung in Konkursverfahren angedeutete Anwesenheit einer Rechtsordnung hinsichtlich der Schlüssigkeit der gesamten Modellstruktur.
[94] Zu den genaueren Voraussetzungen vergleiche die Ausführungen im vorigen Abschnitt.

unzureichender Diversifikation geforderte Risikoprämie variiert individuell mit der Höhe des jeweiligen Sparbetrages.[95] Eine Direktfinanzierung gewinnt folglich in dem Maße an Attraktivität und Wettbewerbsfähigkeit, wie die individuelle Kontrolltechnologie als überlegen eingeschätzt wird und gleichzeitig eine geeignet hohe Sparsumme eine hinreichende Diversifikation erlaubt.

3.3.4 Bedeutung von Risikoaversion

Geht man statt von Risikoneutralität von Risikoaversion aller Entscheidungsträger aus, so sind die voranstehenden Überlegungen zu erweitern. Einerseits werden diejenigen Wirtschaftssubjekte, die Teile des Risikos tragen, hierfür eine angemessene Entschädigung in Form einer entsprechenden Risikoprämie einfordern. Andererseits ist von Bedeutung, inwieweit einzelne Finanzierungsarrangements überhaupt noch eine geeignete Risikenteilung und Risikenallokation zwischen den beteiligten Entscheidungsträgern zulassen.

In dieser Hinsicht wäre für den Fall der Direktfinanzierung über einen Standardkreditvertrag mit Straffunktion nachzutragen, daß dieser überhaupt keine Risikoteilung ermöglicht. Anreizkompatibilität und Risikoteilung wären unvereinbar. Der Preis der auf diese Weise geschaffenen Anreizkompatibilität setzt sich gewissermaßen neben den erwarteten Strafkosten auch noch aus den Wohlfahrtsverlusten einer vollständigen Risikokonzentration auf die Gruppe der Unternehmer zusammen.[96]

Im Unterschied dazu kann in einem System indirekter Kontrolle immerhin eine Risikoteilung zwischen Unternehmern und Intermediär stattfinden, da das Anreizproblem hier über Kontrollen beseitigt ist. Erfolgsabhängige Rückzahlungen der Unternehmer an den Intermediär und damit Risikoteilung zwischen diesen Wirtschaftssubjekten stehen nicht im Widerspruch zur Anreizkompatibilität.[97] Andererseits bleibt auch im

---

[95] Wobei streng genommen fraglich ist, ob individuell tatsächlich eine Risikoprämie eingefordert werden kann. Sofern die Mehrzahl der Marktteilnehmer über hinreichendes Diversifikationspotenzial verfügt, ist anzunehmen, daß diese Gruppe von Marktteilnehmern die Finanzierungskonditionen prägt. Risikoprämien für diversifizierbares Risiko würden dann nicht am Markt gehandelt.

[96] Vgl. Diamond (1984), S. 404.

[97] Diese Feststellungen von Diamond lassen sich noch um eine Verbindung mit der von ihm angenommenen Vermögenslosigkeit der Unternehmer erweitern: Die Vermögenslosigkeit der Unternehmer verhärtet gewissermaßen die Wohlfahrtseinbußen durch suboptimale Risikoteilung im Fall der Direktfinanzierung. Denn wären sie nicht vermögenslos, könnten sie ihre gewünschte Risikoposition durch komplementäre Dispositionen auf dem Kapitalmarkt auf Umwegen letztlich doch erreichen. In der Realität werden sowohl quasi vermögenslose Jung- und Erstunternehmer als auch vermögend(er)e Kapitalnehmer anzutreffen sein. Wohlfahrtstheoretisch kann hieraus nur gefolgert werden, daß jedes Finanzierungssystem, sei es nun eher direkt oder stärker indirekt akzentuiert, optimalerweise stets beide Finanzierungsweisen zur Verfügung stellen sollte. Insbesondere kann der Standardkreditvertrag als klassische intermediäre Finanzierungsfazilität für eine Vielzahl von

intermediären Beziehungssystem im Verhältnis zwischen dem Intermediär und seinen Kapitalgebern ein trade off zwischen zwischen Anreizkompatibilität und Risikoteilung fortbestehen. Allerdings läßt sich auch hier einwenden, daß dies nicht zwingend der Fall sein muß, sofern mit den Sparbeträgen gleichzeitig präferenzgerecht noch riskantere Finanzierungstitel erworben werden können.

Bleibt aber ein System delegierter Kontrolle unter den geänderten Voraussetzungen überhaupt vorteilhaft? Zum einen wird dies in der Literatur in Abgrenzung zu Diamond mit dem Hinweis bejaht[98], der Intermediär könne quasi-sichere Durchschnittsergebnisse erzielen. Die Prämisse der Risikoaversion führe in diesem Sinne gar nicht zu einer Relativierung der Modellstruktur. Diamond selbst geht aber dezidiert von der Notwendigkeit hierzu aus. Zudem werden seine Ausführungen an dieser Stelle vorsichtiger. Dabei räumt er ein, weniger ein realistisches und vollständiges Modell zur Finanzintermediation liefern zu können, als vielmehr das Verständnis von Diversifikation als Instrument zur Senkung von Delegationskosten weiter zu vertiefen.[99] Unter Risikoaversion gelte es nicht nur Delegationskosten in Form von etwaigen Strafen zu berücksichtigen, sondern zusätzlich auch die durchschnittlich auf ein Projekt entfallende Risikoprämie. Die Grundidee von Diamonds Ausführungen besteht nun darin, daß Intermediation nur dann lebensfähig bleibt, wenn die durchschnittliche Risikoprämie sinkt. Diese Bedingung wird jedoch nicht mit Sicherheit erfüllt, sondern hängt von weiteren Annahmen ab, die in einer Fallunterscheidung münden:

- Wird die Diversifikation von einer Bank durchgeführt, bei der mit der Anzahl von betreuten Projekten in gleichem Maße auch die Anzahl der betreuenden Bankmitarbeiter steigt, liegt eine überlebensfähige Intermediation vor. Dieser Diversifikationstyp („*diversification by subdividing risk*") funktioniert, weil jedes unabhängige Risiko von einer wachsenden Anzahl von Bankmitarbeitern geteilt werden könne. Jeder Mitarbeiter trage so nur noch ein beliebig kleines Risiko.

- Besteht die Bank hingegen aus einer einzigen Person, ist eine Minimierung der durchschnittlichen Risikoprämie und damit die Überlebensfähigkeit des Finanzintermediärs nicht mehr ohne Weiteres gegeben. Die Einbeziehung eines zusätzlichen Projektes vergrößert stets nicht nur die Höhe der erwarteten Einzahlungen, sondern gleichzeitig das Risiko der Gesamtposition. Auf den erwarteten Nutzen des Bankmanagers wirken damit simultan zwei gegenläufige Effekte. Bei diesem Diversifikationstyp („*diversification by adding risks*") wird eine Verringerung der durchschnitt-

---

Finanzierungsbedürfnissen inadäquat sein. Das Wachstum von Venture Capital Fonds, die vermögensarmen Jungunternehmern u. a. Beteiligungskapital anbieten, kann vor diesem Hintergrund als die Füllung einer Marktnische gesehen werden.

[98] Etwa von Breuer (1993), S. 146 u. S. 200ff.

[99] Vgl. Diamond (1984), S. 403.

lichen Risikoprämie nur noch bei speziellen Nutzenfunktionen erreicht. Für den Fall quadratischer Nutzenfunktionen mit zunehmender absoluter Risikoaversion kommt es bspw. zu einer Erhöhung der durchschnittlichen Risikoprämie.

Sowohl gegen die Betrachtungsweise in der Sekundärliteratur als auch gegen die Ansichten Diamonds selbst lassen sich Einwendungen erheben:

Der Hinweis auf sichere Durchschnittserträge vernachlässigt den Umstand, daß der aggregierte Einzahlungsüberschuß des Intermediärs keineswegs eine sichere Größe ist, sondern eine Volatilität (Standardabweichung) in Höhe von $\sqrt{n} \cdot \sigma$ besitzt. Diamond expliziert die Höhe der Volatilität nicht, sondern argumentiert im Hauptteil gleichfalls mit der Anwendbarkeit des (schwachen) Gesetzes der großen Zahlen. Insofern wirkt die Begriffswahl *diversification by adding risks* im vierten Abschnitt überraschend. Tatsächlich steigt zwar die vom Intermediär übernommene Risikomenge mit der Anzahl finanzierter Projekte, aber aufgrund der auftretenden Diversifikationseffekte unterproportional.[100] Denn ohne Diversifikationseffekte würde eine Volatilität in Höhe von $n \cdot \sigma$ bestehen. In diesem Sinne kann entgegen Diamond selbst bei quadratischem Verlauf der Nutzenfunktion Finanzintermediation vorteilhaft bleiben, nämlich dann, wenn der Effekt einer gesunkenen Risikomenge (Mengeneffekt) auf die durchschnittliche Risikoprämie denjenigen einer höheren Risikoaversion (Preiseffekt) dominiert.

Aber selbst wenn für sich betrachtet der Effekt einer gesunkenen Risikomenge nicht dominiert, kann deshalb nicht gleich die Gültigkeit des Grundmodells in Frage gestellt werden. Genausowenig überzeugend ist es, die Vorteilhaftigkeit der Finanzintermediation an eine möglichst große Anzahl beteiligter Bankmitarbeiter zu koppeln. Realistischerweise wird man anders als im Modell von einem abnehmenden Grenznutzen der Arbeit und von mit zunehmender Personalintensität auftretenden organisatorischen Ineffizienzen ausgehen müssen.

Hier soll abweichend von Diamond deshalb eine Argumentationslinie mit größerem Praxisbezug vorgestellt werden:

Solange das Insolvenzrisiko vernachlässigbar bleibt, tragen von den beteiligten Akteuren in einem System delegierter Kontrolle grundsätzlich nur Unternehmer und Finanzintermediär Risiken, und zwar unabhängig davon, ob Risikoneutralität oder Risikoaversion vorherrscht. Bei einem Übergang von Risikoneutralität zu Risikoaversion verändern sich jedoch die Teilnahmebedingungen der einzelnen Entscheidungsträger. In welcher Weise sich die jeweiligen Renditeansprüche modifizieren, hängt dann konkret von der getroffenen Rückzahlungsvereinbarung ab. Je erfolgsabhängiger die

---

[100] Diese sind so stark, daß der Intermediär jedenfalls keinem Insolvenzrisiko unterliegt.

Rückzahlungsvereinbarungen für den Intermediär ausfallen, desto höher wird die von ihm eingeforderte Risikoprämie sein. Auch der Unternehmer wird an seine Vergütung höhere risikoadjustierte Anforderungen stellen. In dieser Hinsicht besteht die einzige Konsequenz von Risikoaversion darin, daß sich die kritische Renditeanforderung an finanzierungswürdige Projekte erhöht. Es ist zwar möglich, daß für einen einzelnen Bankmanager, für eine kleine Gruppe von Bankmitarbeitern bzw. für die verschiedenen Eigner der Bank das Tragen des gesamten Risikos unter Umständen nicht nutzenmaximal ist.

Dies ist aber solange unbedenklich, wie gewährleistet ist, daß auf dem Kapitalmarkt komplementär eine präferenzadäquate Reallokation der Risiken möglich ist.[101]

Schuldvertrag mit Straffunktion bei Risikoaversion

Die Integration einer Straffunktion in den Schuldvertrag soll den Kapitalgeber vor opportunistischem Verhalten des Kapitalnehmers schützen, wobei die Existenz einer potentiellen deadweight penalty selbst bei einer optimalen Straffunktion als unvermeidlich angesehen wird. In einer risikoneutralen Welt mag diese Konstruktion eine gewisse Plausibilität besitzen, solange sich die erwarteten Strafkosten auf einem verhältnismäßig geringen Niveau befinden und durch die Annahme identischer Verteilungen Verzerrungen zwischen den Projekten ausgeschlossen bleiben.

In der Realität muß jedoch davon ausgegangen werden, daß die erwarteten Projekterträge unterschiedlich verteilt sowie unterschiedlich hoch und riskant sind. Es stellt sich dann die Frage, ob die Existenz der Straffunktion allokative Verzerrungen herrvoruft. Allokative Verzerrungen wären dann gegeben, wenn die Straffunktion riskantere Projekte in Form höherer erwarteter Strafkosten verteuert, obwohl die risikoadjustierten Renditen der Projekte keine Unterschiede aufweisen und das Ausmaß des bei ihnen vermuteten opportunistischen Verhaltens identisch ist.

---

[101] Für eine vollständige Analyse gilt es schließlich aufzuzeigen, inwiefern die beiden direkten Finanzierungsmodi auch unter Risikoaversion ökonomisch minderwertig bleiben. Bei direkter Finanzierung wäre jeder Kapitalgeber bemüht, das auf ihn fallende Ausfallrisiko soweit wie möglich zu diversifizieren. Im Falle einer Direktfinanzierung mit individueller Kontrolle würden sich die Kontrollkosten im Extremfall von $m \cdot k$ auf $n \cdot m \cdot k$ pro Projekt erhöhen, da alle $n \cdot m$ Kapitalgeber aus reinen Risikoerwägungen an der Finanzierung jedes Projektes beteiligt wären. Allerdings ist davon auszugehen, daß die Diversifikation individuell an dem Punkt abgebrochen wird, bei dem die zusätzlichen Kontrollkosten den zusätzlichen Diversifikationsnutzen übersteigen. Bei einer Direktfinanzierung mit Straffunktion kommt es hingegen nicht zu einer weiteren Vervielfachung der Kontrollkosten. Allerdings wird auch hier Diversifikation wegen Unteilbarkeiten nur begrenzt möglich sein. Die gesamte Risikomenge wäre hier größer als in einem System delegierter Kontrolle, bei dem der Intermediär durch Pooling der Ersparnisse das Potenzial an Risikominderung maximal ausreizen kann. Weiterhin wird auch der kapitalsuchende Unternehmer eine intermediäre Finanzierungsstruktur vorziehen, da der sonst von ihm zu tragende strafbedingte Wohlfahrtsverlust größer ist als zuvor. Das Sicherheitsäquivalent der Strafe ist (betragsmäßig) höher als ihr Erwartungswert.

Unter Risikoneutralität ist der Nennwert h des Schuldvertrages für das riskantere Projekt um eine zusätzliche Ausfallprämie gegenüber dem weniger riskanten Projekt zu erhöhen. Unter Risikoaversion hat sich h darüber hinaus im Vergleich zu der weniger riskanten Anlage um eine entsprechend größere Risikoprämie zu erhöhen. Um diese zusätzliche Prämie erhöht sich für riskantere Projekte somit h. Da sich die erwarteten Strafkosten aber nach $[h\text{-}R]$ bemessen, steigen diese mit zunehmendem Risikogehalt der Projekte.

Dies hätte zur Folge, daß von zwei risikoadjustiert gleichwertigen Projekten, das riskantere von ihnen in Höhe der zusätzlich erwarteten Strafkosten verteuert wird. Es kommt zu allokativen Verzerrungen. Insofern wäre das Konstrukt einer derart konzipierten Straffunktion in der realen Welt nur dann zu rechtfertigen, wenn bei riskanten Projekten die Neigung zu opportunistischen Verhalten stärker als bei anderen Projekten ausgeprägt ist. In dem Maße wie dies aber nicht der Fall ist, impliziert der Einsatz einer solchen Straffunktion wegen der dann von ihr ausgehenden nachhaltigen Beeinträchtigung des volkswirtschaftlichen Innovationsklimas entsprechende zusätzliche volkswirtschaftliche dead-weight-penalties.

3.3.5 Konnexität zwischen Kontrollen und Pooling der Anlagebeträge

Im Grundmodell kommt es bei individueller Kontrolle zu einer Vervielfachung des Monitoringaufwandes, da angenommen wird, daß die Kontrollanstrengungen Dritter nicht beobachtbar sind. Der Schutz vor opportunistischem Verhalten bleibt insofern an die Durchführung individueller Kontrollen gekoppelt. Jeder Unternehmer muß so stets von der Gesamtheit seiner Kapitalgeber kontrolliert werden. Hierin ist dann der Grund zu sehen, warum diese Kontraktmöglichkeit in der weiteren Betrachtung als teuerste Alternative zuerst ausscheidet.

Diese Vorstellung muß aber für nutzenmaximierende Entscheidungsträger als nicht tragfähig verworfen werden. Denn ein Kapitalgeber, der sich zur Kontrolle unter Anfall von privaten Kosten entschließt, wird, gerade weil auch der anfallende Informationsgewinn privaten Charakter hat, Anreize haben, die Erträge aus der Informationsproduktion zu veräußern.[102] Ein solches Angebot stößt auch auf potentielle Nachfrage, solange der Preis unter dem Niveau individueller Kontrollkosten bleibt. Es besteht folglich das Potenzial einer Vielzahl vorteilhafter Tauschmöglichkeiten. Mit der Anzahl der Kapitalgeber wächst der Umfang an Weiterveräußerungserlösen aus der erho-

---

[102] Diese Argumentation stellt keineswegs ein gedankliches Artefakt dar. So haben sich auf den Finanzmärkten auch solche Ratingagenturen etabliert, die ihre ökonomische Lebensfähigkeit da-

benen Information. In gewisser Hinsicht läßt sich sogar das Argument des first-mover-advantage anführen: ein Pionierkontrolleur hat das größte Marktpotenzial, da praktisch noch keine Informationsdiffusion eingesetzt hat. Letztlich wird auf diese Weise Diamonds Grundüberlegung in ihr Gegenteil verkehrt: Individuelle Kontrolle wird um so vorteilhafter, je größer der Kreis der (noch uninformierten) Kapitalgeber pro Projekt ist.

Für reale Begebenheiten muß möglicherweise aber vielmehr gefragt werden, welche Anreizkonstellation entsteht, wenn die erhobene Information entgegen Diamond öffentlichen Charakter hat. Entfallen bei Öffentlichkeit erhobener Informationen jegliche Anreize zur Informationsproduktion?

Diese Frage wird in der Literatur[103] zum Teil eindeutig bejaht. Es wird darauf hingewiesen, daß unter diesen Umständen jeder Anreize hätte, via Trittbrettfahrerverhalten an den Früchten der Kontrollanstrengung Dritter ohne eigenen Beitrag zu partizipieren. Da so letztlich keiner motiviert sei zu kontrollieren, unterbleibt die Kontrolle, so daß der Unternehmer keiner Bremse für opportunistisches Verhalten unterliegt.

Dagegen läßt sich aber einwenden, daß Anleger mit rationalen Erwartungen dieses Kooperationsdilemma sofort erkennen müßten. Mit dem Erkennen dieser Problematik wäre es für individuelle Nutzenmaximierer ggf. wieder rational zu kontrollieren, und zwar dann, wenn die Kontrollkosten geringfügiger sind als der Kontrollnutzen in Form des gesicherten Vermögens(-gewinns). Da realistischerweise eine heterogene Vermögensverteilung angenommen werden muß, werden insbesondere größere Kapitalgeber Anreize haben, die Kontrolle auch tatsächlich durchzuführen.

Unabhängig davon ist zu berücksichtigen, daß im realen Wirtschaftsgeschehen immer auch Kapitalnehmer existieren, über deren projektbedingtes immanentes Ausfallrisiko ebenso wie über die Abwesenheit von Verhaltensrisiken (mehr) Klarheit besteht. Sie liefern gewissermaßen die Bezugspunkte hinsichtlich der Finanzierungskonditionen für Kapitalnehmer, über deren Glaubwürdigkeit, Verhalten und/oder Projektbeschaffenheit Unwägbarkeiten verbleiben. Solange für ein gegebenes Sparvolumen das Reservoir an „gutartigen" Anlagealternativen nicht ausgeschöpft ist, werden „weniger gutartige" Projekte entweder gar nicht oder zu schlechteren Konditionen berücksichtigt.

Da letztlich kein Kapitalnehmer an einer solchen Abstrafung durch den Markt Interesse haben kann, eröffnet sich ein Marktpotenzial für professionelle Informationsprodu-

---

durch sichern können, daß sie die Ergebnisse ihrer Informationserhebungen entgeltlich an einzelne Gläubiger veräußern. Vgl. Estrella (2000), S. 12.
[103] Vgl. Spicher (1997), S. 97.

zenten. Diese müssen dabei nicht einmal selbst als Kapitalgeber auftreten, wie der Markterfolg von Rating-Agenturen belegt. Die Öffentlichkeit standardisierter (Bonitäts-) Informationen vermindert aber nicht etwaige Anreize zu ihrer Produktion, sondern kann als gleichzeitig im Interesse von Kapitalnehmer und Informationsproduzenten liegend angesehen werden: Ein informiertes Marktpublikum eröffnet dem Kapitalnehmer den Zugang zu einem breiten Spektrum potentieller zinsgünstiger(er) Finanzierungsquellen.[104] Genau damit kann andererseits der Intermediär (im weiteren Sinne) werben, um die Nachfrage nach seiner entgeltlich angebotenen Rating-Dienstleistung schmackhaft[105] zu machen. Insoweit Initiative und damit Kosteninzidenz zur Durchführung des Rating vom Kapitalnehmer ausgeht, ist dies mit drei unterschiedlichen Argumenten begründbar. Einerseits kann dies als Ausfluß des Umstands angesehen werden, daß in einer Welt mit rationalen Erwartungen und genügend „gutartigen" Anlagealternativen die Inzidenz der Agency-costs in Gestalt der Rating-Costs bei derjenigen Marktpartei anfallen, bei deren Einordnung sonst irritierende Unwägbarkeiten verblieben. Andererseits kann aus Schuldnersicht argumentiert werden, daß selbst bei maximaler individueller Kooperationsbereitschaft ein autonomes Signalverhalten vergleichsweise unwirtschaftlich gegenüber der Delegation an einen Intermediär erscheinen mag. Schließlich mag die Inzidenz dieser Form der Signalproduktion nur formell beim Kapitalnehmer liegen: Die Entgelte für Informationsdienstleistungen lassen sich möglicherweise auf diese Weise erhebungstechnisch am einfachsten sichern, während der Kapitalnehmer ggf. ein Teil dieser Kosten wiederum über geringere Zinsen an das breite Gläubigerkollektiv weiterwälzt. Denn auch dieses hat ja letztlich ein ökonomisches Interesse an einer soliden Informationsbasis.

Abschließend kann festgehalten werden, daß eine theoretisch zwingende Konnexität zwischen Informationsproduktion bzw. Kontrollen und dem Pooling von Anlagebeträgen nicht gegeben ist.

---

[104] Dazu abweichend verweist Diamond (1984, S. 395) darauf, daß Unternehmer an Öffentlichkeit kein Intersse haben können, damit die Informationen nicht in die Hände von Wettbewerbern kommen. Bei der (standardisierten) Kreditwürdigkeitsprüfung werden Geschäftsberichte, Bilanzen und Finanzpläne analysiert sowie Befragungen von Verantwortlichen ausgewertet, um ein Bild von der bisherigen und künftigen Geschäftsentwicklung zu gewinnen. Da aber die Gesamteinschätzung in der Angabe einer einzelnen Zahl - dem Rating - mündet, kann die Anonymität der Geschäftsdaten gewahrt bleiben (Vgl. Blattner 1997, S. 234). Ob Öffentlichkeit und Charakter von Bonitätsinformationen insofern tatsächlich der Preisgabe von „Geschäftsgeheimnissen" gleichkommen, sei dahingestellt. Schließlich können in diesem Punkt sensible Kunden als ein spezielles Marktsegment aufgefaßt werden, das über hierauf abgestimmte Produkte (bspw. durch nur private Weitervergabe von Informationen) bedient wird. Jedenfalls wären angestrebten Diskretionsvorteilen mögliche Nachteile durch höhere Kapitalkosten gegenüberzustellen.

[105] Daneben tritt als das eigentlich ökonomisch bedeutsame Erfolgskriterium - die in der Vergangenheit und für die Zukunft erwartete Präzision der intermediären Informationsverarbeitung.

3.3.6   Informationsasymmetrien als Bestimmungsgrund für die intermediäre Bilanzstruktur

Das Modell der delegierten Kontrolle hat zwei Implikationen für die Bilanzstruktur eines Finanzintermediärs. Als optimale Kapitalüberlassungsform von Mitteln an einen Intermediär werden mit Hinweis auf die Anreizkompatibilität festverzinsliche Anlagemodalitäten abgeleitet. Hieraus ergibt sich unmittelbar, warum die Kapitalstruktur des Intermediärs durch Fremdkapital determiniert ist. Andererseits lassen sich indirekt auch Aussagen über den Charakter der Vermögensstruktur treffen. Da die vom Intermediär erhobene Information privaten Charakter hat, stünde einer Veräußerung an Dritte das Problem einer adversen Selektion entgegen. In jedem Fall ginge mit einem Verkauf eine Duplizierung des Kontrollaufwandes einher. Der Neuerwerber hat Interesse daran, nur solche Aktiva zu übernehmen, die die versprochenen Marktqualitäten tatsächlich besitzen. Hiervon wird er sich durch eigene Informationserhebung überzeugen müssen.[106] Zusammengenommen begründet Diamond so die Illiquidität des Vermögens und eine schuldbestimmte Kapitalstruktur des Intermediärs.

Die Anwendbarkeit dieses Modells sieht Diamond insbesondere für Banken (commercial banks) und Versicherungsgesellschaften als gegeben an. Da in der Realität bei diesen tatsächlich schuldartige Einlagenverträge zusammen mit dem klassischen, verbrieften und nichthandelbaren Bankkrediten zu beobachten sind, könnte hierin ein Indiz für die Gültigkeit dieser Modellaussage gesehen werden.[107]

Dagegen sprechen aber folgende Gesichtspunkte: Banken sind in der Realität Wirtschaftssubjekte, die am Markt etabliert sind und deren Lebensdauer dem spieltheoretischen Ideal einer Infinität nahe sind. Dies gilt um so mehr, wenn man die Bedeutung von Geld, als dessen Emittent eine Bank auftritt, in der Volkswirtschaft betrachtet. Daraus läßt sich folgern, daß zwischen Intermediär und Einleger gar kein Anreizproblem besteht, da der Intermediär ein ökonomisches Interesse am Aufbau seiner Reputation haben muß. Hat er aber wiederum ein ökonomisches Interesse am Aufbau seiner Reputation, besteht keine Notwendigkeit mehr, anreizkompatible Arrangements (hier Schuldvertrag in Verbindung mit Straffunktion) zu begründen. Die Produkte der Bank können mit anderen Worten durchaus Risiko beinhalten. Sie müssen dafür nur die marktüblichen Prämien bieten.

---

[106] Vgl. Diamond (1984), S. 410.
[107] Die Funktionalität eines illiquiden Kreditportefeuilles in Zusammenspiel mit liquiden Einlagen wird zudem mit der von diesem ausgehenden Selbstbindung begründet, die versprochene Kontrolle im Interesse ihrer eigenen Gewinnmaximierung auch tatsächlich durchzuführen. Vgl. Bank (1998), S.300.

Vielversprechender muß demgegenüber ein Ansatz sein, der den Schuldcharakter der Bankpassiva über Eigenschaften und Funktionen von Geld zu erklären versucht. Seine Existenz ist als transaktionskostensenkendes Medium aus arbeitsteiligen Volkswirtschaften nicht wegzudenken. Wenn dies aber so ist, so kann die Frage des Charakters von Bankpassiva nicht losgelöst von der Frage gesehen werden, welche Eigenschaften „optimales Geld" haben sollte. Zu den Anforderungen zählt u.a. eine breite Akzeptanz im Publikum.

Die Nichthandelbarkeit von Bankkrediten allein an die Befürchtung potentieller Käufer zu knüpfen, der Insider Bank könnte ihnen vor allem die schlechten Risiken andienen, übersieht wiederum die für eine Bank vorhandenen Anreize zu reputationsschonendem Verhalten. Auch bestehen vom Standpunkt der Gewinnmaximierung Anreize zu einer sorgfältigen Kreditvergabe einschließlich nachfolgender Bonitätskontrolle unabhängig davon, ob der Kredit handelbar oder nicht handelbar ist. Es stellt sich die Frage, was die Handelbarkeit von Bankkrediten beeinträchtigen kann, auch wenn kein systematischer Opportunismus droht. Sofern der Kreditvergabe ein internes Rating zugrundeliegt, ist die Handelbarkeit der Titel bereits durch die fehlende Standardisierung eingeschränkt. Dieses Hemmnis für die Handelbarkeit besteht zunächst einmal unabhängig von der Qualität der bankinternen Erstkreditwürdigkeitsprüfung und auch unabhängig von der tatsächlichen Güte der zum Verkauf vorhergesehenen Aktiva. Andererseits erschwert bzw. verteuert die Illiquidität solcher Aktiva die Risiko-, Portfolio- und Bilanzstruktursteuerung der Bank, so daß sie im Grunde bei gleicher Bonität einer verbrieften Anleihe diese c. p. im Rahmen ihres Aktivgeschäftes vorziehen müßte. Ihren Geldschöpfungsauftrag und die daraus resultierenden Gewinne kann sie ohne weiteres auch durch die Monetisierung verbriefter Aktiva realisieren. Eine Bank, die dennoch zum Erwerb illiquider Aktiva bereit ist, wird hierfür einen entsprechenden Zinsaufschlag einfordern. Dieser orientiert sich an den Kosten der Illiquidität. Orientierungsgröße hierfür könnten die Kosten für die Herstellung nachträglicher Handelbarkeit durch Asset Backed Securities sein. Dabei werden Kreditforderungen in einem Pool zusammengefaßt und dagegen Wertpapiere emittiert. Mittels dieser Verbriefung (Securitization) werden Aktiva handelbar gemacht. Das Verfahren hierfür ist aber organisationstechnisch aufwendig und erfordert u. a. die Inanspruchnahme von externen Ratingagenturen, die gewissermaßen nachträglich das Standardisierungserfordernis bei der Beurteilung der Finanztitel erbringen.[108] Die Kosten hierfür wird der Intermediär bei der Kalkulierung seiner Kreditkonditionen berücksichtigen. Diese marktdifferente Prämie induziert andererseits Anreize für Kapitalnehmer, sich von vornherein einem standardisierten Rating zu unterziehen. Sofern der Kapitalnehmer aber eine starke Präferenz für Diskretion hat, kann die Entrichtung dieser Prämie

---

[108] Für eine praxelogische Anschauung vgl. Die FAZ vom 10.07.2000.

dennoch in seinem Interesse liegen. Selbst wenn die Bank letztlich doch ein externes Rating durchführen läßt, bleibt die gewünschte Anonymität gewahrt, da die Öffentlichkeit des Bonitätsurteils sich immer nur auf einen Pool oder eine spezifische Tranche bezieht.

Exkurs: Finanzintermediation und Verbriefung

Der Trend zu wertpapierunterlegten Finanzierungsstrukturen (Securitization) führt nicht zwangsläufig zur Disintermediation im Sinne einer Abnahme indirekter Finanzierungsbeziehungen. Selbst wenn das traditionelle Kreditgeschäft der Höhe nach rückläufig wird, kann das Volumen indirekter Finanzierungen durch ein entgegengerichtetes Wachstum von Investmentfonds insgesamt unverändert bleiben. Zudem steht der Umfang intermediärer Informationsproduktion in keiner unmittelbaren kausalen Beziehung zu dem bilanzwirksamen Geschäftsvolumen, da entgeltliche Informationsdienstleistungen gleichfalls in Form von Provisionsgeschäften möglich sind.

Die Bilanzwirksamkeit bleibt auch erhalten, falls Intermediäre ihrerseits für das Aktivgeschäft benötigte Mittel über die Emission verbriefter Zahlungsanwartschaften beschaffen. Gehen Kreditinstitute verstärkt zu einer verbrieften Mittelbeschaffung etwa durch die Begebung von Bankschuldverschreibungen über, ändern sich ihre Bilanzen nur von der Kapitalstruktur her, aber nicht der Höhe nach. Dieses Phänomen wird auch als „bilanzwirksame Verbriefung" bezeichnet.[109]

Selbst bei einer Verbriefung im Rahmen eines Asset Backed Financing, bei dem ein Pool von Kreditforderungen gegen Zufluß liquider Mittel an eine Zweckgesellschaft (Special Purpose Vehicle)[110] abgetreten wird, ändert sich die Bilanz zunächst einmal nur der Vermögensstruktur nach. Ob die Bilanz sich verkürzt oder aber die Bilanzsumme erhalten bleibt, hängt davon ab, ob diese Mittel zur Schuldbegleichung oder einer risikopolitisch motivierten Neuausrichtung des Aktivgeschäfts eingesetzt werden. Gesamtwirtschaftlich ändert sich das Ausmaß bilanzwirksamer Finanzintermediation nicht, da auch die Zweckgesellschaft als Finanzintermediär anzusehen ist.

Eine bilanzwirksame Verbriefung im Sinne des Umfangs an verwalteten Ersparnissen ist aber auch bei Investmentfonds anzutreffen. Diese emittieren Investmentzertifikate und kaufen hierfür im Gegenzug Wertpapiere. Der ökonomische Hintergrund der Tätigkeit dieser Intermediäre wird im folgenden Kapitel ausführlich dargestellt und diskutiert.

---

[109] Vgl. Deutsche Bundesbank (01/00), S. 41.
[110] Diese refinanziert sich wiederum über die Begebung von Wertpapieren (Asset Backed Securities), deren Schuldendienst aus dem cash-flow des Pools getragen wird. Auf diese Weise werden ggf. vorhandene Kreditrisiken an die Wertpapiererwerber weitergegeben. Für eine detailliertere finanzierungstheoretische Analyse dieses Instruments vgl. Bigus (2000), S. 33ff.

3.4 ALTERNATIVE THEORIEANSÄTZE

In einer mehrperiodigen Betrachtung kann es zu Konstellationen kommen, die bei Finanzierungen Kooperationsprobleme eigener Art aufwerfen. So kann ein verschuldetes Unternehmen in Liquiditätsschwierigkeiten geraten und sich das Erfordernis von Nachverhandlungen ergeben. Zudem kann sich für ein Unternehmen, das seine Erstprojekte (weitgehend) fremdfinanziert hat, die Möglichkeit zur Durchführung von rentablen Zusatzprojekten ergeben. In diesem Zusammenhang bleibt zu hinterfragen, unter welchen Voraussetzungen nur eine Finanzierung gelingt oder andernfalls aufgrund von Interessenkonflikten Unterinvestitionen wahrscheinlich sind. Schließlich kann sich mit der mutmaßlichen Lebensdauer verschiedener Marktakteure auch deren mutmaßliche Verhaltensneigung unterscheiden und sich hieraus eine Existenzberechtigung für Finanzintermediäre ergeben.

3.4.1 Unterinvestitionsprobleme und Nachverhandlungserfordernisse

Kommt ein Unternehmen in zufallsbedingte Zahlungsschwierigkeiten, stellen sich die Beteiligten durch Nichtliquidation dennoch solange besser, wie der Fortführungswert den Liquidationswert übersteigt bzw. neue Projekte einen positiven Marktwert der Unternehmung sichern könnten.

Wenn das Fortbestehen aber nur durch einen anteiligen Forderungsverzicht gewährleistet werden kann, entsteht für ein anonymes und zersplittertes Kapitalgeberkollektiv ein Kooperationsproblem. Die Kooperationsbereitschaft der anderen Kapitalgeber, d. h. ihr teilweiser Forderungsverzicht unterstellt, bleibt der Fortbestand der betreffenden Unternehmung auch ohne eigenen Teilverzicht gewährleistet und damit der Wert der eigenen Nominalforderung unbescholten. Wenn alle anderen Kapitalgeber hingegen zu einem entsprechenden Verzicht nicht bereit sind, reicht der individuelle Forderungsverzicht für einen Fortbestand ohnehin nicht aus und der eigene Anteil am Liquidationswert bleibt wiederum durch Defektion maximal. Da so jeder einzelne Kapitalgeber vom Forderungsverzicht der übrigen im Liquidationsfall profitiert, kommt der gesamtwirtschaftlich erstrebenswerte Forderungsverzicht der Gläubiger tatsächlich nicht zustande.

Findet die Finanzierung hingegen über einen Finanzintermediär[111] statt, kann dieser nichts durch die Verweigerung eines Forderungsverzichtes gewinnen, so daß sich das Problem gesamtwirtschaftlich schädlicher Liquidation nicht stellt. Aber auch in dem Fall einer Finanzierung durch mehrere größere intermediäre Kapitalgeber werden die

---

[111] Für eine modelltheoretisch Explikation vgl. Breuer (1994).

Trittbrettfahrerprobleme leichter zu überwinden sein als in dem Fall eines anonymen Kapitalgeberkreises. Denn diese stehen in einem Reputationswettbewerb, bei dem es sich herumsprechen wird, wer nur in Schönwetterperioden kooperiert und wer die Fundamentaldaten auch in Schlechtwetterphasen nicht aus den Augen verliert.

Allerdings drohen Unterinvestitionsprobleme[112] nicht nur im Wege von temporären Zahlungsschwierigkeiten. Existieren fremdfinanzierte Basisprojekte und erschließen sich zwischenzeitlich rentable negativ korrelierte Ergänzungsprojekte, kommt es zu einem Sicherungseffekt für vorrangige Altansprüche. Dieser Sicherungseffekt bewirkt einen Umverteilungseffekt zu Lasten der neuen Kapitalgeber, der auftritt, falls die Zusatzfinanzierung über Eigenkapital oder nachrangigeres Fremdkapital[113] stattfindet. Die Aufbringung gleichrangigen neuen Fremdkapitals kann ebenfalls im Rahmen von Nachverhandlungen mit Intermediären erleichtert werden.

Kritisch bleibt anzumerken, daß politökonomische Überlegungen ausgeklammert bleiben. So ist die leichtere Mobilisierbarkeit von Partikularinteressen eines kleinen Kapitalgeberkreises aus ordnungspolitischer Sicht bedenklich. Verluste aus privaten Fehlinvestitonen könnten etwa durch Geltendmachung öffentlicher Stützungsinterventionen mit dem Hinweis auf eine (vermeintliche) Fortführungswürdigkeit auf die Steuerzahler abgewälzt werden.

Zum anderen könnte von einem anonymen Sekundärmarkthandel auch eine höhere Informationseffizienz ausgehen, die dem Unternehmen relativ rasch eine bessere Bonität mit günstigeren Refinanzierungskonditionen auf dem Primärmarkt vergütet. Hiervon könnten kompensierende gegenläufige Investitionsanreize ausgehen.

3.4.2 Finanzintermediation und Reputationseffekte

Je größer Wahrscheinlichkeit und Umfang eines revolvierenden Kapitalbedarfes sind, desto besser kann ein Kapitalnehmer über künftig kostspieligere Refinanzierungskonditionen auf dem Kapitalmarkt für sein etwaiges opportunistisches Verhalten negativ sanktioniert werden.

Anders als ein typischer Jungunternehmer, bei dem nicht sicher ist, ob er sich am Markt behaupten kann bzw. auch zukünftig noch Zugang zu rentablen Investitionsprojekten besitzt, hat ein Finanzintermediär einen sicheren revolvierenden Kapitalbedarf. Die Weitergabe etwaiger Informations- und Kontrollkostenvorteile an die Sparer erscheint hierdurch gesichert. Zum anderen bietet sich gerade für junge Unternehmen

---

[112] Grundlegend zum Unterinvestitionsproblem vgl. Myers (1977).
[113] Vgl. Spicher (1997), S. 158-168.

zur glaubwürdigen Neutralisierung von Anreizproblemen die Einschaltung eines Intermediärs an.[114]

Hiergegen kann eingewendet werden, daß Defektionsanreize bei den kapitalnehmenden Unternehmern verblassen, sobald auch diese rationale Erwartungen bilden. Auch werden gerade Jungunternehmer das übergeordnete Ziel einer Maximierung ihres Lebenseinkommen nicht vorschnell aufs Spiel setzen wollen. Zudem ist nicht auszuschließen, daß gerade die, die beim ersten Mal glücklos bleiben, ihre Erfahrungen um so besser beim zweiten Anlauf verwerten können.[115] Aber selbst wenn kein Einkommen mehr aus Unternehmertätigkeit angestrebt wird, so werden möglicherweise negative spill-over Effekte für den Bezug anderen Einkommens berücksichtigt.

3.5 ZUSAMMENFASSUNG

Die Existenz von Informationsasymmetrien in Finanzierungsbeziehungen begründet Transaktionskosten. Zu deren Minimierung können Finanzintermediäre beitragen. Für die Art und Weise, wie Finanzintermediäre dies konkret leisten können, stellt Diamond spezifische Hypothesensysteme auf.

Die von Diamond abgeleiteten Ergebnisse konnten nicht immer bestätigt werden. An verschiedenen Stellen wurde die Notwendigkeit und Möglichkeit aufgezeigt, die Nachfrage nach intermediären Dienstleistungen streng einzelwirtschaftlich abzuleiten. Aus Anlegersicht spielt etwa eine bedeutende Rolle, wie groß das individuelle Vermögen ist, da hiervon abhängt, wieviel Risiken autonom diversifiziert werden können. Aus Kapitalnehmersicht wird eine Rolle spielen, wie hoch die Kosten eines autonomen Signalling gegenüber denjenigen eines delegierten sind. Die Anwesenheit einer mikroökonomischen Fundierung des Modells mußte letztlich an verschiedenen Stellen verneint werden. Generell erschienen die postulierten Defektionsanreize der verschiedenen Beteiligten übertrieben oder nicht zwingend einzelwirtschaftlich begründbar, und zwar weder im einperiodigen noch im mehrperiodigen Kontext. Am allerwenigsten begründbar waren diese für Banken, deren Existenz dem spieltheoretischen Infinitätsideal am nächsten kommt.

Daraus folgt weiter, daß eine schuldbestimmte Passivstruktur von Intermediären mit dem Hinweis der Anreizkompatibilität nicht überzeugend sein kann. Da Banken als Geldemittenten in der Volkswirtschaft auftreten und ein nicht unwesentlicher Anteil

---

[114] Für modelltheoretische Darstellungen vgl. Diamond (1989, 1991) und Breuer (1995).
[115] So sagte Piëch über seine Personalpolitik: „Mir ist einer lieber, der einmal woanders vom Pferd gefallen ist. Dann kann das bei uns nicht mehr passieren." Vgl. Zitat nach Köhn/Prüfer in der Financial Times Deutschland vom 28.06.2000.

ihrer Bilanzsumme von monetären Verbindlichkeiten präformiert wird, erscheint es für den weiteren Gang der Untersuchung sinnvoller zu hinterfragen, welche Eigenschaften Geld haben sollte, damit es die vom ihm erwartete breite Akzeptanz im Publikum erfüllt.

Es wurde dargelegt, daß die Konstruktion einer Straffunktion in der in dem Modell beschriebenen Weise die Finanzierung ökonomischer Wagnisse diskriminiert: Bei gleicher risikobereinigerter Verzinsung des eingesetzten Kapitals werden riskantere Projekte systematisch mit höheren Strafkosten belegt.

Es ist gelungen die Adäquanz einer „tit for tat" Strategie auch für Finanzierungsprobleme aufzuzeigen. Es wurde gezeigt für die Lösung welcher Koordinierungserfordernisse dieser Ansatz zu fruchtbaren Erkenntnissen führt.

Auch muß die Vermögensstruktur von Intermediären aufgrund der Existenz von Informationsasymmetrien nicht generell illiquide sein. Als intervenierende Variable hierfür wurde vielmehr das Ausmaß an Standardisierung der Informationsproduktion angeführt.

Entgegen Diamonds eigener Skepsis läßt sich die Vorteilhaftigkeit intermediärer Beziehungssysteme auch unter Anwesenheit von Risikoaversion zweifelsfrei rechtfertigen.

Eine kausale Konnexität zwischen Informationsproduktion und Pooling von Anlagebeträgen mußte verneint werden. Dies wurde u. a. damit begründet, daß unabhängig von der Prämisse eines privaten oder öffentlichen Charakters erhobener Kontrollinformationen Möglichkeiten und Anreize für eine professionelle Informationsproduktion bzw. Informationsverwertung bestehen. Diese haben zudem die Eigenschaft, mit der Größe des Kapitalgeberkollektivs sogar noch zu wachsen. Finanzierungs- und Kontrollprozesse sind so prinzipiell separierbar.

In dem Modell von Diamond steht der Kapitalmarkt als statische und exogene Größe da. Zudem läßt sich eine etwaig positive Rolle des Wettbewerbs nicht erkennen, denn die Delegationskosten sinken ja annahmegemäß ausschließlich mit dem Umfang des gepoolten Vermögens. Generell sind individuell nachteilige Auswirkungen eines intermeiären Pooling nicht erkennbar.

Als offene Punkte verbleiben für den weiteren Gang der Untersuchung die Erfassung der monetären und der internationalen Dimension der Finanzintermediation, die Vervollständigung einzelwirtschaftlicher Kosten- und Nutzenkalküle sowie die systematische Integration kapitalmarkttheoretischer, ordnungstheoretischer und kapitalmarktinstitutioneller Aspekte.

4 FINANZINTERMEDIÄRE UND KAPITALMARKT

Ziel dieses Kapitels ist es, die Existenzrechtfertigung von Finanzintermediären aus dem Kontext einer kostenminimalen Abwendung opportunistischen Verhaltens zu lösen.[116] In den Vordergrund rückt vielmehr die Frage, inwieweit sich eine Nachfrage nach intermediären Finanzprodukten auch in einer Welt ohne systematische Defektionsanreize und zudem vor dem Hintergrund rasanter Fortschritte in der Informations- und Kommunikationstechnologie sowie der Vernetzung und Elektronisierung von Handelsabläufen begründen läßt.[117] Finanzintermediation wird in einen allgemeineren Bezugsrahmen gesetzt, der sich nicht auf das zweiseitig zinsdifferente Einlagen-Kreditgeschäft beschränkt, sondern auch einseitig kapitalmarktzinsdifferente Kontrahierungen zuläßt. Zudem sind letztere nicht per se auf fremdkapitalähnliche und nichthandelbare Fazilitäten zu begrenzen, sondern um Nachfrage und Angebot an Risikoteilung zu erweitern. Insgesamt steht der Kapitalmarkt als unbedingter Bezugspunkt der Finanzintermediation im Vordergrund. Die bereits im vorigen Kapitel angedeutete Notwendigkeit zur Explikation einzelwirtschaftlicher Kalküle wird an dieser Stelle systematisch vervollständigt.

Im einzelnen ist das Kapitel wie folgt aufgebaut. Zunächst wird dargelegt, welche intermediären Anlageprodukte sich aus den klassischen Kapitalmarkttheorien ableiten lassen. Sodann wird aufgezeigt, welche Implikationen aus der Ordnungstheorie des Kapitalmarktes für die einzelwirtschaftlichen Kalküle der Kapitalmarktteilnehmer und für den Prozeß der Finanzintermediation insgesamt resultieren. Hierbei werden auch Interaktionsprozesse zwischen unterschiedlichen Anlagestrategien herausgearbeitet. Mit den so gewonnenen Erkenntnissen werden schließlich zum einen vollständige preis- und informationstheoretische Kalküle der Kapitalnachfrage und des Kapitalangebots abgeleitet. Zum anderen wird auf diesem Fundament versucht, eine volkswirtschaftliche Direktanlageeigung zu erklären und empirisch für Deutschland zu schätzen. Anschließend werden Investmentfonds als institutionelle Akteure auf dem Kapitalmarkt behandelt. Nach der Darstellung der Unterschiede zwischen aktivem und passivem Fondsmanagement wird konkret auf verschiedene aktiv verwaltete Fondsvarianten und ihre ordnungspolitische Bedeutung für die Finanzmärkte eingegangen. Schließlich werden die Theorie und Methodik zur Performancemessung von Fonds vorgestellt und ein Überblick über empirische Evidenzen gegeben.

---

[116] Die Notwendigkeit hierzu wird auch von Allen/Santomero (1998, S. 1461f.) gesehen.
[117] Auf diese technologischen Neuerungen wird eine drastische Senkung der Informations- und Transaktionskosten zurückgeführt. Vgl. Deutsche Bundesbank (04/01), S. 46f.

4.1 FINANZINTERMEDIATION UND KAPITALMARKTTHEORIE

Will man Kapitalmarkttheorien für die Ableitung optimaler Finanzprodukte in Anspruch nehmen, so gilt es zunächst festzustellen, daß dies unmittelbar Abweichungen von den Voraussetzungen des vollkommenen Marktes voraussetzt. Abweichungen hiervon werden aber nicht mehr auf die Abwendung konfligierender Vermögensinteressen zurückgeführt, sondern u. a. mit einem strukturell ungleichen Zugang zum Kapitalmarkt begründet. Kleinanleger sehen sich etwa zum einen wegen degressiver Kostenverläufe mit höheren Beschaffungs- und Verwaltungsgebühren konfrontiert und müssen zum anderen wegen großer Mindestlosgrößen ggf. das Tragen marktlich nicht entgoltener spezifischer Risiken in Kauf nehmen.[118]

Gemäß des CAPM äußern sich unterschiedliche Risikopräferenzen der Anleger nur bei der Auswahl der Mischungsgewichte zwischen dem Marktportfolio und der risikolosen Anlage. Bietet der Intermediär nun einen das Marktportfolio und einen die risikolose Anlage repräsentierenden Fonds an, gibt er allen Anlegern gleichzeitig die Möglichkeit für eine Kapitalanlage, deren Risikograd optimal mit den individuellen Präferenzen korrespondiert. Wird jedoch weiter davon ausgegangen, daß in der realen Welt eine homogene Erwartungsbildung nicht gewährleistet ist, tritt an die Stelle des Marktportfolios ein den subjektiven Erwartungen entsprechendes effizientes Portfolio oder auch die Direktanlage.[119]

Homogene Erwartungen setzen neben der Öffentlichkeit aller relevanten Informationen auch ihre identische Verarbeitung voraus. Als Hauptursache für heterogene Erwartungen wird insbesondere der Umstand vermutet, daß der Zugang zu und die Verarbeitung von Informationen nicht kostenlos sind. Zum anderen wird auf das Auftreten von Irrationalitäten hingewiesen. So könnten Wunschvorstellungen Menschen etwa dazu verleiten, daß sie ihre Fähigkeiten, „Geheimtips" aufzudecken und auszunützen, überschätzen.

Die Kernidee der APT besteht in der faktoriellen Zerlegung des systematischen Risikos in K Faktoren. Analog zum CAPM wird hieraus abgeleitet, daß der Intermediär eine risikolose Anlagemöglichkeit und K Faktorportfolios anbieten muß. Die einzelnen Faktorportfolios zeichnen sich dadurch aus, daß sie gegenüber dem k-ten Faktor eine Sensitivität von Eins und gegenüber allen übrigen Faktoren eine Sensitivität von Null aufweisen.[120] Bei homogenen Erwartungen bildet sich der Anleger aus diesen Fonds entsprechend seiner Risikopräferenz ein optimales Portfolio, wobei er hinsichtlich der

---

[118] Die kurze Darstellung der folgenden strikt an die drei relevanten Kapitalmarkttheorien angelehnten Hypothesen ist an die Dissertation Brandenbergers (1995) angelehnt.
[119] Vgl. ebd., S. 93 u. 97.
[120] Vgl. Brandenberger (1995), S. 107.

Zusammensetzung der von ihm im Nutzenoptimum nachgefragten Risikomenge indifferent sein dürfte. Bei heterogenen Erwartungen, die sich jedoch nicht auf die Anzahl der Faktoren beziehen sollen, wird er hingegen diejenigen Fonds übergewichten, deren Faktorsensitivität er c. p. geringer und/oder deren erwartete Faktorrisikoprämien er höher als der Markt einschätzt. Auf diese Weise kann ex-ante bei gegebener Ertragserwartung das Risiko gesenkt bzw. bei gegebenem Risiko die Ertragserwartung vergrößert werden. Auch wird der Anleger seine persönliche Prognose hinsichtlich Ausmaß und Vorzeichen der Faktorentwicklung bspw. der Konjunktur oder des Wechselkurses in geeigneter Weise umzusetzen versuchen. Die Bewirtschaftung der Fonds durch den Intermediär sollte darauf ausgerichtet sein, ein möglichst konstantes Faktor-Exposure zu gewährleisten.[121]

Aus der STP ist schließlich die Aufgabe für Intermediäre abzuleiten, die von den Unternehmungen emittierten Wertpapiere zu halten und im Gegenzug Elementaranlagen zu emittieren, aus denen Anleger präferenzadäquat optimale Portfolios bauen können.[122]

Die Verwendung der Kapitalmarkttheorien zur Ableitung eines intermediären Leistungsspektrums hat gegenüber dem neoinstitutionalistischen Paradigma im Sinne Diamonds grundsätzlich den Vorzug besser mit aktuellen Finanzmarkttrends vereinbar zu sein. So indiziert das starke Wachstum der an Investmentgesellschaften delegierten Ersparnisse, daß eine flexibel handelbare Form der Geldkapitalbildung zunehmend präferiert wird. Auch weist das relativ starke Wachstum von Aktien- und Mischfonds an dem von Investmentfonds insgesamt verwalteten Vermögen auf die Notwendigkeit hin, einen eigenkapitalorientierten Vermögensaufbau bei Finanzintermediären theoretisch zu erklären. In die gleiche Richtung weist auch der Trend zu wertpapierunterlegten Finanzierungsformen. Das (vermeintliche) Spannungsfeld zwischen Anreizkompatibilität erzwingendem Fremdkapitalcharakter von Anlagefazilitäten und effizienter Risikoallokation verliert in dieser Hinsicht von vornherein seine Bedeutung. Die Existenz von Finanzintermediären kann prinzipiell auch unabhängig von der Ab- oder Anwesenheit komplexer Informationsasymmetrien gerechtfertigt werden.

Gleichwohl wirken die Vorschläge zur Emission von Elementaranlagen oder dem Anbieten von K Faktorfonds als eher zu theoretische Konstrukte, die von vernachlässigbarer empirischer Bedeutung sind. Die gleichzeitige Erfüllung der Bedingungen eines Konsenses über eine angemessene Zerlegung des Ereignisraumes, über die mit den Zuständen verbundenen Zahlungskonsequenzen sowie das Vorhandensein eines vollständigen Marktes wird im Regelfall nicht gegeben sein. Aber auch die Denomi-

---

[121] Vgl. ebd. S. 148.
[122] Vgl. ebd. S. 113.

nierung auf eine Geldeinheit würde möglicherweise nicht den Verkehrsinteressen der Marktteilnehmer gerecht.

Die Umsetzung der Aussagen der APT für die Gestaltung von Anlageprodukten wird sich auch nicht in dem vermuteten Sinne vollziehen. Denn selbst wenn sich die Renditeprädiktoren einigermaßen sicher bzw. signifikant identifizieren ließen, steht weiter die Frage im Raum, wieviel Varianz sie tatsächlich an der Gesamtstreuung erklären oder erklären sollten, damit hieraus erfolgreiche Investitionspolitiken deduzierbar sind.

Geht man davon aus, daß parallel zu zeitinvarianten harten Fundamentalfaktoren stets und in variierender Gestalt die speziellen Umstände von Ort und Zeit auf den Projekterfolg einwirken, sind die Erkenntnisse aus der APT eher approximativer, denn konkret umsetzbarer Natur. Heterogene Erwartungen werden darüber hinaus auch die Anzahl der für renditegenerierend gehaltenen Faktoren umfassen, so daß sich das Spektrum der ins Anlegerportefeuille aufgenommenen Fonds unterscheiden wird bzw. ähnlich wie im CAPM eine Direktanlage in Betracht gezogen werden wird. So wird in der Literatur die APT sogar teilweise für so unpräzise gehalten, daß die Testbarkeit ihrer Aussagen angezweifelt wird.[123]

Zwar sind am Markt eine Vielzahl von Fonds vertreten, die auf gewisse Themen, Branchen oder sonstige „Styles" verpflichtet sind. Ferner sind Produkte zu beobachten, deren Wertentwicklung verstärkt von dem Eintreten bestimmter Bedingungen (erfolgreiche Entwicklung bestimmter Medikamente bzw. Umsetzung wissenschaftlicher Grundlagenkenntnisse) und/oder der Entwicklung bestimmter Faktoren wie dem Wechselkurs sowie der Konjunkturphase (Übergewichtung „zyklischer" Werte) abhängen. Aber diese Produkte weisen keine Faktorsensitivität von Eins auf und die Erfolgsdetermininanten haben auch nicht den Charakter global wertgenerierend auf alle Vermögenspreise einer Volkswirtschaft zu wirken.

Die Vielzahl am Markt vertretener Renten- und Aktienfonds scheint hingegen die Ableitungen aus dem CAPM für den Fall heterogener Erwartungen zu stützen. Dies wäre tatsächlich der Fall, wenn die professionellen Vermögensverwalter über Marktforschung wie für gewöhnliche Konsumgüter am Markt vorhandene und ggf. unbefriedigte Präferenzen abtasten würden. Vorstellbar wäre aber auch ein anderer Erklärungsgrund.

Bereits das Vorhandensein subjektiver Erwartungen setzt die Bereitschaft von Haushalten voraus, Mühen zur Informationseinholung und Informationsverarbeitung in Kauf zu nehmen. Diese Bereitschaft wird jedoch nicht grundsätzlich gegeben sein. Die Vielzahl von Produkten sollte besser anders erklärt werden: Sämtlichen Kapitalmarkt-

---

[123] Vgl. Dimson/Mussavian (1999), S. 1760.

theorien und anderen relevanten theoretischen Erkenntnissen kommt weniger die Funktion zu, spezielle und/oder subjektiv erwartungsgerechte Produkte zu entwickeln. Vielmehr wird ihre angemessene Anwendung an den Finanzintermediär delegiert, dem zugetraut wird, mit ihrer Hilfe faire Bewertungen sowie Fehlbewertungen zu erkennen und diese im Sinne des ihm entgegengebrachten Vertrauens lukrativ anzuwenden. Die Produktvielfalt kann insofern auch als Spiegelbild divergierenden intermediärer Informationsverarbeitungsstrategien gedeutet werden. In diesem Fall geht die Vermutung, heterogene Erwartungen seien vor allem auf die nicht kostenlose Informationsverarbeitung zurückzuführen, jedoch am eigentlichen Problem vorbei, da sich für Intermediäre die Kosten der Informationsverarbeitung nicht wesentlich voneinander unterscheiden dürften. Die folgenden Ausführungen widmen sich daher u. a. in noch viel grundsätzlicherer Weise der Existenz und Legitimation heterogener Erwartungen.

Die Analyse eines intermediären investment engineering erscheint - wie in der vorangehenden Würdigung angedeutet - an einigen Stellen noch überprüfungwürdig. So bleibt unklar, wann genau für Sparer die Anreize für eine Direktanlage gegenüber der bilanzwirksamen Konsultierung eines Finanzintermediärs dominieren könnten. Eng damit verbunden ist die Frage, ob dem Pooling von Vermögensbeträgen in den Händen eines Intermediärs aus Anlegersicht nur Vorteile oder auch Nachteile erwachsen können. Hierzu soll grundlegend auf die unterschiedlichen Implikationen der Konzepte nichtöffentlicher Information und der Begrenztheit menschlichen Wissens (konstitutionelle Unwissenheit) zurückgegriffen und diskutiert werden, ob und inwiefern sich in diesem Zusammenhang überhaupt noch irrationales Verhalten bzw. Finanzmarktineffizienz definieren läßt. Geprüft wird weiterhin, ob Interaktionseffekte zwischen direkter und indirekter Kapitalanlage zu erwarten sind und inwiefern diese sich ggf. auf die individuellen Vorteilhaftigkeitsabwägungen auswirken. Die Diskussion wird schließlich mit der Explikation separater einzelwirtschaftlicher Kalküle für die Nachfrage resp. den Verzicht von Kapitalnehmern und Kapitalgebern nach kapitalmarktzinsdifferenten intermediären Finanzierungs- bzw. Anlagefazilitäten abgeschlossen.

4.2   FINANZINTERMEDIATION UND ORDNUNGSTHEORIE DES KAPITALMARKTES

4.2.1 Die Begrenztheit menschlichen Wissens und ihre Folgen

„Nichtsdestoweniger ist es immer noch wahr, daß sich die Zivilisation nicht dadurch entwickelt hat, daß sich das durchsetzte, was die Menschen sich als das Erfolgreichste ausgedacht haben, sondern weil sich das weiterentwickelte, was sich als das Erfolgreichste herausgestellt hat. Dies führte den Menschen über das hinaus, was er sich hätte ausdenken können, und zwar genau deshalb, weil er die Vorgänge nicht begriffen hat.[124] [...] Der eigentümliche Charakter des Problems einer rationalen Wirtschaftsordnung ist gerade durch die Tatsache bestimmt, daß die Kenntnis der Umstände, von der wir Gebrauch machen müssen, niemals zusammengefaßt oder als Ganzes existiert, sondern immer nur als zerstreute Stücke unvollkommener und häufig widersprechender Kenntnisse, welche all die verschiedenen Individuen gesondert besitzen. [...] Oder, um es kurz auszudrücken, es ist das Problem der Verwertung von Wissen, das niemanden in seiner Gesamtheit gegeben ist.[125] "   *...Hayek*

Die Identifikation irrationalen Verhaltens bzw. des Ausmaßes der am Markt vorhandenen Informations(in)effizienz wird zu einer leichten Aufgabe, wenn man eine heterogene Erwartungsbildung darauf reduziert, daß Erhebung und Verarbeitung von relevanten Informationen wegen ihrer Nichtöffentlichkeit mit Kosten verbunden sind: Irrational wäre dann jede direkte Anlagestrategie, die größere Nutzeneinbußen durch „diffuse" Investments in Kauf nähme, als sie umgekehrt durch die anteilig zu tragenden Verwaltungskosten bei Inanspruchnahme eines Intermediärs entstünden. Dagegen wäre Informationseffizienz solange annähernd gegeben, wie der Großteil der Ersparnisse von gut informierten Direktanlegern oder bestausgestatteten Intermediären in qualitativ hochwertige Verwendungen kanalisiert werden würde.

Diese scheinbare Einfachheit der Analyse weicht in der realen Welt aber einer außerordentlichen Komplexität. Denn es gilt mit Hayek in diesem Zusammenhang treffend

---

[124] S. Hayek (1977b), S. 38.
[125] S. Hayek (1952), S. 103f.

festzustellen, daß gerade das dynamische Wachstum der Gesamtheit des Wissens nicht nur notwendigerweise zur Unkenntnis des Individuums führt, sondern eben auch dazu, daß der Unterschied zwischen dem Wissen des Weisesten und demjenigen des Kenntnislosesten verhältnismäßig bedeutungslos wird.[126] Ebenso gilt es zu berücksichtigen, daß es die Wirtschaftswissenschaft mit inhärent komplexen Phänomenen zu tun hat, die sich u. a. dadurch auszeichnen, daß die Anzahl der Aspekte des zu erklärenden Geschehens, die einer Quantifizierung zugänglich sind, begrenzt sein können und nicht einmal gewährleistet ist, daß man ausgerechnet die wichtigsten zu ihnen zählen sollte.[127]

In jeder dynamischen Zivilisation wird auch der aktuellste Forschungsstand rückblickend nur eine Episode in der wissenschaftlichen Evolution markieren. Welche Erkenntnisse und Hypothesenzusammenhänge sich in dynamischer Hinsicht als evolutionär robust erweisen und sich damit nicht progressiv entwerten, wird zu einem bestimmten Zeitpunkt von einer einzelnen fachlich qualifizierten Person oder Personengruppe in der Regel nicht abschließend beurteilt werden können. Die allseitige Beschränktheit menschlichen Wissens wird auch an der Schwierigkeit, wenn nicht gar Unmöglichkeit einer effizienten Zentralisierbarkeit millionenfach dezentral verstreuten Wissens deutlich: In einer Welt, in der Wissensbestände exponentiell wachsen, kann der von einer Person oder selbst einer Gruppe von Entscheidungsträgern absorbierte Anteil nur begrenzt sein.

Letztlich charakterisiert Hayek die gesamte Konstellation wiederum treffend als eine solche, bei der der Ökonom eine Erklärung geben muß, ohne notwendigerweise die bestimmenden Tatsachen zu kennen und darüber hinaus nicht einmal zu wissen, was die einzelnen Mitglieder in dem ökonomischen System über diese Tatsachen wissen.[128]

Kehrseite der Wissensexplosion ist die rasant sinkene Halbwertzeit des Wissens.[129] Auch die zeitgerechte Abschreibung überkommenen Wissens muß idealerweise dem freiheitlichen Wettbewerb selbstverantwortlicher Entscheidungsträger überlassen bleiben. Die Angemessenheit vieler Entscheidungen wird zudem von der richtigen Erfassung der nur vorübergehend gültigen speziellen Umstände von Ort und Zeit geprägt.[130]

---

[126] Vgl. Hayek (1971), S. 35-39.
[127] Vgl. Hayek (1996), S. 4.
[128] Vgl. ebd., S. 310.
[129] Vgl. Volk (2000), der im weiteren die sozialpsychologischen Auswirkungen dieses Tatbestandes analysiert. Die FAZ vom 18.09.2000.
[130] Vgl. Hayek (1968), S. 7f. u. Hayek (1977b), S. 51 u. Hayek (1996), S. 309.

Von einem geeigneten institutionellen Rahmen zur Unterstützung der Evolution können und müssen deshalb unbedingt Anreize zur Förderung eines organisierten Skepti-
zismus sowie zur Gewährleistung dezentraler und voneinander unabhängiger Lern-
und Entscheidungsprozesse ausgehen. Innovative Verhaltensstrategien, die ex ante
nicht selten als pathologische Abweichungen darstehen, müssen nicht nur erlaubt,
sondern auch institutionell gewollt sein, damit ex-post Anmaßung, Mittelmäßigkeit
oder Pionierverhalten gleichermaßen die ihnen gebührenden marktlichen Sanktionie-
rungen zu Teil werden.

Schließlich bleibt festzuhalten, daß der Erkenntnisfortschritt nicht nur stets offen
bleibt, sondern darüber hinaus seine künftige Entwicklung nicht oder jedenfalls nicht
vollständig prognostizierbar ist. Anlageentscheidungen werden aber in der Regel nicht
auf das ohnehin immer nur vorläufige Ende der Theorieevolution warten können.
Vielmehr hängt ihr Erfolg maßgeblich vom „richtigen" Entscheidungszeitpunkt ab.[131]
Hieraus erfolgt gewissermaßen ein struktureller Druck, sich dem wahren, aber noch
unbekannten Modell durch individuelle Wägungsprozesse, Mutmaßungen oder subjektive Modellbildung möglichst optimal und frühzeitig anzunähern.[132]

Da die Rollen- und Strukturverteilung in der ökonomischen Wertschöpfung neben
sonstigen die Marktnachfrage und das Marktangebot beeinflussenden Faktoren u. a.
auch vom technisch-naturwissenschaftlichen Erkenntnisfortschritt beeinflußt wird,
bleibt bereits die mittelfristige Prognosefähigkeit wirtschaftswissenschaftlicher Modellierungen begrenzt. Wie wohlwollend oder skeptisch der gegenwärtige Stand der
Forschung auch beurteilt wird, so besteht Einvernehmen darüber, daß von objektiven
Informations- und Kontrollmengen jenseits eines Minimalkonsenses schwerlich ausgegangen werden kann. Und auch ein gegebener Informationsbedarf impliziert keine
gegebenen Kosten für seine Erhebung und Verarbeitung.

Die Abwesenheit eines allzeit und jederorts wahren Totalmodells läßt es aus ordnungspolitischen Erwägungen auch in dieser Sphäre wirtschaftlichen Handelns bedenklich erscheinen, aus vermeintlich übergeordneten Gründen bzw. Einsichten
individuelle Freiheitsrechte zu verletzen oder auch nur zu verzerren. Heterogene oder
subjektive Erwartungen stellen eine ökonomisch berechtigte individuelle menschliche
Reaktion auf das nicht kristallisierbare relevante menschliche Gesamtwissen dar und
sind in ordnungstheoretischer Hinsicht essentielle Antriebskraft einer nie endenden

---

[131] Denkbar ist auch, daß Vorversuche von Praktikern, die nachfolgende systematische theoretische
Durchdringung erleichtern und in manchen Fällen erst ermöglichen.
[132] Auf dieser Grundlage sind Anlageentscheidungen auch schon Jahrhunderte vor der mathematisch
ausformulierten Portfoliotheorie getroffen worden. Markowitz stellt in diesem Zusammenhang
fest, daß Intuitionen über die Notwendigkeit zur Risikostreuung bereits seit längerem bestehen:
„Schon Shakespeare ließ seinen Kaufmann von Venedig sagen, dass er sein Vermögen klug verteilt." S. Markowitz in einem Interview, Beilage Nr. 3 der FAZ vom November 1999.

Evolution. In der Wirtschaftspraxis schlagen sich diese nicht zuletzt in großen Spannweiten der Unternehmensbewertung wieder.[133]

Subjektive Entscheidungs- und Evaluierungsbedarfe treten an verschiedensten Stellen auf: Welches der bereits vorhandenen Modelle ist bezogen auf das konkrete Entscheidungsproblem das relativ beste? Welcher Testzeitraum oder welche Testmethode solltem diesem zur Prüfung seiner Eignung zugrundegelegt werden? Ist für die Zukunft ein Strukturbruch zu erwarten und welche Variablen könnten diesen frühzeitig indizieren? Wie hoch sollten das Bestimmtheitsmaß der Regression und die Signifikanzen der geschäten Parameter sein, um ein Modell als in welchem Ausmaß für brauchbar zu klassifizieren? Welche Vermutungen können jenseits historischer Erfahrungen über die künftigen Wahrscheinlichkeitsverteilungen relevanter Variablen gemacht werden? Welches Wissen welcher Experten sollte wann und wie für welche Investmentscheidungen kombiniert werden?[134]

Was folgt aus diesen Überlegungen für die Definition von Finanzmarkteffizienz und irrationalem Verhalten? Üblicherweise gilt Finanzmarkteffizienz als um so vollständiger gegeben, je mehr marktpreisrelevante Informationen sich in den aktuellen Kursen wiederfinden und je mehr eine breite Informationsdiffusion durch monopolistischen Zugang zu Informationen (Insider-Wissen) bedingte Überrenditen verhindert. Diese allgemein anerkannten Anforderungen an eine Finanzmarkteffizienz bedürfen vor dem aufgezeigten Hintergrund einer Ergänzung. In der realen Welt wird es auch Informationen geben, deren Marktpreisrelevanz strittig ist bzw. deren Gewichtung in einem Indikatorset nicht frei von Ermessensspielräumen sein kann. Letztlich gehen in jeden Kurs verschiedenartige Hypothesenzusammenhänge und Prognosen ein. Diese Heterogenität ist jedoch nicht Ausdruck mangelnder Informationseffizienz, sondern geradezu deren Rückgrat. Denn nur eine polyzentrische Informationsproduktion gewährleistet, daß die negativen Auswirkungen fehlerhafter Wahrnehmungen und Bewertungen einzelner im Rahmen eines kollektiven Fehlerausgleichs auf die Evolution insgesamt begrenzt bleiben. Abweichungen von konventionellen Perzeptionsmustern können gleichermaßen krankhafter Natur wie innovative Antriebsfeder sein. Ex-ante wird eine Klassifizierung in eine dieser beiden Kategorien kaum möglich sein. Aus der Beobachtung, wer sich am Markt ex-post behaupten kann, auf eine ex-ante Irrationalität

---

[133] Beobachtet wurde sogar, daß sich die Gebote für Unternehmen um mehrere hundert Prozent unterschieden Vgl. Die FAZ vom 29.09.1999 und Lier (2000) in der Financial Times Deutschland vom 28.06.2000.
[134] Seitens der Praxis wird darauf hingewiesen, daß es ein generelles Anforderungsprofil für den Beruf des Investmentbankers nicht gibt. Notwendiges bankspezifisches Wissen sei ggf. schnell vermittelbar, so daß auch schon Piloten wegen ihrer blitzschnellen Reaktionsgeschwindigkeit oder Meeresbiologen wegen technisch gut übertragbarer Aspekte von naturwissenschaftlichen Versuchsreihen mit Meeresalgen rekrutiert werden. Vgl. Hermani (1999) in der FAZ vom 13.11.1999.

anderer im Entscheidungsverhalten zu schließen, ist jedoch tautologisch und im übrigen irrelevant. Entscheidend ist, daß in Form von Überrenditen Anreize für eine qualitativ hochwertige Informationsverarbeitung vorhanden sind. Die Möglichkeit der Entäuschung von Wirtschaftsplänen einzelner bei Investitionsentscheidungen ist keineswegs als ein Koordinierungsmangel zu verstehen, sondern Begleiterscheinung eines ex-ante offenen evolutionären Prozesses. Während durch nichtöffentliche Informationen verursachte heterogene Erwartungen für die Evolution dysfunktional sind, wirken sie unter konstitutioneller Unwissenheit auf diese eufunktional.

4.2.2 Heterogene Kontrollerwartungen und Finanzintermediation

Diamond unterstellte - gewissermaßen stellvertretend für eine ganze Theoriegattung – für jedes Projekt einen gegebenen Kontrollbedarf. Dem ist zu entnehmen, daß der Kontrollbedarf nicht selten für eine objektive Größe gehalten wird. Ob diese Annahme berechtigt ist, dürfte aber in einem ordnungstheoretischen Kontext fraglich sein. Zur Erfassung der qualitativen und quantitativen Natur des Kontrollbedarfs ist eine Erwartungsbildung unerläßlich. Sobald aber eine entsprechende Erwartungsbildung nicht frei von Ermessensspielräumen ist, kann aufgrund inhomogener Erwartungen nicht mehr von einem gegebenen Kontrollbedarf gesprochen werden. Die Subjektivität ist dabei auch hier nicht als bedauerliche Abweichung von einer idealen Annahmenwelt zu verstehen, sondern sie liefert gewissermaßen die Basis für einen intensiven Wettbewerb um adäquate Bonitätsklassifizierungen unter Informationsproduzenten von dem alle Finanzmarktteilnehmer profitieren. Entscheidend für die Kontrollperformance ist dann vor allem, daß unter Berücksichtigung der besonderen Umstände von Ort und Zeit der Kontrollbedarf zum richtigen Zeitpunkt im angemessenen Umfang stattfindet: In einer solchen Gedankenwelt besteht auch die Möglichkeit von Fehlkontrollen. Kontrollen können nicht nur zum falschen Zeitpunkt stattfinden, sondern quantitativ unter- oder überdosiert sein. Der Wettbewerb der Informationsproduzenten untereinander kann als Entdeckungsverfahren interpretiert werden, der darauf abzielt, Kapitalnehmer vor anhaltenden innovationsunterdrückenden Überkontrollen und Kapitalgeber vor anhaltenden Ertragseinbußen zu bewahren.

Aber auch hinsichtlich des Ertrags- und Risikopotenzials der einzelnen Projekte wird man unter realistischen Voraussetzungen eine inhomogene Erwartungsbildung vermuten können. In diesem Fall kann nur ein intensiver Wettbewerb um die angemessenste Erwartungsbildung Kapitalnehmer vor einer unnötigen Kapitalkostenverteuerung und Kapitalgeber vor vermeidbaren Ertragseinbußen bewahren. Kapitalgeber, die mit der geeignetsten Informationsverarbeitung die volkswirtschaftliche Wachstumsdynamik am nachhaltigsten unterstützen, können so auf überdurchschnittliche Wertzuwächse kalkulieren.

4.2.3 Intermediäre Spezialisierungsvorteile, ihre Grenzen und die Rolle des Wettbewerbs

In der realen Welt dürften Intermediäre tendenziell hinsichtlich der Nettoanlageperformance über Vorteile verfügen, da sie die hohen Fixkosten bei der notwendigen Marktbeobachtung durch Investitionen in modernste EDV-Anlagen oder Rekrutierung wissenschaftlichen Personals durch Ausnutzung von Skalen-, Lernkurven- und Spezialisierungeffekten am besten bewältigen können.[135]

Diese Spezialisierungsvorteile sind allerdings nicht infinit. Denn das Ausmaß an Fixkostendegression bleibt nur solange allseits vorteilhaft, wie sie sich auf den Zwang zur Einholung der konsensfähigen (minimalen) Kontroll- und Informationsmenge zurückführen läßt. Zu Nutzeneinbußen oder Präferenzdissonanzen kann es hingegen kommen, falls die spekulative Grundvermutung von derjenigen des Intermediärs abweicht, der Intermediär unter Anfall von Kosten mehr Informationen als für sinnvoll erachtet einholt oder befürchtet werden muß, daß passende synthetische Fazilitäten nur mit einer Verzögerung auf den Markt gebracht werden können. Dies wäre etwa der Fall, wenn die Investitions- bzw. Produktentwicklungsstrategie eines Finanzproduzenten vielfältigen und damit zeitzehrenden hausinternen Abstimmungsprozessen unterworfen ist. In dieselbe Richtung würde auch eine Unternehmenspolitik wirken, die die Herausgabe neuer Produkte erst nach erfolgreichem zeitlichen Vorlauf der Produktidee am Markt plant. Solche Überlegungen sind aber letztlich nur für denjenigen Anlegerkreis relevant, der über eine positive Kompetenzselbsteinschätzung verfügt. Ist diese nicht vorhanden, verlagert sich das Entscheidungsproblem darauf, die besten Intermediäre bzw. synthetischen Produkte aus der Marktvielfalt herauszufiltern. Bereits diese Entscheidung impliziert auf realen Märkten wiederum gewisse Informationserfordernisse.

Unter den Bedingungen der allseitigen Beschränktheit menschlichen Wissens gibt es auch für Finanzintermediäre als Branche und/oder eigenständige Direktanleger keinen Anlaß mehr, mit monolithischen Anlagestrategien zu operieren. Die Vielfalt am Markt beobachtbarer Strategien, Prognosen und Empfehlungen professioneller Finanzanalysten stützt die Relevanz dieses Aspekts. In einer dynamischen Perspektive stehen damit die verschiedenen Privatanleger und unterschiedlichen Intermediäre mit ihren

---

[135] Diese Form der Transaktionskostenersparnis unterscheidet sich von derjenigen Diamonds, der etwaige Ersparnisse mit der Vermeidung redundanter Kontrollen begründet.

spekulativen Grundvermutungen zusammen in einem wettbewerblichen Beziehungs-geflecht um das zum jeweiligen Zeitpunkt (temporal) angemessenste ökonomische Modellverständnis. Der Wettbewerb kann auch hier als Entdeckungsverfahren ver-standen werden, in dem diejenigen Entscheidungsträger mit dem besten Kapital-marktverständnis überdurchschnittliche risikobereinigte Anlageerfolge erzielen.

4.2.4 Interaktionseffekte in der Informationsverarbeitung

Schließlich eröffnet die Koexistenz von direkten und indirekten Anlagemöglichkeiten das Potenzial zu interaktiven Strategien. Die ökonomische Berechtigung derselben kann auch damit begründet werden, daß die Kursentwicklung vom Verhalten aller beteiligten Akteure abhängig ist. Persönliche Bewertungen könnten bewußt in den Hintergrund gestellt werden, wenn es den Akteuren schlicht auf die Kursprognose und deren gewinnbringende Umsetzung in individuelle Anlagestrategien ankommt. Folg-lich gilt es die aus der Interaktivität resultierenden Kosten-Nutzenpotenziale für ein umfassendes mikroökonomisches Kalkül zu explizieren.

Das marktliche Angebot von Geldkapitalprodukten der Finanzindustrie existiert unab-hängig von den Dispositionen eines einzelnen Entscheidungsträgers, da sein partieller Einfluß auf die Marktnachfrage vernachlässigbar gering ist. Damit ist das Vorhanden-sein der intermediären Angebote zur Geldkapitalbildung für den einzelnen zugleich exogener Natur und Quelle genuiner Kosten-Nutzen-Wirkungen potentieller Direkt-anlagen in der Gestalt von Interaktionseffekten.

Interaktionseffekte beschreiben nun genauer die Möglichkeit einer strategischen Aus-richtung individueller Dispositionen und Marktpositionierungen an denjenigen ande-rer. Aus der anfänglichen Bezugnahme und dynamischen Orientierung am Verhalten von Intermediären, denen Benchmarkqualitäten zugeschrieben werden, entstehen verschiedenartige Interaktionsstrategien.[136] Die Art der Beeinflussung muß insofern nicht deterministisch sein, zielt aber stets auf die Vervollkommnung individueller Nutzenmaximierung ab. Im folgenden wird zwischen Imitations[137]-, Inspirations- und Antizipationsstrategien unterschieden.

Bei Verfolgung einer Imitationsstrategie wird eine Portefeuilleposition angestrebt, die eine technische Replikation der Anlagestrategie eines von Risikoklasse und Fristigkeit

---

[136] Prinzipiell vorstellbar wäre aber auch eine in der Richtung umgekehrte Interaktivität, falls Inter-mediäre etwa Produkte anbieten, die versuchen, das Investitionsverhalten besonders erfolgreicher Privatinvestoren (z. B. Business-Angels) zu replizieren.

[137] Erfolgreichen Anlagestrategen renommierter Finanzhäuser kommt auch der Ruf von Fluglotsen gleich. Passen diese ihre Musterportfolios an, kommt es nicht selten zu einer Marktkorrektur eben in diese Richtung. Vgl. Die FAZ vom 07. 04. 2000.

geeigneten oder „vorbildlichen" Investmentfonds darstellt, dessen erwartete Performance als überzeugend eingeschätzt wird. Eine solche Strategie wäre immer dann vorteilhaft, wenn die dabei anfallenden Transaktionskosten niedriger sind als die bei Kontrahierung mit einem Intermediär entstehenden Nettorenditeeinbußen. Zu den Transaktionskosten zählen neben den durch time lags induzierten Effizienzverlusten bei der Replikation dynamischer Investitionsstrategien von Intermediären auch die Kosten der permanenten Beobachtung ihrer aktuellen Marktpositionierung und zu entrichtende Gebühren bei den verschiedenen Wertpapierkäufen und Wertpapierverkäufen.

Die Wahl einer Inspirationsstrategie liegt dann nahe, wenn der Entscheidungsträger bereits selbst über eine fundierte und differenzierte spekulative Grundvermutung verfügt, die von der Ausrichtung der privaten Lebensführung quasi eine automatische Wissensaktualisierung zu minimalen Kosten erfährt. In diesem Fall verlieren intermediäre Investitionsstrategien ihren technischen Vorbildcharakter. Gleichwohl kann der in ihnen verbleibende Informationsgehalt als Plattform für partiell modifizierte individuelle Investitionsstrategien dienen.

Eine dritte als Antizipationsstrategie bezeichnete Spielart von Interaktivität zielt weniger auf potentielle Spill-over Effekte investitionsrelevanter Informationen ab, sondern ist vielmehr auf die Analyse der Frage ausgerichtet, ob, und wenn ja, inwiefern sich aus der Berücksichtigung des preiswirksamen Gebarens der Finanzindustrie individuelle Renditevorteile ziehen lassen. Eine etwaige Preiswirksamkeit bedarf dabei zunächst einer Begründung. Für enge Marktsegmente, die sich durch eine geringe Liquidität auszeichnen, ist das Vorhandensein einer Preissensibilität gegenüber den Dispositionen institutioneller Großinvestoren relativ unstrittig. Eine solche Preiswirksamkeit als gegeben unterstellt, besteht in der dadurch bedingten technischen Kursspreizung eine zusätzliche Gewinn- und Verlustquelle für den Direktanleger. Je rationaler der Direktanleger das Verhalten der Großinvestoren antizipiert, also insbesondere die durch diese generierten Mittelzuflüsse und Mittelabzüge, desto mehr zusätzliche (technische) Kursgewinne kann er realisieren und desto weniger ist seine Anlageperformance gegenüber Kapitalabzügen aus diesen Segmenten verletzbar. Für liquide Marktsegmente ist hingegen zunächst nicht erkennbar, warum die Dispositionen von Fonds auf diese Weise wirken sollten. Da eine Vielzahl von Fonds mit unterschiedlichen Anlagestrategien im Wettbewerb miteinander stehen, wären deshalb zusätzliche Prämissen notwendig. Es ließe sich bspw. argumentieren, daß sich auch auf liquiden Märkten letztlich Markttrends einstellen. Insofern Finanzintermediären mit ihren Fondsprodukten und/oder Anlageempfehlungen der Aufbau, die Verstärkung oder die Dämpfung solcher Trends zugetraut wird, findet hierüber indirekt eine Preiswirksamkeit statt. Voraussetzung dafür wäre aber eine gewisse Gleichförmigkeit im

Produktangebot, d. h. der Wettbewerb dürfte nicht zu einer vollständigen Zersplitterung des Fondsangebots führen, sondern müßte bei aller Vielfalt im Detail doch eine gewisse Homogenität in der (modischen) Grundausrichtung bestehen lassen. Trends können per se durchaus mit der Entwicklung und Wirkung bewertungsrelevanter Fundamentalfaktoren in Einklang stehen und sind damit für sich genommen kein Beleg für Preisverzerrungen. Geht mit der Existenz von Trends zudem das Auftreten von temporären spekulativen Überhitzungen oder Blasenbildungen einher, resultieren für den Direktanleger hieraus weitere zusätzliche Gewinn- und Verlustmöglichkeiten.

Festzuhalten bleibt, daß sich die verschiedenen Strategien durch unterschiedliche Merkmalskombinationen von angestrebten Kostensenkungspotenzialen für gegebene Rendite-Risikorelationen und angestrebten Wertsteigerungspotenzialen zu gegebenen Transaktionskosten und Risiko voneinander unterscheiden.

4.2.5 Pooling

Negative Begleiterscheinung unzureichender Diversifikationsmöglichkeiten können darin gesehen werden, daß Anleger bei ihren Investments genötigt sind, prinzipiell vollständig diversifizierbares - und deshalb am Markt nicht entgoltenes - spezifisches Risiko tragen zu müssen. Dieses Phänomen impliziert mit anderen Worten, daß selbst wenn dem Anleger die preisbildenden systematischen Einflußgrößen bekannt sind und die erwartete Risikoprämie groß genug ist, um die eigene Risikoscheu angemessen zu entlohnen, dieser c. p. dennoch nicht bereit sein wird, systematisches Risiko zu tragen.[138]

Existenz und Höhe dieser Wohlfahrtseinbußen sind allerdings relativ. Denn das individuelle Ausmaß der Diversifikation wird sich im Regelfall in einem kontinuierlichen Spektrum bewegen, bei dem die beiden Extreme der minimalen und maximalen Risikoredukion durch Diversifikation nur die Pole repräsentieren. In Abb. 3 wird dieser Aspekt verdeutlicht. Sie veranschaulicht die Geschwindigkeit der Risikoreduktion unter den für Störprozesse üblichen Annahmen. Das singuläre Risiko jedes Wertpapiers (U_i) sei normalverteilt mit einem Erwartungswert von $E(U_i)=0$ und einer Varianz

---

[138] Der Output von Intermediären läßt sich nicht mit der Generierung sicherer Anlagefazilitäten gleichsetzen, da auch diese mit dem Pooling einer Vielzahl von Ersparnissen nur spezifische Risiken abbauen können. Das Vorhandensein und die Entwicklung systematischer Einflußfaktoren bleibt dagegen außerhalb der Steuerbarkeit von Finanzintermediären, wenn man von (Fehl-) Entwicklungen systematischer Tragweite abstrahiert, die von einem maroden Bankensystem selbst ausgehen könnten, das Augenmerk also nur den bankenexogenen allgemeinen Marktpreisrisiken und Produktivitätsschocks gilt.

von $\sigma^2=5$.[139] Die spezifischen Risiken haben darüber hinaus die Eigenschaft voneinander unabhängig zu sein. In die Portefeuilles verschiedenen Umfangs (n) geht jeder einzelne Titel mit einem Gewicht von 1/n ein. Die in einem Portefeuille (P) verbleibende durchschnittliche Menge idiosynkratischen Renditerisikos ist eine fallende Funktion von n; genauer ergibt sich der funktionale Zusammenhang durch: $Var(P) = \sigma^2/n$.

Wird nur in ein Wertpapier investiert, verbleibt die maximale Risikomenge. Allgemein läßt sich das verbleibende Risiko in diesem Beispiel über die Relation 5/n erfassen. Daraus folgt, daß bereits mit einem Portefeuilleumfang von n=5 80 Prozent der idiosynkratischen Risikomenge abgebaut werden kann.

Abbildung 3: Reduktion idiosynkratischen Portefeuillerisikos

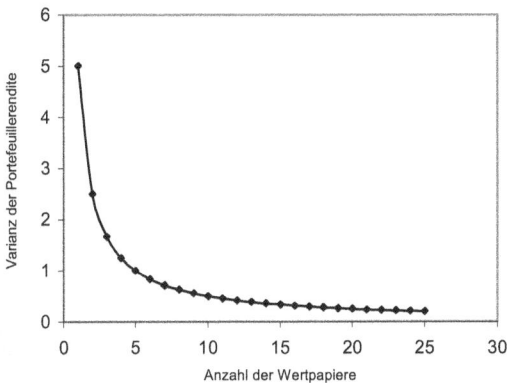

Quelle: Eigene Abbildung

Größere und mittlere Investoren können daher das spezifische Risiko möglicherweise schon in befriedigender Weise autonom marginalisieren. Aber auch Klein- und Kleinstanleger sind in ihrem Verhalten keineswegs, jedenfalls nicht dauerhaft, festgelegt. Insbesondere am Anfang ihrer lebenszyklischen Ansparphase profitieren sie verstärkt von dem intermediären Angebot zur Geldkapitalbildung. Hat das angesparte Geldvermögen eine bestimmte Schwelle erreicht, können auch Kleinanleger, die aus ihrem periodischen Einkommen nur geringe Ersparnisse bilden, mit diesen relativ friktionsfrei Zusatzinvestitionen tätigen, wenn auf eine geeignete Einfügung in den gesamten Portefeuillerisikoverbund geachtet wird. Eine jedenfalls asymptotische Diversifikation des spezifischen Risikos bleibt bei gleichzeitiger Umsetzung individueller Risiko- und Ertragseinschätzungen gesichert.

---

[139] Dies ist nur ein Rechenbeispiel, entscheidend aus theoretischer Sicht ist lediglich ein Erwartungswert von Null, eine endliche Varianz und die Unabhängigkeit der idiosynkratischen Störprozesse.

Die von einem Pooling ausgehenden Effekte einzelwirtschaftlicher und gesamtwirtschaftlicher Natur lassen sich nun unter Einschluß der in den voranstehenden Abschnitten gemachten Ausführungen systematisieren. Pooling von Ersparnissen durch Intermediäre erlaubt eine weitergehende Diversifikation und ggf. die Geltendmachung von degressionsbedingten Konditionenvorteilen bei den Dispositionen mit Händlern (Gebührenersparnisse). Gesamtwirtschaftlich kann dies die Mobilisierung insbesondere von kleineren Ersparnissen anregen und gleichzeitig das Potenzial für die eine präferenzgerechte Allokation systematischen Risikos vergrößern. Nachteilig wirkt hingegen auf individueller Ebene die Möglichkeit von Präferenzdissonanzen durch Abweichung von der eigenen subjektiven spekulativen Grundvermutung. Auf gesamtwirtschaftlicher Ebene kann es hingegen zu einer Aufrechterhaltung und/oder Verstärkung technischer Preisbewegungen kommen. In Abb. 4 sind die einzelnen Effekte in einer tabellarischen Übersicht zusammengestellt.

Abbildung 4: Einzel- und gesamtwirtschaftliche Effekte des Pooling

POOLING	Vorteile	Nachteile
Einzelwirtschaftlich	Gebührenersparnisse, vollständigere Diversifikation	Erwartete Nutzeneinbußen aufgrund divergierender Erwartungen, Präferenzdissonanzen
Gesamtwirtschaftlich	Ersparnismobilisierung, Präferenzgerechtere Allokation systematischer Risiken	Aufrechterhaltung bzw.Verstärkung technischer Preisbewegungen

Quelle: Eigene Übersicht

4.2.6 Explikation einzelwirtschaftlicher Kalküle aus preistheoretischer Sicht

Abschließend werden die vorangehenden Überlegungen noch einmal systematisiert. Dazu wird auf Kapitalnehmer- und Kapitalgebersicht getrennt eingegangen. Die jeweiligen Nutzen-Kosten-Erwägungen werden verdeutlicht.

Die Kapitalnehmersicht

Wenn die auf den Gegenwartswert abdiskontierten Zinsersparnisse die mit dem Going Public[140] einhergehenden teils einmaligen, teils dauerhaften Aufwendungen übersteig-

---

[140] Der Begriff wird hier in einem weiteren sowohl Eigenkapital- als auch Fremdkapitaltitel umfassenden Sinne gebraucht, hebt also insbesondere nur auf einen funktionsfähigen Sekundärmarkt mit öffentlicher Marktbewertung ab.

gen, ist die Plazierung verbriefter Zahlungsanwartschaften und damit die zumindest teilweise Ablösung von Banken, aus Kapitalnehmersicht einzelwirtschaftlich vorteilhaft. Die Kosten bestehen aus den Komponenten Signalling bzw. Pflege der Investor Relations einschließlich der Erfüllung gesetzlicher Mindesttransparenzanforderungen (SPRC), Fixkosten etwa in Form von an Intermediäre zu entrichtende Übernahme- und Vermittlungsprovisionen (FK) sowie den (anteiligen) Kosten, die mit der Durchführung eines Rating-Verfahren verbunden sind (RC). Der Nutzen besteht in dem auf den Gegenwartswert abdiskontierten cash-flow aller hierdurch für die Zukunft ermöglichten Zinskostenersparnisse (IS) und ggf. weiteren Ersparnissen (WS). Diese können darin bestehen, daß ein Teil der Maßnahmen, die den Bekanntheitsgrad des Unternehmens im Anlegerpublikum erhöhen sollen, gleichzeitig dafür geeignet ist, einen Teil der Werbung, die zur Stimulierung des leistungswirtschaftlichen Geschäfts ohnehin getätigt werden würde, zu substituieren. Weiterhin mag der gestiegene Bekanntheitsgrad die Rekrutierung von Fach- und Führungskräften erleichtern. Auch versprechen sich Unternehmer mit der verbesserten Verhandlungsposition Transaktionskostenersparnisse bei Finanzierungsverhandlungen.[141] Zusammengefaßt ergibt sich als Vorteilhaftigkeitskriterium: $\sum_{t=0}^{n} \dfrac{IS_t + WS_t}{(1+r)^t} \geq \sum_{t=0}^{n} \dfrac{SPRC_t + FK_t + RC_t}{(1+r)^t}$.

Alle Variablen sind in ihrer quantitativen und qualitativen Ausprägung betriebsindividuell determiniert. Eine Änderung im Kommunikationsverhalten mit der Öffentlichkeit kann selbst für nichtbörsennotierte Aktiengesellschaften notwendig sein.[142] Auch mögen die Publizitätserfordernisse für die eine Geschäftsstrategie als beeinträchtigend, zu früh oder zu weitgehend empfunden werden und für die andere als komplementäre Werbemaßnahme eingestuft werden. Das Ausmaß künftiger Zinsersparnisse ist eng an den erwarteten Außenfinanzierungsumfang gekoppelt. Auch kann die laufende Preisbildung am Sekundärmarkt für das Unternehmen relevante Informationen transportieren und ggf. leistungswirtschaftlichen und/oder finanzierungspolitischen Restrukturierungsbedarf frühzeitig indizieren. In jedem Fall entfallen aber transaktionskostenintensive Neuverhandlungserfordernisse bei einer zwischenzeitlichen Verbesserung der Bonität überflüssig, da sie in die Umlaufmarktpreise eskompiert werden.

Die Inzidenz der Ratingkosten kann ggf. auch bei Anlegern liegen, etwa wenn diese in Gestalt institutioneller Großinvestoren für die Vorteile einer erhöhten Markttransparenz, Liquidität und Handelbarkeit von Finanztiteln gewisse Entgelte zu investieren

---

[141] Vgl. Giersberg (2000) in der FAZ vom 29.11.2000.

[142] Eine Kreditaufnahme am Kapitalmarkt setzt eine hinreichende Bereitstellung von Informationen für eine Kreditwürdigkeitsprüfung und das laufende Monitoring voraus. Die weitreichenden Offenlegungspflichten börsennotierter Aktiengesellschaften liefern mit den im Aktien- und Wertpapierhandelsrecht verankerten Publizitätspflichten im Unterschied zu anderen Rechtsformen gewissermaßen automatisch eine für die Bonitätsbeurteilung und damit direkte Kapitalmarktfinanzierung hinreichende Informationsmenge. Vgl. Deutsche Bundesbank (01/00), S. 38f.

bereit sind. Auf die Höhe der individuellen Zinsersparnisse wirkt schließlich auch die Liquidität der Emissionen ein, da für (zu) geringe Liquidität noch eine Liquiditätsprämie zu entrichten ist. Allerdings hängt die individuelle Erfüllbarkeit marktlicher Liquiditätskriterien wiederum auch von der gesamten Rollenstruktur (etwa dem durchschnittlichen Anlagevolumen von Direktanlegern) innerhalb des Finanzsektors ab. In dem Maße wie Finanzinnovationen dazu beitragen, daß zunehmend auch kleinere und mittlere Unternehmen sich extern raten[143] lassen (können), wird die erworbene standardisierte Bonitätseinstufung dazu beitragen, daß die Schuldtitel dieser Unternehmen insgesamt nicht (mehr) als Einzeladressenwerte gehandelt werden, sondern im Rahmen der hinreichend liquiden Bonitätsklasse gehandelt werden können. Schließlich ist denkbar, daß es über eine regionale Konzentration und Begrenzung des Handels im Umfeld des Emittenten zu einer befriedigenden Liquidität kommt. Kapitalkostenersparnisse werden sich dann auch zunehmend für kleinere Unternehmen spürbar bemerkbar machen. Eine schwächere Fixkostendegression der Erstaufwendungen von mittleren und kleineren Unernhemen beim Going Public schlägt gleichwohl weiterhin zu Buche.

Empirisch ergab sich für die Kapitalstruktur nichtfinanzieller deutscher Kapitalgesellschaften in den vergangenen Jahren das in Tab. 1 verdeutlichte Bild.

---

[143] Da mit einem externen Rating eine Standardisierung der Bonitätsklassifizierung einhergeht, dürfte dies die Liquidität eines gegebenen (kleineren) Anleiheumfangs erhöhen und möglicherweise auch die Titel kleinerer und mittlerer Unternehmen sekundärmarktfähig machen.

Tabelle 1: Passivstruktur Nichtfinanzieller Kapitalgesellschaften in Deutschland

Jahr	Verbrieftes Fremdkapital		Unverbrieftes Fremkapital		Eigenkapital		Rest	Absolut, in Mrd. Euro
	Geldmarktpapiere	Rentenwerte	Kurzfristige Kredite	Längerfristige Kredite	Aktien	Sonstige Beteiligungen	Sonstige Verbindlichkeiten	
1991	0,31	2,14	16,66	30,15	24,82	12,64	13,28	1526,73
1992	0,54	3,32	15,60	31,75	22,15	12,86	13,77	1583,63
1993	0,32	5,90	12,35	30,03	26,89	12,39	12,12	1855,95
1994	0,16	6,75	12,03	28,74	26,90	12,71	12,71	1923,40
1995	0,15	2,77	12,90	29,60	28,15	13,17	13,26	1944,94
1996	0,14	2,27	12,72	28,02	31,73	12,50	12,62	2165,11
1997	0,17	1,82	11,85	26,80	35,06	11,91	12,39	2436,52
1998	0,12	1,56	10,93	25,65	38,50	11,32	11,91	2752,54
1999	0,24	1,08	10,10	23,20	44,16	10,16	11,05	3304,45

Quelle: Deutsche Bundesbank (2000b, S. 10 u. S. 29), Nichtfinanzielle Kapitalgesellschaften umfassen Kapitalgesellschaften und Quasikapitalgesellschaften wie OHGs und KGs, nicht jedoch monetäre und sonstige Finanzinstitute sowie Versicherungen; Bedeutung einzelner Finanzinstrumente in Anteilen v. H. der Jahresendbestände, eigene Berechnungen

Ein trendmäßiges Wachstum bei der öffentlichen Außenfinanzierung von Kapitalgesellschaften läßt sich insbesondere in einer Switch-Bewegung weg von längerfristigen Krediten hin zum Finanzierungsinstrument Aktie erkennen. Diese Feststellung gilt gleichermaßen für die Entwicklung auf der Ebene des Euro-Währungsgebiets.[144] Allerdings ist die relative Bedeutung von Aktien an den gesamten Verbindlichkeiten stark von der Entwicklung der Aktienkurse abhängig. Die relative Vermögenspreisänderung zu Gunsten von Aktien dürfte ihre anteilige Bedeutung daher überzeichnen. Gleichzeitig führt dieser Bewertungseffekt dazu, daß die Katalysatorrolle des Euro für die Finanzierung über die Emission von Schuldverschreibungen unterzeichnet wird. So legten 1999 und 2000 die Jahreswachstumsraten der Emission von Schuldverschreibungen durch nichtfinanzielle Kapitalgesellschaften deutlich zu.[145]

---

[144] Vgl. EZB (02/01), S. 48 f.
[145] Vgl. EZB (02/01), S. 50ff.

Die gewachsene Liquidität des gesamteuropäischen, nicht mehr währungssegmentierten, Finanzmarktes und die Reformbemühungen in der Bankenregulierung dürften in den kommenden Jahren weiterhin deutlich belebend auf das Wachstum von verbrieftem Fremdkapital bzw. handelbarer Bonitätsrisiken führen.

Auf die Ausprägung der verschiedenen einzelwirtschaftlichen Bewertungsparameter wirken auch allgemein institutionelle und makroökonomische Kontextfaktoren ein.[146] Für den Europäischen Wirtschaftsraum spricht das Zusammenspiel nachfrageseitiger, angebotsseitiger, technischer, subjektiver und politisch-administrativer Faktoren für einen anhaltenden Trend hin zu weiteren wertpapierunterlegten Finanzierungsformen, der auch in der Lage ist, mittlere und kleinere Unternehmen zu erfassen. Nachfrageseitig wirkt der Abbau der umlagefinanzierten Alterssicherung zugunsten einer zunehmend privaten kapitalgedeckten Altersvorsorge nicht nur quantitativ, sondern auch qualitativ belebend, da Pensionsfonds eine möglichst große Spannweite unterschiedlicher Risiko-Ertragscharakteristiken in ihren Portefeuilles abbilden wollen. Angebotsseitig wirken die Europäische Währungsunion, das Größenwachstum von Unternehmen im Wege von Fusionen und das Vordringen standardisierter Ratingverfahren liquiditätserhöhend und wegen der damit verbundenen sinkenden Liquiditätsprämien kostensenkend.

Technisch wirken vor allem Fortschritte in der Telekommunikation und Datenverarbeitung belebend. Sie stellen den Marktteilnehmern neue und effiziente Kommunikationssysteme sowie Handelsplattformen zu niedrigen Preisen bereit.[147] Sie verbessern zudem die Möglichkeiten außerbörslicher Handelbarkeit, so daß die Losgrößenanforderungen an das Emissionsvolumen sinken. Administrativ wirken gezielte gesetzliche Finanzmarktförderungsmaßnahmen und die Entwicklung neuer bankaufsichtsrechtlicher Standards zur Bewertung von Kreditrisiken in dieselbe Richtung motivierend.

---

[146] In Deutschland gab es bis Ende 1990 administrative Hemmnisse in Form von Emissionsgenehmigungsverfahren und der Existenz einer den Sekundärmarkthandel behindernden Börsenumsatzsteuer. Schließlich unterlagen kurzlaufende Bankschuldverschreibungen und Einlagenzertifikate bis Ende 1998 einer unverzinslichen Mindestreserve.
Da in Frankreich anders als in Deutschland der Gläubiger im Insolvenzrecht eine schwache Stellung besitzt, die Wirtschaftsstruktur weniger mittelständisch geprägt ist und Hausbankbeziehungen weitgehend fehlen, kommt es zu länderspezifisch verschiedenartig ausgeprägten Anreizstrukturen bei der Auswahl für geeignet gehaltener Kapitalstrukturen. Fremdkapitalfinanzierung und damit auch bankenzentrierte Finanzierungsmodi sind in Frankreich weniger attraktiv und befinden sich von daher auf niedrigerem Niveau. Aber selbst relativ kann für den verbleibenden Fremdkapitalbedarf festgestellt werden, daß dieser stärker direkt, d. h. entweder über Verbriefung oder Lieferantenkredite, nachgefragt wird. Vgl. Deutsche Bundesbank (10/99), S. 36.
[147] So führt etwa die Berliner Börse eine Handelsplattform ein, die mit einem Web-Portal speziell auf Bedürfnisse von Privatinvestoren zugeschnitten ist und eine Halbierung der Maklercourtage in Aussicht stellt und damit die bisherige Zweiklassengesellschaft von professionellen Anlegern und Privatinvestoren in Frage stellt. Vgl. Die FAZ vom 01.12.2000. Zum anderen gehen von elektroni-

Auf eine Kapitalkostensenkung durch Risikomischung mit besseren Adressen kann nicht mehr kalkuliert werden. Die relativen Kosten passiven - Signalling unterlassenden - Verhaltens steigen. Schließlich dürfte die Bereitschaft zur Offenlegung relevanter Informationen in dem Maße zunehmen wie die Vorteile einer aktiven betrieblichen Kommunikationspolitik erkannt und so im einzelwirtschaftlichen Kalkül stärker akzentuiert werden.[148]

Die Kapitalgebersicht

Für die Sparer ist hingegen der Trend zur Securitization keineswegs gleichbedeutend mit einem Trend zur Loslösung vom zinsdifferenten Angebot von Finanzintermediären. Selbst wenn Intermediäre im Wege der allgemeinen Securitization verstärkt in am Markt gehandelte Finanztitel investieren (können), wird der Anlageerfolg nicht identisch auf die Sparer übertragen, sondern um Kursabschläge beim Kauf und/oder Verkauf sowie periodische Verwaltungsvergütungen vermindert, wodurch der zinsdifferente Charakter effektiv bestehen bleibt. Dieser zinsdifferente Charakter legt es auch für Sparer nahe, ein subjektives Nutzen-Kosten-Kalkül der Nachfrage nach zinsdifferenten Produkten von Finanzintermediären zu explizieren. Es ist davon auszugehen, daß das in der Finanzpraxis anzutreffende Nebeneinander von Direktanlagen[149] und delegierten Anlageentscheidungen mikroökonomisch fundierbar ist. Daher sollen an dieser Stelle die zentralen Variablen einer zu postulierenden ökonomischen Zielfunktion angelehnt an den bisherigen Gang der Untersuchung eruiert werden.

Folgende Nutzen- und Kostengesichtspunkte gehen in die Vorteilhaftigkeitsabwägung des Sparers zwischen direkter Anlage und delegierter Anlage ein: Kosten einer direkten Anlage bestehen in einer unvollständigen Diversifikation spezifischer Risiken und ggf. Konditionennachteilen (UVD), in der unpräzisen Nachbildbarkeit von für optimal eingestuften Modellportefeuilles (UNM) und nur geringen Fixkostendegressionseffekten bei dem Mindestvolumen einzuholender Informations- und Kontrollmengen (FIK). Vorteile einer Direktanlage können darin gesehen werden, daß die Anlagepolitik frei von technischen Restriktionen (insbesondere der Liquiditätsrestriktion) durchführbar ist und dennoch die höhere Verzinsung in solchen Marktsegmenten zur Verfügung stehen kann (FTR). Bei Vorhandensein einer subjektiven spekulativen Grundvermutung ist eine höhere erwartete Rendite-Risiko-Effizienz geltend zu ma-

---

schen Handelsplattformen auf den Sekundärmarkt grundsätzlich transparenz- und liquiditätserhöhende und damit transaktionskostensenkende Effekte aus. Vgl. Die FAZ vom 26.07.2000.
[148] Vgl. Deutsche Bundesbank (01/00), S.33-48.
[149] Dies ist jedoch nicht als Abwesenheit der Nachfrage nach Dienstleistungen von Marktzugangsintermediären mißzuverstehen.

chen und eine hohe Umsetzungsgeschwindigkeit neuer Ideen gewährleistet (ERRE). Die Loslösung aus dem zinsdifferenten Geschäft führt zu einer höheren Nettoverzinsung (NV). Schließlich bestehen verschiedene Effizienzsteigerungspotenziale über interaktive Verhaltensstrategien, die als Imitations-, Inspirations- und/oder Antizipationsstrategien expliziert wurden (IMINAN). In einer risikoadjustierten Gegenwartswertperspektive gilt sodann als Abwägungskriterium:

$$\sum_{t=0}^{n} \frac{FTR_t + ERRE_t + NV_t + IMINAN_t}{(1+r)^t} > \sum_{t=0}^{n} \frac{FIK_t + UNM_t + UVD_t}{(1+r)^t}.$$

Die quantitativen Ausprägungen der einzelnen Parameter sind wiederum von strikt individuellen Einflüssen, Erwartungen, Perzeptionen und Ausstattungen abhängig. Mit einem solchen Kalkül vereinbar ist auch das empirische Phänomen einer individuellen Kombination von direkter und indirekter Anlage. So wird in Wirtschaftsbranchen, bei denen ein unmittelbarer, stetiger sowie quasi kostenfreier Zugang zu relevanten Informationen besteht, bspw. bedingt durch die subjektive Ausrichtung von Humankapitalinvestitionen, durch die Rolle als aktiver Konsument in bestimmten Marktsegmenten oder auch nur duch eine geeignete Ausrichtung der privaten Lebensführung, eine Direktanlage tendenziell die optimale Strategie sein. Für andere Marktsegmente mag entsprechend die Konsultation eines Intermediärs und die Delegation der Anlageentscheidung an diesen stärker in Betracht gezogen werden.

In Deutschland ergab sich in den vergangenen Jahren das in Tab. 2 dargelegte statistische Bild. Im Jahre 1999 stellten bei grundsätzlicher trendmäßiger Aufwärtsentwicklung immerhin knapp 30% des Geldvermögens über Direktanlagen erworbene Zahlungsanwartschaften dar. Synthetische intermediäre Anlageprodukte bleiben aber in der Sparergunst nach wie vor führend.[150]

---

[150] Die Anteilswertbildungen verändern sich in Abhängigkeit von den getroffenen Klassifizierungsentscheidungen. Die Zahlungsverkehrsinstrumente wurden hier aus der Grundgesamtheit ausgelassen, da die zugrundeliegende Fragestellung auf den qualitativen Charakter der Geld*kapital*bildung abhebt. Solange die Ansprüche gegenüber Versicherungen teilweise aus regulatorischen Begünstigungen, gesetzlichen Zwängen oder der Absicherung nicht individuell versicherbarer Risiken aufgebaut werden, reflektieren diese nur bedingt eine individuelle Wahlentscheidung zwischen direkter und indirekter Geldkapitalbildung. Zudem bleibt der Sachvermögensbestand (Immobilien) unberücksichtigt; soweit aber auch diese als Anlageobjekte klassifiziert werden, die zudem vorrangig aus individuellen Risiko-Rendite-Kalkülen dem Portefeuille beigemischt werden, wird die Bereitschaft zur Direktanlage mit den Zahlen unterzeichnet.

Tabelle 2: Direkte und indirekte Geldkapitalbildung des Haushaltssektors in Deutschland

Jahr	Direkt aufgebautes Geldvermögen					Intermediäre Anlageprodukte					Absolut, in Mrd. Euro
	Geld-markt-papiere	Renten-werte	Aktien	Andere Beteili-gungen	Zusam-men	Einlagen ohne Sichtguth.	Invest-mentzer-tifikate	Ansprü-che ge-gen Vers.	Sonstige Ford.	Zusam-men	
1991	0,31	14,69	7,1	4,38	26,48	40,49	4,54	20,67	7,82	73,52	1840,73
1992	0,37	14,76	6,28	4,4	25,82	39,88	5,5	20,94	7,85	74,18	1976,44
1993	0,32	13,69	7,86	4,51	26,37	39,27	6,2	20,74	7,42	73,63	2191,49
1994	0,19	13,17	7,47	4,67	25,51	37,6	7,62	21,76	7,5	74,49	2281,91
1995	0,1	14,78	7,62	4,4	26,91	35,81	7,75	22,16	7,38	73,09	2455,42
1996	0,09	14,02	8,48	4,48	27,07	34,74	8,03	22,81	7,35	72,93	2611,73
1997	0,06	12,79	10,47	4,61	27,93	33,03	8,69	23,14	7,21	72,07	2806,37
1998	0,05	11,99	11,4	4,41	27,85	31,67	9,73	23,59	7,16	72,15	2982,54
1999	0,04	11,08	14,05	4,43	29,6	28,47	11,57	23,46	6,9	70,4	3258,51

Quelle: Deutsche Bundesbank (2000b, S. 27), der Haushaltssektor umfaßt private Haushalte und private Organisationen ohne Erwerbszweck, Bedeutung einzelner Anlageformen in Anteilen v. H. der Jahresendbestände, eigene Berechnungen

4.2.7 Die volkswirtschaftliche Direktanlageneigung

Wie weitreichend der Trend zur Disintermediation, verstanden als einer Loslösung der Finanzmarktteilnehmer aus dem zinsdifferenten Geschäft der Banken, sein kann, ist eine im Ergebnis offene Frage, die unter dem institutionellen Rahmen eines Wettbewerbs als Entdeckungsverfahren entschieden werden muß. Maßgeblich wirken auf diesen Wettbewerbsprozeß eine Vielzahl von Variablen ein, wie: Technischer Fortschritt in den Informations-, Transaktions- und Kommunikationstechnologien, Evolution des Finanzsystems insgesamt oder generell die Produktivitätsentwicklung alternativer Anlageregime. Aber selbst wenn dieser Disintermediationsprozeß von tiefer struktureller Nachhaltigkeit gekennzeichnet sein sollte, entfällt damit nicht auch gleichzeitig die Informationsproduktionsfunktion der Finanzindustrie. Zwar würde die herkömmliche, dem eigentlichen zinsdifferenten Geschäft vorlaufende Informationsbeschaffung im Rahmen der Kreditwürdigkeitsprüfung an Bedeutung verlieren. Nachfrage und Bereitstellung von Mindestinformations- und Kontrollmengen entfällt damit aber nicht per se, sondern wird im Rahmen von über Provisionsgeschäfte entgoltenene Ratings als vom eigentlichen und tatsächlichen Finanzierungsprozeß losgelöst erbracht. Die Informationsproduktion findet gewissermaßen nun im Wege einer veränderter intraintermediären Rollen- und Strukturverteilung statt. Dabei weist die Informationsproduktion über Ratings jedoch für alle Finanzmarktteilnehmer Vorteile auf. Kapitalnehmer können sich auf diese Weise transaktionskostenärmer von bestimmten Kapitalgebern und deren spezifischen Evaluierungskriterien lösen, falls über die künftigen Ertragserwartungen Dissens besteht. In diesem Falle könnten Finanzierungen ausbleiben oder teurer werden als die günstigeren Risiko- und Ertragseinschätzungen dies aus Sicht des Kapitalnehmers gerechtfertigt erscheinen ließen.[151] Die Refinanzierungsmodalitäten korrespondieren in transparenter Weise mit dem Rating. Die zu diesem Rating marktüblichen Kapitalkosten stellen eine Obergrenze dar, die die Planungssicherheit für Kapitalnehmer c. p. erhöht. Direkten oder intermediären Kapitalgebern steht es frei, ihre eigenen Evaluierungstechnologien mit der dem Rating zu Grunde liegenden Strategie zu benchmarken[152], d. h. Titel aufzunehmen, die nach dem eigenen Maßstab als unterbewertet bzw. als bonitätsmäßig zu schwach eingestuft werden und sich von solchen zu distanzieren, die als überbewertet eingeordnet werden. Eine andere Spielart der Verstärkung des Provisionsgeschäfts besteht in der Begleitung und Unterstützung der Securitization bei Erstemissionen.

Betrachtet man die Trends Securitization, Zunahme des Provisionsgeschäfts, Disintermediation im Bereich des zweifach zinsdifferenten Geschäfts und Wachstum der Fondsindustrie zusammen, dann ist Finanzintermediation auch aus dem modernen Finanzsystem nicht wegzudenken und impliziert dessen Evolution für Finanzintermediäre keinen Verlust an Wertschöpfungspotenzial, sondern vor allem eine „value migration"[153].

Die bisher gemachten Überlegungen lassen sich schließlich in eine makrotheoretische[154] Verhaltensfunktionen überführen. Dazu kann das von Intermediären gepoolte Vermögen (P) als eine positive Funktion des gesamten (Brutto-)Geldvermögens (GV) aufgefaßt werden. Die stochastisierte Funktionsgleichung lautet dann:

$$P = \alpha + \beta \cdot GV + U_i \text{, mit } 0 < \beta < 1.$$

Unter Umständen kann die Aufnahme von verzögerten Regressoren geboten erscheinen, um zeitlich verzögerte Anpassungsprozesse aufzufangen. So könnten nur sich als

---

[151] Ein solides Verständnis der Geschäfte ihrer Kunden wird zwar seitens der Kredithäuser mit dem Hinweis auf unternehmerisch handelnde Berater vor Ort beteuert, gilt jedoch nicht immer als Realität. Vgl. Stehmann in der FAZ vom 09.08.1999, S. 23.
[152] Vgl. für weitere Ausführungen und Hypothesen zu diesem Paradigmenwechsel Horn/Müller in der FAZ vom 14.02.2000.
[153] S. Stehmann (1999) in der FAZ vom 09.08.1999.
[154] Analoge Überlegungen gelten bezogen auf das Privatvermögen einzelner auch für mikroökonomische Überlegungen.

dauerhaft erweisende Vermögensänderungen in das Kalkül der Anleger eingehen oder müssen kontraktuelle Bindungsfristen berücksichtigt werden.

Alpha repräsentiert inhaltlich den institutionell bedingten Basispoolingumfang. Dieser ergibt sich bereits aus der Funktion des Bankensystems als Administrator des volkswirtschaftlichen Zahlungsverkehrs. Er resultiert aber auch aus einem gewissen Grundbedarf an persönlicher Entlastung von dem Zwang zur eigenen Informationseinholung und Informationsverarbeitung sowie dem auch hier greifenden Prinzip der Spezialisierung auf Basis komparativer Kostenvorteile. Der Parameter Beta ist hingegen Ausdruck der marginalen gesamtwirtschaftlichen Poolingneigung. Solange parallel immer auch Direktanlagen getätigt werden, bleibt diese kleiner Eins; $(1-\beta)$[155] steht umgekehrt für die gleichgewichtige marginale Direktanlageneigung. Je größer diese und die durchschnittliche Direktanlageneigung ist, desto größer ist das Ausmaß an Finanzmarktemanzipation, d. h. desto mehr (jedenfalls partiell) autonome und heterogene subjektive spekulative Grundvermutungen werden gebildet, desto größer ist die durchschnittliche Kompetenzselbsteinschätzung, desto günstiger sind die Zugangskonditionen zum Kapitalmarkt auch für Direktanleger und desto stärker ist der Wunsch ausgeprägt, in das Wertsteigerungspotenzial des eigenen Geldvermögens auch eigenes Wissen einfließen zu lassen bzw. die delegationsbedingte (teilweise) Präferenzentfremdung zu neutralisieren. Für Deutschland ergab sich für den Zeitraum von 1991-1999 für die präferierte Struktur des Geldkapitals[156] unter Berücksichtigung von verzeitlich verzögerten Anpassungsprozessen folgende Schätzung:

$$
\begin{aligned}
\hat{P}_t \;&=\; \hat{\alpha} && + && \hat{\beta}_1 \cdot GV_t && + && \hat{\beta}_2 \cdot GV_{t-1} \\
\hat{P}_t \;&=\; 369{,}966 && + && 0{,}385 \cdot GV_t && + && 0{,}288 \cdot GV_{t-1} \\
t \;&=\; (8{,}504)^{***} && && (4{,}826)^{***} && && (3{,}332)^{***} \\
& \quad R^2 = 0{,}999 && && DW = 2{,}222^{***} && && \tau_{nc,nt} = -5{,}724^{***}
\end{aligned}
$$

Der so geschätzte funktionale Zusammenhang ist frei von Autokorrelation bei einer Irrtumswahrscheinlichkeit von $\alpha=1\%$. Die drei Sterne hinter der t-Statistik symbolisieren eine Signifikanz der Parameterschätzungen auf demselben Niveau. Obwohl Regressand und Regressor erst nach zweifacher Differenzierung Stationaritätseigenschaften aufzeigen, erweisen sich Abweichungen vom so geschätzten langfristigen Gleichgewicht dennoch als stationär bei einer Irrtumswahrscheinlichkeit von 1%. Die Variablen sind somit kointegriert von der Ordnung (2,2).

---

[155] Bei Berücksichtigung von Verzögerungen ist korrespondierend hierzu $(1 - \sum \beta_{t-i})$ zu ermitteln.

[156] Sichteinlagen wurden nicht mit einbezogen.

Die eingangs aufgestellten Hypothesen können folglich für Deutschland mit ökonometrischen Zeitreihenverfahren bestätigt werden. Die Signifikanz des positiven Achsenabschnitts deutet weiter darauf hin, daß die durchschnittliche Nachfrage nach
synthetischen Anlageprodukten mit wachsendem Vermögen abnehmend ist bzw. der
mittlere Direktanlageumfang zunimmt. Dies erscheint vor dem Hintergrund abneh-
mender Diversifikationsrestriktionen und zunehmender Lernprozesse bei der Verarbeitung anlagerelevanter Informationen theoretisch plausibel.

4.3   FINANZINTERMEDIÄRE ALS INSTITUTIONELLE AKTEURE AUF DEM KAPITALMARKT

Neben den MFIs wirken mit einer wachsenden Bedeutung vor allem Investmentgesellschaften auf die Alloziierung knapper Ersparnisse ein. So stellte sich für Deutschland
die Entwicklung dieser Anlageform in den vergangenen Jahren wie folgt dar (Tab. 3).

Tabelle 3: Marktwert des Bestandes umlaufender Investmentzertifikate in Deutschland

Jahr	1991	1992	1993	1994	1995	1996	1997	1998	1999
Investmentzertifikate in Mrd. Euro	82,7	104,9	138,1	163,7	184,6	216,9	275,2	340,5	443,2

Daten entnommen aus: Deutsche Bundesbank (2000b, S. 81)

Es handelt sich um Kapitalanlagegesellschaften, die bei ihnen eingelegtes Geld im
eigenen Namen für gemeinschaftliche Rechnung der Einleger (Anteilinhaber) profes-
sionell nach dem Grundsatz der Risikomischung und den im Verkaufsprospekt expli-
zierten Strategien verwalten. Verwahrungs- Abwicklungs- und Kontrollfunktion
kommt in Deutschland der Depotbank zu.[157]

4.3.1 Grundlegendes

Die Ansprüche eines Fondsanlegers werden mit einem (nennwertlosen) Investment-
zertifikat belegt, das auf die Anzahl der erworbenen Anteile lautet. Aus den bereitgestellten Mitteln der Kapitalgeber wird ein Sondervermögen gebildet, mit dem
Investitionen in Wertpapiere, Immobilien und Sonstiges getätigt werden. Für den Fall,

---

[157] Vgl. Bitz (1998), S. 249-264.

daß die Kapitalanlagegesellschaft in finanzielle Schwierigkeiten gerät, ist die Inanspruchnahme dieses Fondsvermögens zur Deckung ausstehender Verbindlichkeiten ausgeschlossen.

Wie ermittelt sich der Preis für einen Fondsanteil? Grundlage für die Preisermittlung stellt das zu aktuellen (Markt-) Preisen[158] bewertete Fondsvermögen einschließlich Bankguthaben dar, von dem Kredite und sonstige Verbindlichkeiten (etwa aus offenen Terminkontrakten resultierend) abgezogen werden. Der Anteilswert[159] (Rücknahmepreis) ermittelt sich dann aus dem in der beschriebenen Weise ermittelteten Nettoinventarwert dividiert duch die Anzahl umlaufender Anteile. Zwischen Ausgabe- und Rücknahmepreis besteht eine Differenz, die als Ausgabeaufschlag (load) bezeichnet wird, als Prozentsatz auf den Anteilswert ausgedrückt wird und die Vertriebskosten decken soll. Daneben sind noch laufende Managementkosten zu decken. Entfällt der load, spricht man von No-Load Fonds bzw. Net oder Trading Fonds. Die laufenden Vertriebs- und Managementkosten fallen hier tendenziell etwas höher aus und werden ggf. über das Fondsvermögen ausgeglichen. Diese werden deshalb insbesondere für kurzfristige Anlagezeiträume bevorzugt, in denen die Zahlung eines laufzeitunabhängigen load regelmäßig stärker renditereduzierend wirkt.

Fonds lassen sich in vielerlei Hinsicht klassifizieren, von denen im folgenden aber nur die zentralsten kursorisch abgehandelt werden:[160]

In Abhängigkeit von der Zielgruppe unterscheidet man Publikumsfonds (breite Privatkundschaft) von Spezialfonds (institutionelle Investoren). Bei offenen Fonds ist der Anteilsverkauf unbegrenzt und die Höhe des verwalteten Sondervermögens Resultat relativer Performance. Geschlossene Fonds emittieren Anteile nur innerhalb einer bestimmten Zeichnungsfrist und in begrenzter Anzahl. Fehlt darüber hinaus eine Rücknahmeverpflichtung spricht man von Closed-end Fonds. Besteht eine Zeichnungsfrist und eine begrenzte Laufzeit, so handelt es sich um Laufzeitfonds. Ist die Ausschüttungspolitik hinsichtlich der regelmäßig erzielten Nettoeinnahmen (Dividen-, Zins- Mietzahlungen usw.) thesaurierend, spricht man von thesaurierenden Fonds, andernfalls von ausschüttenden Fonds. Auslandsfonds ist der Oberbegriff für Fonds,

---

[158] Existiert für die Bewertung der Vermögensgegenstände kein einer Börse vergleichbarer, geregelter Markt wie bspw. für Immobilien, wird die Ermittlung des Verkehrswertes an Schätzungsexperten oder einen Sachverständigenausschuß delegiert. Vgl. Glaus (1997), S. 11f.

[159] Die Anteilswerte der von deutschen Gesellschaften neu aufgelegten Fonds liegen zwischen 50 und 100 DM. Werden im Zeitablauf gewisse Wertzuwachsschwellen überschritten, kommt es oft zum Anteilsplit, damit die Vorteile einer attraktiven Losgröße erhalten bleiben. Vgl. Beike/Schlütz (1999), S. 687.

[160] Im Rahmen dieser Untersuchung soll auf eine erschöpfende Darstellung der Klassifizierungsfacetten und der gesetzlichen Rahmenbedingungen verzichtet werden, da es in erster Linie um die grundsätzliche Erfassung der geldtheoretischen und ordnungspolitischen Bedeutung dieses an Bedeutung ständig wachsenden Intermediationstypes geht.

bei dem auflegende Investmentgesellschaft und Anteilsinhaber in unterschiedlichen Gebieten ansässig sind.[161]

Nach der geographischen Ausrichtung der Anlagepolitik wird mit zunehmendem Ausdehnungsgrad in Länder-, Regional-, Internationale- und Globalfonds differenziert. Zu den Vertriebswegen zählen Banken, Versicherungen, Unabhängige Finanzdienstleister, Fonds-Center oder (Online-)Discount-Broker.[162] Bei Wertpapierfonds ist das Sondervermögen großteils in handelbare und amtlich notierte Wertpapiere investiert.

Je nach ausgewählter Wertpapiergattung, Mischungen unterschiedlicher Typen und/ oder Anlagehorizont werden Aktien-, Renten-, Misch-, und Geldmarktfonds voneinander unterschieden. Auf den Risikogehalt eines Fonds wirkt neben den Mischungsproportionen zwischen Eigenkapital- und Fremdkapitaltiteln, ggf. die Laufzeit festverzinslicher Titel, die durchschnittliche Bonität der focussierten Emittenten und die Beimischung derivativer Instrumente. Letztere wirken hinsichtlich ihres Riskobeitrags entgegengesetzt, je nachdem ob sie aus Absicherungsmotiven risikomildernd beigemischt werden oder zusätzliche Risiken inkaufnehmend aus Spekulationsmotiven getätigt werden.

Der Investmentstil kann passiv (indexorientiert), aktiv (outperformanceorientiert), national, international, branchenbezogen, themengerichtet oder gesamtmarktrepräsentierend ausgerichtet sein.

Geldmarktfonds als kurzfristig und liquiditätssichernde ausgerichtete Spezialität von Rentenfonds verkörpern die schwankungsärmste Spielart von Wertpapierfonds. Die zur Verfügung gestellten Mittel werden hauptsächlich in Geldmarktpapieren, Schuldverschreibungen mit einer Restlaufzeit unter einem Jahr, Floating Rate Notes und - den ausschließlichen Wertpapiercharakter durchbrechend - in Bankeinlagen[163] (Tages- und Termingeld) angelegt. Der Liquiditäts- bzw. Dispositionscharakter dieser Anlageform resultiert aus dem mit der geringen Restlaufzeit einhergehendem Kursrisiko und wird ggf. durch Verzicht auf Ausgabeaufschläge unterstrichen.

---

[161] Vgl. Demuth/Bustorf/Thiel (1995), S. 64.
[162] Diese sind auf die Wertpapiervermittlung spezialisiert. Durch (weitgehenden) Wegfall der Beratung und Konzentration auf die Abwicklung können an relevante Zielgruppen entsprechende Transaktionskostenersparnisse weitergegeben werden. So kann der heutzutage multimedial informierte Kunde über seinen Internetanschluß die technische Infrastruktur einer virtuellen Bank benutzen, bewußt auf persönlichen Service verzichten und sich so Fehlentwicklungen im Retailgeschäft der Filialbanken entziehen. Vgl. Ott in der FAZ vom 20.09.2000.
[163] Da insofern Geldmarktfonds nur begrenzt einen eigentlichen Wertpapierfonds repräsentieren, könnten Geldmarktfonds abweichend von der hier getroffenen Systematisierung auch als eine eigene Kategorie klassifiziert werden.

Aktien- und Rentenstandardfonds zeichnen sich durch eine ausgeprägte Diversifikation aus, die bei Aktien- und Rentenspezialitätenfonds durch Verengung der Anlagepolitik auf bestimmte Emittenten teilweise gezielt durchbrochen wird, um ein verglichen mit der Marktentwicklung geringeres oder höheres systematisches Risiko oder auch nur qualitativ andersartiges, als attraktiv wahrgenommenes Ertrags-Risikoprofil des Portefeuilles zu erreichen.

Dachfonds investieren nicht direkt in Aktien, Renten oder Geldmarktinstrumenten, sondern in Anteile anderer Investmentfonds.

Der Begriff des Umbrella-Fonds wird nicht einheitlich verwendet, bezeichnet aber meist die Fondsanteilsinhabern gewährte Möglichkeit, kostenlos oder zu günstigen Tauschgebühren zu einer Gruppe (umbrella) anderer Produkte (Sub-Fonds) der Kapitalanlagegesellschaft wechseln zu können (attraktive Switchoptionen).

Garantiefonds leisten ein Garantieversprechen auf eine Mindestausschüttung, auf Kapitalerhalt oder auf einen Mindestrücknahmepreis für einen begrenzten Zeitraum oder für einen bestimmten Termin und sind oft eine Spielart von Laufzeitfonds.

Im Unterschied zu Effektenfonds legen Immobilienfonds das Vermögen nicht in marktgängigen Wertpapieren, sondern entweder direkt in Immobilien oder indirekt über Beteiligungen an Immobiliengesellschaften an. Hauptsegmente stellen dabei gewerblich genutzte Immobilien und Wohnimmobilien einschließlich zu bebauender Grundstücke, aber auch Erbbau- und Wohneigentumsrechte dar.[164] Der jährliche Anlageerfolg besteht aus Mieterträgen, Zinsen und Wertsteigerungen der Anlageobjekte. Da es für Immobilien keinen geregelten Markt mit entsprechend objektivierbarer Preisbildung gibt, muß zur Ermittlung des Inventarwertes der Verkehrswert der Immobilien mindestens einmal pro Jahr von unabhängigen Sachverständigen geschätzt werden.[165] Neben reinen Grundstücksfonds existieren auch solche, die mit Wertpapieren gemischt werden.

So wird das Altersvorsorge-Sondervermögen entsprechender Vorsorgefonds (AS-Fonds) vornehmlich in verschiedenartige Substanzwerte investiert, zu denen neben Aktien, Rentenpapieren und stillen Beteiligungen auch Grundstückswerte gehören. Der Aktienanteil beträgt mindestens 21%, der von Immobilien maximal 30%. Es wer-

---

[164] Vgl. Büschgen (1998), S. 405f.
[165] Schätznotwendigkeiten und damit verbundene Ermessensspielräume sind dabei nicht auf Immobilien beschränkt, sondern treten auch bei anderen Fonds in dem Maße auf, wie für die Anlageobjekte keine laufende öffentliche Preisbildung stattfindet. Dies ist für Finanzaktiva ggf. bei mangelnder Standardisierung der Ausstattungsmerkmale der Fall und für Sachaktiva, falls diese qualitativ einzigartig (Kunstgegenstände), nicht oder nur zu prohibitiven Kosten transportierbar sind (Immobilien, Grundstücke einschließlich ihrer kulturellen Kontingenz und nicht identisch reproduzierbaren geographischen Umgebung).

den begrenzt Währungsrisiken eingegangen und der Einsatz von Derivaten beschränkt sich auf Absicherungszwecke. In Ergänzung zur Vermögensverwaltung werden komplementäre Leistungen angeboten, die sich auf das Erstellen von Spar- und Auszahlplänen sowie Vermögensumschichtungsoptionen gegen Ende der vereinbarten Vertragslaufzeit beziehen. Regelmäßige Ansparpläne sind jedoch grundsätzlich mit einer Vielzahl von Fonds vereinbar, einschließlich reiner Aktienfonds.[166]

4.3.2 Passives Management

Anlageprodukte, die lediglich eine Wertentwicklung im Einklang mit einem bestimmten Index versprechen, sind passiv verwaltet. Die Anlagepolitik eines Indexfonds, d. h. Auswahl und Gewichtung der Titel, richtet sich an der Zusammensetzung des zu duplizierenden Referenzindex[167] aus und versucht den dahinter stehenden Markt möglichst genau abzubilden. Welcher Index als Leitbild für die angestrebte Nachbildung gewählt wird, ist in sachlicher und geographischer Hinsicht sowie in Bezug auf den Eigen- und Fremdkapitalcharakter der Anwartschaften (Aktien- oder Rentenindizes) prinzipiell offen und von den speziellen Umständen von Ort und Zeit abhängig.

Die individuelle Nachfrage wird letztlich davon abhängen, welchen Märkten oder Marktsegmenten für den relevanten Anlagezeitraum mit schlüssigen Argumenten ein attraktives Wertwachstum zugetraut werden kann. Insofern wird hier dem Zeitpunkt der Produktauflegung eine hervorgehobene Rolle beizumessen sein. Der Index kann den Weltmarkt, bestimmte Währungsräume, nationale Börsenindizes, (inter-) nationale Branchen oder „schlicht zukunftsweisende" Wirtschaftsstile[168] umfassen.

---

[166] Einen Überblick über die Kategorien geben Beike/Schlütz (1999), Büschgen (1998) und Glaus (1997).

[167] Ein Vermögenspreisindex ist eine Kennzahl, die die Dynamik eines Marktes oder eines Marktsegmentes unabhängig von abweichenden Einzelverläufen verdichtend widerspiegelt. Der jeweilige Indexwert berechnet sich konkret als Relation der Summe der Marktkapitalisierungen der korbrelevanten Finanztitel im Betrachtungszeitpunkt zu derjenigen zum Basiszeitpunkt multipliziert mit der Indexbasis, beim DAX die Zahl 1000. Die Marktkapitalisierung einer einzelnen Aktiengesellschaft erfaßt ihre finanzwirtschaftliche Bedeutung, d. h. die mit ihrem (ggf. um technische Effekte bereinigtem) Kurs bewertete Anzahl der Aktien (unter Umständen nur der Streubesitz). Das relative Korbgewicht einer Aktiengesellschaft ergibt sich in Relation ihrer Kapitalisierung zu der Summe aller indexrelevanten Kapitalisierungen. Man unterscheidet zwischen einem Kursindex (S&P 500) und einem Performanceindex (total return index) wie dem DAX. Letzterer weist eine höhere Kursentwicklung auf, da er über Wiederanlageprämissen von Bardividenden sowie von Erlösen aus dem Verkauf von Bezugsrechten und Gratisaktien eine hypothetisch „vollständige" Kursentwicklung simuliert. Vgl. Beike/Schlütz (1999), S.141ff u. Köpf (2000), S. 48.

[168] So sind für die Konstruktion des Dow Jones Sustainability Group-Index (DJSGI) die 10 Prozent Sustainability-Führer jeder Branche weltweit Grundlage. Die Nachhaltigkeit als Anlagekriterium umfaßt dabei insbesondere die Berücksichtigung von Fragen der ökologischen und sozialen Verantwortung wirtschaftlichen Handelns. Die Problematik solcher Kriterien muß keineswegs zwingend in einer inferioren Performance vermutet werden. Vielmehr dürfte die Berücksichtigung

Die Indexorientierung erlaubt ein passives Fondsmanagement, das sich durch Wegfall kostenintensiver Researchs und erwartungsinduzierter Bestandsumschichtungen konsumentenfreundlich in niedrigeren Verwaltungskosten sowie hoher Transparenz niederschlägt. Das Potenzial an kapitalmarktdifferenten Konditionen wird in enge Schranken verwiesen. Die Transparenz bietet zusätzliche Kompatibilitäts- und Kombinationsvorteile, wenn man berücksichtigt, daß im Normalfall Kapital nicht ausschließlich in eine Fondsvariante[169] investiert wird, sondern eine individuell optimal zugeschnittene Mischung als anstrebenswert erachtet wird.[170]

Die Wertschätzung dieser Vorteile durch potentielle Anleger hängt wesentlich davon ab, wie sie die Finanzmarkteffizienz beurteilen. Denn nur wenn sie diese für unvollständig halten und gleichzeitig sich selbst ohne prohibitive Suchkosten die Kompetenz zuschreiben, überdurchschnittliche von unterdurchschnittlichen Fonds mit einer hinreichenden Treffsicherheit auseinanderhalten zu können, werden sie ihre Zugangschance zu einer marktsuperioren Performance überhaupt für denkbar und ökonomisch ausnutzbar halten.[171] Andernfalls würden sie mal zu den „Gewinnern" und mal zu den „Verlierern" zählen und durchschnittlich doch nur die „passive Anlagerendite" erzielen. Die höheren Verwaltungskosten aktiv gemanagter Fonds und die eigenen Suchaufwendungen blieben ohne Nutzenäquivalent. Indexfonds würden hingegen systematische Nettovorteile in Aussicht stellen können.[172] Ein weiterer Vorteil von

---

qualitativer Gesichtspunkte subjektive Ermessensspielräume bei der Indexkonstruktion eröffnen, die sich in der Schwierigkeit niederschlagen, welche Titel nun konkret als korbrelevant oder nicht korbrelevant zu klassifizieren sind. Ob bspw. bei Conscience-Fonds oder allgemein Themenfonds (Islamische Fonds, Fonds für Frauen) überhaupt noch eine intersubjektiv nachvollziehbare bzw. konsensfähige Indexbildung möglich ist, kann bezweifelt werden, so daß ggf. Akzeptanzprobleme auftreten können. Islamische Fonds bieten Investoren korankonforme Investitionsmöglichkeiten etwa durch Berücksichtigung des Zinsverbotes oder Nichtberücksichtigung von schweinefleischproduzierenden Unternehmen (Zeyer 1999a). Bei Fonds pour Femmes steht die Berücksichtigung der Sicherheitsorientierung von Frauen und deren Solidarität mit Geschlechtsgenossinnen im Vordergrund. Vgl. Glaus (1997), S. 33.

[169] Zur Bedeutung einer richtigen Mischung von Fonds vgl. Zeyer (1999b).
[170] In diesem Fall bleibt jederzeit transparent, woraus sich das gesamte Portefeuille zu einem bestimmten Zeitpunkt zusammensetzt. Aktiv gemangte Fonds können demgegenüber den Nachteil eines Transparenzverlustes aufweisen. Kommt es darüber hinaus zu einer Angleichung der Investitionspolitik, dann gehen die beabsichtigten Mischungseffekte (ungewollt) verloren und rufen nach Gegenwärtigung dieses Problems neue Transaktionskosten hervor.
[171] Empirische Untersuchungen seit Ende der 60er zeigen immer wieder, daß es der Mehrheit der Fondsmanager nicht gelingt, die Referenzindizes dauerhaft zu übertreffen. Vgl. Sharpe (1966), Jensen (1968), Poschadel (1981) und Lerbinger (1984).
[172] Tatsächlich teilt sich der Gesamtmarkt für Vermögensverwaltung in den Vereinigten Staaten inzwischen genau hälftig in passiv und aktiv verwaltete Fonds. In Europa besitzen passiv verwaltete Fonds zwar nur einen Marktanteil von 20 Prozent, aber dem amerikanischen Trend folgend wird auch hier mittelfristig ein Anteil von 50 Prozent erwartet (FAZ vom 13.04.2000). Diese Zahlen deuten darauf hin, daß, selbst wenn die Finanzmarkteffizienz im Einzelfall als nicht gegeben angesehen wird, das Zutrauen in Spezialisten, mehr Informationen bzw. gegebene Informationen besser als der anonyme Markt mit seinem dezentral verstreutem Wissen verarbeiten zu können, doch nur begrenzt vorhanden ist.

Indexfonds kann schließlich darin gesehen werden, daß sie dem Anleger über die Verfügbarkeit von index futures Absicherungsoptionen eröffnen, deren Vorhandensein insbesondere in volatilen Zeiten wertgeschätzt wird.[173] Allerdings fallen auch bei der Verwaltung von Indexfonds Transaktionskosten an. Denn sollen strukturelle Marktveränderungen[174] im Portfolio berücksichtigt werden, so ist der laufende Austausch von Wertpapieren unvermeidlich. Die technische Umsetzung der Indexorientierung erfolgt dabei in praxi unterschiedlich. Es werden die Methoden der Full Replication, der Stratification (Sampling) und der Optimization (Tracking) voneinander unterschieden.[175] Sie unterscheiden sich darin, ob sie sich bemühen, die Nachbildungsgüte zu optimieren (Full Replication, Optimization), und wenn ja, auf welche Weise sie die Minimierung des Nachbildungsfehlers (Tracking Error) anstreben bzw. ob von vornherein transaktionskostensenkend nur eine repräsentative Auswahl von Titeln (Sampling) angestrebt wird.[176]

Indexzertifikate bzw. Partizipationsscheine[177] sind von Indexfonds durch ihre Laufzeitbegrenzung und ihren (unverzinslichen) Anleihecharakter zu unterscheiden. Bei ihnen wird der Kapitalgeber nicht zum Anteilsinhaber, sondern erwirbt eine Inhaberschuldverschreibung, bei der sich der Emittent (=Schuldner)[178] verpflichtet, bei Fälligkeit einen bestimmten Geldbetrag an die Zertifikatsinhaber (=Gläubiger) zurückzuzahlen. Mit der Kopplung des Kurses des Indexzertifikats am Wertverlauf des Index (underlying) können Partizipationsscheine auch als eine Sonderform von Derivaten mit variablem Ausübungspreis aufgefaßt werden. Je nach Ausgestaltung partizipiert der Anleger an den Indexbewegungen paritätisch[179] oder auch nur zu einem Zehntel oder Hundertstel, wobei der kostengünstigere Erwerb der letzteren Variante vor allem Klein- und Kleinstsparern entgegenkommt, und in beiden Fällen die Partizipation

---

[173] Vgl. Demuth u. a. (1995), S. 50.
[174] Hierunter sind etwa Indexanpassungen durch Aufnahme und Wegfall von Titeln oder Dividenden zu verstehen. Vgl. Zeyer in der FAZ vom 21.02.2000.
[175] Vgl. ebd. u. Glaus (1997), S. 54.
[176] Bei der Full Replication werden alle Titel ins Portefeuille aufgenommen und alle Marktveränderungen möglichst umgehend nachvollzogen. Dieser formale Vollständigkeitsanspruch wird bei der Optimization aufgegeben und Abweichungen zugelassen. Es wird versucht, den Abweichungsfehler in seine Bestimmungsgründe zu zerlegen und diese derart in die Anlagepolitik zu integrieren, daß das Portfolio mit seinen Risiko- und Ertragskennziffern inhaltlich mit denen des Index in Übereinstimmung gebracht wird. Ein natürliches Abweichungsrisiko als gegeben ansehend, besteht die Akzentsetzung beim Sampling bei Wahrung der Respräsentativität darin, Transaktionskostenersparnisse einzufahren.
[177] Vgl. Willnow in der FAZ vom 28.09.1999.
[178] Die emittierende Bank dürfte dabei das Ziel verfolgen, ihre Produktpalette um ansprechende Anlageinstrumente zu vervollständigen und damit Wertschöpfungsanteile in der Vermögensverwaltung zu sichern oder auszubauen und/oder bereits bestehende Beteiligungen durch Abschluß entgegengerichteter Zertifikatsgeschäfte abzusichern.
[179] Indexstand und Zertifikatspreis ändern sich in diesem Fall eins zu eins. In diesem Fall beträgt der Mulitiplikator 1, in allen anderen Fällen ist er ungleich 1.

linearen Charakter besitzt. Die Linearität ist wie bei Indexfonds auch Ausdruck einer passiven Investitionspolitik. Die Ausstattungsmerkmale dieser Partzipationsscheine variieren, sie beinhalten ggf. eine automatische Währungsabsicherung, garantieren Mindestauszahlungen (kapitalgarantierte Zertifikate) und/oder legen Gewinnoberschranken (Caps, Discount-Zertifikate) fest, so daß die klassische Linearität durchbrochen werden kann.

Sieht man einmal von einem Ausfallrisiko des Emittenten ab, dann kann der Vorteil gegenüber Indexfonds darin gesehen werden, daß Ausgabeaufschlag sowie laufende Verwaltungskosten entfallen. Es wird damit eine Kumulation von anteiligen Fondsmanagementkosten über die Perioden umgangen, auch wenn diese bei passiv verwalteten Fonds ohnehin niedrig ausfallen. Zudem fallen bei Fonds sogenannte „unsichtbare Kosten" an: Liquidität muß vorgehalten werden, um etwaige Rückgabewünsche umgehend befriedigen zu können. Mit der Umschichtung des Fondsvermögens entstehen Transaktionskosten. Schließlich können ggf. auch gesetzliche Anlagerestriktionen, die Qualität der Indexnachbildung schmälern, falls in Einzelwerte oder ausländische Titel nur begrenzt und damit indexverfremdend investiert werden darf.

Demgegenüber weisen Indexzertifikate den Nachteil auf, daß aus der Laufzeitbegrenzung ein Nachkaufzwang hervorgeht, falls der Tilgungstermin sich nicht mit dem Anlagehorizont des Kapitalgebers deckt. Wird kein gebührenfreier Wechsel in ein Nachfolgezertifikat eingeräumt[180], kann es indirekt auch hier zu einer Anhäufung von Kosten in Gestalt der mit den Käufen verbundenen Briefspannen und Bankspesen kommen. Die Prolongationskosten[181] von Indexzertifikaten beinhalten im indirekten Sinne zudem die Unsicherheit darüber, ob eine Neuemission des Zertifikats überhaupt stattfindet. Das Wiederauflagerisiko dürfte aber vor allem für zeitrobuste Standardindizes und erfolgreiche Themenfokussierungen gering sein, so daß Indexzertifikate in vielen Fällen als der günstigere Zugang zu passiven börsentäglich handelbaren Managementdienstleistungen erscheinen mögen.[182]

Dafür sprechen auch steuerliche Vorteile von Zertifikaten. Denn bei diesen fallen außerhalb der Spekulationsfrist keine Steuern an, und zwar unabhängig davon, ob die

---

[180] Selbst wenn ein Indexzertifikat mit einer Verlängerungsoption seitens des Emittenten ausgestattet ist, kann der Anleger zum Erwerbszeitpunkt nicht wissen, ob der Emittent diese Option auch tatsächlich nutzen wird.

[181] Auch für den umgekehrten Fall, daß der Anlagehorizont kürzer sein sollte als die Laufzeit, fallen zertifikatsspezifische (Abbruch-) Kosten in Form abermals zu entrichtender Kursspannen und Provisionen an.

[182] Bei Indexfonds sind die laufenden Kosten je Periode bereits mindestens so hoch (ca. 0,6%) oder höher als die einmaligen Spannen und Provisionen beim Erwerb von Zertifikaten. Hinzu kommt noch ein load in Höhe von 1,5-6%. Die Kostenersparnis bzw. der Gewinn an Nettodurchschnittsrendite steigt bei gegebenem Anlagehorizont mit der Laufzeit der Zertifikate. Vgl. hierzu einschließlich Simualtionsrechnungen Spörk (1999), S. 44-49.

bei einem Performanceindex simulierte (Gesamt-) Steigerung des Indexstandes nun tatsächlich auf Bardividenden, Bezugsrechte, Gratisaktien oder „normale" Kurssteigerungen zurückzuführen ist. Inhaber von Fondsanteilen müssen dagegen dem Grundsatz nach Ausschüttungs- oder Thesaurierungsbeträge steuerlich veranlagen.[183] Andererseits dürfte vor allem das regelmäßige Kleinstbetragssparen aus Losgrößensicht und/oder von der Vielfalt des Angebots[184] her über Investmentfonds präferenzgenauer möglich sein und wegen der hier greifenden Freistellungsgrenzen steuerlich auch nicht nachteilig wirken.

Beiden Anlageformen ist gemein, daß der Investmentstil in praxi auch fließende Übergänge zu einem aktiven Management (semipassiv, semiaktiv) haben kann (Outperformance-Zertifikate). So ist vorstellbar, daß die Indexorientierung für längere Zeiträume angestrebt wird, um Marktänderungen regelbunden und transaktionskostensparend nur dann zu adaptieren, wenn sie sich über einen längeren Zeitraum als nachhaltig erweisen oder daß in (eng) begrenztem Ausmaß indexfremde Dispositionen[185] getätigt werden, um wahrgenommene Fehlbewertungen performancesteigernd zu integrieren.

4.3.3 Aktives Management

Ziel aktiver Managementstrategien ist es, eine über dem selbstdefinierten Referenzmarkt liegende Wertentwicklung zu erzielen. Eine solche Fondspolitik kann nur dann attraktiv für potentielle Kapitalgeber sein, wenn die hierbei anfallenden höheren laufenden Verwaltungskosten (über-)kompensiert werden. Im Vergleich zu einem passiven Investmentstil gibt es bei aktivem Management substantielle Unterschiede in den zur Verwirklichung des ehrgeizigen Ertragsziels gewählten Methoden und damit auch der tatsächlichen Performance. Im folgenden werden unterschiedliche Fondstypen mit ihren jeweiligen Anlagestrategien, -techniken und -objekten erörtert.

---

[183] Hieraus resultiert beim Halbeinkünfteverfahren per se ein steuerlicher Nachteil und beim Anrechnungsverfahren dann, wenn die Körperschaftssteuergutschrift von der persönlichen Einkommensteuerschuld auf die Bruttodividende aufgezehrt oder übertroffen wird.

[184] Sparpläne auf Indexzertifikate sind inzwischen zwar auch am Markt verfügbar, ob sie aber auch eine Breitenwirkung entfalten werden oder Nischencharakter behalten, kann nur der steuerrechtlich möglichst unverzerrt zu haltende Wettbewerb und über die Evolution geeigneter Ausstattungsfacetten der jeweiligen Instrumente entscheiden.

[185] Diese sind schon insofern ökonomisch plausibel legitimierbar, als die adäquate Indexkonstruktion per se bereits fachlich umstritten ist: Ist die volle Marktkapitalisierung eines Emittenten relevant oder nur sein Streubesitz (free float), und falls ja, sollte dieser nicht auch noch um Überkreuzbeteiligungen von Finanz- und Industriesektor bereinigt werden? Im ersteren Falle stieße eine indexorientierte Politik vor das Problem einer begrenzten Verfügbarkeit im Sekundärmarkthandel und damit einhergehenden performanceabträglichen Preisverzerrungen (Vgl. zu dieser Diskussion Makepeace in der FAZ vom 20.09.2000). Nach dem SPACE-Indexmodell sollten für eine qualitativ ansprechende Indexnachbildung die Kriterien Stable, Predictable, Accurate, Consistent und Economical berücksichtigt werden. Vgl. Hamich (2000), S. 406.

4.3.4 Style-Fonds

Style-Fonds untergliedern sich in Growth-Fonds und Value-Fonds. Beiden Varianten ist ein aktiver Managementstil gemein, der zwar eine überdurchschnittliche Wertentwicklung anstrebt, dabei jedoch keine Akzentsetzung in spekulativen Derivatgeschäften, dem Aufbau von Kredithebeln oder Leerverkäufen besitzt. Vielmehr werden Bestandspositionen in Aktien aufgebaut, denen attraktive Kurssteigerungen zugetraut werden. Growth-Fonds zeichnen sich durch eine Übergewichtung von Wachstumsaktien im Portefeuille aus. Wachstumsaktien werden dabei als Titel klassifiziert, „die in Zukunft ein hohes Gewinnwachstum je Aktie versprechen, starke Kurssteigerungen verbuchen, eine kräftige Gewinnentwicklung aufzeigen und dadurch auffallen, dass das Management überraschend eine höhere Ertragssteigerung in Aussicht stellt.“[186]

De facto dürfte von einer solchen Anlagepolitik eine trendkonforme Aktienselektion ausgehen, die auf Branchen oder Themen fokussiert ist, deren Titel „in“ sind und der Erwartung nach auch noch „in“ bleiben.[187] Dabei werden technische Analysen als Hilfsmittel und Signalproduzenten verwendet, um Gezeitenwechsel in der Anlagekultur nicht zu verschlafen. Ggf. werden noch Signale aus der Anwendung der Garp-Methode (Growth at reasonable price) berücksichtigt.

Value Fonds selektieren aus dem Pool schwach bewerteter Aktien diejenigen, denen zukünftig eine ansprechende Wertentwicklung zugetraut wird, z. B. weil ein sich anbahnender Managementwechsel Restrukturierungsgewinne erwarten läßt oder weil die begründete Erwartung besteht, daß ein Titel nur zeitlich begrenzt im Schatten der Trendentwicklung verweilen wird. Die Anlagestrategie besteht aber nicht nur darin, eine Trennlinie zwischen Unterbewertung und struktureller Marktverdrängung bei schwach notierten Werten zu ziehen, sondern auch solche (zyklischen, konjunktursensiblen) Werte zu berücksichtigen, die von einer Änderung des Konjunkturzyklus profitieren.

4.3.5 Venture-Capital- und Private-Equity-Fonds

Venture-Capital- und Private-Equity-Finanzierungen bezeichnen auf bestimmte Phasen der Unternehmensentwicklung begrenzte nichtbörsliche Eigenkapitalbeteiligungen unter Einschluß expliziter Mananagementhilfen zur Wachstumsunterstützung. Fehlende Kursnotierungen auf Sekundärmärkten machen definitionsgemäß ein passives Management unmöglich und bedingen vergleichsweise lange Kapitalbindungsfristen.

---

[186] S. Schulz (2000) in der FAZ vom 14.02.2000.
[187] Während es anfang der siebziger Jahre die Nifty-Fifty waren, d. h. international expandierende amerikanische Großunternehmen, zählten hierzu in den achtziger Jahren etwa Pharmatitel.

Unter Venture-Capital selbst wird der Markt für Wagniskapital verstanden. Auf diesem werden Finanzierungen in der Frühphase der Unternehmensentwicklung getätigt, die das Ziel haben, innovativen Unternehmen bzw. Projekten - heute vorzugsweise aus den Hochtechnologiebereichen Bio- und Informationstechnologien sowie Kommunikation - den Firmenaufbau zu ermöglichen. Private-Equity steht dagegen für Spätphasenfinanzierungen einschließlich nachbörslicher Engagements.[188]

Auch bei den nichtbörslichen Beteiligungen agieren Direktanleger (Business Angels) und kapitalsammelnde Intermediäre (Beteiligungsgesellschaften) gleichzeitig, wobei letztere als eine eigene Kategorie von Finanzintermediären (Venture-Capital- bzw. Private-Equity Gesellschaften) aufgefaßt werden, sich der Fondskonstruktion als Anlagevehikel[189] bedienen und das institutionalisierte Segment des Wagniskapitalmarktes repräsentieren. Sie beziehen ihre gleichfalls befristeten Einlagen von anderen institutionellen Investoren wie Banken, Investmentfonds, Pensionskassen und Versicherungen sowie zu einem geringeren Teil auch von Einzelpersonen. Für das informelle Element stehen die sogenannten Business Angels. Bei ihnen handelt es sich um vermögende Privatpersonen mit Managementerfahrung und Insiderstatus, die mit ihrem guten Ruf dem jungen Unternehmen hinsichtlich ihrer wahren Qualität und Risikobeschaffenheit ein Gütesiegel verleihen können.

Private-Equity

Zu Private-Equity zählen Finanzierungen von Übernahmen (Buy-outs)[190], von Restrukturierungen (turnaround financing) und von Gesellschafterwechseln (replacement capital). Wachstumspotenzial wird etwa in Nachfolgeregelungen für Familienunternehmen, Expansionen oder Konsolidierungen gesehen. Da Private-Equity Tätigkeiten auch ein strategisches taking private[191] umfassen, zielen sie nicht von vornherein auf eine spätere Börseneinführung ab, sondern beginnen mit einem delisting. Der Private-Equity Prozeß umfaßt somit sowohl vorbörsliche als auch nachbörsliche Begleitungen.

Engagements erfolgen dabei in solche Unternehmen, die als unterbewertet gelten, sei es, weil ihre Unternehmensgeschichte gemessen am vorherrschenden Trend als lang-

---

[188] Dies entspricht der engen angloamerikanischen Abgrenzung. In Europa werden hingegen Früh- und Spätphasenfinanzierung gemeinsam dem Wagniskapitalmarkt zugerechnet. Vgl. Bundesbank (10/2000), S. 16.

[189] Vgl. Die FAZ vom 29.01.2000.

[190] Während es bei einem Management Buy-out (MBO) zu einer Übernahme durch das vorhandene Management kommt, findet die Übernahme bei einem Management Buy-in (MBI) durch ein externes Management statt. Bei einem Leverage Buy-out (LBO) wird das eingebrachte Eigenkapital zu einem großen Teil über Fremdkapital finanziert.

[191] Den für die Endphase eines Venture-Capital Prozesses idealtypischen private-to-public Transaktionen stehen also beim Private-Equity Prozess ggf. für den weiteren Verlauf public-to-private Transaktionen in der Anfangsphase gegenüber.

weilig gilt[192] oder weil die alten (komplexen) Gesellschafterstrukturen erforderliche Innovationen durch lähmende Interessendivergenzen unterdrückt haben. Mit der Heilung der die Unterbewertung bedingenden Mißstände können deutliche Wertsteigerungen an externe Kapitalgeber weitergegeben werden. Je nach Diagnose der Problemfaktoren können die Restrukturierungsmaßnahmen in einer Arrondierung der Kernbereiche durch Zukäufe, der Veräußerung von Randaktivitäten, internen Umstrukturierungen und/oder der Bereitstellung eines problemsensibleren sowie zusätzliche Mittel freigebenden Kapitalgeberkreises bestehen.[193]

Venture-Capital

Die zu finanzierende Frühphase beginnt mit dem Finanzierungsbedarf für Forschung und Entwicklung sowie der Ausreifung einer Idee in marktlich verwertbare Produktideen oder Prototypen (seed financing). Nach Erstellung des Geschäftskonzepts beginnt die Phase der Gründungsfinanzierung (start-up financing). Zu überwinden ist insbesondere derjenige Zeitabschnitt, in welchem sich das gegründete Unternehmen noch in der (planmäßigen) Verlustphase befindet, weil der Unternehmensaufbau noch nicht abgeschlossen ist. Nach Verlassen des break-even point tritt dann die Wachstums- und Expansionsfinanzierung (Expansion financing) bzw. die Bereitstellung finanzieller Mittel zur Vorbereitung des Börsengangs (Bridge financing). In dieser Phase verschwimmt die Trennlinie zwischen Venture-Capital und Private-Equity.

Der frühen vorbörslichen Begleitung schließen sich mittelfristig Desinvestitionen in geeigneten Exit-Kanälen an:[194] der außerbörsliche Verkauf an industrielle oder finanzielle Interessenten (Trade sale), der Rückkauf der Anteile durch die Altgesellschafter (Buy-back) sowie der Verkauf im Anschluß an einen Börsengang (Going Public, Initial Public Offering). Die Existenz eines hierfür geeigneten und fest etablierten Aktienmarktsegmentes (Neuer Markt) begünstigt die letzte Exit-Option, die zugleich Transaktionskostenersparnisse verspricht. Erst mit der Veräußerung der Anteile wird der Investitionsertrag definitiv deutlich, d. h. es zeigt sich, ob die mit dem Engagement angestrebte „Initialzündung" tatsächlich zu einer Ausschöpfung des ex-ante vermuteten außerordentlichen Wachstumspotenzials beitragen konnte.

Die Schwierigkeiten und Eigenheiten der Finanzierung ökonomischer Wagnisse führen abweichend vom Modigliani-Miller Theorem zu einer Relevanz der Finanzierung in dem Sinne, daß ein fremdkapitalbasiertes Engagement theoretisch ungeeignet erscheint und praktisch die Bevorzugung von Eigenkaptial auch tatsächlich zu beobach-

---

[192] Das Ertragswachstum mag dann zwar stetig sein, gilt aber als zu wenig aufregend. Vgl. Die FAZ vom 09.08.2000.
[193] Vgl. von Hodenberg in der FAZ vom 1.11.2000.
[194] Vgl. Cramer (2000), S. 163.

ten ist. Zu den Besonderheiten zählen: eine extreme Streuung der Ergebnismöglich-
keiten, die von einer Vervielfachung der ursprünglichen Einlage bis hin zu einer signifikanten Gefahr eines Totalverlustes reichen; die weitgehende Abwesenheit von
materiellen Sicherheiten und Eigenmitteln bei den Innovatoren, die Unsicherheit über
einen vorzeitigen Entwicklungserfolg der Konkurrenz, das hohe Ausmaß vor- und
nachvertraglich virulenter asymmetrischer Informationsverteilungen (Qualität des
Projektes und der Firmenmanager sowie ihr nachvertragliches Verhalten) sowie das
Befinden in der Verlustphase. Bereits jeder einzelne dieser Umstände legt die Verwendung haftenden Eigenkapitals mit umfangreichen Mitsprache-, Kontroll- und Be-
ratungsleistungen nahe und macht eine (abgestufte) langfristige Kapitalzufuhr ohne
laufenden Liquiditätsentzug notwendig. Der komparative Vorteil einer Finanzierung
mit Eigenkapital leitet sich aus neoklassischer Sicht durch einen vergleichsweise
hohen Bedarf an Risikoteilung ab. Neoinstitutionalistisch betrachtet eignet sich die
Eigenkapitalfinanzierung dazu, um den angestrebten Wissenstransfer institutionell
verankern und um etwaig anbahnende Verhaltensunregelmäßigkeiten frühzeitig abwenden zu können.

Der Art der Finanzierung ökonomischer Wagnisse ist aber noch ein weitergehender
Stellenwert beizumessen: Vor dem Hintergrund der Tatsache, daß viele heute führende
High-Tech-Unternehmen in ihrer Entstehungsphase ihre speziellen Finanzierungsbe-
dürfnisse mit Wagniskapital decken konnten, stellt sich die Frage, inwieweit Wachstumsdifferenzen auch auf unterschiedliche Strukturen des Finanzsystems zurückgeführt werden können. So ist auffällig, daß der Wachstums- und Technologievor-
sprung der USA mit einem frühzeitigeren Aufblühen des Wagniskapitalmarktes zu-
sammenfiel. Dem Vordringen von Pinonierunternehmen wird – sobald diese eine
kritische Schwelle erreicht haben – deshalb eine erhebliche Erhöhung der Wettbewerbsintensität und Beschleunigung des Strukturwandels zugetraut.[195] Daran anknüp-
fend könnte schließlich die These vertreten werden, daß das Ausmaß an notwendiger
Informationsbeschaffung, Informationsverarbeitung, an Diversifikation und Risikoteilung beim Venture-Capital so groß ist, daß insbesondere dieses Segment des Kapitalmarktes im Normalfall nur von hochspezialisierten und kapitalsammelnden Finanzintermediären gewinnbringend getragen werden kann.

Diese Schlußfolgerung ist jedoch nicht zwingend, da in Rechnung gestellt werden
muß, daß Forschungs- und Entwicklungsanstrengungen auch von im internationalen
Wettbewerb stehenden Großunternehmen getätigt werden (müssen), so daß Qualität

---

[195] Aus empirischer Sicht werden mit Wagniskapital ausgestatteten Firmen im Vergleich zu etablierten Unternehmen im Durchschnitt höhere Wachstumsraten bei der Wertentwicklung, beim Umsatz
und bei der Beschäftigung zugeschrieben. Weiter erbrachten wagniskapitalunterstützte Firmen gegenüber ähnlichen Unternehmen ohne Venture Capital eine höhere Anzahl von Patenten pro inve-
stierter Geldeinheit. Vgl. Deutsche Bundesbank (10/00), S. 28.

und Quantität von Innovationen nicht mit der Zahl der Firmenneugründungen gleichgesetzt werden können. Da beiden Klassen von Unternehmensgrößen aus organisations- und finanzierungstheoretischer Sicht spezifische Vor- und Nachteile[196] hinsichtlich der Wahrscheinlichkeit potentieller Neuerungserfolge zuzuschreiben sind, wäre die politische Begünstigung eines bestimmten Transmissionsriemens für Innovationen fragwürdig. Es erscheint vielmehr die Schaffung und Aufrechterhaltung neutraler institutioneller Rahmenbedingungen geboten.

Die mögliche komparative Vorteilhaftigkeit intermediärer Finanzierungsformen könnte weiterhin in der Beobachtung Bestätigung finden, daß Beteiligungsgesellschaften Projekte zunehmend gemeinsam finanzieren[197], um die Informationsplattform ihrer Entscheidungen zu vergrößern und eine weitere Risikodiversifikation zu erreichen.

Tatsächlich gilt aber auch für dieses Marktsegment, daß ein intermediäres Finanzierungssystem im Hinblick auf individuelle Kosten- und Nutzenkalküle der am Finanzierungsprozeß Beteiligten keineswegs zwingend komparative Vorteile besitzt und daß Direktanleger keine „altruistischen" Engel mit Seltenheitswert und begrenzter ökonomischer Lebenserwartung sind.[198] Vielmehr ist davon auszugehen, daß auch Direktanleger über spezifische Vorteile verfügen. Diese können möglicherweise in anderen Merkmalen von Innovationen gesehen werden, die der Investment-Performance von Direktanlegern entgegenkommen, sofern diese über ein entsprechendes Know-How und Kapital verfügen. Denn Kennzeichen von Innovationen ist eben auch, daß sie mit konventionellen oder dominanten Denk-, Wahrnehmungs- und Bewertungsmustern brechen bzw. brechen müssen und dabei naturgemäß den Wert spezifischen Wissens des die Konvention tragenden Kollektivs nachhaltig in Frage stellen.

Die Wahrscheinlichkeit des ökonomischen Erfolgs innovativen Strebens wird entscheidend davon abhängen, daß der notwendige „good-will" und die externe Ressourcenbereitstellung die Initialzündung auch wirklich zum bestmöglichen Zeitpunkt gewährleisten. Je größer nun die Gruppe einbezogener Entscheidungsträger ist, desto größer ist der Koordinierungsbedarf, desto mehr Rechtfertigungserfordernisse müssen bewältigt werden, desto mehr organisationsinterne Interessenkonflikte sowie inhomogene Erwartungen treten auf und desto schwerer werden zeitlich optimal abgepaßte

---

[196] Etablierte Großunternehmen kämpfen weniger mit Reputationsproblemen, haben Möglichkeiten zur Innenfinanzierung, profitieren möglicherweise von Synergieeffekten. Sie müssen dafür aber eine Vielzahl von Koordinationsproblemen und organisationsinternen Interessenkonflikten überwinden.

[197] Es wird dann auch von „syndizierten Investitionen" oder „Co-Venturing" gesprochen.

[198] Für die USA wird geschätzt, daß das von ihnen aufgebrachte Wagniskapital mit 60 Mrd US$ deutlich über dem Investitionsvolumen von Venture-Capital-Gesellschaften liegt, das für das 1. Halbjahr 2000 auf 49,39 Mrd. US$ geschätzt wird. Vgl. Deutsche Bundesbank (10/00), S. 23ff.

Entscheidungen. In dieser Hinsicht läßt sich eine öffentliche Begünstigung eines speziellen Innovationsgleises mithin nicht rechtfertigen.[199] In der Informationsforschung
wird schließlich auf das Spannungsverhältnis von konsensualen Prozeduren und Innovationen hingewiesen. Kontrollschleifen eingefahrener Regulierungssysteme gelten als
kontraproduktiv: „Es ist eine Art Partisanenstrategie, die den Aufbruch möglich macht.
Sie meidet runde Tische und große Generalstäbe, denn wenn sie fördern oder eingrei-
fen, ist der Partisanentrupp schon tot."[200]

4.3.6 Hedge-Fonds

Hedge-Fonds zeichnen sich durch folgende für typisch erachtete Charakteristika aus:
begünstigtes flexibles Operieren aufgrund längerfristiger Mittelbereitstellung, von der
durchschnittlichen Marktentwicklung losgelöste besondere Ertrags-Risiko-Profile, eine
begrenzte Anzahl von Kapitalgebern, welche sich aus anderen institutionellen Investoren oder sehr vermögenden Privatpersonen zusammensetzt sowie das Agieren in einem
Bereich, der sich weitgehend regulatorischen und aufsichtsrechtlichen Bestimmungen
entzieht und vor allem keiner direkten Finanzaufsicht unterliegt. Die weitgehende
Loslösung von administrativen Restriktionen wird durch eine geeignete Wahl von
Rechtsform, Standort und Kapitalgebern erreicht.

Um das angestrebte Ziel der hohen Ertragsperformace zu verwirklichen, versuchen
Hedge-Fonds-Manager laufend über- oder unterbewertete Vermögenstitel aufzuspü-
ren. Der Anlageerfolg hängt damit von der Fähigkeit ab, Marktunvollkommenheiten
qualitativ und quantitativ möglichst präzise zu identifizieren. Das gewinnbringende
Ausnutzen dieser Unvollkommenheiten trägt gleichzeitig zu ihrem Abbau bei.

Es bestehen im wesentlichen zwei Konzepte, um Hypothesen für vermutete Fehlbewertungen zu entwickeln. Der erste Ansatz vergleicht Bewertungen auf ihren Einklang
mit emittentenspezifischen und/oder gesamtwirtschaftlichen Fundamentalfaktoren
bzw. mit antizipierten Änderungen derselben. Der zweite Ansatz analysiert Fehlbewertungen relativ, indem Preisverzerrungen bzw. ungleichgewichtige Bewertungen
zwischen mehr oder weniger eng verwandten Finanzaktiva aufgesucht werden.

Je nachdem, ob stärker volkswirtschaftliche oder unternehmensspezifische Kennzahlen
den Ausgangspunkt und die Akzentsetzung der Finanzanalyse bestimmen, unterscheidet man zudem zwischen Top-down- und Bottom-up-Strategie.

---

[199] Venture-Capital Gesellschaften werden gegenüber Business Angels staatlich privilegiert, falls
öffentlich aufgelegte Risikokapitalprogramme nur ihnen eine anteilige Risikoentlastung zukommen lassen und/oder Veräußerungsgewinne nur für diese steuerfrei bleiben.
[200] S. Staudt in der FAZ vom 28.09.1999.

Die Identifikation von Unterbewertungen schafft unabhängig von der verwendeten Methode Anreize zum Aufbau von Long-Positonen, während wahrgenommene Überbewertungen den Aufbau von Short-Postionen durch Leerverkäufe begründen. Spekulative Engagements auf den Märkten für Finanzderivate können dabei Zinsen, Währungen, Aktienindizes oder einzelne Aktien bzw. Anleihen zugrundeliegen.

Das Risikoprofil von Hedge-Fonds ist im Vergleich zu anderen Investmentfonds in zweifacher Hinsicht als „verschärft" zu bezeichnen. Zum einen wird zur Finanzierung des Aktivgeschäfts ein Kredithebel (leverage) verwendet[201], und zum anderen sind die mit derivativen Geschäften verbundenen Gewinn- und Verlustpotenziale um ein Vielfaches höher als der zu ihrer Durchführung erforderliche Kapitaleinsatz. Schließlich geht es nicht um Absicherungsentscheidungen, sondern vielmehr um die Spekulation auf eine Rückbildung wahrgenommener Preisanomalien auf ihr informationseffizientes Niveau.[202] Insofern kann die Bezeichnung dieses Fondstyps durchaus als irreführend angesehen werden.[203]

Der Einfluß von Hedge-Fonds auf die Finanzmärkte wird kritisiert.[204] Ihnen wird vorgeworfen, spekulative Marktverwerfungen hervorzurufen. Darüber hinaus wird befürchtet, die Insolvenz von Hedge-Fonds könnte die Stabilität des Finanzsystems gefährden. Vor diesem Hintergrund stellt sich die Frage, wie die Rolle dieser Fonds auf den Finanzmärkten angemessen beschrieben werden kann und ob hieraus Regulierungsbedarf resultiert.

Die Fähigkeit bestimmter Investorengruppen, Finanzmarktturbulenzen auszulösen und/oder ihren Verlauf zu beeinflussen, erwächst aus ihrem Potenzial, preisbestimmenden Einfluß auszuüben. Dabei ist es unerheblich, ob dieser Einfluß über eigene Dispositionen direkt oder über imitierendes Verhalten anderer Marktteilnehmer (Herdentrieb) indirekt stattfindet. Gegen einen direkten Einflußkanal sprechen die im Vergleich zu anderen institutionellen Anlegern geringen Vermögensbestände, die allerdings mit Hilfe von Derivaten den Aufbau um ein Mehrfaches größerer Marktpositionen erlauben. Andererseits repräsentieren Hedge-Fonds keine in sich homogene Investorengruppe, sondern verfolgen vielfältige Anlagestrategien, so daß ein preisbestimmender Einfluß vornehmlich, jedoch keineswegs zwingend auf engen, wenig liquiden Marktsegmenten vermutet werden kann. Ein indirekter Einflußkanal kann dann plausibel erscheinen, wenn Hedge-Fonds-Manager vom Publikum als besonders

---

[201] Etwa 85 Prozent der Hedge-Fonds arbeiten dabei mit einer Fremdverschuldung, die maximal der Eigenkapitalhöhe entspricht. In der Regel ist damit der Verschuldungsgrad jedoch niedriger als in den Eigenhandelabteilungen der Banken. Vgl. Die FAZ vom 22.09.1999.
[202] Vgl. Single/Stahl (2000), S. 207.
[203] Die gleichfalls anzutreffende Bezeichnung Risikofonds ist deshalb zutreffender.
[204] Ihnen kam zeitweise der Ruf als „Parias der Märkte" zu.

kompetent angesehen werden und ihrem Verhalten deshalb im breiten Publikum eine gewisse Leitbildfunktion zukommt. Zu bedenken ist jedoch, daß diese Prämissen in der Realität häufig nicht erfüllt sind. Sofern die Geschäftspolitik[205] dieser Fonds nicht, nicht vollständig oder nur mit Zeitverzögerung und unter Anfall von Informationskosten im Publikum transparent wird, steht die Rationalität eines solchen Nachahmungsverhaltens in Frage. Hinzu kommt, daß die Sinnhaftigkeit einer solchen quasi technischen Replikation je nach Ausmaß und individueller Betroffenheit existierender Finanzmarktimperfektionen auch dadurch verloren gehen kann, daß Zeithorizont und Risikopräferenzen sich von der Referenzgruppe unterscheiden.

Vom Standpunkt einer optimalen Ressourcenallokation aus betrachtet, steht weniger das „ob" als das „wie" einer vermuteteten Preisbeeinflussung im Vordergrund. Geht man von der Prämisse aus, daß nicht jede Realisation eines Vermögenspreises als gleichgewichtige und damit knappheitsadäquate Bewertung aufzufassen ist[206], stellt sich die Frage, ob die Dispositionen der Hedge-Fonds temporäre Über- und Untertreibungen - also die Volatilität um den Gleichgewichtspreis – eher stabilisieren (dämpfen) oder destabilisieren (verstärken). Destabilisierende Wirkungen gehen von einem positive-feedback-trading aus, bei dem Entscheidungen konform mit der Markttendenz getroffen werden. Stabilisierende Wirkungen hingegen gehen von einem der Markttendenz entgegengerichtetem negative-feedback-trading aus. Für ein stabilisierendes negative-feedback-trading spricht der wegen überdurchschnittlicher Kapitalbindungsfristen mögliche lange Atem[207] von Hedge-Fonds und die Notwendigkeit, sich selbstverstärkenden spekulativen Prozessen vor ihrem Platzen rechtzeitig zu entziehen, um den selbstgesteckten überlegenen Performance-Anspruch nicht zu gefährden.

Die Frage, inwieweit der Ausfall einzelner Fonds die Stabilität des Finanzsektors insgesamt angreift und damit ein systemisches Risiko bergen kann, hängt letztlich von der Beantwortung der Frage ab, ob der Bankensektor als Motor des volkswirtschaftlichen Zahlungsverkehrs signifikant in Mitleidenschaft gezogen wird. Dies wäre ökonomisch nur dann vorstellbar, wenn die gleichzeitige Insolvenz mehrerer Hedge-Fonds denkbar ist, die Branche insgesamt einen hohen Kredithebel verwendet, sie darüber hinaus im Aktivgeschäft der Banken einen mächtigen Anteil ausmacht, also ein hohes Ausmaß finanzieller Verflechtung mit dem Bankensystem besteht, und der Bankensektor sich in einem schwachen finanziellen Zustand befindet. Die gleichzeitige Erfüllung dieser Kriterien erscheint verhältnismäßig unwahrscheinlich, da bereits die

---

[205] Sofern ein einheitliches Verhalten dieser Gruppe überhaupt unterstellt werden sollte.
[206] Diese Annahme ist restriktiv, wird sie verworfen, dann wären Aussagen über die (Nicht-) Existenz von fairen Bewertungen obsolet, da gewissermaßen jede Bewertung ihre genuine Rationalität besäße, der sich keine weitere Klassifikation anschließen ließe. Aus dem Stand der bisherigen wissenschaftlichen Diskussion läßt sich hierzu jedoch kein abschließendes Urteil bilden.
[207] Vgl. Dilworth in der FAZ vom 12.02.2001.

Erfüllung einzelner Kriterien für sich genommen nur unter artifiziellen Annahmekonstellationen in den Bereich des ernsthaft Möglichen rückt.[208]

Indem Hedge-Fonds ein Ertragsprofil aufweisen, das nur wenig, teils auch negativ mit der allgemeinen Marktentwicklung korreliert[209], leisten sie einen Beitrag zur Vervollständigung der Finanzmärkte. Da Hedge-Fonds ihr Ziel der Gewinnmaximierung über die Identifikation von Fehlbewertungen einzelner Finanztitel und/oder ganzer Märkte verfolgen, können sie dazu beitragen, Finanzmarktpreise schneller in die Nähe ihrer Fundamentalwerte zu bringen und dort zu verfestigen.[210] Aus dem Blickwinkel der Finanzmarkteffizienz sind beide Tatbestände positiv zu beurteilen.[211] Wichtig erscheint für die Zukunft vor allem eine Imagepflege, die das verzerrte Bild von Hedge-Fonds als einem Hort sich willkürlich selbst erfüllender Erwartungen sowie als einem Forum geheimnisvoller und aggressiver Spekulation entsprechend ihrer aufgezeigten, tatsächlich eher nützlichen Bedeutung korrigiert.[212]

4.3.7 Qualitative und quantitative Übersicht über Fondsprodukte

In den vorangehenden Ausführungen wurden Investmentfonds hinsichtlich einer Vielzahl von Unterscheidungsmerkmalen gegeneinander abgegrenzt. An dieser Stelle soll noch einmal eine Übersicht (Abb. 5) eingefügt werden, die eine Systematisierung ausschließlich nach den Kriterien Anlagehorizont und Risikoklasse vornimmt. Von besonderer Bedeutung für die Zuteilung zu einer Risikoklasse ist die (ex-ante) auf Dreijahressicht erwartete annualisierte Rendite und ihre Volatilität. Auf Dreijahressicht wird bei geringem Risiko eine positive Rendite und jährliche Volatilität von unter

---

[208] Vgl. Ausführlicher Deutsche Bundesbank (03/99), S. 39f.

[209] Betrachtet werden etwa Korrelationen zwischen Ertragsraten von Hedge-Fonds mit denen des Morgan Stanley Capital International World Equity Index (MSCI) oder des Lehman Brothers Aggregate Bond Index (LBABI). Vgl. ebd. S. 41.

[210] In diesem Zusammenhang wird teilweise auf die Gefahr hingewiesen (Vgl. ebd. S. 42), daß Hedge-Fonds auf engen Märkten die Fundamentalwerte mit ihren Dispositionen selbst beeinflussen und sich ihre Erwartungen selbst erfüllen können, da sie bestimmte Politikreaktionen erst erzwingen. Dagegen läßt sich aber wiederum kritisch anmerken, daß es im Ermessen der Kapitalnehmer selbst liegen muß, ihren Kapitalgeberkreis zu diversifizieren bzw. bei etwaigem Unterlassen das Vertrauen der (wenigen) Investoren immer wieder mit geeigneter Signalisierung zu rechtfertigen und zu erneuern. Aus dem Preisbeeinflussungspotenzial per se resultiert nicht notwendig ein Marktdefizit, denn es mag im Einzelfall durchaus ökonomisch begründet sein, den Investorenkreis zumindest temporär klein zu halten. Auch eine von großen Investoren induzierte Preisbeeinflussung kann ihre fundamentale Rechtfertigung besitzen. Selbst wenn das nicht der Fall wäre, bleibt das Argument der Bestreitbarkeit von Märkten bzw. institutioneller Arrangements. Andere Investoren, die die technische Fehlbewertung von Preisen erkennen, können durch entsprechende gegenläufige Dispositionen Pioniergewinne einfahren.

[211] Vgl. ebd., S. 40-42.

[212] Vgl. Tsatsaronis (2000), S. 70.

10% erwartet, bei mittlerem Risiko eine Wertentwicklung von bis zu minus zehn Prozent und eine Volatilität von unter 20 % toleriert und bei hohem Risiko eine Wertentwicklung von bis minus 20% und keine Vorgaben für die jährliche Volatilität akzeptiert. Bei bis zu fünf Jahren gewünschter Anlage ist der Anlagehorizont kurz, von sechs bis zehn Jahren mittel und bei mehr als zehn Jahren lang.[213]

Abbildung 5: Systematisierung von Fondsprodukten nach Anlagehorizont und Risiko

Risiko *Anlagehorizont*	NIEDRIG	MITTEL	HOCH
KURZ	Geldmarkt- und Immobilienfonds	Anleihefonds (Emittenten schwächerer Bonität eingeschlossen)	Spekulative Themen- und Branchenfonds
MITTEL	Rentenfonds	Aktienfonds (Blue Chips)	Venture-Capital- und Private-Equity-Fonds
LANG	Mischfonds	Aktienfonds (gesamtmarktrepräsentierend und mit Währungsrisiko)	Hedge-Fonds

Quelle: Eigene Übersicht

Für Deutschland ergibt sich hinsichtlich der quantitativen Bedeutung einzelner Fondsgattungen in den vergangenen Jahren das in Tab. 4 aufgezeigte Bild.

---

[213] Vgl. verschiedene Ausgaben der FAZ, u. a. vom 16.11.2000. u. http://www.feritrust.de.

Tabelle 4: Investmentzertifikate in Deutschland von 1991-1999

Jahr	1991	1992	1993	1994	1995	1996	1997	1998	1999
Inländische Fonds	145,4	157,8	213,2	248,5	288,9	349,7	460,3	579,1	766,1
Publikumsfonds	73,8	73,1	93,1	117,1	130,0	146,5	176,5	206,8	288,0
Geldmarktfonds	--	--	--	16,0	19,5	17,3	15,0	18,2	21,8
Wertpapierfonds	63,1	58,6	70,4	74,5	79,8	91,2	120,1	144,1	210,1
Immobilienfonds	10,7	14,4	22,7	26,6	30,6	37,9	41,4	44,1	51,4
Sonstige Fonds[214]	--	--	--	--	--	--	--	0,4	4,7
Spezialfonds	71,6	84,7	120,2	131,4	158,9	203,2	283,8	372,3	478,1
Ausländische Fonds	16,4	47,4	56,8	71,7	72,2	74,4	78,0	86,9	100,8
Insgesamt	161,8	205,2	270,0	320,2	361,1	424,2	538,3	666,0	866,8

Quelle: Deutsche Bundesbank (2000b, S. 81), Jahresendbestände in Mrd. Euro, eigene Darstellung

4.3.8 Fondssparen mit Versicherungselementen

Der politische Wille, die umlagefinanzierte gesetzliche Rentenversicherung neben einer betrieblichen Altersvorsorge um eine kapitalgedeckte private Altersversorgung als dritte Säule zu ergänzen[215], hat den Wettbewerb unter den Finanzdienstleistern verschärft. Infolgedessen ist es zu entsprechenden Innovationen bei Finanzinstrumenten gekommen, die auf die altersvorsorgebedingte Geldvermögensbildung ausgerichtet sind. Insbesondere sind neue Verbindungen zwischen Fondsanlagen und Versicherungsschutz geschaffen wurden.[216] Fondsgebundene Lebensversicherungen bieten wie normale Kapitallebensversicherungen auch eine Kombination aus Versicherungsschutz und Sparvorgang an (Fondspolice), mit dem Unterschied, daß letzterer transparent als Sondervermögen außerhalb der Bilanz des Versicherers verwaltet wird (Abwesenheit stiller Reserven). Der Zeitwert des Vertragsguthabens ist tagesaktuell transparent.

---

[214] Darunter Altersvorsogefonds und Dachfonds.
[215] Das Motiv hierfür ist zunächst einmal nur in der Beitragsstabilisierung und der Schließung der aus ihr erwachsenen privaten Versorgungslücke angesichts des bestehenden demographischen Drucks zu sehen (Vgl. Michels in der FAZ vom 24.10.2000). Allerdings kann m. E. für die mittlere Frist vermutet werden, daß die private Vorsorge in der wirtschaftspolitischen Umsetzung eine wachsende Bedeutung erfährt, die, verbunden mit positiven Erfahrungen aus der anfänglichen Teilreform, eine sich selbst verstärkende Eigendynamik entfalten düfte. Insofern hat der Wettbewerb um Anteile bei der Verwaltung dieses Geldvermögenssegments strategischen Charakter.
[216] Vgl. Schlag in der FAZ vom 28.09.1999.

Der Versicherungsnehmer kann die Auswahl der Fonds an den Versicherer delegieren, in verschiedenen Graden einschließlich späterer Umschichtungsoptionen selbst steuern oder die Wertentwicklung passiv an (selbstgewählte) Indexfonds knüpfen. Wertentwicklungen orientieren sich unmittelbar am Kapitalmarktgeschehen bzw. Segmenten desselben, garantierte Rückkaufswerte gehören nicht zur Basisausstattung.[217]

Letztlich hat sich damit eine Produktpalette[218] herauskristallisiert, die sich von der Fiktion homogener Lebensstile, Erwartungen und Risikopräferenzen verabschiedet hat und einer heterogenen Zielgruppe präferenzangepasste Produkte anbietet:

Der Versicherungsschutz von Lebensversicherungen umfaßt maximal eine Erlebensfallleistung bei Ablauf, eine Todesfallleistung zur Absicherung hinterbliebener Angehöriger, eine Berufsunfähigkeitsrente oder Leistungen im Falle schwerer Erkrankungen. Bei einer privaten Rentenversicherung wird der Versicherungsschutz auf eine individuelle Einkommenssicherung im Alter minimiert und damit die Beitragsrendite c. p. maximiert.

Die Einzahlungen können einmalig oder laufend erfolgen. Die Auszahlungsmodus kann verrentet werden oder als Kapitalzahlung erfolgen. Die Kapitalanlage kann in verschiedenen Graden riskant, transparent und selbstgesteuert erfolgen.

Der Versicherungscharakter schwindet vollständig und weicht einer schlichten privaten Altersvorsorge, wenn entsprechende Fondspakete individuell geschnürt und durch regelmäßiges Sparen oder gestaffelte Einmalzahlungen finanziert werden. Sie bieten gleichzeitig die maximale Flexibilität, um auf berufliche und familiäre Veränderungen sowie bei überraschenden finanziellen Engpässen angemessen zu reagieren oder auch um wachsendes finanztechnisches Wissen in die Vorsorge einzubringen.

Der Staat würde bei diesen vielfältigen Anlagefacetten die Konsumentensouveränität durchbrechen, bestimmte Lebensentwürfe ökonomisch benachteiligen, die Wahlentscheidungen verzerren und partikulare Produzenteninteressen privilegieren, falls er sie steuerlich unterschiedlich behandelt und/oder Zuschüsse für die private Altersvorsorge an bestimmte Produkte koppelt.[219] Dies wäre etwa der Fall, wenn eine nachgelagerte Besteuerung, Zuschüsse und/oder Steuerfreiheit der Kapitalerträge nur bei risikolosen Produkten mit umfangreichem Versicherungsschutz im Todesfall gewährt werden

---

[217] Vgl. Zeyer in der FAZ vom 11.10.2000.
[218] Für einen Überblick vgl. Meyer (2000), S. 34-36.
[219] Der Staat hat lediglich ein solches institutionelles Regelwerk zu gewährleisten, von dem bei genereller Wahrung der Entscheidungsneutralität auch für Bezieher von Niedrigeinkommen hinreichend individuelle Spar- bzw. Vorsorgeanreize ausgehen. Der Entsparprozess muß in einer Weise ausgestaltet sein, daß keine Anreize für eine extrem spekulative und/oder konsumtive Mittelverwendung zu Lasten späterer Perioden bestehen, die dann (vermeidbaren) staatlichen Transferbedarf hervorrufen könnten.

würde. Die einkommensumverteilende Verzerrung würde sich verschärfen, wenn andere Formen der privaten Altersvorsorge einer Doppelbesteuerung unterlägen.

4.4 ERFOLG VON FINANZINTERMEDIÄREN AUF DEM KAPITALMARKT

Für die Performancemessung von Fonds ist es üblich, auf die Erkenntnisse der Kapitalmarkttheorie zurückzugreifen und eindimensional auf die realisierten Renditen ausgerichtete Maße abzulehnen. Es haben sich in der Diskussion Kennzahlen herausgebildet, die als gemeinsames Merkmal die Zusammenfassung von Rendite und Risiko zu einer einzigen Kennzahl haben und ihren Ursprung im CAPM und der APT besitzen.[220] Für die etwaige Fähigkeit von Vermögensverwaltern, eine risikobereinigte Mehrrendite gegenüber einem passiv diversifizierten Index zu erzielen, werden nach Fama (1972) private Selektions- und Timinginformationen verantwortlich gemacht.

Zur Bestimmung beider Spielarten von Informationsineffizienzen auf Finanzmärkten existieren Maße, die im folgenden kurz vorgestellt werden und deren tatsächliche Erfolgsbeiträge im Rahmen einer Attributionsanalyse durch statistische Regressionen ermittelt werden können.[221]

4.4.1 Performance-Maße zur Identifikation von Selektionsfähigkeiten

Selektionsfähigkeiten bezeichnen private Informationen hinsichtlich der Über- resp. Unterbewertung einzelner Wertpapiere und damit ihres idealen Portefeuillegewichtes (asset allocation) oder auch der geeigneten Auswahl von Einzeltiteln (stock picking).

Die klassischen Formen der hierauf abzielenden Performance-Messung gehen auf Sharpe (1966), Treynor (1965), Jensen (1968) und Treynor/Black (1973) zurück. Sie unterscheiden sich zum einen darin, ob sie die Messung in der Eigenschaft als Reihungskriterien oder Ranking-Maße relativ oder absolut vornehmen, und zum anderen in welcher Form sie das Risiko modellieren.

Die Sharpe-Ratio (SR) wird auch als Reward-to-Variability Ratio bezeichnet. Indem sie die durchschnittliche Überschußrendite $\frac{1}{T} \cdot \sum_t (r_{it} - r_{ft})$ der Fondsrenditen r_{it} auf die Standardabweichung der Portfoliorendite $\sigma(r_{it})$ bezieht:

---

[220] Vgl. Maag/Zimmermann (2000a), S. 5.
[221] Ausführlichere Erörterungen und Darstellungen im Kontext einer empirischen Untersuchung können der Dissertation von Maag (1999) Kapitel 4 und 5 entnommen werden.

$$SR = \frac{\frac{1}{T} \cdot \sum_{it} (r_{it} - r_{ft})}{\sigma(r_{it})},$$

ermittelt sie die über die sichere Verzinsung r_{ft} hinausgehende Verzinsung pro Einheit Risiko.

Mittels dieser Kennzahl[222] können Portfolios sowohl untereinander als auch mit dem relevanten Index verglichen werden. In die Bestimmung der Volatilität geht das Gesamtrisiko ein, denn zwischen systematischen und unsystematischen Komponenten wird nicht differenziert. Dies wird insofern als bedenklich angesehen, als das derart bewertete Portfolio nur einen Teil des insgesamt investierten Vermögens eines Investors darstellen mag und das diversifizierbare Risiko dann eigentlich nicht bewertungsrelevant sein sollte.[223] Andererseits läßt sich argumentieren, daß die Sparer den Fonds ja gerade deshalb Mittel anvertrauen, damit diese durch Pooling spezifische Risiken - eben besser und vollständiger als sie es selbst auf individueller Ebene je könnten - überwinden, und deshalb die Fondsportfolios im Normalfall ohnehin keinen unsystematischen Schwankungen unterliegen dürften.

Die Treynor-Ratio (TR) setzt die erzielte durschnittliche Überschußrendite in Relation zum Beta des Portfolios. Das Beta repräsentiert dabei den Regressionskoeffizienten der Portfoliorenditen auf einen geeigneten Index und steht damit für die standardisierte systematische Risikomenge. SR und TR stellen gleichermaßen Reihungskriterien dar.

Im Unterschied dazu gilt Jensens Alpha als eine absolute Performance-Maßzahl, da sie für gleiches systematisches Risiko direkt angibt, um wieviel höher oder niedriger die durchschnittlich realisierte Rendite des aktiv verwalteten Fonds über derjenigen des entsprechenden Benchmarkportfolios ist. Es erfaßt die risikobereinigte Überperformance. Das Alpha ergibt sich dabei als Ordinatenabschnitt (α_i) der Regression der Überschußrenditen des zu bewertenden Portfolios auf die Überschußrenditen des Benchmarktportfolios:

$$r_{it} - r_{ft} = \alpha_i + \beta_i (r_{mt} - r_{ft}) + u_{it}.$$

Während ein positiver Ordinatenabschnitt ein superiores Management indiziert, weist ein negativer Ordinatenabschnitt auf ein inferiores hin. Um Schlußfolgerungen bezüglich der effektiven Anlageleistung zu treffen, ist jedoch zusätzlich noch das Alpha um

---

[222]   Zu dieser originären Relation existieren auch Abwandlungen. So wird etwa der risikolose Zinssatz durch eine geeignete Benchmarkrendite ersetzt oder die Volatilität im Nenner nicht auf die Fondsrendite, sondern auf die im Zähler definierte Überschußrendite bezogen. Vgl. hierzu Sharpe (1994).

[223]   Vgl. ebd. S. 91.

die Expense Ratio zu bereinigen. Diese setzt die mit dem aktiven Management verbundenen Kosten ins Verhältnis zum durchschnittlichen Fondsvermögen.

Wegen der Beschreibung des Investment-Styles durch einen einzigen Faktor stellt
diese Form der Berechnung ein Single-Indexmodell dar. Bei einem Multi-Indexmodell
wird hingegen die Performance gegenüber verschiedenen Benchmarkindizes simultan
ermittelt und so eine mehrdimensionale Charakterisierung der Benchmark[224] ermöglicht. Bei Multi-Indexmodellen wird Jensens Alpha über folgende Regressionsgleichung gemessen:

$$r_{it} - r_{ft} = \alpha_i + \sum_{j=1}^{K} \beta_{ij}\left(r_{Ij,t} - r_{ft}\right) + u_{it},$$

wobei r_{Ijt} für j=1,...,K die relevanten Teilkomponenten der mehrfaktoriellen Benchmark repräsentiert.

Indirekt läßt sich über das auf die relevanten benchmarks bezogene partielle Be-
stimmtheitsmaß der Regression auch entnehmen, ein wie großer Anteil der Varianz der
Fondsrenditen durch diese erklärt werden können. Subtrahiert man dieses Maß von der
Zahl eins, läßt sich umgekehrt angeben, wie aktiv das Fondsmanagement ist.

Die Appraisal-Ratio von Treynor/Black (TB) adjustiert Jensens Alpha um das unsystematische Risiko, welches in diesem Fall als die Aggressivität des Managers verstanden wird, mit der er seine privaten Informationen umzusetzen versucht:

$$TB = \frac{\alpha_i}{\sigma(u_{it})}.$$

4.4.2 Performance-Maße zur Identifikation von Timingaktivitäten

Timinginformationen heben auf das private Wissen über die Prognose der Bewegungs-
richtung des Gesamtmarktes ab, also die frühzeitigere Identifikation einer Hausse oder
Baisse. Sie erlauben eine Dosierung der den Fondsprodukten inhärenten systematischen Risikomenge durch eine abgestimmte Anpassung des Portfoliobetas derart, daß
die Entlohnung je eingeganger Risikoeinheit über derjenigen eines passiven Referenzindex liegt: In Erwartung einer Hausse wird der Portfoliomanager die Sensitivität
(Beta) der Portfoliorendite bezüglich der Marktrendite erhöhen, in Erwartung einer
Baisse dagegen verringern.

---

[224] Bei Bonds-Fonds können Laufzeitsegmente, Marktsegmente oder Schuldnerkategorien dann ohne
strikte Gewichte flexibel in die Benchmarkspezifikation einbezogen werden. Vgl. Maag/
Zimmermann (2000b), S. 61.

Der vom CAPM bekannte lineare Zusammenhang zwischen erwarteter Portfoliorendite und dem Marktrisiko (Kapitalmarktlinie) weicht bei Timingfähigkeiten einem konvexen Verlauf, so daß die Portfolioüberschußrenditen eine konvexe Funktion der Marktüberschußrenditen darstellen.

Zur Erfassung dieser Nichtlinearität haben sich zwei Ansätze herausgebildet. Treynor/Mazuy (1966) berücksichtigen Timingaktivitäten des Portfoliomanagements, in dem sie die Schätzgleichung für Jensens Alpha um einen quadratischen Term der Form $\left(r_{mt} - r_{ft}\right)^2$ erweitern, so daß folgende Regression durchgeführt wird:

$$r_{it} - r_{ft} = \alpha_i + \beta_i\left(r_{mt} - r_{ft}\right) + \beta_T\left(r_{mt} - r_{ft}\right)^2 + u_{it}.$$

Ein signifikant positiver Parameter β_T würde erfolgreiche Timingaktivitäten nachweisen. Mit der Höhe dieses Parameters wächst die Krümmung der Kapitalmarktlinie, nimmt er dagegen einen Wert von Null an, so liegt kein Timing vor.

Abweichend davon nehmen Henriksson/Merton (1981) an, daß das Portfoliomanagement lediglich eine qualitative Vorhersage bezüglich der erwarteten Marktbewegung macht bzw. machen kann. Bei perfektem Markttiming würde das Fondsmanagement zu Beginn jeden Monats darüber entscheiden, ob es zu 100% risikolos oder riskant investieren soll und mit Sicherheit die richtige Entscheidung fällen. Die Schätzgleichung für Jensens Alpha wird in diesem Fall um den nicht-linearen Term $\max\left(0; r_{ft} - r_{mt}\right)$ ergänzt. Der nichtlineare Term kann auch als Payoff einer Verkaufsoption aufgefaßt werden, die inhaltlich die Partizipation an Überrenditen für diejenigen Teilperioden sichert, in denen die Verzinsung der risikolosen Anlage über der Rendite des betreffenden Marktportfolios liegt.

4.4.3 Empirie und theoretische Schlußfolgerungen

Auch jüngere empirische Untersuchungen belegen, daß der Ehrgeiz, dem Markt mit einer überlegenen Performance zu enteilen auch für professionelle Vermögensverwalter ein ex-post nur schwer einzuhaltendes Ziel ist. Für 200 auf den amerikanischen Markt bezogenen Publikumsfonds wird darauf hingewiesen[225], daß für einen fünfzehnjährigen Untersuchungszeitraum (bis Mitte Juni 1998) die Outperformance bereits auf Bruttoebene nur einen Erwartungswert von Null hatte und sich positive und negative Einzelabweichungen von der Benchmark normalverteilungsähnlich auf die Ränder verteilen. Auf der Nettoebene hatte die Verteilung dagegen einen asymmetrischen

---

[225] Vgl. Bogle (1999), S. 109, S. 124ff., S. 223 u. S. 250.

linksschiefen Charakter, und 169 Fonds lieferten eine Underperformance. In dieser Hinsicht müssen bei dem Streben nach einer dauerhaften Outperformance offenbar ähnliche Gravitationskräfte überwunden werden, wie bei dem Bemühen, mit beiden Beinen fest in der Luft zu stehen. Dieser Sog zur Mitte (mean reversion) für die Bruttorenditen[226] mag darin begründet liegen, daß das Aufspüren von restlichen Marktunvollkommenheiten auf ansonsten weitgehend informationseffizienten Märkten sich nur in Ausnahmesituationen lukrativ erweist. In einem wenig volatilen Umfeld könnte dagegen eher die Gefahr virulent werden, daß etwaige Vorteile vermehrter Informationsverarbeitung ihre Kosten nicht zu decken vermögen. Zum anderen ließe sich anführen, daß gerade von erfolgreichen (offenen) Fonds seitens des Investmentpublikums vermehrt Anteile gewünscht werden. Dieses Größenwachstum kann die interne Organisationseffizienz etwa bei der Abstimmung innovativer Investment-Styles beeinträchtigen und gleichzeitig einen technischen Druck zur Investition in Werte mit höherer Marktkapitalisierung erzeugen. Insoweit diese Argumentation zutreffend ist, würde sich ein in der Frühphase erfolgreich aktiv gemanagter Fonds im Verlauf seiner marktlichen Evolution bis zur Reifephase in ein „quasipassives" Marktportefeuille verwandelt haben.

Insbesondere bei längeren empirischen Untersuchungen gilt es den „Survivorship-Bias" zu berücksichtigen, da für größere Zeiträume wegen des Ablebens nicht wettbewerbsfähiger Produkte naturgemäß nur Daten erfolgreicher Fonds zur Verfügung stehen. Eine Nichtberücksichtigung dieser Panelmortalität würde zu einer Überschätzung der Selektions- und Timingfähigkeiten führen.[227] Die Durchführung eines Fondsranking führt dagegen für das Sharpe-, das Treynor- und das Jensen-Maß im wesentlichen zu vergleichbaren Rangfolgepositionen.[228]

Es sind statistische Methoden vorhanden, um systematische, standardisierte und ggf. unabhängige Fondsvergleiche durchführen zu können. Hiermit erhöht sich potentiell die Markttransparenz für die Konsumenten von Fondsprodukten. Die Aussagekraft von Performancemessungen wächst, wenn Benchmark, Anlagestil bzw. Anlagesegmente von vornherein transparent sind; die tolerierte Abweichung vom Benchmark (tracking

---

[226] Auch andere Untersuchungen kommen zu der Feststellung, daß die durchschnittlichen Jensens Alphas der untersuchten (Teil-) Samples großteils ein negatives Vorzeichen aufweisen und daß die Höhe der Underperformance in etwa den erhobenen Gebühren (Expense Ratios) entspricht. Vgl. Maag (1999), S. 3 u. S. 190. Zu pessimisteren und hinsichtlich unterschiedlicher verwendeter Methoden zugleich robusten Ergebnissen für den Erfolg japanischer Publikumsfonds kommen dagegen Cai/Chan/Yamada (1997, S. 270). Dahlquist/ Engström/Söderlind (1999, S. 22 u. S. 32) können für schwedische Publikumsfonds hingegen teilweise die Überlegenheit aktiv gemanagter Fonds nachweisen und immerhin eine schwache Evidenz für Timingfähigkeiten finden.
[227] Vgl. Dahlquist/Engström/Söderlind (1999), S. 13ff. u. Maag (1999), S. 2.
[228] Vgl Breuer/Gürtler (1999), S. 281ff.

error) definiert ist und Gebührenstruktur bzw. Expense Ratios sowie Turnover des
Fonds (Umsatz relativ zum Fondsvermögen) offen liegen.

Der Umstand, daß es sich für professionelle Vermögensverwalter als schwierig erweist, mit aktivem Management eine Outperformance bei Wertpapierfonds zu erzielen, deutet für öffentlich gehandelte Vermögenspreise auf ein beträchtliches Maß an
Informationseffizienz hin. Mit anderen Worten, eine vergleichsweise qualitativ noch
so hochwertige Informationsverarbeitungsfähigkeit 'genialer' Individuen oder von
Kleingruppen tendiert gegenüber der Informationsverarbeitungskapazität des anonymen und quasi ein Informationspooling generierenden Marktes dazu, konstitutionell
begrenzt und sogar vielfach unterlegen zu sein.

Die vorstehenden Ausführungen zu dem Performancepotenzial aktiven Managements
lassen sich allerdings nicht auf intermediäre oder direkte Finanzierungen ökonomischer Wagnisse übertragen. Das starke Wachstum in diesem Segment deutet daraufhin,
daß hier über aktives Management und Transfer unternehmerischen Know-hows ex-
post erwartungskonforme attraktive Wertzuwächse realisiert werden können. Hierin
liegt jedoch nur vordergründig ein Widerspruch, da gerade die Abwesenheit einer
öffentlichen Preisbildung, die Abwesenheit eines liquiden Sekundärmarktes und der
offensichtliche Bedarf an Transfer von Know-How eine bessere Verwertbarkeit
„überlegenen" professionellen Wissens erwarten lassen.

4.5 ZUSAMMENFASSUNG

In diesem Kapitel wurde herausgearbeitet, daß die Nachfrage nach eigen- und fremd-
kapitalähnlichen marktzinsdifferenten intermediären Anlagenprodukten vergleichbaren
Kalkülen entspringt. Diese Nachfrage erwies sich als Instrument, um sich von hohen
Opportunitätskosten der zeitaufwendigen Informationsverarbeitung bei der Marktbeobachtung, Gebührennachteilen, effektiven Diversifikationsnachteilen und mangelnden Fixkostendegressionseffekten zu entledigen. In dieser Hinsicht erscheinen
Informationsasymmetrien eher als Folge denn als Ursache der Finanzintermediation.

Durch Einbeziehung ordnungstheoretischer Aspekte konnte deutlich gemacht werden,
warum der Wettbewerb zwischen unterschiedlichen Finanzintermediären so wichtig ist
und nicht als bedenkliche Zersplitterung von Diversifikationspotentialen wahrgenommen werden sollte. Zum anderen konnte mit dem Hinweis auf die Begrenztheit
menschlichen Wissens und der daraus unvermeidlich erscheinenden Existenz heterogener Erwartungen aufgezeigt werden, daß die Spezialisierungsvorteile von Finanzintermediären an immanente Grenzen stoßen. Anreize für die Direktanlage konnten
zudem aus dem Fortschritt der Kommunikations- und Handelstechnologien, der Ab-

wesenheit von Liquiditätsrestriktionen und der Möglichkeit zu Interaktionsstrategien abgeleitet werden. Diese Anreize wurden über die Schätzung der Direktanlageneigung in Deutschland quantifiziert und bestätigt.

Unter Einbindung ordnungstheoretischer Erkenntnisse wurde versucht die herkömmliche Auffassung von Finanzmarkteffizienz zu erweitern. In diesem Kontext sind heterogene Erwartungen und Strategien nicht vorrangig auf monopolistischen Informationszugang privilegierter Insider zurückzuführen, sondern Ausdruck des Bemühens durch eine überlegene Informationsverarbeitung von marktlichen Überrenditen zu profitieren. Wegen der Bedeutung heterogener Erwartungen als Triebfeder für die Evolution wurde darauf hingewiesen, daß Finanzmarkteffizienz immer auch an die Anwesenheit einer polyzentrischen Informationsproduktion gebunden ist. Explizit sind auch Direktanleger essentieller Bestandteil dieses eufunktionalen Polyzentrismus.

Als weitere Stütze für die Finanzmarkteffizienz sind auch standardisierte Verfahren der Informationsproduktion zu beurteilen, denn diese machen Bewertungsmethoden transparent und erlauben so ein evolutionär innovatives Benchmarking gegen dieselben. Der Umstand, daß einzelne fehlerhafte Bonitätsprognosen durch das dezentral verstreute Wissen des Marktes geglättet werden können, schafft Anreize zu einer verbrieften Kapitalaufnahme.

Die Schwierigkeit, die selbst hochqualifizierte Personen (-gruppen) spezialisierter Intermediäre damit haben, den Markt dauerhaft zu übertreffen, zeigt, um wieviel effizienter die Informationsverarbeitung des anonymen Marktes gegenüber derjenigen einzelner noch so „weisen" Gruppen ist.

Dennoch steht die eminente Bedeutung von Finanzintermediären zur Senkung von Transaktionskosten im Finanzmarktgeschehen damit keineswegs in Frage. Dies konnte an der detaillierten Beschreibung der institutionellen Rolle der Finanzintermediäre etwa im Bereich der Altersabsicherung oder des Wagniskapitals aufgezeigt werden. Und sie manifestiert sich schließlich auch in der empirisch nachgewiesenen hohen volkswirtschaftlichen Poolingneigung.

5 FINANZINTERMEDIATION UND GELDEMISSION

Bei der Analyse der Finanzintermediation ist die Rolle des Bankensektors für die Geldversorgung der Volkswirtschaft bisher genauso außer Acht geblieben wie die sich daraus ergebende Fragestellung der Abgrenzbarkeit von monetären und nichtmonetären Finanzintermediären. Die Lücke soll mit diesem Kapitel geschlossen werden.

Das Kapitel beginnt mit einer Auseinandersetzung der klassischen Hypothesen zur mangelnden Abgrenzbarkeit von monetärer und nichtmonetärer Finanzintermediation nach Gurley und Shaw (1960). Im Anschluß daran wird der Charakter der Geldschöpfung über die Diskussion der Theorien zu einer deregulierten Geldordnung erarbeitet. Diese Vorgehensweise wurde unter Berücksichtigung des Umstands gewählt, daß die Abgrenzbarkeit von Geld gegenüber beliebigen anderen Finanztiteln in der jüngeren theoretischen Diskussion von einigen Autoren bestritten wird. Da Existenz und Verbreitung des Geldes aber in grundsätzlicher Hinsicht und unabhängig von real gerade vorherrschenden Regulierungen erörtert werden sollen, findet hier eine allgemeine Auseinandersetzung mit geldtheoretischen Hypothesen statt. Wie man sich eine Geldordnung in einem deregulierten Umfeld ohne monopolistisches Zentralsystem vorzustellen hat, ist Gegenstand dreier dogmengeschichtlich unterschiedlicher Gedankenströmungen: dem Modell des Free Banking, dem Hayekschen (reputationsbasierten) Geldwettbewerb und den Auffassungen der New Monetary Economics. Das vorrangige Erkenntnisziel dieser Untersuchungen besteht zwar nicht darin, Unterschiede und Gemeinsamkeiten zwischen monetärer und nichtmonetärer Finanzintermediation aufzuzeigen. Dennoch sind ihnen auch direkte oder implizite Hypothesen zum vorliegenden Forschungsfeld zu entnehmen.

Die vorgenannten Modelle werden zunächst in ihren Grundzügen dargelegt werden.[229] Im Anschluß daran wird insbesondere auf die Frage eingegangen, inwieweit sich der Wechselkurs als Signalgeber für die Qualität einer Geldemission eignet. Nachdem problematische und weiter klärungsbedürftige Bereiche in der Theorie privater Währungskonkurrenz offengelegt worden sind, wird nach alternativen Hypothesenmustern gesucht. Im Mittelpunkt steht nicht deren politische Verwertbarkeit, sondern insbesondere das Bemühen, das Verständnis von einer monetären Wettbewerbsordnung und damit auch von internationaler Währungskonkurrenz zu verbessern. Zum anderen werden aus ihnen Schlußfolgerungen für verschiedene Bereiche der Geldtheorie abgeleitet, die vor allem die Charakterisierung des monetären Gleichgewichts und die Mikroökonomie der Geldschöpfung betreffen.

---

[229] Die Darlegung ist eng an die Dissertation von Terres (1999) angelehnt.

5.1 MONETÄRE UND NICHTMONETÄRE FINANZINTERMEDIATION

Die in der Literatur entwickelten Theorien zur Finanzintermediation zeichnen sich dadurch aus, daß die von ihnen modellierte Finanzproduktion unterschiedslos von Banken und anderen Finanzintermediären getätigt wird. Entscheidend ist lediglich der bilanzwirksame Charakter, der mit der aufgezeigten qualitativen Vermögenstransformation einhergeht.[230] Diese Vorgehensweise steht im Einklang mit den neuesten agencytheoretisch fundierten Methoden zur Existenzrechtfertigung von Finanzintermediation, und zwar insofern, als sie bei der Herleitung von Effizienzvorteilen der Finanzintermediation nur eine Anlage der im Passivgeschäft bereitgestellten und gepoolten Ersparnisse unterstellen. Aber auch klassische Anschauungen, wie sie von Gurley und Shaw vertreten werden, betonen und begründen die enge Verwandtschaft zwischen beiden Finanzintermediationstypen.

Gurley und Shaw sehen die zentrale ökonomische Funktion von Finanzintermediären darin „...to purchase primary securities from ultimate borrowers and to issue indirect debt for the portfolios of ultimate lenders."[231] Die zur Abgrenzung zwischen monetären und nichtmonetären Finanzintermediären verwendeten Begriffe verlieren hingegen durch wechselnden und teilweise widersprüchlichen Gebrauch an Trennschärfe. Bereits dies kann möglicherweise als Indiz dafür gedeutet werden, daß Gurley und Shaw eine klare Trennung für sachlich nicht geboten erachten. So wird zunächst festgestellt, daß nichtmonetäre Intermediäre sich dadurch auszeichnen, daß sie kein Geld schöpfen.[232] Später verbleibt als genuine Funktion des monetären Systems lediglich die Administrierung des Zahlungsverkehrs.[233] Die Gemeinsamkeiten zwischen monetären und nichtmonetären Finanzintermediären werden gegenüber den bestehenden Unterschieden als dominant angesehen, da beide Institutionen Einkommen von Überschuß- zu Defiziteinheiten übertragen und so an der optimalen Allozierung knapper Ersparnisse auf gegebene Investitionsalternativen mitwirken. Weiterhin schaffen beide über den Kauf von primären Wertpapieren auf diese bezogene indirekte Zahlungsansprüche. Schließlich seien beide in der Lage, einen Überschuß an verleihbaren Mitteln (loanable funds) bzw. Geld und damit an ex-ante Investionen über Ersparnissen zu schaffen. Gemessen an dem ursprünglichen Niveau gehaltener Forderungen beliebiger Art sind sie übereinstimmend in der Lage, ihr Bilanzvolumen zu vervielfachen.[234]

---

[230] Und damit in Abgrenzung zu finanzmaklerischen Geschäften zu sehen ist. Vgl. Niehans (1984), S. 134 und Klump (1986), S. 78.

[231] S. Gurley und Shaw (1960), S. 192.

[232] Vgl. ebd., S. 191.

[233] Vgl. ebd., S. 243.

[234] Vgl. ebd., S. 202 und S. 243.

Gurley und Shaw führen mit dem Hinweis auf die Fähigkeit zu indirekter Schuldproduktion und auf das intermediäre Wertpapiertauschgebaren zwei Mechanismen an, die
dazu führen können, daß auch nichtmonetäre Finanzintermediäre ggf. für einen Überschuß an Geld verantwortlich zeichnen:

Die indirekte Schuldproduktion kann bedeuten, daß Sparern das Halten von indirekten
Forderungen ermöglicht wird, die gleichzeitig den Charakter enger Geldsubstitute aufweisen (können). Hieraus könne eine Überschußproduktion insofern resultieren, als
Sparer in die Lage versetzt werden, ihre Geldnachfrage in einem stärkeren Umfang zu
reduzieren, als der Finanzintermediär umgekehrt zu einer eigenen Geldhaltung ange-
halten bleibt. Denn Finanzintermediation erfordere gewissermaßen rein strukturell eine
geringere Reservehaltung.

Zudem ist vorstellbar, daß Intermediäre am Kapitalmarkt liquide Finanztitel an Sparer
veräußern und im Gegenzug von diesen illiquidere Wertpapiere erwerben. Hierduch
verändert sich die Zusammensetzung von primären Finanztiteln bei Sparern in einer
Weise, daß in ihrem Portefeuille nun der Anteil hochliquider Finanztitel gestiegen ist,
was es ihnen erlaube, ihre Geldnachfrage entsprechend zu reduzieren. Auch in diesem
Fall entsteht schließlich ein Überschußangebot an Geld.[235]

Kritik

Die Betonung der Gemeinsamkeiten zwischen beiden Typen der Finanzintermediation
darf jedoch nicht zu falschen Schlüssen führen: Zweifellos ist das Pooling und die
Alloziierung knapper Ersparnisse ein Merkmal, das monetären und nichtmonetären
Finanzintermediären gemein ist. Ebenso ist die Administrierung des Zahlungsverkehrs
über geeignete Gironetze, Korrespondenzbankensysteme und Clearingstellen genuines
Aufgabenfeld des monetären Systems. Daneben gibt es aber Trennkriterien.

Richtig ist, daß auch Nichtbankenintermediäre dem Publikum Anlagefazilitäten anbieten können, die wegen ihrer Geldnähe, insbesondere der Möglichkeit zu einer risi-
ko- und transaktionskostenarmen Umwandlung in die Zahlungsverkehrsinstrumente
Bar- und Buchgeld, bei der korrekten Erfassung der volkswirtschaftlichen Geldmenge
zu berücksichtigen sind. Deshalb erfaßt M3 gegenwärtig auch Geldmarktfondsanteile.
Aber anders als eine Geschäftsbank wird ein Geldmarktfonds nur zu einer passiven
Geldschöpfung in der Lage sein, da der Kauf eines Geldmarktfondsanteils gleichbedeutend ist mit der bloßen Umwandlung einer Geldart in eine andere. Der Käufer
dieses Anteils muß einen Teil seines Buchgeldes für diese Transaktion aufwenden, und
zwar in genau der Höhe, in der – wiederum zur Geldmenge gehörenden - Anteile erwirbt. Bis zu seiner Wiederanlage ist der Intermediär dann im Bezitz dieser liquiden

---

[235] Vgl. Gurley und Shaw (1960), S. 214-222.

Mittel, im Regelfall in der Form von Sichtguthaben im monetären System. Da aber Geldmarktfonds unter dem weiten Spektrum unterschiedlichster Investmentfonds am Markt so positioniert sind, daß sie ihren (sehr zinssensiblen) Kunden gewissermaßen eine zu Geschäftsbanken konkurrierende Form der praktisch risikolosen Liquiditätsreserve anbieten, werden die ihnen überlassenen Mittel unter Ausnutzung von Losgrößenvorteilen und unter Berücksichtigung von Diversifikationskriterien vornehmlich in kurzfristige Wertpapiere (Geldmarktpapiere) mit geringem Renditerisiko investiert. Diese Investition hat für den Intermediär bilanztechnisch den Charakter eines Aktivtausches und führt dazu, daß dem Markt Liquidität unter simultaner Herausnahme eines Geldsubstituts (dem Geldmarktpapier) zugeführt wird.

In einer aggregierten Nettobetrachtung ist die volkswirtschaftliche Geldmenge nicht größer als vorher, denn wenn enge Geldsubsitute unterschiedslos in die Erfassung der volkswirtschaftlichen Geldmenge mit eingeschlossen sind, dann vermittelt ein Geldmarktfonds letztlich nur den Tausch genuiner Zahlungsverkehrsinstrumente gegen enge Geldsubstitute. Mit anderen Worten, Endgläubiger und Endschuldner besaßen auch schon vorher Geld; nach dem indirekten Tausch über den Geldmarktfonds erhält dieses einen präferenzadäquaten Zuschnitt.

In Bezug auf Investmentfonds mit längerem Anlage- und elastischerem Risikohorizont oder Kapitalsammelstellen vereinfacht sich die Analyse der Auswirkungen ihrer Präsenz auf die volkswirtschaftliche Geldmenge. Auch diese Intermediäre „verlieren" die ihnen anvertrauten Mittel durch ihre Anlagepolitik im Rahmen eines Aktivtausches, so daß die Erwerber von Fondsanteilen ihre liquiden Mittel geldmengenneutral an diejenigen Wirtschaftssubjekte indirekt abtreten, die als Verkäufer längerfristiger riskanter Finanztitel an den Intermediär auftreten.

Die von Gurley und Shaw vertretene Ansicht, daß Nichtbankenintermediäre ein volkswirtschaftliches Überangebot an Geld dadurch zu produzieren in der Lage seien, daß die Anteilserwerber entsprechender Fonds ihre Geldnachfrage im vollen Transaktionsumfang reduzieren könnten, während der Intermediär selbst seine nur leicht zu erhöhen habe, erscheint deshalb als fragwürdig.

Auch das von ihnen ins Feld geführte Argument des intermediären Tauschgebarens erscheint bei näherer Betrachtung wenig plausibel. Zur erwarteten Grundlage des Fondsgeschäfts zählt eine klare Struktur hinsichtlich der angebotenen Risikoklasse, des eingegangenen Zeithorizonts und der enthaltenen Versicherungselemente. Im Umkehrschluß folgt daraus, daß ein Finanzintermediär im Wettbewerb nur dann bestehen kann, wenn er für die (transparente) Risikoklasse seines Produkts eine mittelfristig der Referenzgröße vergleichbare Performance erzielen kann. Ein kurzfristig angelegter Fonds kann unter wettbewerblichen Gesichtspunkten genausowenig langfristig spekulative Investments tätigen wie ein langfristig und riskant konzipierter Fonds es sich erlauben kann, sein Portefeuille in beliebigem Umfang mit sicheren Kurzläufern auszustatten. Letzteres unterstellen Gurley und Shaw aber zumindest implizit, wenn sie ausführen, daß im Rahmen von Tauschdispositionen problemlos im Portefeuille des Publikums befindliche Lang- gegen von Intermediäre gehaltene Kurzläufer getauscht werden könnten.

Damit bleibt die Frage nach dem Unterschied von Banken und Nichtbankenintermediären in Bezug auf ihr Einflußpotenzial auf die gesamtwirtschaftliche Geldmenge weiter klärungsbedürftig.

5.2 GELDEMISSION AUF BASIS VON RESERVEN AN WAREN ODER REALAKTIVA

In einem System des free banking kommt dem Einlöse- oder Reservemedium die Rolle von Basisgeld zu. Historisch gesehen hat sich in den meisten free banking Systemen ein Warengeldstandard in der Ausprägung eines Goldstandards herausgebildet. Andere Standards wären denkbar, ohne daß sich an der Natur des in der Einlösungsverpflichtung begründeten Stabilisierungsmechanismus prinzipielle Modifikationen ergeben. Demnach unterliegt ein Geldhaus in seiner Emissionspolitik keinen administrativen Beschränkungen. Das System als Ganzes verweist den Expansionsdrang jedes einzelnen Emittenten jedoch mit marktimmanenten Sanktionsandrohungen in stabilitätskonforme Schranken.

Diese Sanktionsandrohungen werden mit dem „law (principle) of adverse clearings" vermittelt. Jede einzelne Bank steht im Verrechnungsverkehr mit den übrigen Banken. Hier enstehende Abrechnungssalden müssen mit dem Einlösemedium beglichen werden, was effizient im Rahmen eines multilateralen Verrechnungsverkehrs eines entsprechenden Clearingdienstleisters (Clearinghouse) erfolgt. Der Clearingmechanismus sendet den jeweiligen Geldemittenten Signale, die entweder auf ein Emissionsgleichgewicht, auf Spielräume zur Expansion oder auf Kontraktionserfordernisse hindeuten können. Nach Maßgabe zu erwartender Abflüsse und ihrer Volatilität hat jede Bank eine angemessene (Vorsichts-) Reservehaltung in dem Einlösemedium zu betreiben. Einer Bank, die eine übermäßige Geldemission betreibt, droht der Konkurs.

Dies ist insbesondere der Fall, wenn Liquiditätsengpässe nicht durch externe Schuldaufnahme ausgeglichen werden können, weil potentielle Kreditgeber die Qualität der ausstehenden Aktiva als zu geringfügig einstufen. Die Wertentwicklung des Geldes ist mit derjenigen des Einlösemediums verknüpft und den Unwägbarkeiten des politi-

schen Prozesses sowie den Begehrlichkeiten oder generell manipulierenden Einfluß-
möglichkeiten nationaler Regierungen weitgehend enthoben.

Solange die Preisbildung auf dem Markt für das Reservemedium nicht durch exogene
(nichtmonetäre) Angebotsschocks oder Wechselfälle in der exogenen Nachfrage gekennzeichnet ist, können dort verbleibende Preis- und Mengenveränderungen als Anpassungsprozesse zur Wiederherstellung von Preisniveaustabilität aufgefaßt werden:
Steigt die durchschnittliche Produktivität des Nicht-Reservemedium-Sektors stärker
als die des Reservemedium produzierenden Sektors, kommt es zu einem Rückgang des
Preisniveaus. Dies hat zur Folge, daß sich einerseits der relative Preis des Reservemediums erhöht und andererseits die Kosten der Produktion des Reservemediums sinken.
Es lohnt sich eine Ausweitung der Produktion des Reservemediums und eine Verschiebung der Verwendung des Einlösemediums von den nichtmonetären in den monetären Bereich. Die auf diese Weise stattfindende Vergrößerung der monetären
Bestände an dem Reservemedium erhöht die Geldmenge und kehrt so die ursprünglich
deflationäre Tendenz um.[236]

Um die Preisniveauentwicklung von der Preisentwicklung des Reservemediums systematisch zu entkoppeln, wird ein System der indirekten Konvertibilität vorgeschlagen. Das von den Banken emittierte Geld besitzt dann nur noch eine quantitativ
variable Eintauschverpflichtung. Stattdessen wird ein auf einem Warkenkorb (Anker-
medium) basierender Preisindex gebildet, demgegenüber die Kaufkraft des Geldes (die
Währungseinheit) stabilisiert wird: Bei inflationären (deflationären) Entwicklungen
wird das Einlöseversprechen der Währungseinheit in das Reservemedium erhöht
(vermindert). Die Praktikabilität einer solchen Lösung ist allerdings fraglich. Im Vorfeld von Anpassungen des Preises des Einlösemediums sind risikolose Einbahnspeku-
lationen zu erwarten, die zu einer starken Volatilität der (kurzfristigen) Zinsen führen
können.[237]

Warengeldstandards, denen Wertmetalle als Basis zugrunde gelegt werden, bieten
gegenüber alternativen nichtmetallischen Warenstandards den Vorteil, gleichzeitig als
Zahlungsmittel im Verrechnungsverkehr der Banken dienen zu können. Unter dem
Gesichtspunkt einer Unterdrückung von durch exogenen Schocks ausgelösten transito-
rischen oder erratischen Preisniveaubewegungen bieten hingegen Nichtmetalle kompa-

---

[236] Je elastischer das Angebot auf dem Markt für das Reservemedium auf exogene Angebots- oder
Nachfrageschocks reagiert, desto schwächer ist die Volatilität des volkswirtschaftlichen Preisniveaus bzw. desto kürzer sind transitorische Preisniveaubewegungen infolge divergierender Pro-
duktivitätsentwicklungen zwischen monetärem und nichtmonetärem Sektor.

[237] Denn zeichnet sich eine inflationäre Entwicklung ab oder ist sie bereits eingetreten, wird verstärkt
das Einlösemedium gegen die Währungseinheit getauscht, um von der erwarteten Aufwertung der
Währung zu profitieren. Um im Anschluß daran einen weitgehenden Reserveverlust zu vermeiden,
ist die Bank zu einer extremen Anpassung der kurzfristigen Zinssätze gezwungen.

rative Vorteile. In diesem Sinne erweisen sich einzelne Medien mit hinreichender Angebotselastizität attraktiv oder aber eine verbreiterte Währungsbasis in Gestalt eines Warenbündels (Symmetallistischer Warengeldstandard). Allerdings wird aus Praktikabilitätsgründen zu erwarten sein, daß dem Einlösebegehren des Publikums dann nur noch mit entsprechenden Warenzertifikaten bzw. Lagerhauszertifikaten[238] entsprochen wird.

Aufgrund der Probleme und Widrigkeiten entsprechender Lagerhaltungserfordernisse wird kaum jemals mit einem Einlösungsbegehren in die entsprechenden Güter und Dienstleistungen zu rechnen sein, und es stellt sich die Frage, ob sich derartige Zertifikate überhaupt im Publikum oder im Verrechnungsverkehr der Banken der notwendigen Akzeptanz erfreuen. Da das Ausüben der Einlösungsoption aus Praktikabilitätsgründen kaum reale Bedeutung erlangen wird, die Geldordnung damit ohnehin im wesentlichen vertrauensbasiert ist, liegt es nahe, auf die Einlösungsverpflichtung zu verzichten. Stattdessen kann ein Geldproduzent versuchen, seine Marktstellung mit der erfolgreichen Stabilisierung eines geeigneten Güterpreisindex zu sichern oder auszubauen. Den Geldhaltern verbliebe als Sanktionsandrohung für den Fall eines befürchteten oder bereits eingetretenen Vertrauensmißbrauchs in Form einer sich anbahnenden oder eingetretenen (nachhaltigen) Geldentwertung die Abwanderungsoption zu (potentiellen) Konkurrenten.

Eine prinzipielle Alternative zu einer (wettbewerblichen) Geldemission auf Warenbasis (Warengeldstandard) besteht darin, sie auf der Grundlage einer Real-Asset-Währung zu konzipieren. Diese Vorstellung geht auf Engels[239] zurück, der ein solches Geldsystem nicht nur für funktionsfähig hält, sondern auch gegenüber anderen als überlegen ansieht. Kennzeichen eines derartigen Währungsstandards ist die Einlösbarkeit des Geldes in Realinvestitionen. Eine Emissionsbank hätte bei Vorlage des von ihr emittierten Geldes dieses gegen Vermögenstitel in einem festen Verhältnis zum Wert des Marktportfolios einzutauschen. Geldschöpfung würde in einem solchen System durch An- und Verkauf von Vermögenstiteln zur Stabilisierung des Preises des Marktportfolios stattfinden. Dadurch entfiele ein vom Goldstandard her bekanntes systematisches (Verteilungs-)Risiko zwischen Schuldnern und Gläubigern infolge unvorhergesehener Schwankungen des relativen Goldpreises.[240]

[238] Die Zertifikate würden das Eigentum an den entsprechenden Waren verbriefen.
[239] Vgl. Engels (1981, 1982 u. 1985).
[240] Eine Deflationsentwicklung aufgrund eines relativen Goldpreisanstiegs würde bspw. Gläubiger begünstigen. Allerdings ließen sich die Finanzkontrakte auf die Goldpreisentwicklung konditionieren, so daß die Goldpreisschwankungen distributiv neutral wären. Die volatilitätsinduzierten Transaktionskosten bleiben jedoch bestehen.

Nach Engels entfielen in einem solchen System Liquiditätsprämien, die Güterpreise würden mit der Rate der durchschnittlichen Grenzproduktivität fallen und eine Real-Asset-Emissionsbank würde sich in Richtung eines Investmentfonds entwickeln, dessen Umlaufsmittel jedoch nicht nur Investmentzertifikate darstellen würden, sondern gleichzeitig als fungible Zahlungsmittel im Wirtschaftsverkehr eingesetzt werden könnten. Im Unterschied zu einer Emissionsbank in einem Warengeldstandard wäre die Reservehaltung einer Real-Asset-Notenbank verzinst, womit diese letzterer bereits überlegen ist. Andererseits sei eine Real-Asset-Notenbank aber auch einer Kredit-Notenbank überlegen, da ihre Renditen durchschnittlich höher seien.[241]

Die Hypothesen von Engels bedürfen näherer Diskussion. Es muß als wahrscheinlich angesehen werden, daß die Geldverwender gegenüber der Nominalwertfixierung des Marktportfolios die Stabilisierung eines konsumentenorientierten Lebenshaltungskostenindex vorziehen. Eine hohe Verzinsung ihrer gesparten Mittel können sie unabhängig davon auch dann erreichen, wenn sie bereit sind, in ihre Geldkapitalbildung stärkere Eigenkapitalelemente oder allgemein Finanztitel höheren Risikograds einzubinden. Hierfür wäre aber nicht mal zwingend der Erwerb intermediärer Finanztitel erforderlich.

Zudem bleibt zu diskutieren, ob Emissionsbanken überhaupt glaubwürdig eine Stabilisierung des Wertes des Marktportfolios versprechen können. Auf die Preisbildung der verschiedenen am Markt gehandelten Finanztitel wirken immer auch die Dispositionen von Direktanlegern und nichtmonetären Finanzintermediären ein, und zwar auch diejenigen von Gebietsfremden. In die Bewertung eines Finanztitels gehen Erwartungen über künftige auf die Gegenwart abdiskontierte erfolgsabhängige Wertzuwächse ein. Es ist fraglich, ob bei den heutigen Möglichkeiten und Notwendigkeiten zur Informationsverarbeitung sowie der hieraus resultierenden Volatilität der Vermögenspreise, eine Real-Asset-Notenbank die Marktstellung und Instrumente[242] hätte, jeden Vermögenspreisdruck unmittelbar im versprochenen Sinne zu neutralisieren.[243] Selbst wenn man ihr die Kompetenz hierzu zubilligen würde, wäre das Korrelat eine entsprechend volatile Geldemission, die sich als systematisches Risiko auf die Preisniveauentwicklung übertragen würde. Die Geldverwender wären für ihre Dispositionen gezwungen, zwischen außertrendmäßigen und trendmäßigen Preisniveauverschiebungen zu unterscheiden sowie nominale Einzelpreisänderungen und echte Relativpreisverschiebun-

---

[241] „Realinvestitionen müssen sich im Durchschnitt höher verzinsen als Kredite, weil sonst niemand Kredit aufnähme, um zu investieren." S. Engels (1982), S. 39.

[242] Es müßte stets eine situativ optimale bzw. effiziente Kombination von Zins- und Mengenpolitik gefunden werden.

[243] Remsperger (2000a, S. 5) bestreitet dieses mit dem Hinweis, daß Vermögenspreise letztlich von nicht direkt beobachtbaren Faktoren getrieben werden, deren Entwicklung zudem in bedeutendem Maße außerhalb des „Herrschaftsbereich" einer Notenbank liegen.

gen auseinanderzuhalten. Schließlich dürfen Geldhalter die mit dieser Konzeption einhergehende Aufteilung der Risikoposition nicht als präferenzfremd empfinden, d. h. die ihnen über die zugeteilte Risikomenge entstehenden individuellen Nutzeneinbußen müßten von der marktlichen Risikovergütung überkompensiert werden.[244]

5.3 PARALLELE GELDEMISSIONEN MIT WECHSELKURSVERANKERUNG

Hayek kommt dagegen zu einem anderen Verständnis von der Funktionsweise eines (zeitgemäßen) Währungswettbewerbs: Der Sicherungsmechanismus muß keineswegs wie selbstverständlich in der Einlösbarkeit bestehen, sondern kann auch reputationsbasiert erfolgen. Denn bereits mit dem Verlust an Vertrauenskapital würde der Geldemittent zukünftige Gewinnmöglichkeiten verspielen. Er sieht sich damit Anreizen ausgesetzt, seine Geldverwender bzw. Kunden nicht mit einer Überraschungsinflation vor den Kopf zu stoßen. Gewinnmaximierende Emittenten müssen ihr Geldangebot in jeder geldtechnologisch gewünschten Hinsicht qualitativ[245] an die Präferenzen der Geldnachfrager anpassen.

Die privaten Banken versprechen, ihre Emissionspolitik so auszurichten, daß der Wert des von ihnen emittierten Geldes gegenüber einem Warenkorb stabilisert wird. Damit entfällt das konvertibilitätsbasierten Geldsystemen eigene Unsicherheitselement über die kurz- und mittelfristige Preisniveauentwicklung aufgrund einer Unvorhersehbarkeit der relativen Wertentwicklung des Reservemediums.

---

[244] Eine Abkehr von Geld in der klassischen Form fremdkapitalartiger Depositenguthaben hin zu einem Medium mit stärkerem Eigenkapitalcharakter wird auch von Vertretern der New Monetary Economics erwogen. Dieser Gedanke wird deshalb später zur Vermeidung von Redundanzen ausführlicher behandelt.

[245] Ein Unternehmen genießt Reputation im Publikum, falls dieses ihm aufgrund erworbenen Ansehens die Fähigkeit beimißt, auch zukünftig Produkte hoher Qualität zu liefern. Ein Geldemittent muß hierfür ein Geld anbieten, dessen Wertentwicklung ex ante gut abschätzbar ist und für seine Verwendungszwecke gegenüber dem präferierten Güterbündel als hinreichend wertstabil erachtet werden kann (Terres 1999, S. 222). Im weiteren Verlauf der Untersuchung wird für qualitativ hochwertiges Geld die zentrale Bedeutung einer präferenzadäquaten Größe des Währungsraumes und, damit eng verbunden, die Liquidität des Umlaufsmittelmarktes gegenüber anderen Währungsverbünden herausgearbeitet. Den Geldverwendern werden so niedrigere Transaktionskosten bei der Geldverwendung in Aussicht gestellt. Außerdem profitieren sie von einer qualitativ hochwertigen Preisbildung am Devisenmarkt, da ein temporäres weißes Rauschen aufgrund von Engpässen in den täglichen Währungsumsätzen unwahrscheinlicher wird. Zudem wird das Stabilitätsversprechen des Geldemittenten glaubwürdiger, da Preisbewegungen am Umlaufsmittelmarkt, die von nichtmonetären Fundamentalfaktoren ausgehen, an Durchschlagskraft für einen hieraus potentiell resultierenden inflationären oder deflationären Druck verlieren. Im Idealfall kann bei währungsüberschreitenden Handels- und Finanztransaktionen auch gegenüber Drittwährungszonen mit großer Wahrscheinlichkeit die eigene Währung als Fakturierungswährung verwendet werden (verbesserte internationale Preisstellung). Hiermit würden die Teilnehmer dieser Wirtschafts- und Währungszone nicht nur vom inneren Wechselkursrisiko, sondern auch vom äußeren im Handel mit Drittländern befreit. Ein weiteres systematisches Risiko entfiele.

Vorausgesetzt die Geldemittenten setzen ihr Stabilitätsversprechen tatsächlich um, besteht ein weiterer Vorteil darin, daß die Banken keine teure Reservehaltung an Warengeld mehr betreiben müssen. Allerdings besteht zwischen Geldanbieter und Geldanwender grundsätzlich eine Informationsasymmetrie: Ist das Geld eines Emittenten aufgrund seines Stabilitätsversprechens erst einmal akzeptiert, kann der Emittent nachträglich versuchen, mit einer Überraschungsinflation seine (kurzfristigen) Emissionsgewinne zu Lasten der Geldverwender zu maximieren. Er könnte zudem bei entsprechenden Informationsasymmetrien den Verdacht des Opportunismus von sich weisen, indem er wider besseren Wissens auf (vermeintliche) Inflationsfaktoren verweist, die außerhalb seiner Verantwortbarkeit liegen. In dieser Hinsicht käme der Wegfall der Konvertibilitätsverpflichtung zunächst einmal nur eine Verlagerung der (Umwelt-) Unsicherheit über die relative Preisentwicklung des Reservemediums hin zu einer Unsicherheit über das künftige Verhalten (potentieller Vertrauensmißbrauch) des Geldemittenten gleich.

Tatsächlich steht der Emittent aber rationalen Geldverwendern und einer Öffentlichkeit gegenüber, die um die Defektionsanreize des Emittenten wissen und deshalb mit einer entsprechend transparenten Unternehmenspolitik, Bilanzentwicklung und Geldpolitik sowie einer angemessenen Signalproduktion beruhigt werden wollen. Andernfalls wird der Emittent kostenintensiv[246] aufgebautes Vertrauenskapital im Publikum verspielen, was für ihn mit einem Verlust an zukünftigen Emissionsgewinnen zugunsten seiner (potentiellen) Konkurrenten gleichzusetzen ist.

Es ist realistischerweise zum einen davon ausgehen, daß der Wettbewerb geeignet ist, bei Geldanbietern und Geldnachfragern vorhandenes dezentrales Wissen zur Schaffung effizienter Regelsysteme nutzbar zu machen. Zum anderen vermittelt der Wettbewerb im Zusammenspiel mit entsprechenden Gewinnperspektiven aber auch dynamisch Anreize für die Suche nach immer besseren und günstigeren Regel- und Signalisierungssystemen. Letztlich ist davon auszugehen, daß die Wohlfahrtsgewinne beim (gedanklichen) Übergang von einem konvertibiliätsbasierten zu einem reputationsbasierten freiheitlichen Geldsystem in Form einer reduzierten Volatilität der Preisniveauentwicklung und geringeren Reservekosten des Bankensystems die bei diesem Regimewechsel anfallenden höheren Signalkosten bei weitem dominieren.

In der Hayekschen Welt einer Privatgeldordnung entfällt der Clearingmechanismus als Signalgeber für das marktadäquate Emissionsverhalten einer einzelnen Bank. An die Stelle negativer Verrechnungssalden in Verbindung mit einer drohenden Illiquidität treten zwei andere Sicherungemechanismen: der Mechanismus der Umlaufmittelbörse

---

[246] In der Vergangenheit getätigte spezifische Investitionen für Firmenzeichen, repräsentative Firmengebäude oder aufwendige Werbemaßen werden entwertet. Vgl. Terres (1999), S. 232f.

(Devisenmarkt) und die Preisnotierungen der Währungen auf den Gütermärkten. Als kurzfristige Steuerungsgröße für den Emittenten und unmittelbarer Signalgeber für das Publikum wirkt der Wechselkurs. Eine stabilitätsinkonforme Geldmengen- und Zinspolitik schlägt sich in einer Abwertung an der Umlaufmittelbörse nieder. Der Wechselkursmechanismus, d. h. die Veränderung der Austauschraten zwischen den verschiedenen Währungen an der Umlaufmittelbörse, werden als ein Analogon zu den Liquiditätsschwankungen einer Bank im Abrechnungsverkehr eines Free-Banking-Systems interpretiert.[247]

Der zweite Signalgeber besteht in der Veränderung des Realwertes der Währung gegenüber einem Warenkorb. Dieser Signalgeber ist gegenüber dem Wechselkursmechanismus von der Reaktionsgeschwindigkeit her als langsamer einzuordnen und fungiert daher eher als Wegweiser für die grundsätzlich angemessene Proportionierung der monetären Expansion. Dabei ist zu vermuten, daß dieser Signalgeber für die verschiedenen Emittenten unterschiedlich relevant ist.

Von den Marktführern unter den Geldemittenten ist zu erwarten, daß sie ihre Emissionspolitik jederzeit und konsequent an dem Ziel der Sicherung des Geldwertes ihrer Währung ausrichten. Denn hierdurch wird eine Stabilitätsverankerung des gesamten Währungssystems ermöglicht. Orientierten sich hingegen alle Emittenten am Wechselkurs, wären Inflations- und Deflationstendenzen des gesamten Geldsystems nicht auszuschließen. Entsprechend den Gegebenheiten im gegenwärtigen Weltwährungssystem wäre weiterhin zu erwarten, daß nicht alle Währungen direkt gegeneinander getauscht werden, sondern oft über den Umweg mit einem dominanten Tauschmittler. Dies ist trotz der Verlängerung der Transaktionskette solange günstiger, wie die gesamten Transaktionskosten niedriger bleiben als beim direkten Tausch, was vor allem bei Devisenmärkten mit geringer (zu erwartender) Liquidität beobachtet werden kann.

5.4 PARALLELE GELDEMISSIONEN MIT OFFENHEIT DES GELDCHARAKTERS

Der Begriff New Monetary Economics steht nicht für einen geschlossenen Theorieansatz, sondern kennzeichnet eine Gruppe von Autoren, welche die Reichweite der herkömmlichen Geldtheorie für begrenzt erachten.[248] Deren Gültigkeit wird weitgehend

---

[247] Vgl. Terres (1999), S. 255.
[248] Es handelt sich um eine Denkrichtung, die sich seit den siebziger und achtziger Jahren des 20. Jahrhunderts in die wissenschaftliche Diskussion eingereiht hat. Zu ihren prominenten Vertretern zählen Black (1970), Fama (1980), Hall (1982) sowie Greenfield und Yeager (1983). Vgl. ausführlicher und unter Berücksichtigung der Beiträge historischer Vorläufer Terres (1999), S. 282.

auf den Kontext der geltenden gesetzlichen Bestimmungen beschränkt gesehen.[249] Die Vertreter der New Monetary Economics vereint bei aller Heterogenität ihrer Auffassungen die radikale Ablehnung der traditionellen Auffassungen von Geld. Die Aussagen der gängigen Geldtheorie könnten nur in Verbindung mit der Ausgestaltung der Geldordnung als monopolistisches Zentralsystem gesehen werden. Sie stellten einen Spezialfall dar, deren Anwendbarkeit an die Anwesenheit (ineffizienter) staatlicher Restriktionen geknüpft wäre und deren Implikationen unter dem Produktivitätsdruck einer wettbewerblichen Geldordnung weitgehend ihre Gültigkeit verlören.

In einer freiheitlichen Geldordnung sei vielmehr zu erwarten, daß Geld seine eindeutige Abgrenzbarkeit zu anderen Finanztiteln verliert bzw. daß die von der Funktion der Recheneinheit zu trennende Tauschmittelfunktion von einer Vielzahl unterschiedlicher Vermögenstitel wahrgenommen werden kann. Von geringfügigen Entgelten für die Kosten der Intermediation abgesehen, gehörten dann auch Opportunitätskosten der Kassenhaltung der Vergangenheit an.

Mit der mangelnden Abgrenzbarkeit von Geld würden sich auch Banken in ihrer Funktion wandeln: Die ihnen in traditionellen Systemen angestammte Rolle als Institutionen der Geldschaffung entfiele. Es wäre stattdessen zu erwarten, daß Banken sich zu Finanzintermediären wandeln, die im wesentlichen Buchungssysteme für die Verrechnung von Vermögenstiteln als Dienstleistung zur Verfügung stellen. Ansonsten verschwimmt die Grenzlinie zwischen Banken und sonstigen Finanzintermediären, da sie von Sparern unterschiedslos den Auftrag zu einem präferenzadäquaten Portfoliomanagement bekämen und andererseits der Wettbewerb auch „nichtmonetäre" Finanzintermediäre zum Anbieten von Buchungssystemen anregen würde[250]: „Although

---

[249] Wie im weiteren Verlauf deutlich werden wird, besitzen die Hypothesen der New Monetary Economics in der Frage eines potentiellen Eigenkapitalcharakters von Umlaufsmitteln oder hinsichtlich der (Nicht-) Abgrenzbarkeit von monetärer und nichtmonetärer Finanzintermediation Ähnlichkeiten mit dem Engelschen Real-Asset-Standard. Allerdings gibt es auch wesentliche Unterschiede in den Grundaussagen, was eine eigene Darstellung dieses Ansatzes nahelegt. Andererseits zählt die Legal Restrictions Theory zu einer der New Monetary Economics verwandten Forschungsrichtung, da auch sie sich mit den Auswirkungen staatlicher Regulierungen im Geldwesen auseinandersetzt. Allerdings hebt sie vor allem auf die Vermutung ab, daß Opportunitätskosten der Kassenhaltung als ein Begleiteffekt dieser Regulierung anzusehen seien. Sie erfaßt deshalb wiederum nur einen Teilaspekt des gesamten Forschungsprogramms der New Monetary Economics.

[250] Möglicherweise unterstellt auch Engels in seinem Modell eines Real-Asset-Standards implizit einen derartigen Assimilierungsprozeß. In jedem Fall weisen beide Ansätze Ähnlichkeiten in der Ableitung des Eigenkapitalcharakters von Zahlungsmitteln auf und in die Zuweisung der Definition der Recheneinheit in staatliches Ermessen. Vgl. Seiche (1997), S. 125 u. S. 155. Die Auffassung, die Ausgestaltung der Recheneinheit sei letztlich eine in Grenzen beliebige und deshalb lediglich zu beschleunigende Entscheidung, die an den Staat delegiert werden könne oder sollte, muß aber kritisch gesehen werden. Es ist davon auszugehen, daß verschiedene Recheneinheiten für den Wirtschaftsverkehr unterschiedlich gut als Rechenstandard geeignet sind und daß der Wettbewerb als Entdeckungsverfahren in einem evolutionären Prozeß am besten die konstitutio-

banks may be more interested in supplying transactions services, competition will induce them to provide different types of portfolios against which their depositors can hold claims. Although other financial funds, like mutual funds, may be more interested in managing portfolios, competition will induce them to provide the transactions services normally associated with banks. In the end, one will observe financial institutions, all of which can be called banks, that provide accounts with different degrees of risk and allow individuals to carry out exchanges of wealth through their accounts."[251]

Eine Trennung von Recheneinheit und Tauschmittel und damit eine Separierung von monetärer und realer Sphäre sei nicht nur möglich, sondern auch notwendig, um den realwirtschaftlichen Sektor vor einem Spill-over monetärer Störungen abzuschirmen.[252] Ausdruck der Trennung von Recheneinheit und Tauschmittel ist die Festlegung eines Güterbündels, das zwar die Recheneinheit konstituiert, gegen das das Tauschmittel jedoch nicht konvertibel ist. Die Trennung der Geldfunktionen unterscheidet dieses System von anderen güterbasierten Geldsystemen. Als zweckmäßig wird dabei die Wahl eines Güterbündels eingestuft, das gegenüber einem breit gefaßten Preisindex eine stabile Preisentwicklung gewährleistet. Die Inkonvertibilität der Tauschmittel gewährleistet, daß der Wert der Recheneinheit gegenüber (erratischen) Änderungen der Tauschmittelmenge immun bleibt.[253]

Das Gedankengebäude der New Monetary Economics ist nicht in jeder Hinsicht überzeugend. Ob die Möglichkeit einer Kontoführung und technischen Zahlungsabwicklung mit Depositen variablen Risikogehalts realistisch ist, mag dahinstehen. Anzuzweifeln ist jedoch, daß sich ein solches System als Ergebnis eigeninteressierten Handelns der Wirtschaftssubjekte herausbilden würde. Die Vorstellung, jeder beliebige Finanztitel könne Zahlungsmittelfunktion erfüllen, erfordert, daß für jede Kombination derselben ein Markt existiert, der ihre wechselseitige Austauschbarkeit gewährleistet.[254] Hierdurch entstehen jedoch Informations- und Transaktionskosten, die zu einer erheblichen Verteuerung des Zahlungsverkehrs führen, die die Qualität der Preisbil-

nelle Unwissenheit über die effiziente Ausgestaltung eines Numeraires überwindet und sich so am ehesten sich diejenige Recheneinheit durchsetzen kann, die für die individuellen Zwecke als besonders geeignet anzusehen ist. Vgl. Terres (1999), S. 304.

[251] S. Fama (1980), S. 41.
[252] In monopolistischen Geldsystemen ist die nominale Geldmenge angebotsseitig durch die Höhe von monetärer Basis und Geldschöpfungsmultiplikator bestimmt, während die reale Geldmenge über korrespondierende Preisanpassungen nachfrageseitig determiniert ist. Kommt es dann, aus welchen Gründen oder Motiven auch immer, zu einer mangelnden Abstimmung des Geldangebots an die Geldnachfrage, werden alle anderen Märkte in Form von Preissteigerungen oder Preissenkungen in Mitleidenschaft gezogen. Aufgrund von unterschiedlichen Anpassungsgeschwindigkeiten auf der jeweiligen Märkten nimmt in Folge die Qualität der gesamtwirtschaftlichen Koordination ab.
[253] Vgl. Terres (1999), S. 295.
[254] Vgl. Terres (1999), S. 288.

dung wegen mangelnder Standardisierung und niedriger Liquidität der jeweiligen Teilmärkte künstlich reduzieren und damit die Koordination ökonomischer Tauschbeziehungen behindern. Es ist daher zu erwarten, daß sich jedenfalls die Banken auf bestimmte Aktiva als Solutionsmittel (specified securities) für Verbindlichkeiten im Zahlungsverkehr einigen würden.[255] Diesen Solutionsmitteln wird aber nicht der Charakter von Basisgeld zugesprochen: „The settlement assets gained by the relatively prudent funds are not a close counterpart of base money under our existing system and cannot support a multiple expansion of assets and shares by those funds."[256]

Ein überlebensfähiges Nebeneinander zinsloser, zinsarmer und marktzinstragender Vermögenstitel muß keineswegs an die Persistenz staatlicher Fehlregulierung gebunden sein, sondern kann im Gegenteil als Ausfluß freier Entscheidungen nutzenmaxierender Wirtschaftssubjekte gesehen werden. Dieses Nebeneinander indiziert ein verhältnismäßig robustes Arbitragegleichgewicht, bei dem die totalen Ertragsraten[257] der jeweiligen Aktiva zum Ausgleich gekommen sind.[258]

Die Trennung der Geldfunktionen führt in der realen Welt ohne walrasianischen Auktionator zu erhöhten Kalkulationskosten.

Einerseits ist anzunehmen, daß Verkäufer eine Preisauszeichnung in den Tauschmedien vorziehen, die sie zu akzeptieren bereit sind. Andererseits sind alle Wirtschaftssubjekte aber auch und vermutlich vor allem daran interessiert zu wissen, welchen (effektiven) Wert diese Tauschmedien in bezug auf die Recheneinheit haben. Erst dieser Gegenwert enthält Informationen über die reale Kaufkraft eines bestimmten Bestandes an Solutionsmitteln und erst diese wird wiederum Grundlage einzelwirtschaftlicher Optimierungsentscheidungen sein.

Spätestens an dieser Stelle zeigt sich die Schwäche im Gedankensystem der New Monetary Economics. Es ist zu erwarten, daß sich entgegen dem Ehrgeiz seiner Verfechter die realwirtschaftliche Koordination gegenüber einem Bankensystem, daß einen unzweideutigen Geldschöpfungsauftrag erhält, erheblich verschlechtert: Der eigenkapitalähnliche Charakter der Vermögenstitel mit Tauschmittelqualität erhöht die Volatilität der hinter einer bestimmten Tauschmittelmenge stehenden realen Kaufkraft.

[255] Vgl. Terres (1999), S. 309.
[256] S. Greenfield und Yeager (1983), S. 312.
[257] Diese bestehen neben monetären auch aus nicht monetären Erträgen. Nichtpekuniäre Erträge können in liquiditätsbedingter größerer Marktgängigkeit, Sicherstellung von Anonymitätspräferenzen bei Bargeldzahlungen und allgemein einem Abbau an Unsicherheit gesehen werden. Letzterer macht sich darin bemerkbar, daß Sicherheit über die Zahlungskraft des Tauschpartners besteht, die Einheit der vereinbarten Zahlung klar ist und daß die Übertragung des geforderten Betrages sichergestellt ist.
[258] Vgl. Terres (1999), S. 291ff.

Zudem muß hinter jedem Vermögenstitel letztlich ein Teil des Außenfinanzierungsbe-
darfs bestimmter Unternehmen und hinter dessen Preis die auf die Gegenwart abdiskontierten künftigen Ertragserwartungen gesehen werden. Den Außenfinanzierungs-
bedarf bestimmter (nichtmonetärer) Unternehmen aber als Basis für ein volkswirtschaftliches Tauschmedium zu nehmen, hieße nicht nur über volatile leistungswirtschaftliche Ertragserwartungen dessen realer Kauftkraftentwicklung ein weiteres
Moment der Unwägbarkeit beizusteuern, sondern in ordnungspolitisch untragbarer
Weise die Kapitalkosten bestimmter Unternehmen (willkürlich) zu reduzieren.[259] Auch
bleibt offen, wie der erhobene Anspruch, das Tauschmittelangebot habe sich besser
nominal an die Tauschmittelnachfrage anzupassen, denn überhaupt Realität werden
kann, wenn das Tauschmittelangebot als Ausfluß amonetärer unternehmerischer Inve-
stitions- und Finanzierungsentscheidungen aufzufassen ist.

5.5 DISKUSSION

Die Freigeldbewegung zielt darauf ab, die von anderen Märkten her bekannten wohl-
tätigen Wirkungen eigeninteressierter Tauschgeschäfte in einem wettbewerblichen
Umfeld für den monetären Sektor der Volkswirtschaft herzuleiten. Sämtliche Vertreter
der Freigeldbewegung gehen von der prinzipiellen Funktionsfähigkeit und Überlegenheit einer privatwirtschaftlichen Geldordnung gegenüber einem zweistufigen System
mit staatlicher Steuerung des Basisgeldangebots aus.

Die wissenschaftliche Diskussion hat jedoch ergeben, daß die Gedanken der New
Monetary Economics zwar ein interessantes theoretisches Konstrukt liefern, welches
jedoch nur unzureichende Realitätsnähe besitzt. Demgegenüber steht die prinzipielle
Funktionsfähigkeit einer goldkonvertiblen Wettbewerbsordnung und eines Systems
Hayekscher Währungskonkurrenz nicht in Frage. Dennoch muß mit Terres festgehalten werden: „Die auf historischen Erfahrungen gestützte Annahme von Vertretern des
Free Banking, daß sich in einer wettbewerblichen Geldordnung ein in Gold konverti-
bles wettbewerbliches Geldsystem entwickeln werde, muß angesichts des evolutionären Charakters der Institution Geld als Anmaßung von Wissen interpretiert werden."[260]

Feldsieper legt für den Zeitraum von 1878 bis 1997 dar, daß der reale Goldwert in
kurzer und mittlerer Sicht erheblichen Schwankungen unterlag und nur in der ganz

---

[259] Diese Reduktion würde sich ergeben, weil den zahlungsverkehrsgängigen Titeln eine monetär
motivierte Grundnachfrage garantiert würde. Selbst Vermögenstitel, die einen Index repräsentieren
(aber mit welchen Titeln und welchen Gewichten?), berücksichtigen dann immernoch keine Unternehmen, deren externe Finanzierung unverbrieft stattfindet. Auch die Korrespondenz des
Wachstums des Index mit der Geldnachfrage kann als fragwürdig eingestuft werden.
[260] S. Terres (1999), S. 351.

langen Frist ein geeignetes Instrument der Wertsicherung war. Phasen seiner (nachhaltigen) Entwertung dauerten bisweilen Jahrzehnte an.[261]

Schließlich bleibt einzuwenden, daß eine Kopplung von Kaufkraft- und Goldpreisentwicklung den Stabilitätspräferenzen der Geldverwender dann nicht gerecht wird, wenn diese sich, was als realistisch anzunehmen ist, bereits auf die kurze und mittlere Sicht beziehen.[262]

Einer weitergehenden Bewertung werden der Gedanke eigenkapitalähnlicher Zahlungsmittel und die Hayeksche Währungsordnung als verbleibende prinzipielle „Systemalternativen" unterzogen.

5.5.1 Eigenkapitalähnliche Zahlungsmittel

Der Idee eigenkapitalähnlicher Zahlungsmittel, wie sie im Real-Asset-Standard und von Vertretern der New Monetary Economics vorgeschlagen werden, steht die Problematik potentiell mangelnder Akzeptanz aufgrund divergierender Risikopräferenzen bei den Geldverwendern gegenüber.[263] Die Schlagkraft dieses Einwandes ließe sich noch erhärten, wenn berücksichtigt wird, daß eine durch nachträgliche Umschichtungen angestrebte präferenzadäquate Aufteilung der Risikopositionen in jedem Falle mit erheblichen Transaktions- und Informationskosten verbunden ist: Jeder Entscheidungsträger müßte sich permanent darüber im klaren sein, welche Deposite mit welchem Risikograd er zu akzeptieren bereit ist bzw. welche Reallozierungen durchzuführen sind, damit sein Geld die von ihm individuell gewünschte Qualität besitzt.

Diese Sichtweise übersieht jedoch, daß auch fremdkapitalähnliches Geld gegen die Risikopräferenzen von Geldnachfragern verstößt. Vorstellbar wäre, daß die am Kapitalmarkt gehandelte Risikoprämie hoch genug ist, um die risikobedingten Nutzeneinbußen der einen Hälfte der Geldnachfrager überzukompensieren, während bei der anderen Hälfte die risikobedingten Nutzeneinbußen dominieren. Hieraus ließe sich zunächst einmal nur die theoretische Offenheit des optimalen Geldcharakters folgern. Aus folgenden drei Gründen kann man jedoch erwarten, daß sich eine fremdkapitalähnliche Deposite auch weiterhin als das allseits präferierte Geldmedium behaupten wird:

---

[261] Vgl. Feldsieper (1998), S. 313-318.

[262] Jede Geldtechnologie mit kürzerem (präferenzgerechterem) Steuerungs- bzw. Stabilisierungshorizont wäre dann unter den Bedingungen des freien Wettbewerbs einem konvertibilitätsbasierten Goldstandard überlegen.

[263] Diese Kritik an eigenkapitalähnlichen Zahlungsmitteln wird von Seiche (1997), S. 122 und Terres (1999), S. 208 ins Feld geführt.

Nach dem CAPM werden Wirtschaftssubjekte nur im Extremfall ihr Geldvermögen ausschließlich riskant oder ausschließlich risikolos veranlagen wollen; im Normalfall hingegen eine präferenzadäquate gewichtete Mischung aus sicherer Anlage und unsicherem Marktportefeuille vornehmen. Die Kassenhaltung in Depositen[264] kann dann als Bestandteil eines optimierten Gesamtportefeuilles verstanden werden.

Zum anderen muß die Existenz inhomogener Erwartungen als realistisch und evolutionär eufunktional konzediert werden. Die Risiko- und Ertragscharakteristik einer Deposite würde damit aber letztlich zu einer subjektiven Erwartungsgröße. Es mag vorkommen, daß, obwohl zwei Wirtschaftssubjekte die am Kapitalmarkt in Aussicht gestellte Risikoprämie als befriedigend empfinden, nicht bereit sind, die riskante Deposite des anderen unmittelbar als Zahlung entgegenzunehmen. Die riskante Deposite kann aus Sicht des Zahlungsempfängers als der eigenen Wohlfahrt abträglich erscheinen, weil sie als auf die falschen Erwartungen konditioniert wahrgenommen wird.[265] Risikolose Depositen können dann als eine Institution aufgefaßt werden, die gewährleistet, daß die Zusammensetzung des individuell für optimal erachteten Geldvermögens zu minimalen Kosten bewerkstelligt werden kann. Denn eine identische Risikoeinstellung zweier Entscheidungsträger begründet keineswegs auch eine identische Risikoeinschätzung.

Schließlich besteht die Möglichkeit, daß sich die Artikulation von Risikopräferenzen vor allem auf die mittlere und lange Frist bezieht. In diesem Fall wären Zahlungsmittel als Spekulationsgegenstand ungeeignet bzw. unerwünscht. Unerwünschte kurzfristige Abweichungen von einem gewünschten intertemporalen Ausgleich des Grenznutzens des Konsums könnten insofern in Zusammenhang mit hohen Transaktionskosten der Illiquidität einen generellen Trend zur Risikolosigkeit des Geldes verstärken. Kurzfristige individuelle Konsumpläne wären ansonsten einem (unberechenbaren) ständigen kostenträchtigen Revisions- und Modifikationszwang unterworfen. Aus diesen Überlegungen folgt mit anderen Worten, daß sich eigenkapitalähnliche Zahlungsmittel letztlich auch unter Risikoneutralität der Entscheidungsträger nicht am Markt durchsetzen könnten.

Stellt man eine gedankliche Verbindung zu dem Modell von Diamond her, dann läßt sich abweichend von seinen Hypothesen feststellen, daß der Standardkreditvertrag in der Spielart eines Depositenvertrages keineswegs auf seine Rolle als Anreiz- und Kontrollinstrument der Sparer gegenüber dem potentiell defektierenden Intermediär zu

---

[264] Nutzeneinbußen aufgrund niedrigerer Verzinsung gegenüber anderen sicheren Zahlungsanwartschaften wie Staatsanleihen werden durch Liquiditätsgewinne aufgefangen.

[265] Bei der für Finanzmarktpreisen üblichen volatilen Preisentwicklung könnte der Eingang „falscher" Depositen möglicherweise schon zu erheblichen Wohlfahrtseinbußen führen, bevor überhaupt eine Weiterveräußerung derselben gelingt.

reduzieren ist. Der klassische Depositenvertrag ist vielmehr als diejenige Geldform aufzufassen, die selbst bei Abwesenheit opportunistischer Verhaltensanreize in der Lage ist, die durch wechselseitig vorteilhafte Spezialisierungs- und Tauschbeziehungen generierten Wohlfahrtsgewinne zu minimalen Kosten zu organisieren.

5.5.2 Parallelemissionen

Dem Hayekschen Modell der Währungskonkurrenz kann ob seiner prinzipiellen Funktionsweise eine relative Überlegenheit gegenüber den Geldsystemen von Vertretern des Free Banking und der New Monetary Economics nicht abgesprochen werden.

Staatliche Regulierungen müssen sich vor dem Verdacht behaupten, nicht wie eine bloße Umverteilung weg von der Mehrheit hin zu einer gut organisierten Minderheit - wie sie Interessengruppen darstellen – zu wirken. Sind sie über einen solchen Verdacht nicht erhaben, gehen von ihnen marktinkonforme Anreizwirkungen aus, die Innovationen und Evolutionen hemmen.[266]

Es steht damit die Frage im Raum, ob der vollständigen Durchsetzung des Wettbewerbsgedankens im Geldwesen allein politische Regelmechanismen entgegenstehen. Hayek kommt der Verdienst zu, aufgezeigt zu haben, daß eine wettbewerbliche Geldordnung nicht die Wiederauflage eines warengeldbasierten Standards bedeuten muß. Auch würde die Erzielung stabilitätswidriger Seignioragegewinne sowie die Steuerung makroökonomischer Variablen dem Eigeninteresse von Geldanbietern und Geldnachfragern widersprechen. Ein durch schamlosen fiskalischen Mißbrauch, Globalsteuerungsutopien oder auch nur pure Unwissenheit motiviertes präferenzfremdes Geldangebot wäre in einer wettbewerblichen Geldordnung undenkbar oder jedenfalls unmittelbarer durch den Markt sanktionierbar. Schlechte Emittenten werden im Rahmen der marktlichen Evolution selektiert, sofern sie nicht frühzeitig auf Marktsignale, d. h. auf Abwertungen an der Umlaufmittelbörse oder Kaufkraftentwertungen, adäquat reagieren.

Warum es Hayeks Vision dennoch an Überzeugungskraft mangelt, soll im folgenden erörtert werden. Issing stellt fest: „Hayek´s privatisation proposal would, initially at least, involve a multiplicity of privately issued moneys. If these failed to trade at par, which ist not unlikely given that financial health of the different issuers is likely to be different, then it is also likely that a multiplicity of exchange rates will also emerge between these privately issued currencies."[267]

---

[266] Vgl. Terres (1999), S. 358f.
[267] S. Issing (1999), S. 10.

An dieser Stelle kann in der Tat ein Schwachpunkt in der Analyse von Hayek gesehen
werden. Die Gleichsetzung einer wettbewerblichen Geldordnung mit der Existenz
einer Vielzahl unterschiedlicher und gegeneinander handelbarer Währungen ist zwar
vor dem Hintergrund einer Skepsis gegenüber der Effizienz zentraler Planung und der
vorrangigen Fokussierung auf das Ziel der Geldwertstabilität verständlich.[268] Sie übersieht und unterschätzt aber die vom Eigeninteresse der monetären Entscheidungsträger
getriebene marktliche Evolutorik. In dieser Hinsicht ist darauf hinzuweisen, daß die
Abwesenheit einer einheitlichen monetären Sprache die Qualität der Kommunikation
in der finanziellen Sphäre verschlechtert. Nur ist die Schlußfolgerung, daß sich hierin
der Charakter der Recheneinheit als öffentliches Gut offenbare[269], als ein wenig vorschnell anzusehen.

5.5.2.1 Der Wechselkurs als Indikator für die Qualität einer Geldemission

Basierend auf dem Gedanken eines einheitlichen Preises für international handelbare
Güter könnte eine stabilitätsinkonforme Geldpolitik durch nominelle Abwertungen
gegenüber stabileren Währungen identifiziert werden. Diese wären notwendig, um ein
internationales Gleichgewicht auf den Gütermärkten zu gewährleisten. Denn würde die
Währung mit der höheren Kaufkraftentwertung nicht abwerten, wäre der Preis für
Güter ausgedrückt in derselben Währung an verschiedenen Orten unterschiedlich hoch
und gewinnbringende risikolose Arbitrage wäre möglich.

Unterstellt man der Einfachheit halber die Handelbarkeit aller Güter, die Abwesenheit
von Transaktionskosten und identische Referenzwarenkörbe bzw. Verbrauchsgewohnheiten, dann müßte der nominale Wechselkurs gemäß der Kaufkraftparitätentheorie
dynamisch gesehen gerade das Inflationsgefälle zwischen zwei Währungen auffangen
bzw. die rein monetär bedingten Preisunterschiede über gleichgewichtige Arbitrageprozesse neutralisieren.

In dieser Hinsicht wäre der Wechselkurs ein treffsicherer Indikator, um unter den
verschiedenen Währungen die Spreu vom Weizen zu trennen. Interpretiert man das
Preisniveau $P_t^{a,b}$ im weiteren Sinne als Preis für Gegenwartskonsum, ausgedrückt in
den Währungen a und b, so gilt für den arbitragefreien Wechselkurs e^*, der zugleich
die Kaufkraftparität ausdrückt, in statischer Sicht: $e_t^* = \dfrac{P_t^a}{P_t^b}$ und für seine gleichgewichtige Veränderungsrate g_{e^*} in dynamischer Betrachtung[270]: $g_{e^*} = g_{P^a} - g_{P^b}$.

[268] Vgl. White (1999), S. 117f.
[269] Vgl. Issing (1999), S. 11ff.
[270] In dieser Striktheit trifft die dynamische Relation jedoch nur dann zu, wenn zum Ausgangszeit-
punkt bereits Kaufkraftparität gegolten hat. In der Realität ist diese aber zu einem konkreten Zeit-

Die Indikatorqualität wird auch nicht dadurch prinzipiell in Frage gestellt, daß die Kaufkraftentwertung einer Währung nur eine zeitlich verzögerte Reaktion auf eine zu expansive Geld- und Kreditpolitik darstellt. Der durch die übermäßige monetäre Expansion entstehende Liquiditätsüberhang führt c. p. zeitlich unverzögert zu sinkenden Geldmarktzinsen. Diese Zinssenkungstendenz läßt Kapitalbewegungen aus dieser Währung heraus entstehen, so daß sie sich bereits vor Eintritt von meßbaren Inflationswirkungen abwertet. In dieser Hinsicht kann das Profil von Kapitalströmen die monetäre Signalwirkung von Wechselkursbewegungen gewissermaßen vervollkommenen.

Allerdings lassen sich Kapitalströme nicht auf ihre Eigenheit reduzieren, reflexartig eine schlechte Geldpolitik indizieren zu können. Dies wird dann besonders deutlich, wenn man Wechselkursbewegungen beobachtet, denen weder kumulierte Inflationsdifferenzen noch erwartete monetäre Destabilisierungen zugeordnet werden können.

Kapitalbewegungen (weitgehend) amonetären Ursprungs können vielmehr als Ausdruck der Tatsache verstanden werden, daß der internationale Preisausgleich (law of one price) nicht nur für Gegenwartskonsum, sondern auch für Zukunftskonsum Gültigkeit besitzt. Der Preis für Zukunftskonsum bestimmt sich in einer zweiperiodigen zeitdiskreten Betrachtung nach $\dfrac{P_{t+1}}{1+\tilde{r}}$, d. h. er fällt mit der realen Wertentwicklung von Ersparnissen. Er hängt damit von der (risikoadjustierten) Verzinsung ab, die ihrerseits Abbild der volkswirtschaftlichen Grenzleistungsfähigkeit des Kapitals ist. Identische Preise für Zukunftskonsum ausgedrückt in einer Währung herrschen, falls

$$\frac{P^a_{t+1}}{1+\tilde{r}^a} = \frac{P^b_{t+1}}{1+\tilde{r}^b} \cdot e^*_{t+1} \quad \text{erfüllt ist.}$$

Auf die Grenzleistungsfähigkeit des Kapitals und die gesamtwirtschaftliche Produktivitätsentwicklung können Geldemittenten nur partiell einwirken. Das Wachstum des Produktionspotenzials hängt darüber hinaus von den gesamten wirtschaftlichen, regulatorischen, politischen, sozialen und kulturellen Rahmenbedingungen ab. Weiterhin können divergierende gesamtwirtschaftliche Entwicklungen zwischen politisch und wirtschaftlich nur unbedeutend interagierenden Wirtschaftsregionen als Erfahrungstatbestand aufgefaßt werden, der eine unterschiedliche Diskontierung des Zukunftskonsums überhaupt erst rechtfertigen mag.[271] Denn aus einzelwirtschaftlicher Sicht wäre

---

punkt im Zweifel nicht gegeben, so daß noch Anpassungsprozesse aus Vorperioden nachwirken können.

[271] In der jüngsten Wechselkursforschung ist die Verwendung von Realzinsdifferenzen unter der Bedingung der ungedeckten Zinsparität gebräuchlich. Für einen Überblick vgl. EZB (11/00), S. 36f.

zunächst unbegründbar, warum Schuldner derselben Bonität auf informationseffizienten Märkten unterschiedliche Kapitalkosten zu tragen hätten.

Auf aggregierter Ebene hingegen wirken auf die Grenzleistungsfähigkeit des Kapitals die genannten institutionellen Rahmenbedingungen voll ein. Diese weisen jedoch nur begrenzt „handelbaren" Charakter auf. Denn wenn überhaupt dürften sich diese nur mit größeren Zeitverzögerungen aufgrund von Unwägbarkeiten des politisches Prozesses und aufgrund von eher langwierigen institutionellen Lernprozessen, die zudem auf eine andere Umwelt mit differentiellen Randbedingungen zu adaptieren sind, einander angleichen. Auch ein entsprechend höheres internationales Kapitalangebot dürfte trotz sich einstellender Sättigungseffekte nicht in der Lage sein, die strukturelle Dimension unterschiedlicher aggregierter Wirtschaftsdynamiken umgehend von heute auf morgen zu neutralisieren. Eher könnte auch eine gewisse die Produktivitätsdifferenzen konservierende Eigendynamik angestoßen werden, wenn bspw. Lerneffekte berücksichtigt werden, die das Aufspüren immer neuer attraktiver Kapitalverwendungsmöglichkeiten in der Zukunft via Netzwerkprozesse begünstigen.

Für die Beurteilung der Wertentwicklung von Ersparnissen, insbesondere wenn auch riskante Anwartschaften in das Portefeuille aufgenommen werden, müssen die Marktteilnehmer Erwartungen bilden, die ein unstetes Element in den Preisausgleich hineintragen.

Anders als beim Gegenwartskonsum wird der Wechselkurs beim zukunftsgerichteten Preisausgleich damit gleichzeitig zum Transmissionsriemen, auf den sich die für Finanzmarktpreise typische Volatilität überträgt.[272] Mit anderen Worten, der gleichgewichtige Wechselkursprozess wird bei Berücksichtigung von Vermögenspreisarbitrage zu einer Zufallsvariablen:

$$\widetilde{e}_{t+1}^{*} = \frac{P_{t+1}^{a}}{P_{t+1}^{b}} \cdot \frac{1+\widetilde{r}^{b}}{1+\widetilde{r}^{a}} = \frac{P_{t}^{a}}{P_{t}^{b}} \cdot \frac{1+\widetilde{r}^{b}}{1+\widetilde{r}^{a}} = \frac{P^{a}}{P^{b}} \cdot \frac{1+\widetilde{r}^{b}}{1+\widetilde{r}^{a}},$$

Die Eigenschaften der Zufallsvariablen werden neben den Preisniveaus von den Verteilungen der (gesamtwirtschaftlichen) Renditeprozesse gesteuert. Die Marktteilnehmer werden wiederum mit dem Eintreffen neuer Informationen darauf abgestimmte Erwartungen bilden.

---

[272] Dieser Gesichtspunkt könnte für die Erklärung von Wechselkursschwankungen wegen der wachsenden Bedeutung grenzüberschreitenden Handels mit Eigenkapitaltiteln an Relevanz gewinnen. Während der Wirkungszusammenhang zwischen Preisbewegungen auf den Aktienmärkten und denjenigen auf den Devisenmärkten im Zeitablauf variabler Natur ist, gibt es für einen Gleichlauf der Volatilitäten deutliche empirische Hinweise. Vgl. Bernard u. Galati (2000), S. 31-34.

Abbildung 6: Volatile Preisbildung auf Devisenmärkten

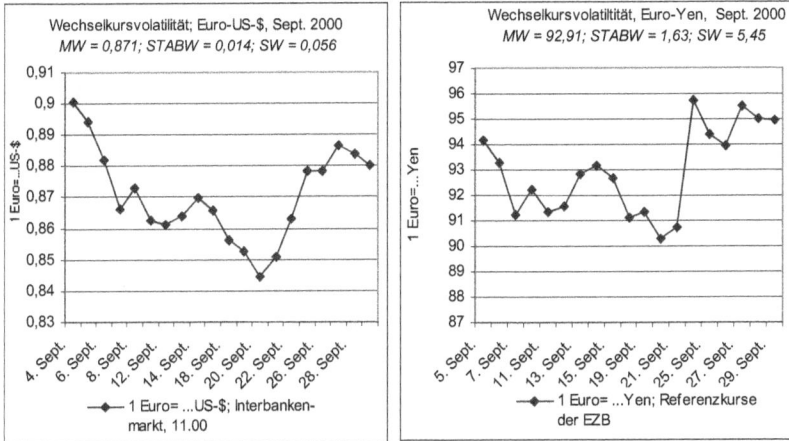

Quelle: Deutsche Bundesbank (2000a), eigene Berechnungen und Darstellung

Dieser Umstand ist auch in Abb. 6 zu erkennen. Diese zeigt für den Monat September 2000 die tägliche Wechselkursentwicklung des Euros zum US-$ und diejenige des Euros zum Yen unter Angabe der Volatilität (STABW), des Mittelwertes (MW) und der Spannweite (SW) auf.

Wechselkursänderungen sind selbst dann zu erwarten, wenn unterschiedliche Geldentwertungen nicht beobachtbar sind bzw. Erwartungen über unterschiedliche Geldentwertungsraten praktisch nicht existieren.

Die Währung eines Wirtschaftsraumes hat in *t+1* einen um so stärker von der Kaufkraftparität nach unten abweichenden nominalen *und* realen Wechselkurs, je geringer dort die Produktivität des eingesetzten Kapitals im Vergleich zu dem des anderen Währungsraumes eingeschätzt wird, d. h. desto komparativ teurer dort der Zukunftskonsum vor der durch den Wechselkurs wiederhergestellten Preisidentität ist.

Im Endeffekt führen Produktivitätsdifferenzen gekoppelt mit volatilen Erwartungen dazu, daß strikt kaufkraftparitätisch orientierte Wechselkursprognosen an Validität und Reliabilität einbüßen. Die Abnahme der Prognosequalität ist um so höher, je divergierender die Wirtschaftspolitiken sind, je geringer die leistungswirtschaftliche Verflechtung zwischen den Regionen ist[273] und je bedeutender gleichzeitig die Kapital-

---

[273] Im umgekehrten Fall einer hohen Verflechtung wäre ansonsten ein enger Konjunktur- und Wachstumsverbund zu erwarten. So konnten in der europäischen Währungsgeschichte nach der Aufgabe des Systems von Bretton Woods, Wechselkursanpassungen überwiegend auf unterschiedliche monetäre Stabilisierungserfolge zurückgeführt werden. Im Unterschied dazu ist die

ströme sind. Der Wechselkurs gleicht gewissermaßen einem Pendel, der ggf. zwei unterschiedliche Arbitrageprozesse auszubalancieren hat. In dem Maße aber wie der Anpassungsdruck auf den nominellen Wechselkurs aus der Perspektive der Kaufkraftarbitrage ein anderes Ausmaß oder sogar ein anderes Vorzeichen besitzt als derjenige, der aus der Arbitrage in Erwartungen resultiert, bildet sich der Wechselkurs in einem Spannungsfeld zweier unterschiedlicher Pole.[274] Aus der Perspektive der Arbitrage in Erwartungen sind zudem nominelle Wechselkursbewegungen immer auch gleichzeitig reale Wechselkursanpassungen.

Letztlich verlieren die Arbitrageprozesse in ihren jeweiligen Teilsphären Gegenwartsund Zukunftskonsum an Präzision. In einer Währungsunion bzw. einem Währungssystem mit Einlöseversprechen kleinerer Emittenten entfiele dagegen die Last eines solchen potentiellen Arbitragedilemmas.[275]

Würden auf den Wechselkurs nicht immer auch gleichzeitig intertemporale Optimierungsentscheidungen ruhen, würde jede nicht meßtechnisch[276] begründbare Abweichung von der Kaufkraftparität[277] den Rang einer Marktpathologie erhalten, die die Wettbewerbsfähigkeit einer Währungsregion im Ausmaß dieser Abweichung künstlich erhöhte oder verringerte und damit ähnlich verzerrend auf die (internationale) Arbeitsteilung wirkte wie (nicht-) tarifäre Handelshemmnisse.[278]

Wechselkursentwicklung des Euro zum US$ insbesondere vor dem Hintergrund unterschiedlicher Wachstumsniveaus oder divergierender internationaler Verschuldungszyklen zu sehen.

[274] Ein gleichgewichtiger Wechselkurs ist mit der Integration intertemporaler Arbitrageüberlegungen streng genommen nicht mehr klar definierbar. Denn die Dispositionen am Devisenmarkt sind zumindest partiell immer auch durch die Erwartungen über die künftige Wertentwicklung von Vermögenstiteln gesteuert. Da hier eine homogene Erwartungsbildung als unrealistisch verworfen werden kann, käme das Urteil über ein etwaiges „misalignment" schnell einer Anmaßung von Wissen gleich. Es würde voraussetzen, daß das Urteil einzelner korrekter ist als die insgesamt am Markt verarbeiteten Informationen.

[275] Schulmeister (2000a) vermutet, daß die beim US$ beobachtbaren Abweichungen von der Kaufkraftparität gemessen an ihrem Niveau und ihren Schwankungen deshalb besonders groß sind, weil sie in ihrer Eigenschaft als Schlüsselwährung auch als Vehikelwährung im Devisenhandel fungiert. Dagegen wäre einzuwenden, daß die Größe eines Leitwährungsraum technisch gesehen mit einem geringen außenwirtschaftlichen Offenheitsgrad einhergeht. Allein dieser führt bereits dazu, daß bei der Preisbildung an den Devisenmärkten intertemporale Arbitrageüberlegungen an Bedeutung gewinnen, was per se den Charakter des Wechselkurses als (volatileren) Vermögenspreistransmissionsriemen begründen würde.

[276] Zu den statistischen Schätzschwierigkeiten bei der Inflationsmessung vgl. Johannes Hoffmann (1998). Daneben könnten sich kaufkraftparitätisch rechtfertigbare Abweichungen auch noch durch unterschiedliche Warenkörbe und die Berücksichtigung nichthandelbarer Güter ergeben.

[277] Abweichungen von der Kaufkraftparität bei handelbaren Gütern, die selbst auf mittlere Sicht noch auf der Konsumentenpreisebene zu beobachten sind, zählen Obstfeld und Rogoff (2000, S. 34ff.) zu den insgesamt sechs bedeutenden Rätseln im Forschungsbereich der Internationalen Makroökonomik.

[278] Daß wechselkursbedingte Änderungen der internationalen Preisstellung tatsächlich korrespondierende realwirtschaftliche Konsequenzen für die Wettbewerbsfähigkeit besitzen, wurde in einer neueren Untersuchung von Schulmeister dargelegt. Danach lag der Ecu/Euro Wechselkurs zum

Entgegen der Kaufkraftparitätentheorie läßt sich aber eine (Netto-) Aufwertung selbst dann rechtfertigen, wenn aus monetären Gründen eine Abwertung geboten erschiene. Dies wäre etwa solange der Fall, wie die Marktteilnehmer die wachstumsschädlichen Wirkungen einer komparativ mediokren Geldpolitik letztlich geringer werten als die vorteilhaften Wirkungen einer vergleichsweise überlegenen sonstigen Politik[279] und darüber hinaus die Inflationsdifferenz eher schwach ausgeprägt ist.[280]

Festzuhalten bleibt, daß der Wechselkurs als Indikator für die Performance von Geldemittenten an Qualität verliert, wenn der Preisausgleich für Zukunftskonsum in die Überlegungen mit eingeschlossen wird. Indirekt folgt hieraus weiterhin, daß amonetär begründete Preisverschiebungen am Devisenmarkt einen inflationären Druck entfalten können, der sich zudem der Verantwortbarkeit des Geldemittenten entzieht. Abwertungen sind deshalb u. U. selbst dann nur ein vordergründiges Indiz für eine schwache Geldpolitik, wenn mit ihnen gleichzeitig ein inflationärer Druck einhergeht.

5.5.2.2 Existenz parasitärer Geldarten

Hayek räumt ein, daß in einer konkurrenzwirtschaftlichen Geldordnung keineswegs jede Bank eigenes Noten- und Giralgeld schaffen könne oder auch nur wolle. Von Interesse ist für ihn vor allem die Frage, „inwieweit das unvermeidliche Auftreten von – wie man sagen könnte – parasitären Geldarten, d. h. von einem pyramidenartigen Überbau von Scheckguthaben oder sogar Noten anderer Banken in der Benennung derjenigen des Primäremittenten auf die ihm zur Verfügung stehenden Kontrollmöglichkeiten des Wertes seines eigenen Geldes Einfluß hätte."[281] Diese Frage hält er für

---

Dollar zwischen 1987 und 1999 im Durchschnitt 32,6% über der Kaufkraftparität für handelbare Güter. In diesem Zeitraum sank der europäische Anteil an den Gesamtexporten der Triade (EU; USA, Japan) von 68,4 auf 63,2%, während derjenige der USA von 19,1 auf 26,0% anstieg. Marktanteilsgewinne können neben („unfairen") Wechselkurseffekten aber auch auf unterschiedliche Innovationsdynamiken zurückzuführen sein. Vgl. Schulmeister (2000b), S. 497ff. Schließlich wären Wechselkurseffekte kompensierende Ausgleichsmaßnahmen auf unternehmerischer Ebene durchführbar: Verringerung der Margen, Verlagerung des Produktionsstandorts und/oder Produktivitätserhöhungen.
[279] Hierzu zählen etwa geringe Steuerbelastungen, Technologiefreundlichkeit, marktkonformere Subventionen und ordnungspolitisch geeignete Systeme der Innovationsfinanzierung.
[280] Insofern werden hier Abweichungen von der Kaufkraftparität weder per se als Marktstörung aufgefaßt noch sie als Tribut an eine immer (willkürlich?) definierte Erfodernisse eines externen Gleichgewichts einer Volkswirtschaft zu verstehen. So wird etwa argumentiert (Clark/Mac Donald 1999), es gebe eine gewünschte Nettovermögensposition gegenüber anderen Währungsräumen, die ggf. nur durch einen gleichgewichtigen von der Kaufkraftparität abweichenden Wechselkurs dauerhaft tragbar erscheine.
[281] S. Hayek (1977a), S. 51.

„das ernsthafteste Problem, das der Vorschlag aufwirft"[282] sowie für schwierig und möglicherweise nicht eindeutig beantwortbar.

Zu den Voraussetzungen für die Unbedenklichkeit solcher „Schmarotzer-Emissionen" zählt er in jedem Fall die Sicherung der Markenschutz- und Warenzeichenrechte des Primäremittenten sowie dessen strikte Disziplin[283], nicht beliebige (Über-) Emissionen von Sekundäremittenten zu decken. Mit einer solchen Markt- bzw. monetären Stabilitätsdisziplin können dann auch Konkurse einzelner Banken einhergehen.

Hayek vermutet deshalb, daß eine derartige Disziplin den Sekundäremittenten mehr oder weniger dazu zwingen wird, „eine nahezu 'hundertprozentige Reserve' ('100 per cent banking') zu halten."[284] Ungedeckte parasitäre Emissionen sollten dann seiner Meinung nach nur noch in begrenztem Umfang möglich sein, wobei auch deren Wert durch eine geeignete Politik sicherzustellen ist.

Im Rahmen seiner geldtheoretischen Abhandlung nimmt die Erörterung dieser Fragestellung allerdings einen untergeordneten Rang an. Bereits die gewählten Titel seiner Schriften[285] und die Wortwahl im relevanten Unterabschnitt (Hayek, 1977) lassen darauf schließen, daß er die Existenz von „Schmarotzer-Emissionen" zwar erwartet, in ihnen aber mehr ein zu neutralisierendes Übel als den wünschenswerten funktionalen Kern einer Privatgeldordnung sieht. Dafür spricht auch die Art der (vermeintlich) anzustrebenden Neutralisierung des expansiven monetären Drucks von Sekundäremissionen über eine nahezu hundertprozentige Reservehaltung.

Sowohl die Gleichsetzung einer privaten Geldordnung mit einem Hayekschen System *konkurrierender* Umlaufsmittel[286] als auch die Wahrnehmung von etwaigen Sekundäremissionen als dysfunktional sind dabei bis heute charakteristisch für einen Großteil der wissenschaftlichen Diskussion: „Insgesamt betrachtet, müssen die – wenngleich etwas skeptischen - Vorhersagen Hayeks zu den Auswirkungen von „Schmarotzer-Emissionen", besonders zu den mit ihnen verbundenen Einschränkungen im Hinblick auf die Geldwert-Stabilisierung, noch als viel zu optimistisch eingestuft werden."[287]

---

[282] S. ebd., S. 52.

[283] Im Unterschied zu vielen staatlichen Basisgeldemittenten, die dem ständigen Druck nach billigerem Geld allzu oft nachgaben und damit die Gewalt über die Gesamtgeldmenge aus den Händen verloren.

[284] S. ebd. S. 53.

[285] Hayek (1976): Choice in Currency: A Way to Stop Inflation bzw. Hayek (1977a): Entnationalisierung des Geldes: eine Analyse der Theorie und Praxis konkurrierender Umlaufsmittel.

[286] Vgl. Issing (2000), S. 18.

[287] S. Pool (1998), S. 160. Demnach würden Sekundäremissionen den Bremsweg einer restriktiven Politik dermaßen verlängern, daß dem Primäremittenten nur noch eine unzureichende Steuerung des Geldwertes gelingen könnte.

5.6 ALTERNATIVEN UND SCHLUßFOLGERUNGEN FÜR DIE GELDTHEORIE

5.6.1 Parallel- oder Sekundäremissionen: Mikroökonomische Argumente

Die skeptische Rezeption parasitärer Geldarten verstellt jedoch den Blick auf die eine funktionsfähige Geldordnung tragenden einzelwirtschaftlichen Kalküle von Geldemittenten und Geldverwendern. Vor diesem Hintergrund ist aufzuzeigen, inwiefern Hayeks Währungswelt besser als Gedankenkonstrukt einer potentiellen Alternativgeldordnung verstanden werden sollte.

Für die Begebenheiten der realen Welt wird umgekehrt dargelegt, daß sie allseitig vermutlich von vornherein als dem individuellen Nutzenstreben abträglich wahrgenommen würde und sie sich so nicht einmal übergangsweise einstellen würde bzw. könnte. Hierzu wird zunächst erörtert, welche Faktoren in das Gewinnmaximierungskalkül der Banken einzubeziehen sind. Unterstellt man jedem Institut das Bestreben, seinen realen Geldschöpfungsgewinn zu maximieren, lautet die Kernfrage: Wird der Geldschöpfungsgewinn über die Emission einer eigenen konvertiblen Währung gekoppelt mit einem Wechselkursversprechen gegenüber der führenden Währung (Primäremission) oder durch eine unwiderrufliche Einlösegarantie des Buchgeldes und ggf. auch Bargeldes in das (private) Leitmedium (Sekundäremission) maximiert?

Nur der dominante Emittent wird den Geldnachfragern ein Medium anbieten können, mit dem die meisten, wenn nicht alle Güter und Finanzaktiva in seinem Wirkungskreis denominiert werden. Denn es kann als wenig wahrscheinlich angesehen werden, daß Händler geneigt sind, ihre Produkte jederzeit in allen irgendwo existierenden und noch so wenig verbreiteten Währungen nach Maßgabe der aktuellen Wechselkurse auszuzeichnen. Hierin besteht ein Technologievorteil für den führenden Emittenten. Ob kleinere Banken überhaupt noch ein ökonomisches Interesse haben, eine eigene Währung zu emittieren, muß vor allem dann als fraglich angesehen werden, wenn das Stabilitätsversprechen der Währung des dominierenden Emittenten nicht angezweifelt werden kann.

Ein eigenes Geldangebot kleiner Emittenten würde potentiellen Nachfragern zusätzliche Transaktionskosten[288] und ein systematisches (Wechselkurs-)Risiko zur Last le-

---

[288] Diese entstehen durch zusätzliche Rechenkosten, falls die Güter und Finanztitel vor allem in dem dominanten Tauschmittler ausgezeichnet werden. Aber auch wenn eine Mehrfachauszeichnung stattfindet, wären häufiger neue Preisauszeichnungen notwendig, um Verschiebungen in den Wechselkursrelationen gerecht zu werden. Bei einer währungssegmentierten Kassenhaltung gehen zudem Pooling-Ersparnisse in der Kassenhaltung verloren. Weiterhin wird durch eine Währungssegmentierung die Liquidität der Teilmärkte verringert, was sowohl die Preisbildungsqualität des Handels mit anderen Währungen als auch die des Handels mit Gütern und Finanztiteln verringert.

gen. Selbst wenn die Emittenten einen festen Wechselkurs versprechen würden, wäre dies zunächst einmal eben nur ein Versprechen. Auf real existierenden Devisenmärkten zeigen Wechselkurse hingegen häufig eine ausgeprägt volatile Entwicklung, die sich zumindest partiell der Verantwortung des Emittenten entzieht.

Der kleine Emittent könnte über eine entsprechende Reservehaltung versuchen, die Preisbildung mit eigenen Tauschgeschäften (Interventionen) an der Umlaufmittelbörse zu glätten. Vorausgesetzt das dominante Tauschmedium weist bereits eine präferenzgerechte Stabilitätsentwicklung auf, kann der kleine Emittent jedoch systemimmanent nur eine riskantere und transaktionskostenreichere Stabilitätstechnologie für seine Währung anbieten. Dies berücksichtigend wird die Bank ihr mit großem Fixkostenanfall aufgebautes gesamtes Leistungsspektrum im Bereich Zahlungsverkehr[289] durch eine einlösebasierte Geldschöpfung vermutlich gewinnbringender auslasten können.

Um sich den institutsspezifisch maximal möglichen Anteil an der Befriedigung der gesamten Geldnachfrage zu sichern, würden Banken in einem solchen Szenario ein hundertprozentiges Einlöseversprechen ihres Buchgeldes der Emission einer Parallelwährung letztlich vorziehen. Dieser Fall gewinnt weiter an Überzeugungskraft, als es denkbar erscheint, daß die Kosten des Haltens an Währungsreserven bei einer wechselkursbezogenen Geldschöpfung sogar noch höher sind als die dann anfallenden Kosten des Haltens an Einlösereserven.

Der kritische Punkt in der Hayekschen Währungskonkurrenz kann folglich in der Vermutung gesehen werden, daß es für kleinere Emittenten sinnvoll sei, ein Wechselkursstabilisierungsversprechen gegenüber dem dominanten Tauschmittler abzugeben.

An dieser Stelle soll deshalb der Versuch unternommen werden, die Funktionsweise einer Währungsordnung zu skizzieren, in der kleinere Emittenten und auch die Mehrzahl der Nichtleitemittenten ein unwiderrufliches hundertprozentiges Einlöseversprechen abgeben. Es entstünde eine Geldordnung, die mit einem konvertibiliätsbasierten System starke Ähnlichkeiten aufweisen würde. Der Emittent des dominanten Tauschmediums wäre gewissermaßen eine sich im Wettbewerbsprozeß endogen herausbildende private Zentralbank, deren Geld das Einlösemedium und interbankmäßige Verrechnungsmedium konstituiert. Die übrigen Emittenten (Sekundäremittenten)

Arbitrageprozesse für Preise von Gegenwartskonsum als auch für Zukunftskonsum können hierdurch an Präzision verlieren.

[289] Hierunter kann die Attraktivität ihres Zweigstellennetzes, ihre Beratungskompetenz, die Sicherheit, Geschwindigkeit und Benutzerfreundlichkeit zunehmend EDV-basierter Buchungssysteme sowie letztlich die Qualität ihres Portfolios verstanden werden. Je besser eine Bank es versteht, ihre Mittel geeignet zu investieren, desto attraktiver kann sie die bei ihnen unterhaltenen Einlagen verzinsen.

bekämen ihr gleichgewichtiges Geldschöpfungsvolumen durch die entsprechenden Clearingsalden signalisiert:[290]

Betreibt eine (sekundäremittierende) Bank Buchgeldschöpfung über das durch ihre Wettbewerbsfähigkeit beschränkte Maß hinaus, dann emittiert sie Geld, dessen Existenz für die Abwicklung von Zahlungssequenzen nicht benötigt wird und dessen dauerhafter Umlauf vom Publikum unerwünscht ist. Es „strandet" letztlich als Verbindlichkeit auf den Verrechnungskonten anderer Intermediäre, auf denen es seine Zinsarmut verliert, weil diese kein ökonomisches Interesse an der Hortung zinsarmer Aktiva besitzen. Da mit dem Geld keine kaufkräftige Nachfrage entfaltet wird, bleiben inflationäre Impulse aus. Die Grenzkosten der Überemission sind größer als ihr Grenznutzen. Die negativen Verrechnungssalden sind Ausdruck der Tatsache, daß eine Bank ihr monetäres Stromgleichgewicht verletzt hat; den Liquiditätsabflüssen stehen keine entsprechenden Liquiditätszuflüsse gegenüber.[291] Die von der Bank im Wege der Monetisierung erworbenen aktivseitigen Anwartschaften[292] sind geringer als die ihr passivseitig entstehenden, da sie ihr Aktivgeschäft nicht wie geplant im Wege einer zinsarmen Geldschöpfung refinanzieren kann. Den im Wege der Überemission entstehenden Verrechnungssaldo muß sie vielmehr über Kredit von Überschußeinheiten zu den üblichen Geld- und Kapitalmarktkonditionen begleichen, so daß gewissermaßen eine natürliche Transformation des überemittierten Geldes in zinsreiche Geldkapitalansprüche anderer Banken stattfindet.

Die Wirksamkeit dieser Geldschöpfungsbremse ist sowohl in einem statischen als auch dynamischen Kontext gegeben. Bei gegebener relativer Produktivität der jeweiligen Geldtechnologien der verschiedenen Emittenten ändert sich nur das absolute Niveau des bankindividuell bereitgestellten Geldes, nicht aber der gleichgewichtige Anteil an der gesamten Geldmenge. Nur wenn sich die Performance einer Bankengruppe gegen-

---

[290] Im Grunde sind auch Geldsysteme mit staatlicher Basisgeldbereitstellung konvertibilitätsbasiert, da das Emissionsverhalten der Geschäftsbanken eine angemessene Basisgeldausstattung zur interbankmäßigen Verrechnung voraussetzt. Dieser Basisgeldbedarf würde auch in einer reinen Buchgeldwirtschaft nicht vollständig entfallen. Zwar entfällt die Notwendigkeit der Reservehaltung für eventuelle Einlösebegehren des Publikums, andererseits würde aber bei konstanter Geldmenge das Volumen an Buchgeld komplementär wachsen. Je größer das Buchgeldvolumen jedoch ist, desto größer ist auch die Streuung der Verrechnungssalden um ihren Erwartungswert und desto größer ist damit aus dieser Perspektive wiederum der Bedarf an Basisgeld. Von einer sinkenden Bargeldnachfrage des Publikums gehen mithin zwei unterschiedliche Effekte auf die Nachfrage nach Basisgeld aus.

[291] Es kann angenommen werden, daß bei kurzfristig gegebenem gesamtwirtschaftlichen Produktionspotenzial das Reservoir rentabler Investitionen begrenzt ist. Die Überemission einer Bank käme insofern einer Finanzierung unrentabler Verwendungen gleich, die sie aufgrund der hierdurch induzierten Zahlungsausfälle mit strukturell defizitären Verrechnungssalden konfrontiert.

[292] Bei der aktiven Geldschöpfung kommt es zu einer Monetisierung von nicht zur (inländischen) Geldmenge zählenden Finanzaktiva wie etwa Devisen, Kredite oder Wertpapiere.

über derjenigen anderer verbessert, vergrößert sich ihr gleichgewichtiges Geldschöpfungspotenzial absolut und relativ sowohl in statischer als auch dynamischer Sicht.

Die negativen Verrechnungssalden setzen eine überemittierende Bank aufgrund der mit ihr einhergehenden Kapitalkostenverteuerung unter Ertragsdruck. Dieser führt nicht unmittelbar zur Illiquidität, verschlechtert aber die Verzinsung der Eigenkapitalpositionen. Auch werden die Fremdkapitalpositionen zunehmend schlechter verzinst werden können, was der Aquisition neuen Kapitals bzw. den Absatzchancen des emittierten Geldes abträglich ist. Gleichzeitig vermittelt der sinkende Marktwert der Beteiligungsrechte Signale für gewinnträchtige Übernahme- und Fusionspotenziale auf dem Markt für Unternehmenskontrolle.

Sind die Einlagenbestände zudem durch entsprechende Systeme der Einlagensicherung geschützt[293], dann läßt sich weiter feststellen, daß die von schwachen Geldemittenten ausgehenden Kaufkraftentwertungsgefahren für kassehaltende Wirtschaftssubjekten minimal sind. Von Sekundäremittenten gehen weder Inflationsgefahren aus, noch kommt es zu ihrem sofortigen Konkurs bei Überemissionsverhalten. Stellt sich im „schlimmsten" Fall aber doch der Konkurs ein, sind die Geldhalter ggf. durch Einlagensicherungssysteme geschützt. In diesem multiplen Kaufkrafterhaltungsschutz für fremdkapitalähnliche Depositen kann ein weiterer Grund dafür gesehen werden, daß Geldnachfrager sich eher kleineren Emittenten mit Einlöseversprechen als solchen mit Wechselkursversprechen zuwenden werden.

Die private Zentralbank besäße das (bestreitbare) Privileg, gegenüber dem übrigen Bankensystem ein strukturelles Verrechnungsdefizit eingehen zu können und ggf. die Bargeldwünsche des Publikums zu erfüllen. Das Defizit ist mit anderen Worten als Basisgeldbereitstellung für den monetären Sektor zu interpretieren, weshalb es in seiner Höhe nach oben durch sein (durch Reputationskapital gesichertes) Stabilitätsversprechen begrenzt ist und sein muß. Die private Zentralbank hätte mit einer staatlichen die Basisgeldbereitstellung gemein[294], unterschiede sich aber von letzterer durch einen Geschäftsverkehr, der de facto nicht weitgehend auf die Liquiditätsversorung

---

[293] Wären sie es nicht, würden die Einleger mit einem vorsorglichen Einlösebegehren reagieren, sobald sie die mit der Überemission verbundenen schwachen Aktivgeschäfte wahrnehmen und den Emittenten damit unter zusätzlichen Ertragsdruck setzen.

[294] Die Herausbildung von genuin monetären Basisgeldemittenten kann als evolutorischer Prozess verstanden werden, der die spezifischen Nachteile eines Warengeldstandards und der Hayekschen Währungskonkurrenz überwindet. Eine weitgehend an die Grenzen von Nationalstaaten gebundene öffentliche Basisgeldemission ist vermutlich als eine (ökonomisch kostspielige) Besonderheit des 20. Jahrhunderts zu sehen.

anderer Banken eingeengt bliebe.[295] Vielmehr wäre zu erwarten[296], daß der Geschäftsverkehr in Abhängigkeit von der verfolgten Strategie auch ein breites, aber nicht notwendigerweise umfassendes Nichtbankenpublikum einbezöge und allen Kunden eine
wesentlich stärker ausdifferenzierte Produktpalette angeboten wird. Weitere Unterschiede sind darin zu sehen, daß eine private Zentralbank nicht nur von politisch-
diplomatischen Unwägbarkeiten gewissermaßen automatisch abgekoppelt wäre, sondern sich wie andere Banken auch auf dem Markt für Unternehmenskontrolle zu behaupten hätte. Mit dem Markt für Unternehmenskontrolle tritt in die geldtheoretische
Diskussion ein neuartiger Sanktionsmechanismus ein. Es ist anzunehmen, daß das
Privileg, die Rolle des Basisgeldemittenten ausfüllen zu dürfen, hier am heftigsten
bestritten wird. Der Vorteil dieses Sanktionsmechanimus kann in seiner präventiven
Disziplinierungswirkung gesehen werden: Nimmt die finanzielle Stärke respektive die
Qualität des investiven Engagements gegenüber der Konkurrenz signifikant ab, wird
dies zunächst eine Abnahme der Bilanzsumme und eine unterdurchschnittliche Ver-
zinsung des eingesetzten Eigenkapitals bewirken. Hieraus ergibt sich jedoch per se
keine inflationäre Bedrohung. Es erhöht sich vor allem die Wahrscheinlichkeit einer
Übernahme durch leistungsfähigere Banken(-gruppen), die auf entsprechende Restrukturierungsgewinne kalkulieren. In dieser Hinsicht ist zu erwarten, daß inflationäre
Bedrohungen frühzeitig abgewendet werden.

Ein solches System hätte den Charakter einer einlöseorientierten Geldschöpfung mit
privater Zentralbank und würde die Funktionsmechanismen der verschiedenen Wäh-
rungsmodelle[297] miteinander vereinen und um den des Marktes für Unternehmenskontrolle erweitern: Innerhalb des ökonomischen Geltungsbereichs der privaten Zentralbank wird die „Geldpolitik" aller Nicht-Zentralbanken durch das principle of adverse
clearings gesteuert.[298] Die private Zentralbank hätte ebenso wie ihr staatliches Pendant
eine stabilitätskonforme Basisgeldexpansion[299] zu gewährleisten, was sie durch eine

---

[295] Zu den bankbetrieblichen Besonderheiten des Europäischen Systems der Zentralbanken (ESZB)
       im Status quo vgl. Büschgen (1998), S. 412f.
[296] Denn auf diese Weise könnten die mit der Basisgeldbereitstellung anfallenden Fixkosten detail-
       lierter volkswirtschaftlicher Analysen gewinnbringender ausgenutzt werden.
[297] Hierunter sind insbesondere die Systeme des Free Banking, der Hayekschen Währungskonkurrenz
       und der staatlichen Basisgeldbereitstellung zu verstehen.
[298] Dieser teilt gewissermaßen den verschiedenen Banken die Anteile an den insgesamt möglichen
       Geldschöpfungsgewinnen zu.
[299] Im Wege dieser Basisgeldbereitstellung hat auch ein staatliches Notenbanksystem eine gewisse
       Verwandtschaft mit anderen konvertibilitätsbasierten Systemen, da die Buchgeldschöpfung der
       Geschäftsbanken letztlich auch durch die ihnen entstehenden Basisgeldclearingsalden gesteuert
       wird. Allerdings führt nun die weitere Eigenschaft des Basisgeldes als gesetzlichen Zahlungsmittel
       dazu, daß aus politökonomischen Erwägungen u. U. das nominale Basisgeldangebot über die Ba-
       sisgeldnachfrage hinaus ausgedehnt wird. Obwohl das staatlich bereitgestellte Basisgeld nur einen
       Bruchteil der Geldschöpfung des gesamten monetären Systems ausmacht, gehen hiervon durch
       den Mechanismus der multiplen Geldschöpfung inflationäre Gefahren aus. Denn falls eine einzel-

transparente und regelgebundene Geldpolitik signalisieren könnte. Eine private Zentralbank wäre zudem den Wechselfällen des politischen Prozesses stärker entzogen. Dies ist zwar vom rechtlichen Rahmen her auch eine funktionell, personell und instrumentell unabhängige staatliche Zentralbank. Allerdings bleibt fraglich, ob diese die optimale Geldpoltik auch zu minimalen Kosten gewährleisten kann. Darüber hinaus wäre die Frage der optimalen Ausdehnung eines Währungsraumes nicht Ergebnis politischer Entscheidungen und damit möglicherweise geldmarktfremder Kalküle, sondern Ergebnis einer marktlichen Evolutorik, die zeitnah die vorhandenen (supranationalen) Geldpräferenzen präzise abtastet und befriedigt.[300]

Neu an dieser Spielart eines konvertibilitätsbasierten Währungssystems ist, daß es in Form des Marktes für Unternehmenskontrollen (mergers und acquisitions) die private Zentralbank und damit die notwendige Basisgeldproduktion in Richtung monetärer Stabilitätserfordernisse steuert. Einerseits verringert sich die Gefahr politischer Pressionen auf die Höhe der Basisgeldproduktion. Zum anderen entfällt aber auch der Warengeldsystemen eigene Einfluß von exogenen und unerwarteten Angebots- und Nachfrageschocks auf das Preisniveau.

5.6.2 Das monetäre Gleichgewicht und privatwirtschaftlicher Geldschöpfungsgewinn

Der adäquaten theoretischen Explikation des monetären Gleichgewichts in einer monetären Wettbewerbsordnung kommt für ein umfassendes währungstheoretisches Verständnis elementare Bedeutung zu. Eine wettbewerbliche Geldordnung kann als eine ökonomische Institution verstanden werden, die die Dauer temporärer Abweichungen des nominalen Geldangebots von der nominalen Geldnachfrage minimiert, so daß Änderungen des nominalen Geldangebots im wesentlichen gleichgerichtete, d. h. preisniveauneutrale Änderungen des realen Geldangebots implizieren. Änderungen des realen Geldangebots werden auf Änderungen der realen Geldnachfrage abgestimmt, wodurch monetäre Ursachen konjunktureller Störungen entfallen.

Schwieriger ist es dagegen, eine gedankliche Brücke zwischen gleichgewichtigem Geldangebot und korrespondierendem Kreditvolumen des monetären Systems herzustellen. Terres stellt hierzu fest: „Das Überlassen von Kredit ist solange unproblematisch, wie andere Wirtschaftssubjekte bereit sind, auf die Verfügungsgewalt über die

---

ne Bankengruppe die ihnen dann verstärkt zufließenden nominalen Basisgeldeinzahlungen nicht für eine Ausweitung ihrer Kredittätigkeit nutzte, würde sie ihre reale Geldschöpfung einschränken. Bei gegebener Produktivität käme das aber Gewinneinbußen gleich, weshalb die Geschäftsbanken Anreize haben, ihr nominales Geldangebot zu erhöhen.

[300] Davon ungeachtet werden und sollten in unternehmerischen Entscheidungen natürlich auch politische Rahmenbedingungen und Risiken Berücksichtigung finden.

hiermit verbundenen Güter und Dienste zu verzichten. Die Nachfrage nach Geldhaltung reflektiert diese Bereitschaft zur Überlassung von Verfügungsmöglichkeiten an die Kreditnehmer durch die Bank als Vermittler"[301] Diese Aussage folgt der Feststellung Hayeks, wonach jede zusätzliche Kreditvergabe auf einer entsprechenden Ausdehnung der Spartätigkeit zu beruhen habe, andernfalls sei sie Kennzeichen einer übermäßigen Geldexpansion.[302]

Diese Sichtweise ist insofern zutreffend, als bei einer gleichgewichtigen Geldexpansion die aggregierten monetären Absorptionsansprüche nicht die laufende Wertschöpfung übersteigen dürfen. Ob die Geldnachfrage jedoch lediglich Ausdruck des durch Banken vermittelten Absorptionsverzichts bestimmter Wirtschaftssubjekte ist, bleibt zu diskutieren. Geld kann als eine zentrale volkswirtschaftliche Institution zur Senkung von Transaktionskosten und zur Begünstigung wohlfahrtsmehrender Spezialisierungsprozesse gesehen werden. Das Produktionspotenzial einer Ökonomie ist daher bei Anwesenheit von Geld höher als bei seiner Abwesenheit. Die bloße Existenz der ökonomischen Institution Geld begründet in diesem Sinne eine volkswirtschaftliche Ersparnis, die geeigneten Kapitalnehmern (zusätzlich) für konsumtive und investive Verwendungen über das System monetärer Finanzintermediäre bereitgestellt wird. Hieraus läßt sich folgern, daß Banken in ihrer Eigenschaft als Produzenten von Geld diese Ersparnis nicht nur ermöglichen, sondern zugleich vermitteln. Dennoch ist diese Ersparnis nicht als die Summe personalisierbarer Einzelersparnisse, sondern besser als überindividuelle institutionelle Ersparnis zu verstehen.[303] Sie existiert gewissermaßen neben bzw. zusätzlich zu den aus individuellen intertemporalen Konsumentscheidungen resultierenden realen Ersparnissen.

Hierin kann zugleich ein Abgrenzungskriterium für monetäre und nichtmonetäre Finanzintermediäre gesehen werden. Monetäre Finanzintermediäre verwalten sowohl die durch die Existenz von Geld generierten institutionellen Ersparnisse als auch die an sie überlassenen Verfügungsmöglichkeiten. Nichtmonetäre Finanzintermediäre hinge-

---

[301] S. Terres (1999), S. 190.
[302] Vgl. Hayek (1977a), S. 49.
[303] An späterer Stelle gelangt auch Hayek zu der Feststellung, „daß selbst jene in einer wachsenden Wirtschaft zur Sicherung eines stabilen Preisniveaus notwendige Ausweitung der Geldmenge einen Überhang der Investitionen über das Sparen verursachen kann." S. Hayek 1977a., S. 76f. Allerdings zielen die Erörterungen nur darauf ab, derart bedingte Investitionsüberhänge als nicht besorgniserregend zu klassifizieren. Wegen ihrer mutmaßlich mangelnden quantitativen Relevanz könnten sie schwerlich wiederkehrende Krisen und Depressionen verursachen und seien ein *Problem* von geringer praktischer Bedeutung. Hayek übersieht dabei, daß auch in einer statischen Wirtschaft eine Geldnachfrage existieren würde und daß ein auf die Präferenzen abgestimmtes Geldangebot per se kein ökonomisches Problem ist. Denn das mit der Existenz von präferenzgerechtem Geld verbundene größere Volumen finanzierbarer Investitionen ist nicht Ausdruck prekärer Investitionsüberhänge, sondern eine Veranschaulichungsmöglichkeit der positiven Wohlfahrtswirkungen eines leistungsfähigen Tauschmittlers.

gen verwalten lediglich die an sie delegierten Ersparnisse. In bilanzieller Hinsicht ist das Aktivgeschäft monetärer Finanzintermediäre daher eine Verschränkung von Bilanzverlängerung und Aktivtausch, während die Mittelanlage nichtmonetärer Finanzintermediäre einen puren Aktivtausch impliziert.

Die Möglichkeit, die aus dem Aktivgeschäft resultierenden Zahlungsverpflichtungen mit selbstgeschöpftem Geld begleichen zu können, ist Charakteristikum einer aktiven Geldschöpfung, zu der unabhängig von regulatorischen Rahmenbedingungen nicht alle Finanzintermediäre in der Lage sind. Der Aufbau, die Sicherung und die Ausweitung von bankindividuellen Anteilen an der gleichgewichtigen realen Geldmenge ist allerdings mit mannigfaltigen Kostenquellen[304] verbunden. Diese Kosten führen dazu, daß der Erwerb dieses „Geldschöpfungsprivilegs" in Wirklichkeit als Ausfluß einzelwirtschaftlicher intermediärer und nur von Fall zu Fall vorteilhafter Investitionsentscheidungen aufgefaßt werden sollte. Die Fähigkeit zur aktiven Geldschöpfung symbolisiert gerade wegen ihrer kostenaufwendigen und prinzipiellen Bestreitbarkeit kein wirkliches intermediäres Statusprivileg.

Falls die Investition einen positiven Gegenwartswert aufweist, besteht der Geldemissionsgewinn einer Bank in einem im Idealfall ewig andauernden (abdiskontierten) Nettozinseinzahlungsstrom, der die zu seiner dynamischen Aufrechterhaltung anfallenden (abdiskontierten) Auszahlungen überkompensiert.[305] Der periodische Nettozinsgewinn läßt sich selbst bei einer normalen Zinsstruktur nicht per se auf die bei Banken stattfindende Fristentransformation[306] zurückführen, da auf vollkommenen, arbitragefreien Märkten per se keine Gewinne aus Fristentransformation erzielbar sind.[307]

---

[304] Diese bestehen z. B. in der Anschaffung moderner Buchungssysteme, die den Geschwindigkeits-, Sicherheits- und Bedienungskomfortpräferenzen des Publikums gerecht werden müssen. Zudem ist eine gewisse personalintensive Zweigstellendichte aufzubauen bzw. eine kundengerechte Automatenversorgung zu gewährleisten. Während der Basisgeldemittent weiterhin branchenüberdurchschnittliche Researchkapazitäten aufbauen muß, entstehen den anderen Emittenten Kosten der Basisgeldreservehaltung.

[305] Die Natur und Zusammensetzung dieser Auszahlungen differiert, je nachdem, ob es sich um Basisgeldemittenten oder reine Buchgeldemittenten handelt. Vgl. Wettlaufer (1987), S. 11f. und Terres (1996), S. 84ff.

[306] Diese besteht in der Beobachtung, daß die durchschnittlichen Zinsbindungsfristen der Forderungen einer Bank größer sind als diejenigen ihrer Verbindlichkeiten.

[307] Bei einer normalen Zinsstruktur(-kurve), die wahlweise über öffentliche Anleihen oder über die festen Zinssätze von Zinsswapkontrakten ermittelt wird, sind die kurzfristigen Zinssätze niedriger als die langfristigen. Sie spiegelt die erwartete zukünftige Entwicklung der kurzfristigen Zinsen wider und enthält damit Informationen über die Inflations- und Wachstumserwartungen der Marktteilnehmer (EZB 01/99, S. 28f.). Nach der auf Arbitrageüberlegungen basierenden Erwartungstheorie der Zinsstruktur wird der langfristige Zins jedoch nur dann höher als der kurzfristige sein, wenn der Markt einen Anstieg der kurzfristigen Zinsen erwartet (Görgens u. a. 1999, S. 61). Die Folge hieraus wäre aber, daß eine fristentransformierende Bank bei einer normalen (inversen) Zinsstrukur heutige (künftige) Fristenstrukturgewinne mit künftigen (heutigen) Fristenstruktur-

Der Geldemissionsgewinn monetärer Finanzinstitute wird unabhängig davon anfallen, ob die Zinsstruktur invers, flach oder normal verläuft bzw. ob sie zwischen den verschiedenen Verläufen wechselt. Denn die von ihnen geschöpften Tauschmittel verschaffen den kassehaltenden Geldnachfragern Ersparnisse an Transaktionskosten und eine Verringerung von Kursrisiken gegenüber einer Situation, in der sie auf Kassenhaltung verzichten. Dies berücksichtigend wird sich ein Arbitragegleichgewicht einstellen, bei dem die durchschnittliche Verzinsung von Geldmitteln geringer ist als die anderer Kapitalmarkttitel.

Die Diskussion in diesem Kapitel hat gezeigt, daß selbst wenn für diese Kapitalmarkttitel ein liquider Sekundärmarkthandel existieren würde, sie damit noch nicht den Rang fungibler Zahlungsmittel erhalten. Hiermit läßt sich eine zweistufige Klassifikation von Liquiditätsprämien begründen: Kapitalmarkttitel mit einem liquiden Sekundärmarkthandel verzinsen sich im Arbitragegleichgewicht zwar niedriger als Wertpapiere mit einem illiquideren Umlaufshandel, aber immer noch höher als fungible Zahlungsmittel.

Es ist zu erwarten, daß die von fungiblen Zahlungsmitteln erwirtschaftete „monetäre Liquiditätsprämie" größer ist als die von Wertpapieren mit aktivem Sekundärhandel erworbene „sekundärmarkttechnische Liquiditätsprämie". Während der Erwerb der sekundärmarkttechnischen Liquiditätsprämie nicht an die Zugehörigkeit des betreffenden Wertpapiers zu einer bestimmten Risikoklasse gekoppelt ist, weisen fungible Zahlungsmittel dagegen Fremdkapitalcharakter auf. Nur bei Finanztiteln, die sich im Zahlungsverkehr als fungible Zahlungsmittel (Bar- und Buchgeld) durchsetzen, reduziert sich die gleichgewichtige Verzinsung wegen der größeren Liquiditätskomponente. Dieser Spread kann als monetäre Liquiditätsprämie verstanden werden, die die Geldverwender für die außerhalb von Zinsen anfallenden Erträge der Kassenhaltung zu entrichten bereit sind.

Da Zahlungsmittel Finanztitel darstellen, die jederzeit für Tauschdispositionen eingesetzt werden können, sind sie kurzfristige Aktiva.[308] Gleichzeitig ist von einem dauerhaften und im Regelfall wachsenden volkswirtschaftlichen Geldbedarf auszugehen, so daß das Einstreichen monetärer Liquiditätsprämien und damit der Geldschöpfungsgewinn letztlich doch seinen Ausdruck in der intermediären Fristentransformation erhält,

---

verlusten erkaufen würde. Die Bank könnte dann mit Fristentransformation keine Ergebnisverbesserung erzielen, sondern einen gegebenen Gewinn nur intertemporal verschieben (Hartmann-Wendels u. a. 2000, S. 648ff.). Die Bank wird bei der Kalkulation des Barwertes von Krediten mit synthetischen (arbitragefreien) Zerobond-Abzinsungsfaktoren arbeiten, zu deren Ermittlung wiederum die in der Zinsstruktur enthaltenen impliziten Terminzinssätze zu berechnen sind (Bekker/Peppmeier, 2000, S. 274ff. u. S. 482ff.).

[308] So stellen Sichteinlagen Guthaben eines Wirtschaftssubjektes auf seinem Bankgirokonto dar, über die er ohne vorherige Kündigung bar oder unbar verfügen kann.

jedoch nicht darauf zu reduzieren ist. Diese monetären Liquiditätsprämie wird systematisch von monetären Finanzinstituten abgeschöpft, worin sie sich gleichzeitig von gewöhnlichen Kapitalsammelstellen abgrenzen.

Diese sind zwar auch in der Lage, einen positiven Barwert ihrer Zinseinzahlungsüberschüsse zu erwirtschaften. Dieser enthält aber keine Liquiditätsprämie, sondern ergibt sich dadurch, daß real existierende Kapitalmärkte von vielfältigen (sonstigen) Imperfektionen gekennzeichnet sind. Diese Imperfektionen führen letztlich dazu, daß sowohl (viele) Kapitalgeber als auch (viele) Kapitalnehmer für den Zugang zum Kapitalmarkt Prämien an die sie vertretende Kapitalsammelstelle entrichten müssen. Die Alternative eines selbständigen Agierens wäre für sie entweder vergleichsweise teurer oder überhaupt nicht möglich.

Es läßt sich damit festhalten, daß der Zinseinzahlungsüberschuß eines Intermediärs, an den Ersparnisse delegiert werden, mindestens die Höhe der abdiskontierten Marktzutrittsprämien enthält. Bei monetären Finanzinstituten besteht er jedoch darüber hinaus aus der abgeschöpften monetären Liquiditätsprämie. Wie hoch diese für ein einzelnes Institut ist, hängt davon ab, wie wettbewerbsfähig dessen Zahlungsverkehrstechnologie[309] ist. Je wettbewerbsfähiger diese ist, desto größer ist der gleichgewichtige instituseigene Anteil an der Befriedigung der gesamten Geldnachfrage und desto höher ist dann auch der Umfang an der marktlich erstrittenen monetären Liquiditätsprämie.

In einem wachsenden Wirtschaftsraum mit positiver Einkommenselastizität der Geldnachfrage enthält das Potenzial an abschöpfbaren Liquiditätsprämien eine Wachstumskomponente. Eine Inflationskomponente wäre hingegen nur bei fiskalisch zweckentfremdeten staatlichen Zentralbanken anzutreffen.[310]

In Abb. 7 werden für das Eurowährungsgebiet Einlagenzinsen und Renditen auf Staatsanleihen einerseits sowie Marktzutrittsprämien und monetäre Liquiditätsprämien andererseits auf Basis monatlicher Durchschnittswerte gegenübergestellt. Die Einlagenzinsen auf täglich fällige Einlagen repräsentieren die Verzinsung von Zahlungsmitteln und diejenigen auf Titel mit einer vereinbarten Laufzeit von mehr als zwei Jahren diejenige auf bei Intermediären gehaltenes Geldkapital. Als Kapitalmarktverzinsung wurde die mittlere Rendite auf Staatsanleihen von 3, 5, 7 und 10 Jahren (Rest-) Laufzeit gewählt.

---

[309] Diese ist sehr weit zu fassen und wird indirekt auch durch die Qualität des Kreditportfolios und der dahinter stehenden Informationsverarbeitungsqualität mitbeinflußt: Bestehen zwischen der Technologie und Servicequalität ansonsten keine Unterschiede, wird die Bank mit der besseren Informationsverarbeitungsqualität ihren Einlegern eine höhere Verzinsung anbieten können und infolge dessen Einlagenvolumen im Publikum vergrößern können.
[310] Vgl. Wettlaufer (1987), S. 14f.

Abbildung 7: Zinsen und Prämien im Eurowährungsgebiet

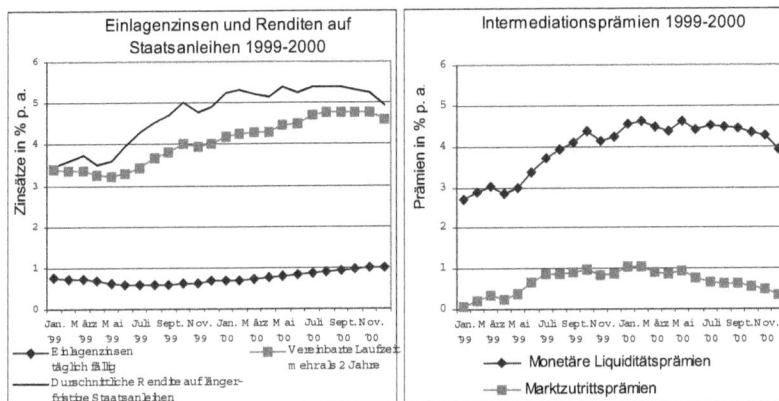

Quelle: EZB (Monatsberichte); Monetäre Liquiditätsprämien wurden berechnet als Differenz zwischen Kapitalmarkt- und Einlagenverzinsung, Marktzutrittsprämien als Differenz zwischen Kapitalmarkt- und intermediärer Geldkapitalverzinsung[311], eigene Berechnungen und Darstellung

5.6.3 Goldene Bilanzregel und Geldschöpfung

Gemäß der „Goldenen Bankregel"[312] nach Hübner (1854) hat die Summe aller Aktiva mit einer bestimmten Kapitalbindungsdauer gleich der Summe aller Passiva mit einer Fristigkeit in mindestens derselben Höhe zu entsprechen. Stimmen die Laufzeiten nicht überein, kann ein Liquiditätsrisiko dadurch entstehen, daß die Rückzahlung kurzfristigen Kapitals nicht aus den Zahlungsanwartschaften aus langfristigen Aktiva beglichen werden kann. Falls die dann notwendige Anschlußfinanzierung (Revolvierung) mißlingt, droht Illiquidität.[313]

---

[311] Einlagen mit einer Laufzeit von mehr als zwei Jahren werden als ungefähr laufzeitkongruent mit den hier zugrundegelegten Staatsanleihen angesehen. Die für die Grafik getroffenen Annahmen und erstellten Berechnungen sollen lediglich Annäherungsversuche an die entsprechenden wahren Größenordnungen vermitteln.

[312] Für eine Gesamtdarstellung der verschiedenen herkömmlichen Ansätze zu dieser Regel im Kontext des bankbetrieblichen Liquiditätsmanagements vgl. Hartmann-Wendels u. a. (2000), S. 595-602.

[313] Das Ziel der Liquiditätserhaltung erfordert letztlich auch die Einbeziehung außerbilanzieller Ansprüche und Verpflichtungen. Relevant wären hier etwa Verpflichtungen aus Derivatgeschäften, aber auch künftige Zahlungsverpflichtungen z. B. in Form von Pensionsansprüchen sowie Mieten und Leasingverpflichtungen.

Dieser sehr engen Auslegung von Fristenparallelität ist Wagner (1857) frühzeitig mit seiner Bodensatztheorie entgegengetreten. Danach verbleibt Banken ein Sockel von Einlagen, der unabhängig von den Fristen nicht abgezogen wird. Es besteht eine Diskrepanz zwischen formeller und materieller Fristigkeit. Dieser Sachverhalt ist in der Beobachtung fundiert, daß Einlagen oftmals wiederangelegt werden (Prolongation) oder alte Einlagen durch Einlagen neuer Kunden ersetzt werden (Substitution). Solange die Bank den Umfang der von ihr betriebenen Fristentransformation an diesem Bodensatz orientiert, geht sie mithin kein Risiko der Illiquidität ein.

Ergänzend dazu wurde von Stützel (1983) im Rahmen seiner Maximalbelastungstheorie vorgebracht, daß Fristentransformation an die Existenz ausreichenden Eigenkapitals geknüpft sein müsse, damit etwaige Liquidationsverluste infolge von Notverkäufen[314] bei den Aktiva aufgefangen werden könnten.

Die Diskussion über das Ziel der Liquiditätserhaltung kann aber auch kritisch hinterfragt werden. Denn solange nicht eine ökonomisch verfehlte Investitionspolitik Ursache einer etwaigen (temporären) Liquiditätskrise ist, ließe sich argumentieren, daß der Marktwert der Aktiva hinreichend hoch sein wird, um neue Kapitalgeber mit geld- und kapitalmarktadäquaten Konditionen anzuziehen.[315]

An dieser Stelle soll die goldene Bilanzregel respektive die Bodensatztheorie, die nur verhaltene Abweichungen davon rechtfertigt, aber aus einem anderen Gesichtspunkt heraus kritisch beleuchtet werden: Nimmt man die konsolidierte Bilanz des monetären Systems zum Ausgangspunkt, so lassen sich aus dieser Informationen über das volkswirtschaftliche Geldangebot in seinen verschiedenen Abgrenzungen entnehmen. Für die konsolidierte Ebene des monetären Systems würde eine strikte Anwendung der goldenen Bankregel zu der Forderung führen, das volkswirtschaftliche Geldangebot habe sich an den kurzfristen Ausleihungsmöglichkeiten des Bankensystems zu orientieren. Für die Vermutung eines systematischen Zusammenhangs zwischen kurzfristigem Verschuldungsbedarf der Nichbanken und ihrer Geldnachfrage besteht aber kein Hinweis. Vielmehr orientiert sich die reale Geldnachfrage an dem Umfang zu finanzierender Umsatz- bzw. Wertschöpfungsketten.

---

[314] Der unerwartet verfrühte Verkauf von Vermögensgegenständen ist möglich, aber häufig mit Preisabschlägen verbunden.
[315] Auch ist das Fristigkeitskonzept nicht immer präzise operationalisierbar: Kündigungsgelder besitzen keine feste Laufzeit, sondern werden nach der vereinbarten Kündigungsfrist fällig. Existieren für Aktiva organisierte Sekundärmärkte, sind diese bereits als liquide einzustufen, da sie dann veräußerbar sind oder für Pensionsgeschäfte verwendet werden können. Selbst ein illiquider Bankkredit wird letztlich, wenn auch nur unter Abschlägen, veräußerbar sein. Die Abschläge werden um so geringer ausfallen, je ausgereifter die Systeme nachträglicher Verbriefungen sind.

Die Nachfrage nach Geld führt nämlich dazu, daß Banken insgesamt mindestens in der Höhe der Geldnachfrage Fristentransformation betreiben können. Fristentransformation besitzt demnach zwei qualitativ unterschiedliche Ausprägungen: Zum einen kann sie als produktive Ausnutzung von Diskrepanzen zwischen nominellen und realen Bindungsfristen bereitgestellten Kapitals verstanden werden. Zum anderen ist sie unabhängig davon Ausdruck des gesamtwirtschaftlichen Geldbedarfs und dieser wiederum Ausdruck der dauerhaften Nachfrage nach einem Tauschmedium, das die Effizienz der mit den volkswirtschaftlichen Leistungs- und Finanztransaktionen verbundenen Zahlungsabwicklungen maximiert. Aus einzelwirtschaftlicher Sicht kann eine Bank deshalb solange Fristentransformation betreiben wie das damit verbundene Geldangebot aufgrund der Produktivität dieser Bank auch nachgefragt wird. Insofern das monetäre System dem Publikum auch Geldkapitalfazilitäten verschiedener zeitlicher Reichweite anbietet, sind bei ihm beide Aspekte der Fristentransformation miteinander verschränkt anzutreffen.

Anders gelagert sind die Zusammenhänge für Kapitalsammelstellen wie Investmentfonds. Diese betreiben keine aktive Geldschöpfung, so daß bei ihnen keine monetäre Fristentransformation stattfindet. Darüber hinaus kann der Begriff der Fristentransformation für diese Intermediäre aber sogar vollständig inoperational sein. Denn bei Investmentfonds muß der Anleger sich selbst vorab über den intendierten Anlagehorizont bewußt sein. Ein späteres Abweichen davon ist durch Verkauf der Investmentzertifikate zwar jederzeit möglich, aber nur um den Preis, daß mit höherer Wahrscheinlichkeit eine Rendite erzielt wird, die sich durch variable qualitative und/oder quantitative Abweichungen von der ex-ante anvisierten Durchschnittsrendite auszeichnet. Anders ist die Stellung von Unternehmen des finanziellen Sektors wie Bausparkassen oder Lebensversicherungen, bei denen ein vertraglich geregeltes (Zweck-) Sparen stattfindet. Bei ihnen kann es durchaus zu Abweichungen von nominellen und faktischen Bindungsfristen kommen, die im Rahmen einer entsprechenden Fristentransformation performancewirksam ausgenutzt werden können. In Abb. 8 werden die in dieser Untersuchung herausgearbeiteten Unterschiede zwischen monetärer und nichtmonetärer Finanzintermediation zusammengetragen.

Abbildung 8: Vergleich von monetärer und nichtmonetärer Finanzintermediation

	MONETÄRE FINANZINSTITUTE	NICHTMONETÄRE FINANZINSTITUTE
Abschöpfen monetärer Liquiditätsprämien	ja, im Wege aktiver Geldschöpfung	nein
Fristentransformation nach dem Bodensatzgedanken	ja	unter Umständen, insbesondere bei vertraglich geregeltem Zwecksparen
Finanzierungstätigkeit im Wege eines reinen Aktivtausches	nein	ja
Wachstum der Bilanzsumme	leistungsfähige Informationsverarbeitung und attraktive Zahlungsverkehrstechnologie	leistungsfähige Informationsverarbeitung, die über hochwertige Investitionen eine attraktive Verzinsung des eingesetzten Kapitals erlaubt
Vermögensstruktur	überwiegend nur aufwendig handelbare Kredite	überwiegend leicht handelbare Wertpapiere variablen Risikogehalts
Charakter der von Sparern erworbenen Anwartschaften	fremdkapitalorientiert, soweit geldmengenrelevant	eigen- und fremdkapitalorientiert in Abhängigkeit artikulierter Präferenzen
Zinskonditionen	zweiseitig zinsdifferent	einseitig zinsdifferent (Zinsabschlag nur für Kapitalgeber)

Quelle: Eigene Darstellung

5.6.4 Einzelwirtschaftlicher Geldschöpfungsmultiplikator von Nichtbasisgeldemittenten

Die Ausführungen zum Geldangebot des monetären Systems waren bisher auf eine konsolidierte Betrachtung konzentriert. Isoliert man aus dem monetären Sektor die Nichtbasisgeldemittenten, gilt es deren Geldschöpfungspotenzial zu bestimmen. Aufschluß über das Geldschöpfungspotenzial für eine gegebene Basisgeldmenge geben die Geldschöpfungsmultiplikator. Ihre Höhe hängt insbesondere vom Bargeldkoeffizienten (und damit den Zahlungsgewohnheiten des Publikums) und ggf. der Höhe der Mindesreserveverpflichtungen ab. Barabhebungen aus dem Bankensystem sind zu erwarten, wenn die beiden Geldarten Bargeld und Buchgeld im Zahlungsverkehr gleichzeitig Verwendung finden.

Die Existenz von Mindestreserveverpflichtungen als Buchgeldschöpfungsbremse ist dagegen selbst bei Berücksichtigung von Finanzinnovationen wie dem Vordringen elektronischer Zahlungsmedien, z. B. Geldkarten oder Internetgeld, theoretisch keinesfalls zwingend begründbar. Selbst wenn diese das Bargeld bei Präsenzzahlungen aus dem Publikumsverkehr zunehmend substituieren sollten und teilweise in Konkurrenz zum Buchgeld treten, bleibt für das monetäre System insgesamt das Erfordernis einer interbankenmäßigen Zahlungsabwicklung bestehen.[316]

Die interbankenmäßige Zahlungsabwicklung gleicht die Differenz der Zahlungen aus, die zwischen den Kunden der verschiedenen Banken fließen. Aus dieser Notwendigkeit einer interintermediären Zahlungsabwicklung resultiert der Bedarf von Nichtbasisgeldemittenten nach einem definitiven Verrechnungsmittel. Dieses bietet der Basisgeldemittent an. Mit anderen Worten, selbst eine Verdrängung des Bargeldes würde nicht bedeuten, daß die Nachfrage nach Basisgeld vollständig entfiele.

In gewisser Weise entfaltet die Verdrängung von Bargeld zwei gegenläufige Effekte auf das mit einer gegebenen Basisgeldmenge vorhandene Geldschöpfungspotenzial. Einerseits sehen sich Nichtbasisgeldemittenten nicht mehr mit einem Einlösebegehren des Publikums konfrontiert, woraus per se ein expansiver monetärer Effekt abzuleiten wäre. Andererseits vergrößert sich mit wachsender Geldschöpfung eines einzelnen Nichtbasisgeldemittenten die Spannweite bzw. Variabilität von dessen Zahlungsver-

---

[316] Für das Fortbestehen von Bargeld als Zahlungsmittel und damit einem Nebeneinander unterschiedlicher Geldarten sprechen trotz der Finanzinnovationen im Bereich des E-Commerce jedoch die Anonymitätsbedürfnisse der Geldverwender (The Economist vom 22.07.2000 u. Handelsblatt vom 28.07.2000). Die Konzentration der Kassenhaltung oder der Zahlungsabwicklung auf oder in bestimmten Medien würde weiterhin das Sicherheitsrisiko erhöhen. Zudem gelten Verlust-, Diebstahl- und Fälschungsrisiken beim Netzgeld (noch) als relativ am höchsten. Es wird daher erwartet, daß Netzgeld ähnlich wie elektronisches Geld im stationären Handel im wesentlichen die Rolle eines Zahlungsmittels im Bereich der Kleinbetragszahlungen zukommt. Vgl. Kabelac (1999), S. 23 u. S. 35.

pflichtungen an andere Intermediäre. Dies erfordert selbst bei einem erwarteten Basis-geldabfluß von Null aus Vorsichtsmotiven eine höhere Liquiditätsausstattung, so daß hieraus der gegenläufige kontraktive Effekt erwächst. Der Saldo zwischen beiden Einflüssen wird aber wohl – von Sondersituationen ausgenommen – expansiver aus-fallen.

Je mehr Geldschöpfung nun eine Bankengruppe betreibt, desto mehr (Netto-) Bargeld-auszahlungen und (Netto-) Liquiditätsabflüsse an andere Kreditinstitute finden c. p. durch Verwendung der Zahlungsmittel für Tauschhandlungen des Publikums statt und dominieren ab einem kritischen Punkt die Zuflüsse aus dem vokswirtschaftlichen Geldkreislauf. Der kritische Punkt charakterisiert das „einzelwirtschaftliche monetäre Stromgleichgewicht". Mit dem Erreichen des monetären Stromgleichgewichts ist bei gegebenen Basisgeldreserven auch der einzelwirtschaftlich gleichgewichtige geld-schöpfungsfinanzierte Anteil am gesamten Aktivgeschäft der Bank bestimmt.

Das Geldschöpfungspotenzial einer Geschäftsbank für eine gegebene Basisgeldaus-stattung hängt von der Attraktivität ihrer Zahlungsverkehrstechnologie ab. Die Attrak-tivität dieser Technologie wird wiederum beeinflußt von der Geschwindigkeit und Sicherheit, mit der Zahlungssequenzen abgewickelt werden, von der Bedienungs-freundlichkeit des (elektronischen) Zahlungssystems, von der Verzinsung der Einlagen bzw. der dahinter stehenden Qualität des Aktivgeschäfts und von der örtlichen Zweig-stellenpräsenz bzw. Automatendichte.[317]

Je attraktiver das Zahlungsverkehrssystem einer Bank ist, desto stärker ist der von ihr ausgeübte Liquiditätssog bzw. desto größer ist die Zahl und Streuung der Zahlungs-verkehrskunden und desto eher gleichen sich Zahlungseingänge und -ausgänge aus.[318] Falls umgekehrt eine Bank kaum Zweigstellen besitzt und Investitionen in den Aufbau einer adäquaten technologischen Infrastruktur unterbleiben, ist die Bedeutung in der Administrierung des Zahlungsverkehrs marginal: Jede Finanzierungstätigkeit wird mit einem quasi-sicheren Liquiditätsabfluß in gleicher Höhe verbunden sein, so daß auch die Abgrenzbarkeit zu reinen Kapitalsammelstellen verschwimmt.

Verzichtet ein Intermediär aus betriebsinternen Rentabilitätserwägungen teilweise oder vollständig auf eine Geldschöpfungsfinanzierung seines Aktivgeschäfts, folgt daraus

---

[317] Entscheidend ist dabei weniger das Unterhalten einer Vielzahl eigener (teurer) Immobilien, son-dern vielmehr nur der prinzipiell gebührenfreie Zugang zu den entsprechenden Bankangeboten. Dieser Zugang kann auch durch entsprechende Kooperationsvereinbarungen mit anderen Banken oder Handelsketten erreicht werden. Sollten sich die Anforderungen an eine örtliche Bankpräsenz darauf reduzieren, bequem und kostengünstig Sichtguthaben in Bargeld umwandeln zu können, weil alle anderen Dienstleistungen ohnehin im Rahmen von Online-Banking wahrgenommen wer-den, wäre ein solches Szenario um so wahrscheinlicher.

[318] Vgl. Obst/Hintner (1993), S. 623.

nicht, daß deshalb seine Finanzierungstätigkeit, gemessen an der Bilanzsumme oder dem damit verbundenen Gewinnpotenzial, bescheidener ausfallen müßte.[319] Monetären und nichtmonetären Finanzintermediären ist daher gemein, daß das Volumen der von ihnen verwalteten Mittel entscheidend von der Qualität des von ihnen betriebenen Aktivgeschäfts abhängt. Denn je besser diese Qualität ist, desto höher kann das eingesetzte Kapital bzw. das geschöpfte Geld verzinst werden.

5.6.5 Basisgeldbedarf, Zahlungsverkehrssysteme und Währungskonkurrenz

Das Gironetz des Basisgeldemittenten stellt die oberste Verrechnungsebene dar. Auf diesem werden die Zahlungsverpflichtungen zwischen allen anderen Mittlern des Zahlungsverkehrs nach Auslastung ggf. bestehender direkter Kontoverbindungen, Kreditrahmen oder sonstiger Drittbankbeziehungen zum endgültigen Ausgleich gebracht.[320] Es gibt gewissermaßen aus dem Bilanzzusammenhang einen strukturellen Refinanzierungsbedarf gegenüber dem Basisgeldemittenten.[321]

Unabhängig davon, ob nun institutionell eine Mindestreservepflicht besteht oder nicht, werden Buchgeldeinlagen beim Basisgeldemittenten aus Zahlungsverkehrserfordernissen heraus gehalten.[322] Die Bereitschaft von Finanzintermediären, Dienstleistungen im Zahlungsverkehr zu erbringen und die Leistungsfähigkeit, mit der diese umgesetzt werden, beeinflußt wesentlich die Entscheidungen der Kunden darüber, wo sie ihre Girokonten halten wollen. Mittelbar begründen diese Entscheidungen auch die Exi-

---

[319] Das gesamte Aktivgeschäft einer Bank kann den geldschöpfungsfundierten Anteil bei weitem übersteigen. Das Finanzierungsvolumen eines Kreditinstituts kann solange wachsen, wie die hiermit verbundenen Liquiditätsabflüsse durch alternative Refinanzierungskanäle aufgefangen werden können. Alternative Refinanzierungskanäle sind die Absorption überschüssiger Liquidität anderer Banken oder derjenigen privater Haushalten bzw. Nichtbankunternehmen. Zentrale Voraussetzung hierfür ist, daß das Aktivgeschäft so erfolgreich ist, daß die höheren Zinskosten der Nichtgeldschöpfungsfinanzierung tragbar erscheinen. Bei gegebener Kreditvergabe-Performance konkurrierender Bankengruppen und gegebenem gesamtwirtschaftlichen Produktionspotenzial bzw. gegebener volkswirtschaftlicher Grenzleistungsfähigkeit des Kapitals sind aber auch der Nichtgeldschöpfungsfinanzierung natürliche (Expansions-) Grenzen gesetzt.
[320] Vgl. Obst/Hintner (1993), S. 626.
[321] Vgl. Deutsche Bundesbank (01/00), S. 16.
[322] Die Ausgestaltung der Mindestreserve als verzinste (aggregiert-effektive) Durchschnittsreserve (Liquiditätspufferfunktion) kann dabei alternativen Varianten, die die Geldnachfrage aus fiskalischen Motiven heraus künstlich erhöhen und verteuern oder volatilere Geldmarktsätze induzieren, als überlegen angesehen werden (Görgens u. a. 1999, S. 103-108). Allerdings kann es dennoch zu allokativen Verzerrungen kommen, falls das spezifische Liquiditätserfordernis eines Kreditinstituts vom statistischen Mittel nach unten abweicht. Ein rentablerer längerfristiger strategischer Einsatz dieser Ressourcen würde aus einzelwirtschaftlicher Sicht zwangsweise unterbunden. Zudem bliebe auch der Zwang, Liquiditätsreserven in einem bestimmten Gironetz vorhalten zu müssen, kritisch zu beurteilen. Denn die Frage, welcher Netzadapter zu bevorzugen ist, kann der Dynamik marktendogener Prozesse und der marktlichen Positionierung jeder einzelnen Bank überlassen bleiben.

stenz bankenspezifischer Liquiditätserfordernisse: Spiegelbildlich zu den Ausführungen über das Geldschöpfungspotenzial von Banken bei einer gegebenen Basisgeldmenge läßt sich für ihren Liquiditätsbedarf argumentieren, daß dieser für ein gegebenes Geldschöpfungsvolumen um so geringer sein wird, je attraktiver die jeweilige Zahlungsverkehrstechnologie vom Publikum eingeschätzt wird. Mit anderen Worten, das Moment der Bilanzverlängerung nimmt gegenüber dem Moment eines Aktivtausches einer gegebenen Finanzierungstätigkeit zu.

Die konkrete Abwicklung von Zahlungen verläuft über bilaterale Korrespondenzbeziehungen[323] oder Clearingssysteme. Letzteren werden aufgrund ihrer zentralen Zahlungsinfrastruktur als kostengünstiger sowie hinsichtlich Geschwindigkeit, Transparenz (ggf. Online Information und interaktive Steuerung), Sicherheit und Liquiditätsschonungspotenzial als leistungsfähiger eingeschätzt.[324] Auch wenn der definitive Zahlungsausgleich im Interbankenverkehr mit Basisgeld stattfindet, kann das hierzu komplementäre Zahlungs- bzw. Clearingssystem der Notenbank technisch von einem privaten Dienstleister - wie in der Schweiz bereits der Fall - betrieben werden.[325]

Für den Euro-Zahlungsverkehr ist der TARGET-Verbund (Trans-European Automated Real Time Gross Settlement Express Transfer System)[326]des Europäischen Systems der Zentralbanken (ESZB) entwickelt worden. Es soll letztlich das Zusammenwachsen des Euro-Geldmarkts erleichtern, indem es grenzüberschreitende Zentralbankgeldüberweisungen genauso problemlos macht wie Inlandsüberweisungen. Dieses Groß(betrags)zahlungssystem ist für Zahlungen im Rahmen geldpolitischer Geschäfte sowie Interbank-Zahlungen konzipiert, steht Banken aber auch zur Weiterleitung sonstiger (Kunden-) Zahlungen offen.[327] Für die Abwicklung kommerzieller Zahlungen ist auch jedes andere Euro-Zahlungsverkehrssystem[328] geeignet, vorausgesetzt, daß der Zah-

---

[323] Ein Korrespondenzbankverhältnis ist gegeben, wenn zwei Banken untereinander Bankgeschäfte durchführen und zur Verrechnung der gegenseitigen Transaktionen mindestens bei einer Bank ein Konto unterhalten wird. Je nachdem, ob das bei einer Bank geführte Konto auf eigene Initiative oder auf Veranlassung einer anderen Bank eingerichtet worden ist, spricht man von Nostro-Konto bzw. Vostro-Kontro. Bei entsprechenden Kreditbeziehungen werden die Kreditforderungen als Vostro-Guthaben und die entstehenden Verbindlichkeiten als Nostro-Verbindlichkeiten bezeichnet. Vgl. Büschgen (1997), S. 761, S. 872 u. S. 951.

[324] Weiterhin gewinnt auch der systemspezifische Zusatznutzen (z. B. eine effiziente Anbindung von Wertpapierabwicklungssystemen) an Bedeutung, Vgl. Deutsche Bundesbank (06/00), S. 62ff.

[325] Dies ist zu erwarten, falls das Auslagern dieser betrieblichen Teilaufgabe Kostenvorteile verspricht. Vgl. Friederich in einem Gespräch mit der Börsen-Zeitung vom 11.09.1999.

[326] Dieser besteht aus den einzeltransaktionsorientierten Echtzeit-Bruttosystemen (RTGS-Systemen) der EU-Staaten und dem Zahlungsmechanismus der EZB. Alle Systeme sind mit einem „Interlinking" miteinander verbunden.

[327] Vgl. EZB (11/99), S. 49ff.

[328] Stückzahl- und umsatzmäßig nimmt hierbei das Euro1-System der Euro Banking Association (EBA) den ersten Platz ein. Es stellt ein (gesichertes) Nettosystem dar, da der Ausgleich der während des Tages aufgelaufenen definitiven Salden erst am Tagesende erfolgt. Auf die risikofreie

lungsempfänger darüber zu erreichen ist. Die Durchführung des Saldenausgleichs dieser alternativen Eurozahlungssysteme und damit die Übertragung von Zentralbankgeld zwischen den Banken erfolgt jedoch wiederum via TARGET.[329] Grundsätzlich wird zwischen einer Zahlungsabwicklung auf Brutto- und Nettobasis unterschieden. Während erstere in Echtzeit abläuft, versucht letztere nur gleichtägig, dafür aber durch automatisch optimierende Synchronisationsprozesse liquiditätssparend zu arbeiten. Hybridsysteme versuchen Elemente beider Verfahren im Kundeninteresse zu kombinieren.[330]

Aus einer übergeordneten Perspektive wird der Wettbewerb um immer bessere Clearingdienstleistungen die Präferenzen der Teilnehmer im Spannungsfeld von Transaktionskostensenkungen, Liquiditätsersparnissen und Sicherheit versus Kreditrisiken abtasten.

Festzuhalten bleibt, daß der für ein gegebenes gesamtwirtschaftliches Geldangebot bei gegebener Volatilität der Zahlungsströme erforderliche Basisgeldbedarf mit steigender Effizienz der Clearingsysteme fallen dürfte. Effiziente Clearingsysteme heben den Bedarf an einem definitiven Verrechnungsmittel aber nicht grundsätzlich auf. Auch sind Liquiditätsersparnispotenziale durch zunehmende multilaterale Nettoverrechnung vor dem Hintergrund zunehmender Kreditrisiken endogen begrenzt.

Vor Beginn der Europäischen Währungsunion war eine Verbindung von Zielwährung und gewähltem Abwicklungssystem zu beobachten. So wurden DM-Transaktionen über deutsche Abwicklungssysteme ausgeführt. Die (währungsbedingte) Splittung des Zahlungsvolumens auf zahlreiche Systeme hat aber eine Konzentration auf die leistungsstärksten und wirtschaftlichsten Abwicklungssysteme sowie die Ausnutzung von Synergieeffekten unterdrückt. Die Währungsunion hat das institutionelle Umfeld dafür geschaffen, daß der grenzüberschreitende europäische Zahlungsverkehr künftig nicht mehr dauerhaft mit einer verwirrenden - liquiditätszehrenden und Opportunitätskosten treibenden – Vielzahl von Systemen durchgeführt werden muß. Hiervon profitieren Banken und Bankkunden innerhalb und außerhalb Europas, da sie für Zahlungsabwicklungen im Euro-Raum ihre Bankbeziehungen straffen können. Auf-

---

Synchronisierung von Zahlungsvorgängen in verschiedenen ausgewählten Währungen weltweit hat sich die Continuous Linked Settlement(CLS)-Bank spezialisiert.

[329] Die einzelwirtschaftliche Teilnahme an einem Clearingsystem setzt letztlich die Verfügbarkeit von Basisgeld voraus, unabhängig davon, ob dieses von spezialisierten Anbietern oder den Basisgeldemittenten selbst angeboten wird. Die Notenbank erhält über die bei ihr unterhaltenen Girokonten in gewisser Weise die Rolle einer - hierarchisch gesehen - obersten Korrespondenzbank.

[330] RTGS^{plus} stellt bspw. ein integriertes System dar. Es bietet für eilige Zahlungen und Dispositionszahlungen eine sichere Bruttoabwicklung an, während für alle anderen, insbesondere Devisenhandelszahlungen über optimierte Warteschlangenauflösungen (Synchronisationsprozesse) eine liquiditätsschonende aber dennoch zügige Zahlungsverarbeitung angeboten wird. Zudem besitzt es einen Zugang zum TARGET.

grund der Tatsache, daß über TARGET fast alle Kreditinstitute in der EU erreichbar sind, benötigt ein Institut außerhalb der EU im Prinzip nur eine Verbindung in den Euro-Raum.[331]

Dieser Sachverhalt ist auch von Relevanz für die internationale Währungskonkurrenz. Denn verfügen ausländische Banken nicht über ein Zweigstellennetz in dem Wirtschaftsraum, der als Träger einer internationalen Währung fungiert, wird ihnen in der Regel die direkte Refinanzierung in der jeweiligen Schlüsselwährung über die dortige Zentralbank nicht möglich sein. An ihre Stelle tritt dann die Refinanzierung über (internationale) Korrespondenzbankbeziehungen. Da andererseits Institute aus Drittländern diese Beziehungen nicht ausschließlich bei derselben Geschäftsbank unterhalten, kann ein friktionsarmes grenzüberschreitendes Zahlungssystem die Voraussetzungen für die internationale Verwendung von Währungen verbessern. Der Zahlungsausgleich zwischen Drittländern in der (potentiell) internationalen Währung wird letztlich günstiger. Für den europäischen Wirtschaftsraum war diese (zahlungstechnische) Voraussetzung lange Zeit nicht erfüllt. Erst mit dem Wegfall der Währungssegmentierung wird der Ausnutzung entsprechender Produktivitätsreserven der Weg geebnet. Die Attraktivität des Euros als Währung für den internationalen Gebrauch ergibt sich damit nicht nur über seine hohe Wertstabilität und Liquidität, sondern wird zudem von der erhöhten Effizienz seines grenzüberschreitenden Zahlungssystems getragen.

5.6.6 Elektronisches Geld und Währungskonkurrenz

Unter elektronischem Geld werden zum einen Werteinheiten auf vorausbezahlten Karten verstanden. Zum anderen versteht man hierunter softwaregestützte Produkte, die der Übertragung elektronisch gespeicherter Werteinheiten über Telekommunikationsnetze, etwa über das Internet, dienen. Da kartengestützte Produkte im Wege des technischen Fortschritts zunehmend mit dem PC eines Zahlungserbringers über geeignete Chipkartenlesegeräte verbunden werden können, stehen auch diese für Zahlungen im Internet zur Verfügung.[332] Elektronisches Geld im Internet wird auch als Netzgeld bezeichnet und umfaßt sowohl kartengestütztes als auch softwaregestütztes E-Geld.

Die Entwicklung des elektronischen Handels im Internet eröffnet weitreichende Perspektiven hinsichtlich des Einsatzpotenzials elektronischen Geldes als Transaktionsmedium. Dies gilt um so mehr, als Sicherheits- und Anonymitätsbedürfnisse zunehmend besser befriedigt werden können. Die Entwicklung hierauf abzielender biometrischer Zugangscodes und kryptographischer Methoden können in diesem Sinne ver-

---

[331] Vgl. Hartmann in der FAZ vom 14.07.1999.
[332] Vgl. Meister, Zeitschrift für das gesamte Kreditwesen vom 15. Juli 2000.

standen werden.[333] Weiterhin sind Fortschritte hinsichtlich der Einfachheit der Handhabung, Höhe der Verzinsung und vorhandene Netzwerkeffekte ein relevantes Verbreitungskriterium.[334] Im folgenden soll diskutiert werden, ob die Existenz elektronischen Geldes die oben diskutierten marktlichen Sanktionsmechanismen modifiziert.

Solange elektronisches Geld im Austausch gegen herkömmliche Geldformen wie Sichtguthaben emittiert wird, kann es nur im Wege von entsprechenden Substitutionsprozessen an Bedeutung gewinnen. Bei einem gegebenen Basisgeldangebot ändert sich die Zusammensetzung der Geldmenge, nicht aber deren Höhe.[335] Multiple Geldschöpfungsrelevanz besitzen Netzgeldsysteme nur dann, wenn in ihnen bilanzverlängernde Emissionen im Wege von Kreditvergaben getätigt werden.[336]

Es bleibt aber festzuhalten, daß auch ein aktive Geldschöpfung betreibender Netzgeldemittent eine Entscheidung über die Denominierung seines Geldes, also die Wahl einer geeigneten Recheneinheit, zu treffen hat. Da sein Geld aus Gründen von Transaktionskostenersparnissen nur dann von größerer Attraktivität für potentielle Verwender ist, wenn es gleichzeitig in einer weitverbreiteten Recheneinheit denominiert und zu anderen Spielarten desselben Geldes einlösbar ist, kann schwerlich erwartet werden, daß autonome Netzgeldkreisläufe sich von der Politik des Basisgeldemittenten[337] und dem Refinanzierungszwang bei demselben lösen.

Aus diesen Überlegungen folgt, daß die obigen Ausführungen über marktliche Sanktionsmechanismen bei Geldüberemission ohne weiteres auf E-Geld übertragbar sind. Der Geldmultiplikator wird selbst bei aktiver Geldschöpfung von E-Geldemittenten nicht unendlich elastisch.[338]

Darüber hinaus läßt sich hieraus indirekt folgern, daß entgegen weitverbreiteter Auffassung unter die Präsenz von Netzgeld nicht mit einer mit der „Natur" desselben

---

[333] Vgl. Corell (2000) in der FAZ vom 20.3.2000.

[334] Es soll hier aber nicht diskutiert werden, welche Faktoren für optimistischere oder pessimistischere Einsatzprognosen sprechen. Vgl. hierzu Kabelac (1999) und Deutsche Bundesbank (06/99).

[335] Allerdings kann indirekt dadurch eine geldpolitische Steuerungsrelevanz entstehen, daß ein verändertes Bargeldverhalten im Sinne einer Ökonomisierung der Kassenhaltung stattfindet. Einer solchen basisgeldsparenden Entwicklung müßte dann angemessen Rechnung getragen werden. Zum anderen ist zu beachten, daß bei softwaregestütztem Netzgeld technologiebedingt die Möglichkeit einer geographischen Verlagerung der Geldemission erleichtert wird und sich wegen der verstärkten Geldhaltung im Ausland der Zusammenhang zwischen heimischer Geldmenge und inländischem Transaktionsvolumen lockern könnte. Traditionelle Geldmengenindikatoren verlören an Informationsgehalt und müßten modifiziert werden. Vgl. Remsperger (2000b), S. 5.

[336] Vgl. Deutsche Bundesbank (06/99), S. 41-54.

[337] Auch wenn diese öffentlich ist, würde eine Verdrängung des Bargeldes durch E-Geld damit noch keine endogen technologiebedingte Privatisierung der gesamten Geldschöpfung bedeuten. Diese These wird etwa von Browne/Cronin (1997, S. 163) vertreten.

[338] Die gegenteilige Auffassung wird unter der weiteren Annahme einer Mindestreservefreiheit für E-Geld dagegen von Söllner und Wilfert (1996), S. 401 vertreten.

begründbaren Vielzahl unterschiedlich denominierter Geldsysteme führt. Insoweit ausgeführt wird, daß „In fact, one cannot have both price flexibility for contracts with „sticky" prices and a unique unit of account. In a world of e-commerce and open borders, people would increasingly compare prices quoted in different currencies."[339] bleibt unberücksichtigt, daß sich die Präferenzen der Geldverwender unabhängig von Friktionen auf anderen Märkten herausbilden (sollten), da qualitativ gutes Geld sich nur durch eine bestmögliche Erfüllung der Geldfunktionen auszeichnen kann und Geldemittenten auch nur diese verantworten können.

5.6.7 Die internationale Dimension der Währungskonkurrenz in einer Freigeldordnung

Die internationale Währungskonkurrenz betreffenden Fragestellungen könnten gegenstandslos werden, wenn sie lediglich als das Resultat der über das Währungsmonopol (künstlich) etablierten monetären Grenzmarken zu verstehen wären. So ließe sich argumentieren, daß das Emissionsprivileg für hoheitliches Basisgeld in Verbindung mit einer flankierenden Steuerdenominierung dazu führt, daß es zu einer Monopolisierung des Tauschmittelangebots auf die staatlich emittierte Währung kommt. Sofern die staatliche Währung dann stabil, konvertibel und die hinter ihr stehende Volkswirtschaft offen ist, besitzen weltwirtschaftlich bedeutende Nationalstaaten oder sonstige stabile politische Zusammenschlüsse einen natürlichen Startvorteil in Fragen ihrer internationalen Akzeptanz. Dieser Vorteil ergibt sich aus dem Umstand, daß große Wirtschaftsräume einen gemessen am gesamten Welthandel bedeutenden Außenhandelsumsatz vorweisen, der einen hohen Sockelumsatz dieser Währung an den Devisenmärkten garantiert. Hohe Umschlagshäufigkeiten an den Devisenmärkten verleihen einer Währung günstige Liquiditätseigenschaften. Diese verringern die Transaktionskosten im Währungstausch, so daß sich selbst der indirekte Drittwährungstausch über diese Währung als ökonomisch vorteilhaft erweisen kann.

Es wird vermutet, daß dieser Vorteil in einer wettbewerblichen Geldordnung entfällt, „da er größtenteils darauf beruht, daß die Wirtschaftsakteure in ihren nationalen Transaktionen aufgrund gesetzlicher Bestimmungen auf die betreffende Währung verwiesen sind und sie in ihren internationalen Transaktionen einen Währungswechsel vermeiden möchten."[340] Es sei vielmehr zu erwarten, daß in einem freien Währungswettbewerb nicht nur die Stabilitätsperformance von den Geldverwendern gewürdigt wird, sondern sich die Emittenten auch im weiteren Bereich des gesamten Abwick-

[339] S. Klein (2000) in den Financial Times vom 14. 1. 2000.
[340] Vgl. Terres (1999), S. 266.

lungsprozesses untereinander zu messen haben. Dieser beinhaltet etwa die Schnelligkeit, Genauigkeit, Sicherheit und Kostengünstigkeit der Zahlungsabwicklungen im Gironetz des Emittenten. Sofern in diesem Bereich Größenvorteile möglicherweise geringer ausgeprägt seien, „...dürfte sich tendenziell die Konzentration auf wenige Währungen, die im gegenwärtigen internationalen Abwicklungsverkehr anzutreffen ist, in einer wettbewerblichen Geldordnung vermindern."[341]

Eine solche Argumentation stellt den Fortbestand zweier robuster empirischer Tatbestände der gegenwärtigen Weltwährungsordnung für einen der Freigeldbewegung verpflichteten Ordnungsrahmen in Frage: Weder besitzen größere politische Gebilde, die marktwirtschaftlich verfaßt sind und die weitere monetäre Mindestkriterien erfüllen, per se Zahlungsmittel mit dem „appeal" von Schlüsselwährungen noch wäre überhaupt mit exzessiven Konzentrationsprozessen im Geldwesen zu rechnen.

Gründe für den Fortbestand der internationalen Dimension

An dieser Stelle sollen diese Hypothesen aber bestritten werden. Es wird der Frage nachgegangen, ob es nicht doch auch unter der Ägide einer Freigeldbewegung Gründe für die Vermutung gibt, daß die Ausdehnung eines Währungsbereiches einen spürbaren politischen Hintergrund behält und darüber hinaus die Konzentrationsprozesse sogar noch weitreichendere Formen annehmen.

In diesem Zusammenhang soll zunächst geklärt werden, ob und inwiefern vom staatlichen Haushaltsvollzug bei Verzicht auf eine eigene Geldschöpfung ein Einfluß auf das Geldwesen zu erwarten ist. Denn wenn der Staat kein eigenes Geld emittiert, hätte er dennoch eine Entscheidung über die Denominierung seiner Steuereinnahmen zu treffen.[342] Es stellt sich mithin die Frage, welche Denominationspolitik als optimal angenommen werden kann, es also insbesondere ermöglicht, ein gegebenes öffentliches Aufgabenspektrum mit einer minimalen Steuerlast zu bewältigen.

Unter dem Gesichtspunkt der Entscheidungsneutralität könnte vordergründig der Schluß gezogen werden, der Staat habe möglichst alle am Markt umlaufenden Währungen für Steuerzahlungen zuzulassen. Eine solche Konzeption kann sich aber als

---

[341] Vgl. Terres (1999), S. 267.
[342] Die Analyse beschränkt sich im folgenden auf staatswirtschaftliche Kosten-Nutzen-Kalküle, die sich ergeben, wenn man von dem verzerrenden Einfluß politischer Pressionen absieht und ansonsten ein nach allen Regeln der finanzwissenschaftlichen Kunst konzipiertes Steuersystem gegeben ist. Unabhängig von der Frage, ob die Staatsquote noch eine grundsätzlich marktwirtschaftliche Orientierung widerspiegelt, wird davon auszugehen sein, daß der Staat ein gewichtiges Wirtschaftssubjekt bleibt. Für das Steuersystem wird gewissermaßen nur noch eine optimale Denominationspolitik gesucht. Die Analyse kann so auf zentrale Fragestellungen verengt werden, ohne daß bei Aufweichung der restriktiven Annahmen die grundsätzlichen Erwägungen ihre Bedeutung verlören.

unpraktikabel erweisen und gerade aus ordnungspolitischer Perspektive unangebracht sein: Stellt man sich vor, daß drei private Tauschmittel umlaufen, die zunächst an der Umlaufmittelbörse paritätisch gegeneinander gehandelt werden und unterschiedslos zur Begleichung der Steuerschuld zugelassen sind, müßten aus Gründen der Gleichbehandlung bei einem gegebenen Steuertatbestand für alle Währungen dieselben Steuersätze gelten.

Nun wird sich aber die Wirtschafts- und Finanzkraft der verschiedenen Emittenten üblicherweise nicht stets im Gleichschritt entwickeln, so daß sich im Zeitablauf eine Neubewertung der Währungen einstellt. Haben die Märkte die Wertkorrektur aber vollzogen, bleibt ein verzerrendes Steuersystem zurück, da es Anreize vermittelt, die Steuerschuld zum Steuerentrichtungszeitpunkt in der schwächsten Währung zu begleichen. Die weitere Folge wäre, daß die schlechteste Währung aus steuertechnischen Gründen ohne unternehmerisches Verdienst eine Aufwertung erfahren würde. Zudem könnte der Staat durch die erlittenen Steuerverluste ein vorgegebenes Aufgabenspektrum möglicherweise nicht mehr erfüllen. Die Alternative könnte nur darin bestehen, die Steuersatzstruktur den volatilen Preisen auf den Devisenmärkten stetig anzupassen. Der hierdurch entstehende Verwaltungsaufwand und die Rechtsunsicherheit lassen eine solche Steuerpolitik aber als suboptimal erscheinen. Allerdings wird das hypothetisch aufgezeigte Politikdilemma de facto nur den Rang eines Pseudodilemmas einnehmen, da bereits aufgezeigt werden konnte, daß die Verwirklichung des Gewinnmaximierungskalküls kleinerer Geldemittenten darin gesehen werden sollte, ein unwiderrufliches Einlöseversprechen in das dominante Tauschmedium abzugeben und nicht eine Selbstemission mit (unwägbarem) Wechselkursversprechen zu betreiben. In dieser Hinsicht wird sich für die ohne stark begrenzte wirtschaftliche Ausdehnung von Nationalstaaten gar nicht die Frage einer adäquaten Steuerdenominierung stellen.

Gleichwohl kommt der Frage, unter welchen Umständen sich Währungsräume internationalisieren, eine theoretisch bedeutende und politisch kaum zu überschätzende Relevanz zu. An dieser Stelle wird auch die Bestimmung der nationalstaatlichen Steuerdenominierung theoretisch bedeutsam, jedoch nicht im Hinblick auf die Auswahl aus einem Pool intranational konkurrierender Währungen, sondern bei der Frage, wie sich große Währungsräume, wie sie etwa der Euro- oder Dollarraum konstituieren, über ihre angestammte geographische Basis hinaus vergrößern.

Wäre das Geldangebot in diesen (Leit-) Währungsräumen bereits entpolitisiert, in anderen kleineren Wirtschaftsräumen jedoch nicht, wäre eine Vergrößerung der Währungszonen nicht mehr Ausfluß internationaler politischer Verhandlungsprozesse, sondern letztlich eine einseitige politische Entscheidung der „ordnungspolitischen Nachzügler".

Sofern es die politische Gezeitenlage zuläßt, bieten größere Währungsräume zahlreiche Vorteile, deren dauerhafte Ignorierung eine auf wirtschaftliches Wachstum bedachte Regierung sich nicht leisten könnte. Wenn für kleinere Währungsräume die Sinnhaftigkeit des Anschlusses an größere Währungsräume offenbar wird, bleibt eine Entscheidung darüber zu treffen, welche Währungszone konkret vorzuziehen ist. Ein derartiger Anschluß macht zwei wirtschaftspolitische Entscheidungen notwendig. Zum einen gilt es, die eigene Basisgeldproduktion einzustellen. Zum anderen muß eine neue Denominierung der Steuerschuld gewählt werden, da die alte hinfällig geworden ist.

Die Entscheidung über eine neue Steuerdenominierung ist jedoch nur oberflächlich eine rein finanzwissenschaftliche Fragestellung. Faktisch wird dem Wahlverhalten der öffentlichen Hand hier der Rang einer Vorentscheidung zukommen, da sie dem Publikum Anreize zum Nachahmen setzt, insbesondere werden die ansässigen Kreditinstitute das Einlöseversprechen ihrer Geldschöpfung an dieser Entscheidung orientieren.

Zu welchem Währungsraum sollte eine kleine Volkswirtschaft Anschluß suchen? Die Beantwortung dieser Frage soll mit Hilfe von Arbitrageüberlegungen unter Berücksichtigung der Bestimmungsgründe für Inflationsunterschiede innerhalb einer Währungsunion versucht werden. Aus der Arbitrageperspektive bietet sich derjenige Leitwährungsraum an, zu dem die größte Handels- und Kapitalverkehrsverflechtung besteht. Eine hohe Handelsverflechtung gepaart mit einer gemeinsamen Währung vermeidet wechselkursinduzierte Verzerrungen in der internationalen Wettbewerbsfähigkeit. Nur so besteht c. p. eine Garantie für die maximale Ausnutzung tatsächlicher komparativer Kostenvorteile in der interregionalen Arbeitsteilung und die damit verbundenen positiven Wohlfahrtseffekten. Das Gesetz des einheitlichen Preises für Gegenwartsgüter könnte sich ohne spill-over Effekte von den Finanzmärkten voll entfalten kann. Eine hohe Kapitalverflechtung verbunden mit einer gemeinsamen Währung reduziert die Kapitalkosten für Kapitalnehmer, da mit dem Wechselkursrisiko ein systematisches Risiko entfällt, für das Kapitalgeber keine Risikoprämie mehr einfordern werden. Die Reduktion der Kapitalkosten erhöht die Intensität des Kapitalaustauschs und führt zu steigenden Wachstumseffekten. Die positiven Wachstumswirkungen wachsen in beiden Fällen mit der Intensität der real- und kapitalwirtschaftlichen Verflechtung.

Unabhängig von diesen Aspekten kann die Frage der geeigneten Wahl des Referenzwährungsraumes auch aus einer engen geldtheoretischen Sicht angegangen werden. Aufgrund der Tatsache, daß in Währungsunionen interregionale Inflationsunterschiede auftreten, könnte es für sinnvoll erachtet werden, denjenigen Währungsraum zu wählen, der bei identischem Gesamtpreisindex die maximale monetäre Stabilisierung für die betreffenden Region in Aussicht stellt. Dazu ist der Frage nachzugehen, unter welchen Umständen überhaupt regionale Divergenzen in der Stabilitätsperformance bei gegebenem Gesamtpreisindex[343] auftreten und wovon ggf. ihr Ausmaß abhängt.

Wären alle Güter ohne Handelshemmnisse handelbar und Transportkosten vernachlässigbar, würde es keine unterschiedlichen Verbrauchsgewohnheiten respektive Warenkörbe geben, vollkommene Preistransparenz herrschen, liefen zudem Konjunktur- und Wachstum stets parallel und wären unterschiedliche Besteuerungen nicht vorhanden, würde reibungslose Arbitrage das Gesetz des einheitlichen Preises stets in Vollkommenheit Wirklichkeit werden lassen. Ein Spielraum für große und andauernde Inflationsunterschiede wäre dann nicht existent. Realiter sind die Voraussetzungen hierfür aber nicht oder jedenfalls nicht vollständig gegeben, so daß Divergenzen beobachtbar sind. Sie werden für einen ausgewählten Zeitraum über die Spannweite, d. h. der Differenz zwischen der höchsten und der niedrigsten Inflationsrate und der Standardabweichung der Inflationsraten gemessen.[344]

Das Ausmaß dieser Divergenzen wird letztlich mit dem Ausmaß der Abweichung von den „Idealvoraussetzungen" wachsen. Grundsätzlich wird ein solides Fundament an politischer und kultureller Kohäsion zumindest solche Abweichungen in Schach halten, die aus (potentiell protektionistischen) Handelserschwernissen oder unterschiedlichen Konsumgewohnheiten resultieren.[345]

Berücksichtigt man gleichzeitig die Tatsache, daß es mit dem Wohnungssektor und mit personengebundenen Dienstleistungen international nicht handelbare Güter[346] gibt, dann verringert die Arbeitsmobilität insbesondere im letzteren Fall den durch die erschwerte Mobilität bedingten Preiskeil bei diesem Warenkorbsegment. Denn je mobiler die Erwerbspersonen sind, desto geringer ist das interregionale Lohndifferential bei personengebundenen Dienstleistungen. Dieses wirkt wie eine Mobilitätsprämie für die

---

[343] Die folgenden Ausführungen beschränken sich auf den Verbraucherpreisindex.

[344] Die Inflationsdifferenzen beim Verbraucherpreisindex betrugen zwischen den Regionen in den USA anfang der achtziger Jahre bis zu 7 Prozentpunkte. Mit einer Standarabweichung von 0,6 liegen sie seit Anfang der neunziger Jahre bei ungefähr 2 Prozentpunkten. Die Werte für das Eurogebiet bewegen sich seit 1997 in einer vergleichbaren Größenordnung. Vgl. EZB (10/99), S. 41 und EZB (12/00), S. 35.

[345] Gleichzeitig begünstigt dieses Fundament die Mobilität des Faktors Arbeit und liefert neben einer produktivitätsorientierten Lohnpolitik und einer hinreichenden branchenmäßigen Diversifikation in den einzelnen Regionen einen zusätzlichen Anpassungsmechanismus an realwirtschaftliche Schocks. Mit der Wirksamkeit dieser Anpassungsmechanismen reduziert sich gleichzeitig die Wahrscheinlichkeit eines potentiellen inflationären oder deflationären Drucks.

[346] Vermutlich ist es korrekter von schwerer bzw. kostenaufwendigerer Handelbarkeit zu sprechen, da einerseits die technischen Kosten der Mobilität von menschlichen Ressourcen höher sind als der Transport standardisierter Massenware und andererseits apekuniäre Kostenkomponenten an Relevanz gewinnen. So mag die Angst um den Verlust sozialer Integration und kultureller Heimatgefühle und die Notwendigkeit des Erlernens einer neuen Sprache die Hürde für die geographische Mobilität vergrößern.

Erwerbskräfte, deren gleichgewichtige Höhe mit dem Verschwinden kultureller, regulatorischer und/oder politischer Hürden sinkt.

Unterstellt man schließlich die Existenz des Balassa-Samuelson-Effektes[347] als Bestimmungsgrund für interregionale Inflationsgefälle, so wird sich dessen Bedeutsamkeit jedoch mit einem Absinken der gleichgewichtigen Mobilitätsprämie abmildern. Der Balassa-Samuelson-Ansatz führt regional unterschiedliche Preisniveauentwicklungen auf interregional ungleiches Produktivitätswachstum im Bereich der handelbaren Güter zurück: Kommt es in einer Region zum Produktivitätswachstum im Sektor der handelbaren Güter, ist eine gleichgerichtete Erhöhung der Löhne hier preisneutral möglich. Die Lohnerhöhung überträgt sich aber auch auf den Sektor der nichthandelbaren Güter, da Arbeit annahmegemäß intersektoral aber nicht interregional mobil ist und deshalb auch im nichthandelbaren Sektor höher und preiswirksam[348] entlohnt werden muß, damit sie nicht sektoral abwandert.[349] Je höher aber die räumliche Mobilität von Erwerbspersonen ist, desto geringer ist die gleichgewichtige Mobilitätsprämie und desto geringer ist der Spielraum zur Einforderung nichtproduktivitätsunterlegter Löhne in der schneller wachsenden Wirtschaftsregion. Mit anderen Worten, (potentielle) Wachstumsdifferenzen erhöhen um so weniger die Streuung der Inflationsraten innerhalb einer Währungsunion, je höher die interregionale Arbeitsmobilität ist.

In einem übergeordneten Sinne können deshalb weder eine heterogene Wachstumsdynamik noch heterogene Steuersysteme per se als die Leistungsfähigkeit einer Währungsunion beeinträchtigend angesehen werden. Vielmehr sind sie Ausdruck eines marktlichen und steuerpolitischen Entdeckungsverfahrens, das über temporäre Ungleichheit entsprechende Leistungsanreize vermittelt, ohne daß diese zwingend monetär polarisierende Folgen haben.

Bezogen auf die Ausgangsfragestellung bleibt zusammenfassend festzustellen, daß mehrere Erwägungen die Hypothese stützen, daß auch in einer Freigeldordnung die internationale Dimension der Währungskonkurrenz nicht entfällt. Bereits die Implementierung der hierfür erforderlichen rechtlichen Rahmenbedingungen erfordert entsprechende politische Dispositionen auf nationalstaatlicher Ebene. Neben dem Verzicht auf eine staatliche Basisgeldproduktion muß eine Entscheidung über eine adäquate Denominierung der Steuerforderungen getroffen werden. Dieser dürfte hinsichtlich des künftig in diesem Wirtschaftsraum umlaufenden Zahlungsmittels und den Kassenhaltungswünschen des Publikums den Charakter einer impliziten Standardisierungswirkung besitzen.

---

[347] Vgl. Balassa (1964) und Samuelson (1964).
[348] Der Preisanstieg entsteht, weil die höheren Löhne hier nicht mit einer höheren Produktivität unterfüttert werden.
[349] Vgl. EZB (10/99), S. 45.

Es wurde herausgearbeitet, daß der ökonomischen Effizienz verpflichtete Regierungen bei der Denominierungsentscheidung zweckmäßigerweise (wirtschafts-) politische und außenhandelsstrukturelle Realitäten zu berücksichtigen haben. Wachstumspolitisch empfiehlt sich aufgrund von Arbitrageüberlegungen und der Aktivierung von Ersparnissen der Anschluß an denjenigen Schlüsselwährungsraum, zu dem die größere Handels- und Kapitalverflechtung besteht. Aus der Perspektive monetärer Stabilisierungserwartungen sind vor allem eine gewisse kulturelle Affinität, nachhaltig gefestigte politische Beziehungen und gleichläufige Wachstumserwartungen bedeutend.

Die Erfüllung der rein analytisch separierbaren Wohlfahrtskriterien wird aber im Normfall gleichzeitig gegeben oder nicht gegeben sein; eine trade off Beziehung ist unwahrscheinlich. So verhindern gefestigte politische Beziehungen administrative Preiskeile und begünstigen die Bewältigung eines ggf. anfallenden (ordnungs-) politischen Koordinierungsbedarfes. Gleichzeitig werden sie aber auch den Handels- und Kapitalverkehr intensivieren, da politische Risiken in den einzelwirtschaftlichen Abwägungen ihre Bedeutung verlieren. Insofern werden Währungsräume einen politischen Bezug aufweisen. Die Unterscheidung zwischen nationalen und internationalen Transaktionen behält damit auch bei Aufgabe staatlicher Währungsmonopole - wenigstens in einem weiter verstandenen Sinne - ihre Gültigkeit. Gleichwohl wird sich die Natur der Währungskonkurrenz bei Wegfall staatlicher Basisgeldproduktion in der Hinsicht verändern, daß sich tendenziell größere Wirtschaftsräume unter das Dach einer einheitlichen Währung begeben können, da die erforderliche politische Sicherheit keine politische Union auf allen Politikfeldern erfordert.

5.7 ZUSAMMENFASSUNG

In diesem Kapitel wurde herausgearbeitet, daß Geld als spezifisches Finanzaktivum und multiple Geldschöpfung des Bankensystems unabhängig von spezifischen regulatorischen Rahmenbedingungen zu erwarten ist. Das Charakteristikum von depositenartigen Geld besteht in seinem Fremdkapitalcharakter. Dieser ließ sich weder mit dem Hinweis auf das Erfordernis der Anreizkompatibilität noch mit der Existenz heterogener Risikopräferenzen zwingend begründen. Vielmehr könnte sich nicht einmal unter Risikoneutralität eigenkapitalähnliches Geld durchsetzen. Der Grund hierfür besteht in dem Umstand, daß das Publikum Geld mit großem Verbreitungsgrad wünscht, dem aber die aus der Ordnungstheorie abgeleitete unvermeidliche Heterogenität der Erwartungen entgegenstünde.

Finanzintermediäre, die wie Banken Geld anbieten und schöpfen, werden deshalb im Umfang der bei ihnen gehaltenen monetären Verbindlichkeiten eine fremdkapitalbestimmte Bilanzstruktur aufweisen. Bei nicht monetären Finanzinstituten ist die Kapitalstruktur dagegen von den Präferenzen in der Geldkapitalbildung gesteuert und damit grundsätzlich variabel.

Die dauerhafte Nachfrage nach Geld in einer Volkswirtschaft erlaubt es dem System monetärer Finanzinstitute, in Höhe dieser Nachfrage Fristentransformation zu betreiben und dabei monetäre Liquiditätsprämien abzuschöpfen. Mit Hayek wurde die Möglichkeit einer funktionsfähigen privatwirtschaftlichen reputationsbasierten Geldschöpfung als grundsätzlich funktionsfähig angesehen. In Abgenzung zu diesem wurde aber ein System von Parallelemissionen als eine eher unwahrscheinliche Entstehungsvariante angesehen, da es schwerlich mit den Optimierungskalkülen der Geldverwender und –produzenten in Einklang zu bringen ist.

Die Rolle von Sekundäremissionen wurde systematisch anders bewertet als in der Theorie konkurrierender Umlaufmittel. In diesem Zusammenhang wurde abgeleitet, daß der Wechselkurs als Indikator für die Qualität einer Geldemission unzureichend ist. Staatdessen wurde erläutert, inwiefern eine vollständige deregulierte Geldordnung als Mischform historischer und bestehender Geldordnungen zu verstehen ist und daß ein zusätzlicher Sanktionsmechanismus in dem Markt für Unternehmenskontrolle besteht, über den sich Veränderungen in der Basisgeldemission vollziehen.

Es wurde begründet, warum eine internationale Dimension der Währungskonkurrenz auch in einer Freigeldordnung und unter Anwesenheit elektronischen Geldes erhalten bleibt. Schließlich wurde die Bedeutung von Zahlungsverkehrssystemen für monetäre Wettbewerbsordnungen aufgezeigt.

6 LEITWÄHRUNGSRÄUME UND INTERNATIONALE FINANZINTERMEDIATION

Nachdem es im vorigen Kapitel gelungen ist, den Fortbestand der internationalen Währungskonkurrenz für beliebige Geldordnungen zu belegen, sollen in diesem Kapitel detailliert theoretische Aspekte der internationalen Finanzinermediation und der internationalen Geldtheorie erarbeitet werden.

Dazu wird mit einer Diskussion des internationalen Vermögensschmetterlings begonnen. Indem Lücken im Hypothesenzusammenhang dieser Theorie festgestellt werden können, werden noch einmal grundsätzlich Eigenschaften und Merkmale internationaler Währungen aufgezeigt. In diesem Zusammenhang wird auf ihre Bedeutung als internationale Recheneinheit auf den internationalen Geld- und Finanzmärkten eingegangen. Dabei werden auch bestehende Hypothesen zur Denomination von Finanztiteln und zur Fakturierung von Gütern auf den Prüfstand gestellt und alternative Erweiterungen und Vorschläge gemacht.

Im Anschluß daran werden die theoretischen Gründe für die Vermutung eines natürlichen Monopols bei der Rolle von Schlüsselwährungen als internationale Zahlungsmittel für Drittwährungen besprochen. Indem versucht wird, die auf den Devisenmärkten auftretenden Transaktionskosten theoretisch und unter Zuhilfenahme stochastischer Gleichgewichtsüberlegungen zu explizieren, kommt es schließlich auch zur Formulierung von Alternativhypothesen in diesem Bereich.

Ein Teil der hier aufgestellten Hypothesen wird in einem eigenen empirischen Abschnitt überprüft und mit entsprechenden Verhaltensgleichungen quantitativ geschätzt. Die so gewonnenen Erkenntnisse werden im anschließenden Abschnitt noch einmal in systematische Zusammenhänge zum Weltbankcharakter von Leitwährungen eingeflochten. Es wird systematisch erarbeitet, worin Vorteile und Aufgaben dieses Weltbankcharakters liegen.

6.1 DER INTERNATIONALE VERMÖGENSSCHMETTERLING

Die Rolle von Leitwährungen im Weltwährungssystem wurde erstmals von Niehans eingehend mit einem spezfischen Modell untersucht. Es erhebt den Anspruch, einen theoretischen Bezug zwischen Finanzintermediation und der Rolle von Leitwährungsräumen für Struktur und Zusammensetzung der Kapitalströme im internationalen Finanzsystem herzustellen. Dazu wird das gängige Instrumentarium der Außenwirtschaftstheorie verwendet. Inhaltlich geht es in Abgenzung zu dieser jedoch nicht um die Veränderung der Nettoauslandsvermögensposition in Abhängigkeit einer national divergierenden Grenzleistungsfähigkeit und/oder Zeitpräferenzrate, sondern „Attention is thus focused on the composition of given net claims or liabilities."[350]

Die instrumentelle Analogie zur traditionellen Außenwirtschaftslehre besteht konkret in dem Ableiten einer Vermögenstransformationskurve für die geschlossene Volkswirtschaft, die Analyse der Auswirkungen eines von dem nationalen Vermögenspreisverhältnis abweichenden Weltmarktpreisverhältnisses auf eine offene Volkswirtschaft und der abschließenden Konstruktion eines internationalen Anlagengleichgewichts mit Hilfe eines internationalen Tauschkurvenschmetterlings (international asset butterfly).

Modelldarstellung

Die Transformationskurve für eine geschlossene Volkswirtschaft stellt den geometrischen Ort aller Mengenkombinationen zweier betrachteter Güter dar, die maximal bei effizienter Ressourcennutzung simultan produziert werden können. Um ihren Verlauf bestimmen zu können, sind letztlich Annahmen über die zugrundeliegende Produktionstechnologie erforderlich. Niehans trifft hierzu folgende Annahmen: Die analysierte Ökonomie hat eine gegebene Ausstattung an Realkapital K, dem eine erwartete Grenzleistungsfähigkeit in Höhe von r mit einer gegebenen Varianz zugeschrieben wird.

Es finden weder Investitionen noch Desinvestitionen statt. Die Firmen finanzieren den konstanten Kapitalstock über die Emission von Wertpapieren, die eine ewige (aber unsichere) jährliche Rente in der erwarteten Höhe von einer Geldeinheit abwerfen. Diese Titel zeichnen sich neben ihrem innewohnenden Risiko als relativ illiquide aus. Für den Preis (p_S) dieser Wertpapiere gilt: $p_S = 1/i_S$.

Eine alternative Anlageform wird vom Bankensektor in Form von Depositen geschaffen. Sie hat gleichfalls den Charakter einer ewigen Rente. Die jährliche Couponzahlung in Höhe einer Geldheit ist aber im Unterschied zu der vorherigen risikolos und relativ liquide. Für den Preis (p_D) einer Deposite gilt analog zu dem von Wertpapieren: $p_D = 1/i_D$. Die Erträge der Wertpapiere müssen aufgrund ihrer Risiko- und Liquiditätseigenschaften mit einem höheren Zinsatz (i_s) als diejenigen der Depositen (i_D) abdiskontiert werden. Es folgt daraus:

$$\frac{p_D}{P_S} = \frac{1/i_D}{1/i_S} = \frac{i_S}{i_D} > 1 \qquad .$$

Die Tätigkeit der Finanzintermediäre besteht darin, mit den ihnen anvertrauten Mitteln bis auf auf eine bestimmte Reservehaltung Wertpapiere zu kaufen und das Risiko

---

[350] Vgl. Niehans (1984), S. 132.

durch Herausgabe qualitativ andersartiger Zahlungsversprechen zu transformieren. Die ihrerseits im Passivverkauf abgegebenen Zahlungsversprechen unterscheiden sich im Wege von Diversifikationseffekten[351] qualitativ von den im Aktivgeschäft erworbenen.

Für die geschlossene Volkswirtschaft hat die Vermögenstransformationskurve die in Abb. 9 dargelegte Gestalt.

Die Strecke OC repräsentiert den Gesamtbestand der zur Finanzierung des volkswirtschaftlichen Realkapitalstocks emittierten Wertpapiere, die ohne Existenz von Finanzintermediären als einzige Vermögensanlage im vollen Besitz der privaten Haushalte wären. Der Schnittpunkt der Vermögenstransformationskurve (asset frontier) mit der Abzisse kennzeichnet hingegen das Potenzial an maximal emittierten Depositen. Die asset frontier zeigt für eine gegebene Erwartung hinsichtlich der Grenzleistungfähigkeit des Kapitals und einer gegebenen Bankentechnologie mögliche Aufteilungen des Geldvermögens von Anlegern in Wertpapiere und Depositen.

Abbildung 9: Vermögenstransformation in der geschlossenen Volkswirtschaft

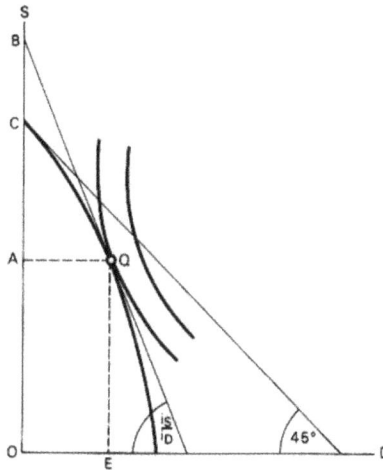

Entnommen aus: Niehans (1984, S. 135)

Die Konkavität der Transformationskurve leitet sich aus zunehmenden Grenzkosten der Bankenindustrie ab. Die asset frontier stellt die Fähigkeit des Bankensystems dar,

---

[351] Niehans unterläßt detailliertere Ausführungen zur Bankentechnologie. Die besondere Bedeutung, die der Diversifikation beigemessen wird, ergibt sich aber bereits aus der Kapitelüberschrift („asset diversification"). Vgl. Niehans (1984), S. 132 u. S. 134.

unsichere Zahlungsanwartschaften in sichere zu transformieren. Die Kurve verläuft durchweg steiler als 45°, weil die Banken die mit ihrer Dienstleistung anfallenden Intermediationskosten und übernommenen Risiken nur entgeltlich in Form eines Zinsspread anbieten können. Die Distanz zwischen der asset frontier und der 45° Linie reduziert sich mit wachsender Produktivität des Bankensektors.

Welches Intermediationsniveau sich realisiert, hängt von der Produktivität des Bankensektors, dem Zinsverhältnis und den Präferenzen der Anleger ab. Die Indifferenzkurven haben bei Risikoaversion den hier unterstellten konvexen Verlauf. Die Durchführung der Vermögenstransformation lohnt sich für Banken solange, bis die marginale Steigung der asset frontier mit dem Zinsverhältnis und der Grenzrate der Substitution übereinstimmt. Das Ausmaß an Intermediation wächst insofern mit dem Umfang des Zinsspread zwischen beiden Anlagentypen.

Bei dem in der Grafik angenommenen Zinsverhältnis würden die Intermediäre CA Wertpapiere aufkaufen, so daß dem Publikum nur noch OA Wertpapiere bleiben; im Gegenzug dazu räumt der Bankensektor dem Publikum Depositen im Umfang AQ ein. Die Steigung der Tangente an Q stellt das Vermögenspreisverhältnis dar. Die Differenz BC ist Ausdruck des Sachverhalts, daß der Umfang der Aktiva des Bankensektors das Volumen der von ihr gehaltenen stocks übersteigt. Damit läßt sich BC als Bankenreserven auffassen und BC/BA als Reserveverhältnis. Mit zunehmenden Transformationsniveau erhöht sich das Reserveverhältnis in einem Ausmaß, das durch die Elastizität der asset frontier generiert wird.

Die volkswirtschaftlich wohlfahrtsmehrende Wirkung der Finanzintermediation ist daran erkennbar, daß mit dem Punkt Q auf der Produktionsmöglichkeitskurve eine weiter vom Ursprung entfernt liegende Indifferenzkurve tangential erreicht wird.

Abbildung 10: Vermögenstransformation in einer kleinen offenen Volkswirtschaft

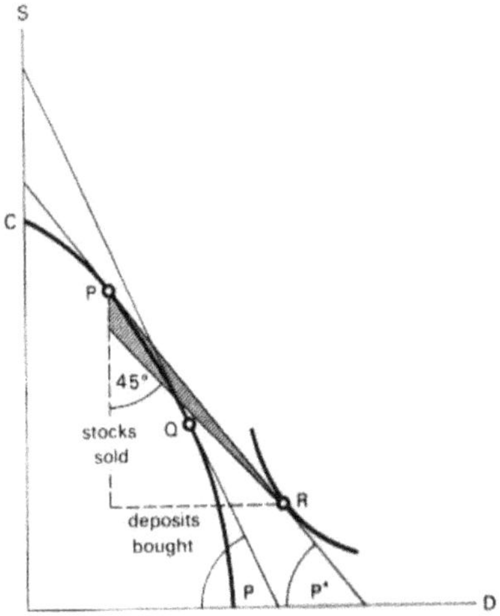

Entnommen aus: Niehans (1984, S. 137)

In Abb. 10 wird nun eine kleine offene Volkswirtschaft betrachtet, für die das nationale Vermögenspreisverhältnis ($p = p_D / p_S$) von dem auf den Weltkapitalmarkt ($p^* = p_D^* / p_S^*$) nach oben abweicht (p>p*). Mit anderen Worten, der Wert sicherer Einlagen ist im Ausland relativ günstiger, was bei ansonsten identischen Nachfragebedingungen auf eine komparativ schwächere Bankentechnologie des kleineren Landes hinweist. Dies hat zur Folge, daß die heimische Produktion der sicheren Anlage von Q auf P zurückgeht. Der gegenüber der geschlossenen Volkswirtschaft noch weiter vom Ursprung entfernt liegende Tangentialpunkt R der Indifferenzkurve mit dem Weltmarktpreisverhältnis symbolisiert die durch den Weltfinanzhandel erreichte Wohlfahrtssteigerung.

Da die inländische Produktion der Bankenindustrie mit der inländischen Nachfrage divergiert, findet hier analog zum internationalem Leistungsverkehr ein internationaler Austausch von Finanztiteln auf Basis von komparativen Vorteilen statt. Dieser führt zu einem Auseinanderfallen von nationaler Produktion (Angebot) und nationaler Portfoliopräferenz (Nachfrage). Im Inland sind im Vergleich zum Ausland Depositen relativ teurer und Wertpapiere komparativ günstiger. Der Umfang gehaltener Depositen steigt in horizontaler Richtung von OP auf OR und der gehaltener Wertpapiere sinkt entsprechend in vertikaler Richtung. Im Ausmaß der jeweiligen Differenzbeträge werden vom kleineren Land Wertpapiere an das Ausland verkauft (Kapitalimporte) und Depositen gekauft (Kapitalexporte). Es werden unsichere Zahlungsanwartschaften gegen vom Ausland produzierte sichere Zahlungsanwartschaften getauscht. In einer Nettobetrachtung bleibt der Vermögensstatus unberührt. Allerdings sind Nettozinszahlungen des Landes mit dem komparativen Nachteil in der Depositenproduktion an das Ausland zu erwarten, da der Depositenpreis auch auf dem Weltmarkt größer ist als der der stocks. Diese führen gewissermaßen mittelbar zu einer Passivierung der Leistungsbilanz des Landes mit der weniger wettbewerbsfähigen Bankentechnologie. Diese Zinszahlungen sind mit dem schraffierten Bereich in der Grafik gekennzeichnet. Der schraffierte Bereich ist bestimmt durch den Abstand zwischen der Preisgeraden und der 45-Grad Linie.[352]

Der letzte Schritt besteht in der Übertragung der Tauschkurvenanalyse auf dies spezifische Ausgangsfragestellung (Abb. 11). Der Schnittpunkt der Tauschkurven repräsentiert das internationale Anlagengleichgewicht, die graphische Ableitung nimmt die Form eines internationalen Wertpapierschmetterlings („international asset butterfly"[353]) an.

Abbildung 11: Internationales Anlagengleichgewicht (Vermögensschmetterling)

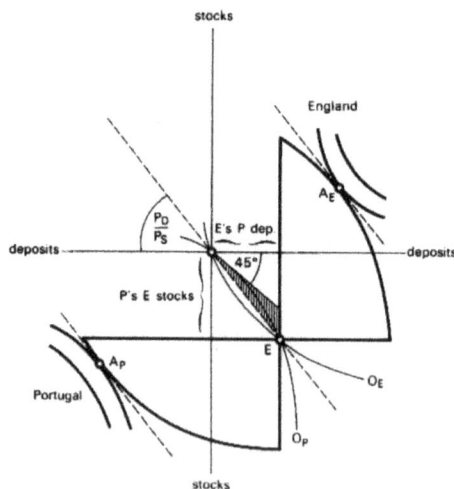

Entnommen aus: Niehans (1984, S. 140)

---

[352] Das Bankenland erhält dann Nettozinserträge im Umfang der erworbenen Wertpapiere multipliziert mit der Zinsdifferenz.
[353] S. Niehans (1984), S. 140.

O_E und O_P bezeichnen die Weltmarkttauschangebotskurven der hier beispielhaft gewählten Länder England (E) und Portugal (P). Eine Tauschkurve gibt für beliebige
Weltmarktpreisverhältnisse die optimalen Austauschkombinationen zwischen Wertpapieren und Depositen an. Sie zeigt, welche Menge an Wertpapieren ein Land am
Weltmarkt gegen eine bestimmte Menge an Depositen zu tauschen wünscht. Nur im
Schnittpunkt (E) der Tauschkurven beider Länder verhalten sich die Nachfragewün-
sche beider Länder spiegelbildlich zueinander.

Bei den gewählten Kurvenverläufen kommt Portugal die Rolle eines internationalen
Bankers zu, was an dem flacheren Verlauf seiner asset frontier erkennbar ist. Die sich
daraus ergebenden Nettozinszahlungen von England an Portugal sind in der Abbildung
wiederum schraffiert eingetragen.

Diskussion

Das Modell von Niehans wurde – soweit ersichtlich – bislang allein von Klump kom-
mentiert. Klump gelangt zu der Feststellung: „Obwohl seither immer wieder die Meta-
pher der ʹinternationalen Bankʹ[354] zur theoretischen Analyse internationaler Schlüsselwährungen herangezogen wird, findet sich erst bei Niehans ein konsistenter Modellrahmen zur Darstellung der internationalen Liquiditätstransformation."[355]

Diese Feststellung kann jedoch nicht uneingeschränkt gestützt werden. Vor dem Hintergrund der bisherigen Ergebnisse dieser Untersuchung sollen einige Schwachstellen
des Modells aufgezeigt werden:

Der Erklärungsanspruch des Modells leidet unter begrifflichen Unklarheiten. Deutlich
wird zwar, daß die Analyse weniger auf die Erklärung von Bestand und Dynamik
internationaler Nettovermögenspositionen abzielt, unklar bleibt jedoch, ob das Erklä-
rungsziel nun die Zusammensetzung der gegebenen Nettoforderungen und Nettover-
bindlichkeiten ist[356], oder ob es um den partiellen Beitrag einer international wettbewerbsfähigen Bankenindustrie auf die Zahlungsbilanz[357] geht.[358] Mit der Ausführung
„While net foreign assets are adjusted by capital flows, the composition of given net
claims or liabilities is adjusted by arbitrage."[359] bemüht sich Niehans zwar um eine

---

[354] Die Idee, die internationale Verwendung nationaler Währungen über das Konzept einer internationalen Liquiditätstransformation zu erfassen, geht auf Kindleberger (1966) zurück. Die Bezeichnung der Rolle dieser Währungsräume als „banker of the world" ist verbreitet. Vgl. Rieke (1982,
S. 19) und Neumann (1981, S. 9) und Buckley (2000, S. 15).
[355] S. Klump (1986), S. 86.
[356] Vgl. hierzu Niehans (1984), S. 132.
[357] Oder genauer: auf ihre Teilbilanzen unter vollständiger Abstraktion von leistungswirtschaftlichen
Einflüssen.
[358] Vgl. ebd., S. 137.
[359] S. ebd., S. 132.

klare Unterscheidung. Aber auch dieser Klassifizierungsversuch erweist sich nicht unbedingt als weiterführend. Denn ökonomisch strikter ließe sich argumentieren, daß die Nettoauslandsvermögensposition Ausfluß intertemporaler Konsumoptimierung ist. Sofern ein gegebener Vermögensbestand diese optimalen intertemporalen Konsumpläne (noch) nicht adäquat abbildet, werden internationale Kapitalströme zu einer entsprechenden Adjustierung führen. Arbitrageüberlegungen spielen aber bei jeder Anlageentscheidung und damit auch bei den Kapitalströmen selbst eine zentrale Rolle. Äquivalente Anwartschaften auf Zukunftskonsum werden natürlich in dem Land und von dem Emittenten erworben, der sie am billigsten anbietet. Diese primären Arbitrageüberlegungen wirken dann aber quasi nur mittelbar - und nicht wie von Niehans angenommen genuin - auch auf die Zusammensetzung der im Portefeuille gehaltenen ausländischen Finanztitel zurück.

Die angestrebte Analogie zur herkömmlichen Außenwirtschaftslehre bleibt lückenhaft. Im Grunde wird nur ein Produkt, nämlich die sichere Anlage, produziert. Die asset frontier hat daher eher den Charakter einer Produktionsfunktion mit steigenden Grenzkosten und den Wertpapieren als Input. Die riskanten von Unternehmen emittierten Wertpapieren stellen jedenfalls keinen Output der Banken dar. Die Vorstellung eines internationalen Tausches gerät dadurch in Erklärungsschwierigkeiten, denn hinter den vorhandenen Wertpapieren steckt keine nationale Produktionstechnologie, sondern der Finanzierungsbedarf der Wirtschaft und damit einer Vielzahl von Unternehmen.

Die dem Modell zugrundeliegende Definition und Abgrenzung von Finanzintermediären „First, they act as brokers or middlemen...Second, financial intermediaries modify the composition of portfolios by buying assets that are qualitatively different from those they are selling."[360] besitzt mit der von Gurley und Shaw Ähnlichkeiten. Es bleibt die Frage offen, wann, warum und in welchem Ausmaß Anleger auch Direktanlagen tätigen; die Unterschiede zwischen monetärer und nicht monetärer Finanzintermediation bleiben unberücksichtigt, und die Beobachtung, daß Sparer auch riskante intermediäre Anlageprodukte nachfragen, wird durch das Modell nicht erfaßt. Letztlich bieten Intermediäre in der Realität eine Vielzahl von Anlagefazilitäten an, die sich im wesentlichen durch unterschiedliche Merkmalskombinationen von Zeithorizont, Risikogehalt, Versicherungselementen und damit, zumindest mittelbar, in ihrer Geldnähe unterscheiden. In dem Modell deuten die Zinscoupons, die auf die von Intermediären emittierten Depositen anfallen und genauso hoch sind wie die erwarteten Wertpapiererträge, eher auf ein dem Geldkapital zuzurechnendes Finanzprodukt hin. Die postulierte hohe Liquidität der Depositen weist dagegen auf ihre Geldnähe hin. Andererseits fehlen die Bezüge zum (internationalen) Zahlungsverkehr und zur Geldschöpfung sowie allgemein zu den Gütekriterien von Geld.

---

[360] Vgl. Niehans (1984), S. 134.

Darüber hinaus erscheint die im Modell vorgenommene Fixierung auf das bilanzwirksame Geschäft für die systematische Ergründung allgemeiner internationaler Bankenfunktionen zu restriktiv. So kann im internationalen Rahmen auch eine Emissionsbegleitung, die Wahrnehmung von Depotverwaltungsfunktionen oder eine Informationsproduktion auf Provisionsbasis (Rating) stattfinden.

Vor allem aber unterbleibt auch eine Unterscheidung zwischen Bankenländern oder internationalen Finanzzentren einerseits und Leitwährungsräumen andererseits. So wird gefolgert, daß ggf. „internationale Schlüsselwährungen auch aus den Währungen von Ländern entstehen können, die keine dominierende Rolle im internationalen Güteraustausch spielen."[361] Niehans erwähnt in diesem Zusammenhang die Schweiz.[362] Hieraus ist zu schließen, daß er eine solche Differenzierung nicht als notwendig ansieht. Durch tatsächliche Regelmäßigkeiten lassen sich diese Vermutungen allerdings nicht stützen, was aus Abb. 12 zu ersehen ist.

Abbildung 12: Währungs- und Länderstruktur des internationalen Bankgeschäfts von 1985-1998

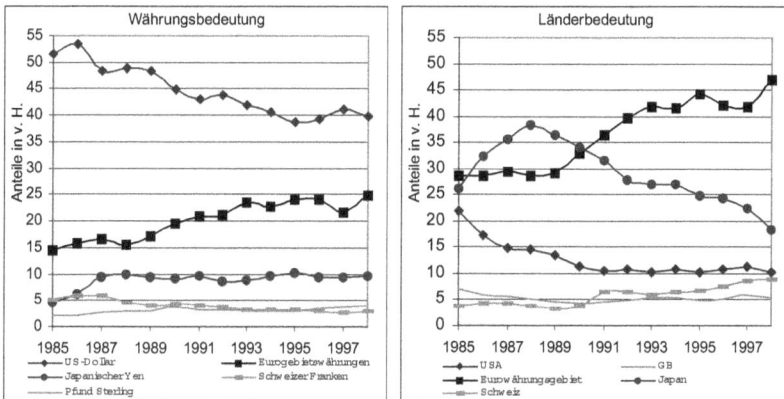

Quelle: BIS (Statistical Annex: Numeric Spreadsheets), Währungsstruktur ermittelt aus den grenzüberschreitenden Forderungen der Banken (Tafel 5A) zuzüglich ihren lokalen Fremdwährungsforderungen (Tafel 5D) jeweils gegenüber allen Sektoren; Länderstruktur berechnet aus den Angaben zur Nationalität der Eigner der berichtenden Banken (Tafel 8A); eigene Berechnungen und Schaubilder

Es zeigt sich, daß eher Indizien für den Umkehrschluß bestehen: Die Leitwährungsbedeutung ist nicht zu trennen von einer gewichtigen volkswirtschaftlichen Bedeutung bzw. dominanten Stellung des dahinter stehenden Währungsraumes im Welthandel.[363]

---

[361] Vgl. Klump (1986), S. 77.
[362] Vgl. Niehans (1984), S. 142.
[363] Vgl. auch in einen nicht finanzintermediationstheoretischen Kontext Will (1999, S. 298).

Die führende Bedeutung des Dollars bei der Denominierung von Banktiteln bleibt im Grundsatz für die letzten 15 Jahre trotz spürbaren Konsolidierungsprozesses bestehen. Gleichwohl hat dies zu keinem Zeitpunkt im Betrachtungszeitraum eine führende internationale Stellung des amerikanischen Bankensystems begründen können. Umgekehrt konnten japanische Banken zeitweise eine führende Stellung einnehmen, ohne daß dies durch eine korrespondierende Geltung des Yens unterlegt gewesen wäre. Die Geltung des Yen verhielt sich auch gegenüber dem nachfolgenden Bedeutungsrückgang japanischer Banken neutral. Insgesamt zeigt die Verschiebung von Marktanteilen im Bereich internationalen Bankpositititonen eine beweglichere Tendenz auf als im Bereich der Währungsverwendung. Hinsichtlich der Schweiz läßt sich anmerken, daß die beständig hohe Wertstabilität des Schweizer Franken in den Augen der internationalen Finanzmarktteilnehmer nicht ausgereicht hat, um rangmäßig in die Nachbarschaft von Währungen von Wirtschaftsräumen mit größerer Handelsbedeutung zu gelangen.

Internationale Finanzzentren können durchaus in Ländern ansässig sein, deren Währungen keinen internationalen Vehikelcharakter besitzen, sondern sich vielmehr dadurch auszeichnen, daß sie unabhängig von der nationalen Verkehrswährung umfangreiche internationale Finanzgeschäfte gerade mit und in der ausländischen Leitwährung tätigen.[364] Sicherlich begünstigt die Präsenz eines oder mehrerer wichtiger internationaler Finanzzentren in einem Währungsraum seinen potentiellen Aufstieg zum internationalen Schlüsselwährungsraum, da die Verwendung der eigenen Währung bei internationalen Finanzkontrahierungen erleichtert wird. Nur gibt es limitierende Faktoren wie die Größe des Währungsraumes und/oder die (relative) Performance in der Inflationsbekämpfung, die die Chance zum autonomen Aufstieg dieser Länder zu Schlüsselwährungsräumen stark begrenzt. Die Leistungsfähigkeit dieser Finanzplätze steht deshalb nicht grundsätzlich in Frage, zumal sie eine staatliche Inflationspolitik nicht zu verantworten haben und ihre Hauptgeschäfte ja ohnehin in der „besseren" Währung tätigen. Poolende Intermediäre, die nicht im Leitwährungsland domizilieren, sind unter Freihandelsbedingungen und Abwesenheit steuerlicher Verzerrungen schon dann wettbewerbsfähig, wenn die Qualität ihrer Informationsverarbeitung und Produktgestaltung überdurchschnittlich ist. Sie ziehen dann Ersparnisse im internationalen Rahmen an und reinvestieren diese weltweit nach Risiko- und Ertragsgesichtspunkten. Andererseits hat sich für den US-Dollar gezeigt, daß trotz lange Zeit fehlregulierungsbedingter geschwächter nationaler Bankentechnologie im Rahmen des Glass-Steagall-Act der Leitwährungsstatus erhalten blieb.

---

[364] Z. B. die Caymans, Hong Kong, Singapur etc.

Damit erweist sich dieses Modell sowohl hinsichtlich seiner Implikationen für eine allgemeine Theorie der Finanzintermediation als auch für den weiteren Gang der Untersuchung zur Erfassung von Bankenfunktionen von Weltwährungen als unzureichend. Eine konsistente modelltheoretische Erfassung des Bankencharakters von Weltwährungsräumen gilt es weiterhin erst noch zu ergründen.[365]

6.2 WÄHRUNGSINTERNATIONALITÄT

Die internationale Verwendung einer Währung manifestiert sich in dem Gebrauch außerhalb ihres Ursprungslandes, wozu als Mindestvoraussetzung ihre uneingeschränkte Konvertibilität für alle Leistungs- und Kapitalverkehrstransaktionen gewährleistet sein muß. Der potentielle Gebrauch bezieht sich dabei grundsätzlich auf alle drei Geldfunktionen. Überlicherweise wird bei der Ausübung von Geldfunktionen im internationalen Rahmen nach privaten Wirtschaftssubjekten (Unternehmen, Händler, Geschäftsbanken) und offiziellen Währungsbehörden differenziert. Je nach wahrgenommener Geldfunktion im internationalen Privatverkehr spricht man von Rechnungs-, Transaktions- oder Anlagewährung. Für offizielle Währungsbehörden sind dagegen die Begriffe Numéraire- und Interventionswährung sowie nominaler Anker üblich.

Diese Differenzierungen erlauben verschiedene Aspekte einer Währungsinternationalisierung bzw. eines Internationalisierungsprozesses idealtypisch hervorzuheben. In Wirklichkeit bestehen zwischen den verschiedenen Funktionen jedoch Interdependenzen. So begünstigt die Verwendung einer Währung als Recheneinheit ihren Gebrauch als Tauschmittel und es kann der Status als dominanter internationaler Tauschmittler und weitverbreitete private Anlagewährung Zentralbanken dazu veranlassen, sie gleichfalls als Interventions- und Reservewährung zu benutzen. Der Internationalisierungsprozeß erfordert weder die gleichzeitige noch gleichmäßige Wahrnehmung aller Geldfunktionen. Eine internationale Währung liegt bereits dann vor, wenn eine oder mehrere dieser Funktionen erfüllt werden.[366] Eine Währung, die alle genannten Verwendungsarten gleichzeitig, aber nur regional erfüllt, soll hier als regionale Leitwährung bezeichnet werden. Nur eine Währung, die alle Funktionen im weltweiten Rahmen erfüllt, wird als globale Vehikelwährung, Weltwährung oder einfach nur Leitwährung bezeichnet.

---

[365] Die Untersuchung von Decressin und Disyatat (2000, S. 1 u. 19f.) hat nur die Frage zum Gegenstand, ob es innerhalb eines neu gegründeten größeren Währungsraumes zu einer Reallokation der Nettokapitalströme kommt.

[366] Vgl. Terres (1996), S. 2f.

Als allgemein förderlich für die Internationalisierung einer Währung werden eine bedeutende Stellung in den Welthandelsströmen und damit verbunden ein geringer außenwirtschaftlicher Offenheitsgrad des dahinterstehenden Wirtschaftsraumes angeführt. Der unbedingte monetäre Stabilitätswille des monetären Systems muß dem internationalen Publikum stets glaubwürdig signalisiert werden. Schwerwiegende politische Krisen dürfen nicht befürchtet werden bzw. müssen für bewältigbar eingeschätzt werden. Die dahinter stehenden Finanzmärkte müssen tief, liquide und innovativ sein und möglichst durch international wettbewerbsfähige wenn nicht führende Finanzplätze bzw. Handelsforen unterstützt werden. Verantwortliche Währungsbehörden dürfen der Internationalisierung keinen Widerstand leisten.[367]

Dieses gesamte Klassifikationssystem erscheint zunächst ein wenig artifiziell, erweist sich aber vor dem Hintergrund als nützlich, daß in der Realität eben genau diese verschiedenen Facetten von Währungsinternationalität auch tatsächlich zu beobachten sind: Zwar kann sich nicht jede Währung[368] in der internationalen Rechnungsstellung durchsetzen, doch die Mehrzahl international gehandelter Güter und Finanztitel wird deshalb noch lange nicht in der Weltwährung ausgezeichnet (denominiert).[369] Allerdings präformieren die Denominationsgewohnheiten nur die Struktur der Endzahlungsströme (structure of payments). In der Realität gehen diese jedoch mit hiervon stark abweichenden Devisenmarktstrukturen (structure of exchange)[370] einher. Bei diesen ist eine eindeutige Dominanz der Weltwährung zu beobachten. Der Erwerb der Zielwährung zur Abwicklung der mit den leistungs- und finanzwirtschaftlichen Grundgeschäften einhergehenden Zahlungsverpflichtungen findet folglich nicht direkt, sondern mittelbar über Vehikelwährungen statt.

Schließlich konnte die Deutsche Mark zu ihren Lebzeiten zwar zu einer regionalen Leitwährung avancieren, nicht jedoch zum gleichberechtigten Partner der Weltwährung US-Dollar.[371]

Im grenzüberschreitenden Wirtschaftsverkehr haben sich die Vertragspartner auf eine Rechenmodalität und im Normalfall auf eine einzige Kontraktwährung zu einigen. Im Zusammenhang mit Gütern wird meist von Fakturierung, im Fall von Finanztiteln dagegen von Denominierung gesprochen. Theoretisch kommt hierfür eine von den zwei Landeswährungen der jeweiligen Vertragspartner oder eine beliebige Drittwäh-

---

[367] Vgl. Icard (1996), S. 185, Bodart (1997), S. 101 u. Funke/Kennedy (1997), S. 5-11.
[368] Hierzu muß nicht nur das Kriterium der Konvertibilität der betreffenden Währung erfüllt sein. Der verantwortliche Emittent muß zudem hinsichtlich seiner Fähigkeit und seinem unbedingten Willen zur Einhaltung der Kaufkraftstabilität seines Geldes über hinreichendes Reputationskapital im internationalen Publikum verfügen.
[369] Vgl. Magee/ Ramesh (1980), S. 368 und Terres (1996), S. 103.
[370] Diese Unterscheidung geht auf Krugman (1980, S. 513 u. S. 519f.) zurück.
[371] Vgl. Bénassy-Quéré (1996), S. 12.

rung in Betracht. Bevor mit der theoretischen Analyse von Fakturierungsmustern auf den internationalen Gütermärkten begonnen wird, soll an dieser Stelle für ausgewählte Industriestaaten ein jüngerer Überblick (Tab. 5) über dieselben vermittelt werden.

Tabelle 5: Währungsstruktur des Außenhandels ausgewählter Industriestaaten

Währung→ / Land↓	Inlandswaehrung	US-Dollar	Yen	Deutsche Mark	Franzoesischer Franken	Pfund Sterling	Sonstige	Inlandswaehrung	US-Dollar	Yen	Deutsche Mark	Franzoesischer Franken	Pfund Sterling	Sonstige	Exporte/ Importe in Inlandswaehrung; in Klammern Ver-gleichsangaben fuer 1980
	EXPORTE							IMPORTE							
USA '92	92,0	92,0	1,5	1,3	0,9	0,9	3,4	80,0	80	3,0	4,3	1,2	1,7	9,8	92/ 80 (96/ 85)
Japan '92	40,1	46,6	40,1	3,3	0,9	1,6	7,5	17,0	74,5	17,0	3,6	1,3	1,3	2,3	40/ 17 (29/ 2)
Deu. '92	77,0	7,3	0,3	77,0	3,3	3,2	8,9	55,9	18,4	1,7	55,9	3,1	2,2	18,7	77/ 56 (83/ 43)
Frankr. '89	59,0	12,0	--	10,0	59,0	5,0	14,0	50,0	15,0	--	14,0	50,0	3,0	18,0	59/ 50 (61/ 37)
U. K. '92	62,0	22,0	0,7	5,0	3,5	62,0	6,8	43,0	22,0	2,4	11,9	5,3	43,0	15,4	62/ 43 (76/ 38)
Italien 92	40,0	18,0	0,6	19,0	9,0	3,0	10,4	34,0	26,0	0,9	16,0	7,0	3,5	12,6	40/ 34 (36/ 18)
Niederl. '92	43,1	16,0	0,5	21,7	4,8	4,8	9,1	38,9	21,4	2,0	21,8	3,7	3,9	8,3	43/ 39 (44/ 25)
Bel./Lux. '90	33,0	11,0	--	20,0	16,0	5,0	15,0	29,0	17,0	--	22,0	12,0	3,0	15,0	33/ 29
Dänem. '90	37,0	12,0	--	18,0	--	8,0	25,0	32,0	18,0	--	23,0	--	4,0	23,0	37/ 32
Spanien '90	45,0	16,0	--	12,0	12,0	4,0	11,0	27,0	25,0	--	16,0	9,0	5,0	18,0	45/ 27
Griech. '89	--	41,0	--	22,0	8,0	7,0	22,0	--	37,0	--	24,0	9,0	5,0	25,0	--
Österr. '90	45,0	8,0	--	32,0	2,0	2,0	11,0	29,0	11,0	--	46,0	1,0	1,0	12,0	45/ 29
Norw. '90	22,0	46,0	--	10,0	3,0	8,0	11,0	25,0	27,0	--	13,0	3,0	6,0	26,0	22/ 25
Schwed. '90	38,0	21,0	--	10,0	4,0	8,0	19,0	29,0	25,0	--	18,0	3,0	6,0	19,0	38/ 29
Finnl. '89	13,0	11,0	--	12,0	6,0	13,0	45,0	21	17	--	22	3	5	32,0	13/ 21

Quelle: Daten für die Jahre 1989/1990 entnommen aus Terres (1996, S. 103); Angaben für die Jahre 1980/1992 entnommen aus ECU Institute (1995, S. 74-77), alle Angaben in Anteilen v. H., für den Zeitraum von 1989-1992 wurden jeweils die jüngst verfügbaren Werte ausgewählt, bei Belgien/ Luxemburg addieren sich die berichteten Angaben für die Importe nur zu 98, eigene Zusammenstellung

6.2.1 Recheneinheit auf den internationalen Gütermärkten

Auf Grassman[372] geht die frühe Beobachtung zurück, daß bei einem Großteil der internationalen Leistungstransaktionen die Fakturierung in einer der beiden Währungen der beteiligten Handelspartner erfolgt, und zwar vornehmlich in derjenigen des Exporteurs. Nur ein weiterer Teil wurde über den US-Dollar als Vehikelwährung abgewickelt, also ohne daß eine Person aus den Vereinigten Staaten als eine Handelspartei aufgetreten ist.

Mc Kinnon erklärt dieses Fakturierungsverhalten, in dem er den internationalen Handel in zwei Gruppen von Gütern unterteilt, den Tradables I und Tradables II.[373] Tradables II bezeichnen weitgehend homogene Güter wie z. B. Rohstoffe, Metalle und Agrarprodukte. Ihr Handel ist durch geringe Länder- oder Unternehmensspezifität, Abwicklung großer Mengen bei intensivem Wettbewerb und häufigen Preisänderungen gekennzeichnet. Zur Senkung von Informationskosten liegt es nahe, die Fakturierung in der Weltwährung durchzuführen bzw. eine Standardisierung auf die Währung desjenigen Landes vorzunehmen, das ohnehin weltweit den größten Handel mit diesen Gütern an seinen Waren(-termin-)Börsen vereinigt.[374]

Bei den Tradables I handelt es sich hingegen um heterogene Industriegüter (z. B. hochwertige Maschinen, Autos...), bei denen rasche Preisänderungen eher ungewöhnlich sind, Lagerbestände ggf. eine dämpfende Pufferwirkung ausüben, das Potenzial reduzierbarer Informationskosten daher begrenzt ist und die Hersteller oft eine starke Machtposition besitzen. In diesem Handelsegment ist eine gewisse Symmetrie in den Fakturierungsgewohnheiten zwischen zwei Handelspartnern beobachtbar, vorausgesetzt die bilateralen Inflationsdifferentiale überschreiten gewisse Grenzen nicht. Die Exporteure beider Länder setzen dann tendenziell ihre Landeswährung als Rechenbasis durch. Neben der größeren Machtposition der Exporteure führt Mc Kinnon dies auch darauf zurück, daß Importeure eine geeignetere Risikoeinstellung haben dürften, da sie wechselkursinduzierte Schübe in den Beschaffungskosten über die Absatzpreise leichter auf die Endverbraucher abwälzen bzw. partiell mit ihrem Einkommensrisiko hedgen können.[375] Andererseits stehen die Produktionskosten der Exporteure zum Vertragsabschluß bereits fest, so daß spätere nachteilige Wechselkursschwankungen nicht mehr aufgefangen werden können.

---

[372] Vgl. Grassman (1973).
[373] Vgl. Mc Kinnon (1979), S. 74ff.
[374] Vgl. Rao/Magee (1980), S. 369 u. Sickenberger (1988), S. 233f.
[375] Vgl. Bilson (1983) S. 388f. u. S. 399f.

Krugman folgert aus dieser theoretischen Differenzierung, daß angesichts der trendmäßig wachsenden relativen Bedeutung von Industriegütern die Fakturierung über eine globale Vehikelwährung an Bedeutung verlieren dürfte.[376]

Kritik an dem Dualismus zwischen Tradables I und II

Unter der Bedingung freien Welthandels und bestreitbarer Märkte dürften die Grenzmarken zwischen diesen beiden Güterkategorien jedenfalls hinsichtlich der Kriterien Wettbewerbsintensität, Preisfluktuationen und Verhandlungsmacht der Produzenten an Schärfe verlieren. Die Wechselkursentwicklung stellt zwar ein systematisches Risiko dar. Da aber wegen der Absicherungsmöglichkeiten auf den Terminmärkten niemand gezwungen ist, dieses systematische Risiko zu tragen, stellt sich die Frage, welche Relevanz die Risikoeinstellung der Handelspartner überhaupt haben soll. Weiterhin ist fragwürdig, ob es tatsächlich möglich ist, für Exporteure und Importeure immer monolithische und/oder gegenläufige ökonomische Interessenpositionen hinsichtlich der Fakturierungswährung auszumachen. So lag 1990 der mittlere Anteil der Inlandswährung bei den Exporten von zehn europäischen Ländern bei 38,2% und der bei den Importen immerhin bei 31,8%.[377] Und selbst ökonomisch kleine Länder wie Dänemark oder die Niederlande weichen mit 37% zu 32% bzw. 49% zu 44% von dieser eher geringen Anteilswertdifferenz nicht ab. Eine deutliche Niveauverschiebung läßt sich dagegen für das Weltwährungsland USA (1992: 92% zu 80%) und dem (ehemals) regionalen Leitwährungsraum Deutschland (1992: 77% zu 55,9%) ausmachen.[378]

Damit deuten sowohl die theoretischen Einwände als auch der empirische Befund eher auf die Notwendigkeit hin, abweichend zur bisherigen Theoriediskussion in diesem Bereich[379] diejenigen Bestimmungsgründe näher zu ergründen, die entweder für eine Irrelevanz[380] oder aber in jedem Fall für heterogene Fakturierungskalküle[381] der

---

[376] Vgl. Krugman (1992), S. 182.

[377] Die zehn Länder sind Frankreich, Belgien/Luxemburg, Niederlande, Dänemark, Italien, Spanien, Österreich, Norwegen, Schweden und Finnland. Zu der einleitenden tabellarischen Übersicht können sich teilweise leichte Unterschiede ergeben, da das arithmetische Mittel ausschließlich aus der Datenzusammenstellung von Terres (1996, S. 103), die für einen deutlich größeren europäischen Länderquerschnitt Angaben macht, berechnet wurde.

[378] Japan fällt hier regulierungsbedingt (gleichfalls bezogen auf das Jahr 1992) mit 40,1% zu 17% aus dem Rahmen.

[379] Für eine kurze Übersicht hierzu vgl. Hartmann (1996), S. 6-9.

[380] Ältere Untersuchungen haben eine etwaige Irrelevanz der Fakturierung auf realitätsfremde Annahmen gestützt, so folgern Magee/Rao (1980, S. 76): „The most important result...is that the currency denomination of contracts will be irrelevant if all parties at home and abroad are equally risk averse."

[381] Friberg (1998, S. 70f.) weist etwa darauf hin, daß liquide Terminmärkte und ein wachsendes Verständnis ihrer Funktionsweise aus theoretischer Sicht eine vermehrte Fakturierung in in der

Außenhandelsteilnehmer sprechen und gleichzeitig mit den unterschiedlichen Niveaueffekten kompatibel sind. Auf realen Märkten gibt es verschiedene Motive aus denen heraus ein Exporteur auf die Verwendung seiner eigenen Währung im Zweifel verzichten wird. Ein Exporteur heterogener Güter oder Dienstleistungen wird um so eher bereit sein, auf die Fakturierung in eigener Währung zu verzichten, je mehr (regelmäßige) Beschaffungen er in der Währung des Importeurs zu tätigen hat. Auch wenn er eine aktive Beteiligungspolitik in dieser Währung plant, kommt es hierdurch zu einer Neutralisierung des Wechselkursrisikos und einer Ersparnis an Konvertierungskosten. Wenn zudem liquide Terminmärkte in dieser Währung existieren, wird er das noch verbleibende Risiko hier absichern können. Diese Politik ist um so wahrscheinlicher, je mehr sie auch marketingpolitisch geboten scheint. Denn nicht jeder importierende Unternehmer wird jederzeit wechselkursbedingte Kostenschübe auf die Endnachfrager überwälzen können[382] oder ein nicht versicherbares Leistungsrisiko aus dem Grundgeschäft mit einem versicherbaren systematischen Wechselkursrisiko vermengen wollen. Schließlich ist auch vorstellbar, daß die Exporte sich direkt an den Endverbraucher richten (z. B. Flugdienstleistungen, Online-Handel). Ist aber eine Überwälzbarkeit nicht mehr gegeben, stellt sich die Frage, ob nicht Empfindsamkeiten des Importeurs im Rahmen einer gewinnmaximierenden Preispolitik berücksichtigt werden sollten. Solange auf Terminmärkten kostengünstige Absicherungsmöglichkeiten existieren, wird vermutlich diejenige Partei die Absicherung übernehmen, die diese komparativ günstiger beherrscht. Für ein großes Unternehmen dürften entsprechende Absicherungsbedarfe die Finanzabteilung des Hauses kaum vor signifikante Schwierigkeiten stellen. Ein kleines Unternehmen oder der Endverbraucher ist im Umgang mit Termingeschäften im Zweifel nicht geübt und müßte hierfür möglicherweise auf Risikosteuerung bezogene Dienstleistungen eines Finanzintermediärs unter Aufwendung zusätzlicher Kosten nachfragen.

Unter diesem Gesichtspunkt wird die Absicherung dann vermutlich einfach von der Partei übernommen werden, die diese komparativ günstiger bewältigt. Sofern auch dieser Partei es nicht kostenlos gelingt, stellen sich beide dennoch so besser. Je nach Marktlage können diese geringeren Kosten der anderen Partei dann immer noch (anteilig) in Rechnung gestellt werden. Komparative Nachteile können hier aber sowohl beim (mittelständischen) Exporteur als auch beim kleineren Importeur oder Endverbraucher auftreten, so daß klare Richtungsaussagen nicht mehr möglich sind.

Währung des Importeurs erwarten lassen. Zudem sollten generell die Auswirkungen spezifischer institutioneller Rahmenbedingungen und ihr Wandel berücksichigt werden.

[382] Ob und in welchem Ausmaß dies möglich ist oder überhaupt auch nur preispolitisch sinnvoll erscheint, dürfte immer vom konkreten Einzelmarkt und selbst auf diesem vom konkreten Zeitpunkt und gesamtwirtschaftlichen Kontext abhängen.

Falls einer der beiden Handelspartner nun im Weltwährungsland oder regionalem Leitwährungsland ansässig ist, wird er als Exporteur oder Importeur strukturell auf Handelspartner verwiesen, die geneigt sind, Positionen in solchen Fremdwährungen einzugehen (Niveaueffekt). Zum einen besteht der Handel dieser Währungsräume so gut wie immer mit Ländern, deren außenwirtschaftlicher Offenheitsgrad relativ größer ist und deren Wirtschaftssubjekte deswegen im erhöhten Maße für etwaige Absicherungserfordernisse sensibilisiert sind, so daß sie diese auch komparativ günstiger bewältigen. Zum anderen verfügen in das Leitwährungsland exportierende Unternehmen häufig über einen betriebsnotwendigen Bedarf an internationaler Liquidität oder es bestehen automatische Absicherungen durch gegenläufige Auszahlungen für Beschaffungen, Investitionen sowie Beteiligungsstrategien. Für importierende Unternehmen gelten entsprechende Überlegungen.

Mögliche Auswirkungen durch die Einführung des Euros

Nach Überwindung zeitlicher Anpassungsprozesse dürften alle Mitgliedsländer der europäischen Währungsunion einen größeren Teil ihres Außenhandels mit heterogenen Gütern in der eigenen Währung abwickeln können. Für Deutschland, das bereits vorher von der regionalen Leitwährungsbedeutung profitierte, wird die Niveauverschiebung freilich weniger akzentuiert sein.

Eine andere und theoretisch interessantere Frage betrifft die künftige Fakturierung der Rohstoffe. Überwiegen hier aus der Währungsgeschichte wohlbekannte langwierige Trägheitsmomente wie etwa beim Wechsel vom Sterling-Standard zum Dollar-Standard[383] und Vorteile der Standardisierung zugunsten der persistenten Notierung in US-Dollar? Oder treffen eher optimistische Prognosen von Unternehmensanalysten zu, deren Häuser täglich im quantativ hohen Ausmaß in der realen Handelsabwicklung mit Rohstoffen stehen und die damit von der Möglichkeit zur zeitgemäßen ´on the shop floor´ Expertise profitieren?[384]

Bloße Hinweise auf die Wirtschaftsgeschichte weisen konstitutionelle Schwächen auf, solange sie nicht theoriegeleitet sind und/oder hinsichtlich der Vergleichbarkeit der (insitutionellen) Randbedingungen keine Aussagen treffen.

---

[383] Dieser vollzog sich langwierig in einem Zeitraum von etwa fünfzig Jahren nach dem England seine führende weltwirtschaftliche Stellung verlor. Diese Beobachtung gilt als Beleg für Trägheitseffekte in der internationalen Währungskonkurrenz insbesondere hinsichtlich der Vehikelfunktion, die auch als inertia, hysteresis oder Netzwerkeffekte bezeichnet werden. Vgl. in diesem Sinne Krugman (1992, S. 173), Ilzkovitz (1996, S. 151f. u. S. 158), Bénassy/Italianer/Pisani-Ferry (1993, S. 50), De Boissieu (1996), S. 47 und Icard (1996), S. 178f.

[384] So vermutet der Chef-Ökonom von Elf Aquitaine, daß eine Fakturierung in Euro sich einfach dann einstellen wird, wenn die Gesamtnachfrage aus dem Euroraum hinreichend groß ist oder wie beim Öl sogar größer ist als diejenige aus den Vereinigten Staaten. Vgl. Riley (1997), S. 188 u. S. 191.

Die Erfahrungen aus der Vergangenheit sind aber auch deshalb nicht übertragbar, weil eine klare wirschaftliche Dominanz des einen oder anderen Wirtschaftsraumes hinsichtlich Wertschöpfung oder Welthandelsanteil heute nicht mehr auszumachen ist und sich auch für die Zukunft nicht abzeichnet. Ein Fortdauern des Vehikelfakturierungsstandards auf Dollar-Basis beim internationalen Handel mit Gütern aus dem primären Sektor ließe sich dann schon damit begründen, daß der monetäre Rechenstandard Dollar den Märkten frühzeitiger zur Verfügung gestellt wurde und eine Umstellung auf Euro nur zusätzliche Kosten implizieren würden, falls sich die Währungen in ihrer Stabilitätsperformance nicht unterscheiden.

Eine solche Sichtweise abstrahiert aber möglicherweise zu sehr von den zugrundeliegenden einzelwirtschaftlichen Kalkülen sowie von den Rückwirkungen des Erkenntnisfortschritts in der Geld- und Finanztheorie, gestiegener Finanzmarkteffizienz und innovativer Handelsplattformen auf Kosten-Nutzenabwägungen der beteiligten Parteien. De facto vereinen beide Währungsräume getrennt jeweils einen Großteil der globalen Nachfrage nach den verschiedenen Primärgütern auf sich. Unabhängig davon, welcher Währungsraum nun den Rang 1 als Nachfrager nach bestimmten Primärgütern besitzt, werden beide Währungsräume kritische Mindestquanten an beständig artikulierter Nachfrage mit Leichtigkeit erfüllen. Die Exporteure dieser Güter können insofern durch das Gebaren dieser Wirtschaftsräume empfindlich getroffen werden, falls sie den wie auch immer im Einzelfall begründeten Währungspräferenzen ihrer dortigen Kunden nicht entgegenkommen. Es liegt deshalb nahe, nach den Bedingungen zu fragen, unter denen sich eine doppelte Preisauszeichnung als das optimale institutionelle Arrangement etablieren kann. Doppelte Preisauszeichnungen waren ehemals im Duty-Free- und Grenzhandel der europäischen Union zu beobachten, um den heterogenen Währungspräferenzen bzw. den auf Komfortabilität der Zahlungen ausgerichteten Bedürfnissen von Kunden unterschiedlicher Herkunftsländer gerecht zu werden.

Im Primärgüterhandel geht es dagegen um wesentlich größere Umsätze. Eine doppelte Preisauszeichnung würde die Preistransparenz insgesamt nicht gefährden bzw. für die Bezieher aus der zweiten Weltwährungszone noch erhöhen. Keine der Weltwährungszonen wäre mehr wechselkursbedingten Preisschüben im Rohstoffbezug ausgesetzt, während den Rohstoffanbietern wegen der Tiefe und Breite der Finanzmärkte der beiden Währungszonen komfortable Absicherungsmöglichkeiten zur Verfügung stehen. Die Rohstoffanbieter stünden in einem solchen Szenario letztlich verschiedenen Kosten- und Nutzenkalkülen in Abhängigkeit von einer zu konkretisierenden und optimierenden Zielfunktion gegenüber. Als etwaige Nachteile ließen sich die Mühen komplexerer Rechenaufwendungen anführen. Besteht das Optimierungskalkül in der Maximierung des Einzahlungsüberschusses umgerechnet in die heimische Währung, dann trägt eine zweifache Preisauszeichnung zu einer Reduzierung der Vulnerabilität der Exporterfolge gegenüber Wechselkursschwankungen bei, solange der Wechselkurs der heimischen Währung zu einer der Weltleitwährungen nicht mit dem zur anderen vollständig positiv korreliert ist. Dieses Kalkül wäre zu relativieren, falls die Möglichkeit in Rechnung gestellt wird, daß aus beiden Leitwährungsräumen auch Warenbezüge stattfinden und entsprechende denominierte Verbindlichkeiten bestehen oder Investments geplant sind. Dann spricht neben dem Diversifikationsargument auch ein Transaktionskostenvorteil für eine doppelte Preisauszeichnungsstrategie.

Die Wahrscheinlichkeit einer doppelten Preisauszeichnungsstrategie dürfte zudem wachsen, falls der zweite Weltwährungsaspirant an seinen eigenen Finanzplätzen über moderne, zentral und gut organisierte Handelsplattformen für Primärgüter und über komfortable Warenterminmärkte verfügt bzw. diese auf- oder ausbaut.

6.2.2 Recheneinheit auf den internationalen Finanzmärkten

Das Denominierungsverhalten auf den internationalen Kapitalmärkten ist in der Literatur bislang nur beiläufig analysiert wurden. So wird im wesentlichen behauptet, daß die Notwendigkeit zur Effizienz im Kommunikationsverhalten mit Preissignalen eine Analogie zu der Konstellation für Waren des primären Sektors besitzt und insofern eine vorrangige Denominierung in der globalen Vehikelwährung plausibel ist[385]: „Nevertheless, we will push it just a bit further to suggest that international capital markets – especially under fixed rates – resemble tradables II in that bond prices are very much internationalized."[386]

Diese Sichtweise ist jedoch unzureichend. Kapitalmarkttitel bedeuten immer auch Anwartschaften auf Zukunftskonsum. Eine Separierung der Geldfunktionen zwischen Recheneinheit und Wertaufbewahrungsmittel kann daher nur zu realitätsfernen Schlußfolgerungen führen. Die Attraktivität von Finanztiteln ergibt sich grundsätzlich aus ihren Risiko- und Ertragseigenschaften. In der realen Welt mit mehr als einer Währung sind Wechselkursbewegungen im Rahmen der finanzwirtschaftlichen Informationsverarbeitung ein natürliches Phänomen. Neben den emittentenbezogenen Risikoeigenschaften eines Finanztitels werden dann in seine Marktbewertung immer auch die von seiner Denominierung ausgehenden (wechelkursbezogenen) Risikowirkungen eine Rolle spielen. Das Wechselkursrisiko mag zwar absicherbar sein, ist aber bei Unsicherheit über den künftigen Konsumzeitpunkt mit erheblichen Transaktionskosten verbunden. Letztlich werden beim internationalen Kapitalverkehr daher optimale An-

---

[385] Vgl. Klump (1986), S. 70, Krugman (1984), S. 272 u. Magee/Rao (1980), S. 272.
[386] S. Krugman (1992), S. 177.

lagestrategien unter Berücksichtigung des Wechselkursrisikos bzw. der (subjektiv) erwarteten Wechselkursentwicklung getroffen werden. Diversifikationsüberlegungen weltweit disponierender Investoren legen dann eine gewisse Denominationsvielfalt nahe, um das Ausmaß der aus überraschenden Wechselkursbewegungen resultierenden (autonomen[387]) Wertzuwächse und Wertverlustrisiken zu reduzieren. Aus Kapitalnehmersicht bleibt anzumerken, daß eine Annhäherung der Denominierungspolitik an die Währungsstruktur der Endzahlungsströme bei internationalen Beschaffungen und Beteiligungen zu einer Ersparnis an Konvertierungskosten führt. Auch dieser Gesichtspunkt spricht für eine deutlich heterogene Denominationspolitik auf den internationalen Finanzmärkten.

Die Berechtigung und Notwendigkeit zur Berücksichtigung des Wechselkursrisikos bei der Erklärung privaten Denominationsverhaltens von Finanztiteln erscheint damit grundsätzlich begründet. Im folgenden sollen aber Hypothesen aufgestellt werden, die sich nicht nur von der Deutung von Kapitalmarkttiteln als Tradables II distanzieren, sondern gleichzeitig auf die Herausbildung etwaiger Unterschiede zwischen den verschiedenen Finanztiteln abzielen. Insbesondere geht es um die Differenzierung zwischen eigen- und fremdkapitalorientierten Anwartschaften. Bei letzteren kommt die Unterteilung zwischen kurz- und langfristig sowie handelbar und nicht handelbar zum Tragen. Bei ersteren sind insbesondere die ökonomischen Hintergründe eines doppelten Listings an den Börsen zweier Währungsräume zu eruieren.

Internationale Wertpapier- und Bankgeschäfte lassen sich wie in Abb. 13 systematisieren:

Abbildung 13: Nationale und internationale Finanzgeschäfte

Bankpositionen oder Bondemissionen	**Gegenüber Gebietsansässigen**	**Gegenüber Gebietsfremden**
heimische Währung	A	B
fremde Währung	C	D

A = heimische Positionen
B = traditionelle ausländische Positionen
C+D = Eurowährungspositionen
B+D = Grenzüberschreitende Positionen
B+C+D = Internationale Positionen

Quelle: In Anlehnung an BIS (1995, S. 4 u. 15)

---

[387] Die Bezeichnung autonom bezieht sich auf den Umstand, daß das Wechselkursrisiko und das Risiko von Bonitätsveränderungen des Kapitalnehmers in keinem kausal-deterministischem Zusammenhang stehen.

Für die Untersuchung der internationalen Demoninierungsgewohnheiten sind entsprechend die Fälle B, C und D von Relevanz, wobei sich davon nur B und D zahlungsbilanzwirksam niederschlagen. Es bleibt festzustellen, daß die internationale Kapitalbeschaffung statistisch von der Bank für internationalen Zahlungsausgleich nur insoweit erfaßt wird, wie sie Spielarten fremdkapitalbezogener Finanzierungen betrifft.

Denominierung von Beteiligungstiteln

Sofern gebietsansässige Kapitalgesellschaften an heimischen Börsen notiert sind, erfolgt die Notiz überlicherweise in der heimischen Währung, so daß die Eigenkapitalbeschaffung zunächst einmal keine Denominationsentscheidung impliziert. Für interessierte internationale Investoren ist der Beteiligungserwerb dann regelmäßig mit einem Währungswechsel verbunden. In Betracht zu ziehen ist aber auch der Fall, daß ein Unternehmen eine Eigenkapitalbeschaffung durch eine parallele Notierung an Börsen fremder Währungsräume (Doppellisting) in Erwägung zieht. Motive hierfür könnten neben der technischen Seite der Kapitalbeschaffung und der auf die Währungsstruktur der Endzahlungsströme abgestimmten Denominationspolitik Synergieeffekte mit anderen Unternehmensstrategien sein. Wenn die leistungswirtschaftliche Expansion in fremden Währungszonen ohnehin beabsichtigt oder im Gange ist, dann wird der erhöhte Kapitalbedarf unmittelbar und mit dem gewünschten Risikoteilungseffekt in der für die Auszahlungen passenden Währung gedeckt.

Beabsichtigte Begleiteffekte können in der Unterstützung des Unternehmensmarketings gesehen werden, der Pflege der Investor Relations bestehen oder mit dem Aufbau vertrauensbildender Fundamente im Vorfeld internationaler Großfusionen angestrebt werden. So wird darauf hingewiesen, daß das mit einer Neuemission verbundene Medieninteresse sich besser und effizienter in den Köpfen des Publikums positioniert als dies eine Anzeigenkampagne könnte.[388] Auch erleichtert sich hierdurch die Rekrutierung benötigter Spitzenkräfte sowie ihre Entlohnung. Diese arbeiten einerseits für ein öffentlich bekanntes (Spitzen-) Unternehmen und können andererseits (branchenüblich) mit in der Landeswährung denominierten Aktienoptionen entlohnt werden.[389] Die Kosten einer Zweitnotiz halten sich dagegen in engen Grenzen, falls Regularien und Arbeitsweise in Bezug auf Transparenz und Berichtspflicht beider Börsenplätze weitgehend kompatibel sind.

Aus preistheoretischer Sicht wird durch ein Doppellisting zudem die Informationsproduktion polyzentrischer, so daß auf Basis einer erhöhten Informationseffizienz die Gefahr bzw. das Ausmaß vorübergehend fundamental nicht gerechtfertigter Kapitalkostenverteuerungen sinkt. Eine parallele Notierung kann auch insofern zu einer Erhö-

---

[388] Vgl. Gessner (2000) in der FAZ vom 06.03.2000.
[389] Vgl. Westermann (2000) in der FAZ vom 06.03.2000.

hung der Informationseffizienz beitragen, als 'öffentliche' Informationen und Kognitionen möglicherweise einen Bias zu Lasten fremder Wirtschaftsregionen aufweisen, der nachhaltig nur durch eigene Präsenz an den entsprechenden Orten korrigiert werden kann.

Auf einem vollkommenen Kapitalmarkt ist es zwar irrelevant, wer das Wechselkursrisiko eingeht. Aber ähnlich wie es für die internationalen Gütermärkte bereits dargelegt wurde, können die Kosten eines etwaigen Absicherungsbedarfes komparativ unterschiedlich verteilt sein. Ein multinationaler Konzern wird mit seinem Inhouse-Banking Wechselkursrisiken zu geringeren Kosten hedgen können als ein Privatanleger und so mit einer Doppelnotiz mehr Kapitalgeber mobilisieren als ohne.

Realiter wird eine Zweitnotiz nur für solche Unternehmen in Betracht kommen, deren Werte nach einer Währungssegmentierung für die jeweiligen Finanzmärkte noch hinreichend liquide bleiben. Diese Anforderung wird in praxi aber nicht nur von den größten Global Playern erfüllt, sondern durchaus auch von erfolgreichen und expandierenden Unternehmen des Neuen Marktes oder der Nasdaq.[390]

Denominierung von Schuldtiteln

Der Charakter als globale Vehikelwährung bringt es mit sich, daß ein deutlich über die wirtschaftliche Bedeutung dieses Währungsraumes hinausgehender Anteil an der weltwirtschaftlichen Wertschöpfung in dieser Währung über Geldschöpfung zu finanzieren ist. Dieser Bedarf an internationaler Liquidität zur Abwicklung weltweiter Zahlungsvorgängen dürfte sich dann auch in der Währungszusammensetzung von internationalen Sichtguthaben und Geldmarktpapieren sowie allen Finanzinstrumenten oder Einlagentypen widerspiegeln, die auch Gegenstand heimischer Geldmengenabgrenzungen sind. Mit anderen Worten, es ist zu erwarten, daß der sich in dieser Geldfunktion maximal entfaltende Konzentrationsprozeß, auf die anteilige Währungszusammensetzung dieser Finanztitel überträgt. Auf diese Weise läßt sich ein gegebener Umfang internationaler Zahlungsprozesse transaktionskostenminimal bewältigen. Diversifikationsaspekte dürften demgegenüber in den Hintergrund treten. Insoweit die internationale Kreditvergabe als bilanzieller Widerpart der internationalen Liquiditätsschöpfung aufzufassen ist, überträgt sich diese Konzentration auch auf die Denominierung derselben.

Bei längerfristigen Kapitalmarktpapieren hingegen modifiziert sich das Kosten-Nutzen-Kalkül. In den Vordergrund tritt nun für die Gläubiger die reale Verzinsung ihres Investments. Diese hängt bei längeren Zeiträumen vor allem von der Grenzleistungsfähigkeit des Kapitals des betreffenden Wirtschaftsraumes und der Wertstabilität

---

[390] Vgl. Westermann (2000) u. Gessner (2000) in der FAZ vom 06.03.2000.

der Währung ab. Die mit der schwächeren Liquiditätseigenschaft ggf. für beide Marktparteien verbundenen zusätzlichen Währungskonvertierungskosten treten dann gegenüber den wesentlich größeren und damit letztlich das ökonomische Kalkül dominierenden cash-flow aus Zinseinzahlungen bzw. -auszahlungen in den Hintergrund. Für die Theorie der Währungskonkurrenz läßt sich daraus ableiten, daß die Wertaufbewahrungsfunktion des Geldes unmittelbar bestreitbar ist. Diese Hypothese wird im empirischen Teil der Arbeit getestet.

6.2.3 Tauschmittler im Devisenhandel

Der Einsatz einer Währung zur Abwicklung internationaler Zahlungsvorgänge ergibt sich einerseits aus dem grenzüberschreitenden Kauf und Verkauf von nur in einer Währung fakturierten Gütern und Dienstleistungen. Andererseits ergeben sich Zahlungspflichten aus entsprechenden Dispositionen mit fremdwährungsdenominierten Anwartschaften auf Zukunftskonsum. Insbesondere globale Vehikelwährungen mitteln darüber hinaus aber auch den Tausch zwischen Drittzahlungsmitteln selbst. So wird ein mexikanischer Investor in dänischen Kronen denominierte Finanztitel regelmäßig nicht über einen Tausch von mexikanischen Peso gegen dänische Kronen erwerben, sondern er wird seine Landeswährung zunächst in US-Dollar wechseln und erst dann die Zielwährung erwerben. Nicht jeder bilaterale Währungstausch wird über ein Vehikel gemittelt. Realiter ist aber zu beobachten, daß ein Großteil lokaler Währungen zunächst in die Weltwährung getauscht werden. Auf vollkommenen Devisenmärkten gäbe es hierfür keinen Anlaß. In der realen Welt sind die verschiedenen bilateralen Devisenmärkte unterschiedlich liquide, woraus sich unterschiedliche Transaktionskostengefüge ergeben.

6.2.3.1 Gründe für ein natürliches Monopol beim Währungstausch

Für die Frage, welche Strukturen sich auf den Devisenmärkten aus theoretischer Sicht gleichgewichtig und dauerhaft herauskristallisieren werden, kommt der Modellierung des Transaktionskostengefüges eine zentrale Rolle zu. Die sogenannte „Neue Mikroökonomik des Geldes"[391] stellt die mit verschiedenen Tauschsystemen verbundenen Transaktionskosten in den Vordergrund. Ob sich auf dem Devisenmarkt direkte oder indirekte Tauschakte durchsetzen, ist dann mit der Frage gleichzusetzen, welches der beiden Regime die Transaktionskosten minimiert. Tab. 6 kann die zeitlich stabile Dominanz des US Dollar bei den Devisenmarkttransaktionen entnommen werden.

---

[391] Vgl. Niehans (1980), Brunner/Meltzer (1971), Krugman (1980).

Tabelle 6: Währungsstruktur bei den Devisenmarktumsätzen

Währung	April 1989	April 1992	April 1995	April 1998
US Dollar	90	82	83	87
Deutsche Mark	27	40	37	30
Japanischer Yen	27	23	24	21
Pfund Sterling	15	14	10	11
Französischer Franken	2	4	8	5
Schweizer Franken	10	9	7	7
Kanadischer Dollar	1	3	3	4
Australischer Dollar	2	2	3	3
ECU und andere EWS Währungen	4	12	15	17
Sonstige Währungen	22	11	10	15
Alle Währungen	200	200	200	200
Absolut in Mrd. US-Dollar	534	785	1137	1434

Quelle: BIS, diverse Veröffentlichungen, Währungsbezogene Angaben in Anteilen [392]

Die Umsätze in US Dollar liegen robust bei deutlich über achtzig Prozent, so daß der US Dollar wertbezogen ungefähr an vier von fünf Devisenmarkttransaktionen als eine der beiden Kontraktwährungen involviert ist. Das Ausmaß an Dominanz indiziert einen umfangreichen Dritt- bzw. Vehikelgebrauch des US Dollars, da dieses nicht alleine mit der Welthandelsbedeutung der Vereinigten Staaten begründet werden kann. Vor dem Hintergrund dieser Allgegenwart der Weltwährung, dominieren in der Literatur Ansätze, die im Ergebnis die Existenz eines natürlichen Monopols nahelegen.

Die theoretische Diskussion um die Vorteilhaftigkeit der Verwendung einer Vehikelwährung wurde zunächst von Swoboda (1968) angestoßen, der das Lagerhaltungsmodell der Geldnachfrage auf die Ermittlung des optimalen Devisenbestandes von Importeuren anwendet. Der grundsätzliche Anreiz zur (begrenzten) Kassenhaltung von

---

[392] Es handelt sich um tägliche Nettodurchschnittswerte, d. h. um zwischenmaklerische Doppelzählungen bereinigte Angaben, des traditionellen Devisenmarktgeschäfts mit Ausnahme von Bruttoangaben für 1989. Die Angaben für 1989 enthalten keine heimischen Devisenumsätze mit der Deutschen Mark. Das traditionelle Geschäftssegment umfaßt den Kassamarkt, einfache Termingeschäfte und Devisenmarktswaptransaktionen. Die Werte addieren sich zu 200, da an jeder Transaktion immer zwei Währungen beteiligt sind. Die Daten sind verschiedenen Veröffentlichungen der BIS zu den 'Triennial Central Bank Survey of Foreign Exchange and Derivatives Market Activity' entnommen.

Devisen (wie von Geld überhaupt) ergibt sich trotz niedrigerer Verzinsung im Vergleich zu alternativen Anlageformen aus der (überkompensierenden) Ersparnis an sonst anfallenden Umwandlungskosten des Geldkapitals in Zahlungsmittel. Gegenüber einer in verschiedenen Währungen ausdifferenzierten Kassenhaltung führt die Verlagerung des Fremdwährungsumsatzes auf eine einzige Devise zu einer Pooling-Ersparnis. Gegebene periodische Zahlungsverpflichtungen sind mit einer geringeren Kassenhaltung bewältigbar, die Opportunitätskosten der Kassenhaltung sinken.

Für das Bankenverhalten ist die Betrachtung zu modifizieren, weil sie sich Einzahlungen und Auszahlungen in Fremdwährung(-en) gleichermaßen gegenübersehen. Da diese stochastische Variablen darstellen, ist nicht nur die Höhe des erwarteten Nettoeinzahlungsstromes von Bedeutung, sondern auch die Volatilität desselben. Je mehr Zahlungsströme nun aber in derselben Währungen denominiert sind, desto stärker entfaltet sich über das Gesetz der großen Zahlen ein Risikoausgleich. Ein beliebig klein vorgegebenes Insolvenzrisiko, läßt sich so mit einer geringeren Liquiditätsreserve einhalten.

Diese Erwägungen liefern die Begründung für starke Konzentrationstendenzen, wenn nicht für die Existenz eines natürlichen Monopols. Allerdings basieren sie auf der Prämisse, daß alle Zahlungen auch tatsächlich in einer Währung durchgeführt werden können.[393] Diese Voraussetzung ist jedoch nicht erfüllt. Im internationalen Wirtschaftsverkehr ist ein dauerhaftes Auseinanderfallen von Preisstellungsgewohnheiten und Zahlungsgewohnheiten beobachtbar. Dies hat zur Folge, daß in der Realität etwaige Bruttopoolingersparnisse von Mehrfachkonvertierungszwängen, Wechselkursrisiken oder Absicherungskosten aufgezehrt werden können.

Nachfolgenden Theorien ist gemein, die im Devisentausch anfallenden Transaktionskosten in Abhängigkeit von der Breite des betreffenden Devisenmarktes zu modellieren. Vereinfachend gehen frühere Ansätze[394] zudem davon aus, daß keine Unsicherheit über die bilateral markträumenden Wechselkurse bestehen, die gleichgewichtigen Wechselkurse seien gegeben.

In dem 3-Länder-Modell von Krugman[395] entstehen beim Währungstausch Transaktionskosten in Gestalt von Maklergebühren, die proportional mit dem Transaktionsvolumen steigen. Die durchschnittlichen Transaktionskosten auf einem bestimmten Devisenmarkt stellen dabei eine fallende Funktion seiner Breite dar. Unter diesen Voraussetzungen wird abgeleitet, daß Währungen von Ländern mit einer dominanten Stellung im Welthandel die Rolle eines Vehikels erhalten. Der indirekte Devisentausch

---

[393] Vgl. Klump (1986), S. 61f.
[394] Etwa die Modelle von Krugman (1980) und Chrystal (1984).
[395] Vgl. Krugman (1980), S. 514, S. 520ff.

ist transaktionskostenminimierend. Hat sich die Währung erst einmal als Vehikel etabliert kommt es wegen der damit verbundenen zusätzlichen Umsatzsteigerungen
(Schneeball- und Netzwerkeffekte) auf diesem Markt zu weiteren Kostenvorteilen
indirekter Tauschketten und so zu einem sich selbst verstärkenden Prozess. Dieser
kann sich gegenüber einem späteren Verlust der dominanten Welthandelsbedeutung
als robust erweisen. Für eine N-Länder Betrachtung weist Krugman[396] darauf hin, daß
sich ggf. auch eine Mehrzahl von Vehikelwährungen herausbilden kann.

Nach Chrystal[397] sind die Transaktionskosten des Devisentausches der Zeit proportional, die benötigt wird, um eine komplementäre Tauschgelegenheit ('double coinci-
dence of wants') zu finden. Auch diese suchtheoretische Perspektive[398] knüpft die
Vorteilhaftigkeit einer indirekten Tauschkette an eine genügend große Marktbreite und
weist auf selbstverstärkende Prozesse einer Vehikelrolle hin, die dieser Währung eine
bedeutendere Rolle beimißt, als sie ihr allein aufgrund der Endzahlungsströme am
Devisenmarkt zukäme.

Neuere Ansätze[399] gehen dazu über, die Mikrostruktur von Devisenmärkten zu berücksichtigen, das Verhalten der Wertpapierhändler modelltheoretisch zu explizieren und
die anfallenden Transaktionskosten in Komponenten zu zerlegen. Nach Black agieren
Intermediäre als market maker, die ihren Kunden jederzeit Kurse nennen, zu denen sie
kaufen und verkaufen, so daß der Markt im Massengeschäft stets liquide und im Ausgleich ist. Allerdings entstehen wegen mangelnder Synchronität auch zeitweise offene
Positionen, die dann im Großgeschäft mit Spekulanten geschlossen werden. Die Spekulanten gelten als besser informiert und treten immer nur dann ins Geschäft ein, wenn
sie Abweichungen vom Gleichgewichtspreis identifizieren, so daß der market-maker
im Geschäft mit diesen im Mittel Verluste macht. Diese deckt er über entsprechende
Geld-Briefspannen. Je höher nun die Kursvolatilität ist, desto mehr Verluste wird der
market maker bei seiner Refinanzierung mit Spekulanten erwarten und desto höher
wird er die Spanne setzen. Daneben fließen in die Transaktionskosten des market
makers aber auch Fixkosten ein, etwa in Form von Lohnzahlungen, Mieten oder Anschluß an das Reuters System. Im Ergebnis kommt es auch hier zu Skaleneffekten und
sich selbstverstärkenden Prozessen, die jedoch durch exogene Schocks zugunsten
multipler Gleichgewichte durchbrochen werden können. Diese sind dadurch gekenn-

[396] Vgl. Krugman (1992), S. 170ff.
[397] Vgl. Chrystal (1984), S. 77ff. basierend auf Jones (1976).
[398] In seinen späteren und erweiterten Ausührungen übernimmt Krugman diesen suchtheoretischen
Charakter der Transaktionskosten: „Thus there will on average be some delay before a transaction
can be completed. Now suppose the flow through the market were to double. It is obious that the
average waiting time would fall. It is easier to find a match in a thick market than a thin one." Vgl.
Krugman (1992), S. 169f.
[399] Vgl. Hartmann (1994) u. Black (1991).

zeichnet, daß einige bilaterale Devisenmärkte zu direkten Tauschsystemen übergehen, andere über das neue Vehikel verkehren und andere beim alten Muster verbleiben.[400]

Zusammenfassend läßt sich sagen, daß alle Theorien der Währung des Landes mit dem größten Welthandelsanteil die größten Chancen einräumen, die globale Vehikelfunktion im Zahlungsverkehr einzunehmen. Der hohe Sockelumsatz, der durch die Endzahlungsströme getragen wird, schafft Liquidität, welche Transaktionskosten senkt. Nachdem die Etablierung zuerst auf den bilateralen Devisenmärkten zu Währungen einsetzt, deren Länder nur über eine geringe internationale Handelsbedeutung verfügen, entfalten sich autokatalytische Prozesse. Mit dem Einsetzen der Vehikelbedeutung kommt es dann zu einer weiteren Degression der Transaktionskostensätze. Damit steigen die Anreize auch für größere Länder, bei ihrem Handel mit diesen kleinen Ländern ihre entsprechende Devisendispositionen indirekt zu organisieren, was wiederum auf diesen Devisenmärkten zu einer (weiteren) Absenkung der Transaktionskosten führt. Der Basisvorteil des großen Landes vergrößert sich gewissermaßen, sobald seine Währung für indirekte Tauschprozesse eingesetzt wird, so daß indirekte Tauschstrukturen über die Währung des größten Landes auch für größere Länder transaktionskostenminimalen Charakter haben können.[401] Für diese Dynamik werden neben dem Begriff Autokatalytik unterschiedliche Bezeichnungen verwendet: Skaleneffekte durch Verwendung in indirekten Tauschbeziehungen, Schneeballeffekte, Netzwerkeffekte, sich selbstverstärkender Prozeß, endogen wachsende Marktliquidität über 'virtuos circles' oder Mimesis.[402]

Die hieraus zu ziehenden Schlußfolgerungen sind jedoch weniger eindeutig. Naheliegend ist zunächst nur der Schluß, daß der Wirtschaftsraum, der als erstes einen Performancemix von Geldwertstabilität, Konvertibilität sowie Kapitalmobilität und führender Stellung im Welthandel aufweist, gewissermaßen in Form eines first mover advantage die Frucht zusätzlicher, durch Vereinnahmung des Großteils indirekter Tauschketten bedingter, Transaktionskostensenkungen für sich vereinnahmen kann. Wieviel globale Vehikelwährungen parallel existieren können, erscheint nur willkürlich beantwortbar. Es bleibt letztlich bei Mutmaßungen: „Und vielleicht ist es für das internationale Währungssystem letztlich sogar vorteilhaft, zwei Weltleitwährungen zu besitzen."[403]

---

[400] Vgl. Hartmann (1994), S. 3f., S. 6 u. S. 38ff.
[401] Vgl. Krugman (1984), S. 276.
[402] Vgl. Danthine u. a. (2000), S. 19 u. ECU Institute (1995), S. 17.
[403] Vgl. Schobert (1998), S. 17.

6.2.3.2 Einführung des Euro und Gründe gegen ein Monopol

In diesem Abschnitt soll versucht werden, die beim Devisenhandel anfallenden Transaktionskosten in einer Weise zu systematisieren, daß die Voraussetzungen und Randbedingungen für die Existenz von mehr als nur einer globalen Vehikelwährung klarer hervortreten. Ein besonderer Akzent wird dabei auf das Ineinandergreifen mikroökonomischer, geldtheoretischer und makroökonomischer Gesichtspunkte gelegt.

6.2.3.3 Geldschöpfung im Devisenhandel und Abwesenheit von Insiderrisiken

Einzelne Wirtschaftssubjekte schöpfen ausländische Zahlungsmittel nicht selbst. Vielmehr bleibt auch die in Fremdwährung denominierte Giralgeldschöpfung originäre Funktion des monetären Systems. Ähnlich wie bei der Abwicklung des nationalen Zahlungsverkehrs entstehen dem Intermediär beim Angebot internationaler Zahlungsverkehrsfazilitäten Kosten[404], die er sich von seinen Kunden entgelten läßt. Eine Bank, die als market maker im Devisenhandel auftritt, unterscheidet sich daher von einem Betreuer, der auf engen Effektenmärkten auftritt. In beiden Fällen wird zwar durch den Selbsteintritt des Intermediärs eine Gewährleistung und Verbesserung der Marktliquidität geschaffen. Zudem kann der Ausgleich von technischen mismatching-Prozessen temporär Marktpreisrisiken entstehen lassen. Geldschöpfung findet aber nur im ersteren Fall statt. Und während auf Wertpapiermärkten unternehmenswertbezogenes Insiderwissen, zu dessen „Opfer" ein Wertpapierhändler ggf. werden kann, vielfach klar definiert und in Gestalt von Gegenparteirisiken real gegeben bleibt, erscheinen sichere Wechselkursprognosen auch für renommierteste Wissenschaftler auf diesem Gebiet letztlich nicht möglich. Fragwürdig bleibt weiterhin, warum gerade Bankhäuser mit ausgebauten Reasearchabteilungen als relativ schwächer informierte Wirtschaftssubjekte angesehen werden sollten. Es soll daher im folgenden zunächst herausgearbeitet werden, worin die wachsenden Intermediationskosten bei höherer Preisvolatilität auf den Devisenmärkten gesehen werden können.

Hierzu wird eine Zufallsvariable X eingeführt. X repräsentiert die prozentuale Abweichung des sich auf dem Markt einstellenden Devisenkurses von seinem langfristig fundamental determinierten[405] Gleichgewichtspreis. Ihr Erwartungswert ist auch kurzfristig Null. Realisationen dieser Zufallsvariable streuen allerdings in symmetrischer Weise um den Erwartungswert von Null.[406] Die Kosten dieser Streuung bestehen nicht

---

[404] Der Wettbewerb zwischen den Banken stellt sicher, daß diese auf ihr unvermeidliches Maß reduziert bleiben.

[405] Auf die Entwicklung des Wechselkurses wirken in fundamentaler Weise etwa Inflations- und Wachstumsdifferenzen ein.

[406] Realisationen dieser Zufallsvariable, die kleiner als Minus hundert sind, sind ökonomisch jedoch nicht interpretierbar; andererseits aber auch faktisch vernachlässigbar, da in diesem Bereich unter der Normalverteilungsannahme nur eine sehr geringfügige Wahrscheinlichkeitsmasse liegt.

in potentiellen Insiderkosten aufgrund asymmetrischer Informationsverteilungen. Die Kosten der Volatilität können aber bspw. darin gesehen werden, daß ein systematisches Risiko entsteht. Je höher dieses Risiko nun ist, desto niedriger ist der erwartete Nutzen einer etwaigen Informationsverarbeitung und desto teurer und aufwendiger sind gleichzeitig die Kosten ihrer Durchführung. Auch wenn von vornherein auf eine Geschäftspolitik verzichtet wird, die den Ehrgeiz hat, marktpreisrelevante Informationen konsistent besser zu verarbeiten als der anonyme Markt, bleiben jedoch Kosten der Absicherung.

6.2.3.4 Risikokosten des Devisenhandels als Währungsmismatch der Liquiditätsreserve

Worin bestehen nun die Kosten der Absicherung für einen monetären Finanzintermediär? Wenn bspw. ein inländisches Unternehmen seine Waren vorwiegend im Inland absetzt, aber für den Produktionsprozeß in fremder Währung fakturierte Vorleistungen und Rohstoffe aus dem Ausland bezieht, wird es bei seiner Bank parallel ein Fremdwährungskonto einrichten. Auf dieses wird es zu Lasten des Kontos für Umsatzeingänge Umbuchungen vornehmen. Diese stellen zunächst aus Sicht der Bank einen Passivtausch dar, bei dem jedoch gleichzeitig eine Geldschöpfung in fremder Währung stattfindet. Je nachdem, wie sehr der internationale Kundenkreis dieser Bank streut, wird sie auch für die Fremdwährungseinlagen anteilige Fremdwährungsreserven vorhalten, um im Interbankverkehr und für Barverfügungen liquide zu sein. Der Einfachheit halber wird unterstellt, daß sich der Geldschöpfungsmultiplikator für beide Währungen nicht unterscheidet. Derartige Umbuchungen führen dann, wenn sie in eine Richtung dominieren, „nur" zu einem mismatch in der Währungsstruktur der Liquiditätsreserve. Im System unwiderruflich fester Wechselkurse würde dieser mismatch keine zusätzlichen Bankrisiken implizieren. Mit steigender Volatilität des Wechselkurses und der Richtung der Umbuchungen, muß sie aufgrund des Wechselkursänderungsrisikos damit rechnen, zu ungünstigeren Konditionen notwendige Währungsumschichtungen vornehmen zu müssen, als sie sie ihren Kunden angeboten hat. Kosten der Absicherung können darin gesehen werden, daß die Bank aus Transaktionskostengründen oder bankinternen Preiserwartungen nicht jede einzelne Währungstransaktion absichern wird. Zu einem gewissen Maß bleibt sie dann möglicherweise Verlustrisiken ausgesetzt, während sie darüber hinaus auf jeden Fall absichern wird. Da der Absicherungsbedarf aber nicht fest prognostizierbar ist, entstehen nicht nur Handelsgebühren, sondern verfallen ggf. auch Prämien aus bedingten Termingeschäften.

6.2.3.5 Bestimmungsgründe für die Volatilität von Wechselkursen

Volatilität von Vermögenspreisen ist auf vollkommenen Märkten Spiegelbild der Informationsverarbeitung, die mit dem Eintreffen neuer Informationen einsetzt und deren Ergebnis Korrekturen überholter Bewertungen sind. Der Wechselkurs wird insbesondere dann ein volatiles Verhalten aufzeigen, wenn die Abwesenheit einer engen realwirtschaftlichen Verflechtung keinen engen Konjunktur- und Wachstums-verbund sichern kann und/oder sehr heterogene monetäre Stabilisierungsdoktrinen vorherrschen. In beiden Fällen wächst einerseits die Notwendigkeit zu einer sensiblen Informationsverarbeitung und andererseits die Elastizität von Bewertungsspielräumen und Interpretationsbedarfen.

Unterschiedliche Volatilitäten, die sich als Folge heterogener Liquiditätsgrade bilate-raler Devisenmärkte einstellen, lassen sich jedoch nicht als Ausdruck von Informati-onseffizienz wahrnehmen, sondern sind eine Imperfektion, denen rationale Wirt-schaftssubjekte ausweichen bzw. für deren Inkaufnahme sie eine Entschädigung ein-fordern werden.

6.2.3.6 Die Transaktionskostenstruktur in Abhängigkeit von der Marktliquidität

Zur Beantwortung der Frage, wann sich nun direkte oder indirekte Tauschwege auf den Devisenmärkten einstellen, soll die hierfür maßgebliche Transaktionskostenstruk-tur näher beschrieben werden. Im folgenden wird dazu von der Prämisse ausgegangen, daß neben den liquiditätsbedingten Transaktionskosten T(L) auch liquiditätsunabhän-gige Transaktionskosten T^{lu} bestehen, unter denen bspw. diejenigen Inventar- und Personalkosten verstanden werden können, die auch bei Abwesenheit jeglicher techni-scher Marktpreisrisiken aufzubringen sind und die sich deshalb auf den unterschiedli-chen Devisenmärkten nicht unterscheiden.[407] Nur für den liquiditätsabhängigen Trans-aktionskostenbestandteil wird wie üblich angenommen, daß er eine fallende Funktion der Marktbreite darstellt. Der Zusammenhang zwischen Devisenmarktbreite und marktvariablen Transaktionskosten soll dabei aber stochastisch operationalisiert wer-den. Je illiquider der Markt ist, desto größer ist die Varianz der Zufallsvariable X, desto wahrscheinlicher verursacht ein gegebenes Transaktionsvolumen eine bestimmte prozentuale Abweichung vom fundamental determinierten Gleichgewichtspreis und desto eher wird der Markt hiervon überschwemmt oder ausgetrocknet (market im-

---

[407] Eine Zerlegung der Transaktionskosten in verschiedene Komponenten, von denen nur eine die Kosten der Marktbeeinflussung abbildet, ist auch für die Analyse des Wertpapierhandels üblich. Danach setzen sich die Transaktionskosten aus dem market impact, der Kommission und dem bid-ask spread zusammen. Letzterer wird weiter aufgeschlüsselt in Inventarkosten, Insiderkosten und Geschäftsabwicklungskosten. Vgl. Rudolph/Röhrl (1997), S. 170-181.

pact).[408] Mit der Enge des Marktes steigt c. p.[409] die am bilateralen Devisenmarkt vorhandene Risikomenge.

Weiter kann angenommen werden, daß auch auf liquideren Märkten sich nicht zu jedem Zeitpunkt der Gleichgewichtspreis einstellt, was als eine (weitere) Kostenkomponente von T^{lu} aufgefaßt werden kann. Dies läßt sich bspw. mit der in ihrer Wirkung ähnlichen Existenz von preistreibenden Schneeballeffekten begründen. Andererseits kann davon ausgegangen werden, daß eine Überlebensbedingung für Märkte sein wird, daß sie nicht unbegrenzt eng sein dürfen, da sonst die Transaktionskosten einen etwaigen Tauschgewinn dominieren. Beide Prämissen zusammengenommen läßt sich also folgern, daß die liquiditätsabhängige Risikomenge einen oberen und unteren Rand besitzt. Zur Modellierung des Zufallsprozesses wird angenommen, daß X normalverteilt ist: $X \sim N\ (\mu,\sigma^2)$. Ohne Beschränkung der Allgemeinheit[410] wird das Liquiditätspektrum in 10 Klassen abgestuft, mit 1="sehr eng" und 10="sehr liquide" und festgesetzt, daß die entsprechenden Liquiditätsstufen (LS) sich in einer Varianz von X manifestieren, die von 10 bis 140 schwankt. Eine Varianz von 140 bildet sehr enge Märkte ab. In der folgenden Graphik (Abb. 14) sind exemplarisch die Dichtefunktionen dreier Liquiditätsstufen mit den Varianzen 140 (kaum liquide), 40 (mäßig liquide), 10 (deutlich liquide) und einem identischen Erwartungswert von 0 abgebildet:

---

[408] Diese temporäre Preiswirksamkeit führt zu Nutzeneinbußen des Entscheidungsträgers in Höhe der Abweichung des technisch verzerrten Preises von seinem fundamentalen Gleichgewichtswert multipliziert mit der Transaktionsmenge.
[409] D. h. insbesondere bei gegebener Handelsverflechtung und gegebenem Homogenitätsgrad der Geld- und Wirtschaftspolitik.
[410] Es soll hier nur eine Illustration der grundlegenden Zusammenhänge stattfinden, welche Skalierungen am geeignetsten sind, bleibt letztlich eine empirisch zu klärende Frage.

Abbildung 14: Stochastische Störungen des gleichgewichtigen Wechselkurses

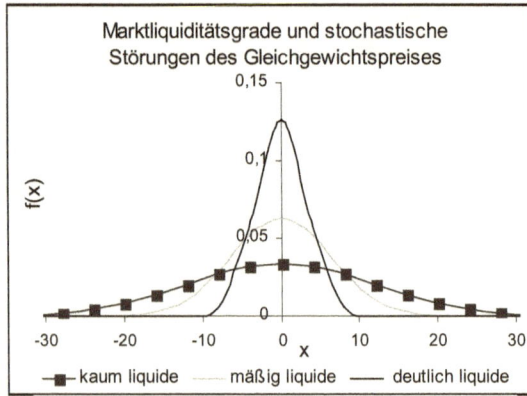

Quelle: Eigene Darstellung

Zu erkennen ist, daß sich mit abnehmenden Liquiditätsgrad zunehmend mehr Wahr-scheinlichkeitsmasse auf die Ränder verteilt, d. h. bedingt durch technische Marktfrik-tionen erhebliche prozentuale Abweichungen vom fundamentalen Gleichgewichtspreis immer wahrscheinlicher werden.

Der von der Marktliquidität (L) abhängigen Risikomenge entsprechen monetäre Risi-koäquivalente, die im folgenden als marktvariable Transaktionskosten $T^I(\sigma^2(L))$ bzw. kurz T(L) interpretiert werden. Da diese aber nach oben und unten beschränkt sind, tragen über eine gewisse Schwelle L^{**} hinaus Umsatzsteigerungen nicht mehr zu einer technischen Effizienzverbesserung des Devisenmarktes bei. Für die Endogenisierung der Transaktionskosten T(L) folgt daraus, daß T zwar mit steigendem L fällt, die Stei-gung der Grenzkostenfunktion aber wieder positiv ist. Eine in dieser Hinsicht geeig-nete Modellspezifikation kann in folgender Formel gesehen gesehen werden:

$$T(L) = U + \frac{O}{L^2}, \; mit \; L \geq L^* \;\; und \;\; \frac{\partial T}{\partial L} < 0; \frac{\partial^2 T}{\partial L \partial L} > 0.$$

U repräsentiert das Transaktionskostenminimum, daß nur bei hinreichender Markt-breite erreicht wird. O stellt eine positive Konstante dar. O/L^2 an der Stelle L^* steht für die maximalen zusätzlichen Transaktionskosten, die aus mangelnder Liquidität er-wachsen können, ohne indes die Existenzfähigkeit des Marktes grundsätzlich in Frage zu stellen.[411] In Abb. 15 werden verschiedene Transaktionskostenverläufe verdeutlicht.

---

[411] Für die graphische Illustration wurde exemplarisch L^*=20 gewählt, U=1 gesetzt sowie für O alter-nativ die Werte 1500, 1000 und 250 ausgesucht.

Abbildung 15: Devisenmarktliquidität und Transaktionskosten

Marktliquidität und Transaktionskosten

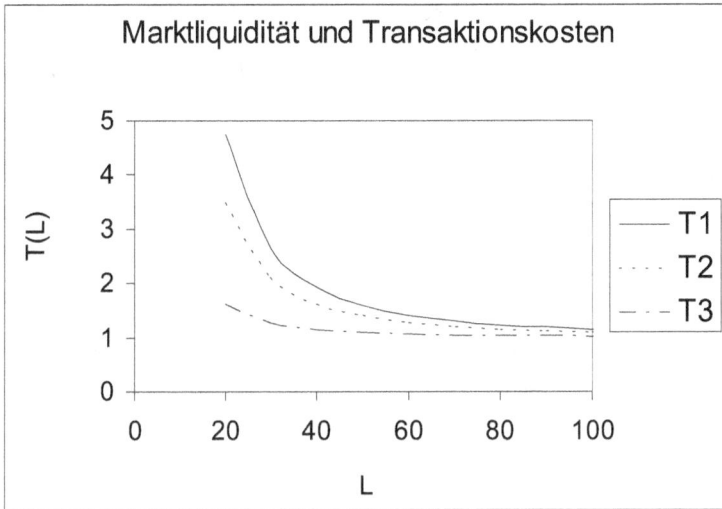

Quelle: Eigene Abbildung

Erkennbar wird, daß liquiditätsbedingte Friktionen bei Gültigkeit von T1 am langsamsten sind und bei Gültigkeit von T3 am schnellsten abgebaut werden und daß U auch für $L<L^{**}$ näherungsweise relativ zügig erreicht werden kann.

Aus einer solchen Transaktionskostenstruktur sind für eine Theorie der internationalen Währungskonkurrenz folgende Schlußfolgerungen zu ziehen: Die Vorteilhaftigkeit eines indirekten Tausches über eine globale Vehikelwährung ist nur dann gegeben, wenn die liquiditätsbedingten aber stets begrenzten Nutzensteigerungen oder Ersparnisse die zusätzlichen liquiditätsunabhängigen Transaktionskosten übersteigen. Dies wird vor allem dann zu erwarten sein, wenn der Welthandelsanteil eines Währungsraumes, wie es in dem Zeitraum nach Ende des Zweiten Weltkrieges bis zur Einführung des Euros der US-$-Raum war, stark dominant ist. Sind die Rangverhältnisse dagegen weniger extrem ausgeprägt, wird auch der vermeintlich schwächere Währungsraum eine hinreichende liquiditätsbedingte Transaktionskostendegression aufweisen können.

6.2.3.7 Zusammenfassung und Schlußfolgerungen

Die Wechselkursvolatilität ist nur partiell auf technische (Liquiditäts-) Imperfektionen zurückzuführen. Auf sie wirken - wie bereits erörtert - auch makroökonomische Indikatoren wie die jeweilige außenwirtschaftliche Verflechtung zweier Länder und der Homogenitätsgrad ihrer Geld- und Wirtschaftspolitik sowie allgemein die Notwendigkeiten und Möglichkeiten zur dynamischen Informationsverarbeitung der Marktteilnehmer ein. Anders ausgedrückt: Eine quantitativ identische Devisenmarktliquidität kann qualitativ heterogen beschaffen sein. Je mehr Umsätze bei gegebener Gesamtliquidität (spekulativ) auf einen erhöhten Zwang zur Informationsverarbeitung zurückzuführen sind, desto höher sind die Informations- und Risikokosten des marketmaking und desto höher werden die An- und Verkaufsspannen ausfallen.[412] Vor diesem Hintergrund ist die im vorigen Abschnitt dargelegte Transaktionskostenstruktur letztlich noch unvollständig geblieben. Zur Abschätzung der gesamten Risikokosten des Devisenhandels werden Banken selbstverständlich alle Risikoquellen berücksichtigen. Die beiden Ursachen für eine mögliche Volatilität können entweder simultan anoder abwesend sein, unabhängig voneinander auftreten sowie in unterschiedlicher Intensität vorliegen. Welche Schlußfolgerungen lassen sich daraus hinsichtlich des direkten oder indirekten Währungstausches bzw. der Denominierung der privaten Reservehaltung ziehen?

Die Ersparnis, die ggf. aus der höheren Liquidität $E(T^l)$ resultiert, ist nicht nur um die zusätzlichen liquiditätsunabhängigen Kosten des doppelten Tausches zu bereinigen, sondern ggf. zusätzlich um das monetäre Äquivalent für das höhere Risiko aus einer „ungünstigeren" Ausprägung der makroökonomischen Struktur(S)- und Politikvariablen(P) $T(\sigma^2(P \& S))$, kurz $T(P\&S)$. Der indirekte Tausch ist also nur vorteilhafter, falls gilt: $E(T^l) > T + T(P\&S)$. Die Ausprägung der makroökonomischen Indikatorvariablen kann die Vorteilhaftigkeit eines indirekten Tausches bei negativem Vorzeichen erhöhen oder bei positivem verringern bzw. aufheben. Auch eine neutrale Auswirkung ist möglich.

Daraus folgt, daß bilaterale Devisenmärkte, die, durch die Fakturierung der Endzahlungsströme bedingt, einen hinreichend hohen Sockelumsatz vorweisen, von einer Vehikellösung teilweise oder ganz Abstand nehmen können. Der vollständige Übergang von der einen zur anderen Variante oder ein schockgesteuertes erratisches Pendeln zwischen beiden ist keineswegs zwingend. Im Gegenteil: Es wird sich gleichzeitig der direkte und indirekte Tausch zweier Währungen ineinander einstellen, wenn und soweit sich dies insgesamt aufgrund unterschiedlicher Geschäfts- und Portefeuillestrukturen, heterogener Erwartungen, divergierender Liquidität der Terminmärkte, ungewisser Belastbarkeit der bilateralen Devisenmärkte und subjektiver Ermessens- und Optimierungsentscheidungen als vorteilhaft erweist. Die Märkte

---

[412] Vgl. Copeland u. Galai (1983), S. 1457 ff. sowie für empirische Untersuchungen zum positiven Zusammenhang von unerwarteten Handelsvolumina, Volatilität und Handelsspannen Hartmann (1999), S. 804ff. u. Galati (2000), S. 14.

tasten, wie in der Tab. 7 erkenntlich, die Belastbarkeit bilateraler Devisenmärkte graduell ab.

Tabelle 7: Anteiliger Tausch lokaler Währungen in führende internationale Währungen

Gegen Lokale Währung(en)	US Dollar	Deutsche Mark	Japanischen Yen	Sonstige Währungen
weltweit	54,7	15,8	9,4	20,1
Niederlande	64,3	24,3	1,1	10,4
Vereinigtes Königreich	77,2	17,7	1,3	3,8
Schweiz	75,3	17,6	2,5	4,6
Australien	95,2	0,8	1,4	2,6
Südafrika	91,4	1,5	2,1	5,0

Quelle: BIS, eigene Berechnungen auf Basis täglicher Nettodurchschnittswerte, Angaben in Anteilen v. H.

So wurde die lokale Währung wichtiger Handelspartner Deutschlands bereits vor Einführung des Euro - gemessen an weltweiten Werten oder entsprechenden Anteilen mit außenhandelsmäßig weniger bedeutenden Drittstaaten - verhältnismäßig stark direkt in Deutsche Mark getauscht. Dennoch sind die Anteilswertdifferenzen verglichen mit dem US Dollar regelmäßig sehr hoch. Dies läßt auf zweierlei schließen. Zum einen kann das Nebeneinander direkter und indirekter Tauschketten für bestimmte Zielwährungspaare vermutet werden. Zum anderen war die Liquidität der verschiedenen DM Devisenmärkte nicht so hoch, als dies in den Augen der Marktteilnehmer die Etablierung massenhaft indirekter Tauschketten über sie hätte rechtfertigen können.

Die Einführung des Euro beendet nun die Währungssegmentierung des europäischen Außenhandels zu Drittländern. Durch diese Bündelung werden korrespondierend zu den Handels- und Kapitalströmen Sockelumsätze geschaffen, die die liquiditätsbedingten Transaktionskosten in den bilateralen Devisenmärkten der europäischen Haupthandelspartner auf die Schwelle ihres theoretischen Minimums verweisen. Gleichzeitig bestehen zu diesen Ländern im Zweifel vorteilhafte Ausprägungen der makroökonomischen Indikatorvariablen. Je mehr liquide Devisenmärkte aber nun bilateral zum Euro entstehen, desto mehr eignen sich diese gleichzeitig als Drehscheibe für die Abwicklung indirekter Tauschketten für den Devisenverkehr dieser Länder untereinander. Der Wettbewerb als Entdeckungsverfahren wird dazu beitragen, daß die Märkte die mit dieser Evolution einhergehenden Produktivitäts- und Risikopotenziale in geeigneter Weise bewerten und ausnutzen werden.

6.3 EMPIRIE ZUR INTERNATIONALEN WÄHRUNGSKONKURRENZ

In diesem Abschnitt findet eine detailliertere empirische Analyse von Währungskonkurrenz auf den internationalen Finanzmärkten statt. Mit den verwendeten Übersichten und Graphiken werden währungsgeschichtliche und allgemeine Betrachtungen durchgeführt sowie die deskriptive Grundlage für die nachfolgende Inferenzstatistik gelegt. Diese hat einerseits den Anspruch, die vorangegegangen Hypothesen zur Denominierung von Schuldtiteln auf ihre Gültigkeit und quantitative Ausprägung zu überprüfen. Zum anderen wird aber auch das empirische Fundament für die abschließenden Hypothesen zum Bankencharakter von Weltwährungen gelegt. Hierzu dient insbesondere die Schätzung von Fundamentalfaktoren, die der privaten und offiziellen Nachfrage nach internationaler Liquidität dienen.

6.3.1 Deskriptive Statistik

6.3.1.1 Reservebedeutung, Reservebedarf und Kaufkraftstabilität einer Währung

In Abb. 16 wird die anteilige Bedeutung der wichtigsten Reservewährungen im Zeitablauf nachgezeichnet und ihrer relativen monetären Stabilitätsleistung zum US-Dollar gegenübergestellt. Während negative Werte für die bilateralen Differenzen in den Inflationsraten eine überlegene Stabilitätsperformance des Dollars symbolisieren, charakterisieren positive eine geringere Stabilität.

Den Graphiken ist zu entnehmen, daß eine anhaltend überlegene Leistung einer Währung (hier: Deutsche Mark, Schweizer Franken) in der Kaufkraftstabilisierung für sich genommen nicht hinreicht, einen bestehenden Weltwährungsstandard in Frage zu stellen. Der US-Dollar besitzt bis in die Gegenwart die führende Reservebedeutung. Nach dem Zusammenbruch des Systems von Bretton Woods hat der Dollar zwar in der internationalen Geltung zunächst einen ausgeprägten Bedeutungsrückgang erfahren[413], konnte aber bis zur Gründung der europäischen Währungsunion seine Stellung wieder ausbauen.

Bis zu den achtziger Jahren hatte der US-Dollar die Folgen einer unzureichenden Stabilitätsdisziplin zu tragen. Eine Sanktionierung erwies sich nur als begrenzt möglich, da die gesamtwirtschaftliche Basis alternativer Währungsräume für einen etwaigen Rollenwechsel nicht hinreichte. Schließlich trug die dann einsetzende zunehmende

---

[413] Insbesondere ging die breite Akzeptanz der 1979 eingeführten europäischen Korbbwährung ECU mit einem gegenläufigen Bedeutungstrend für den US-$ einher.

internationale monetäre Stabilitätskonvergenz im Zusammenspiel mit attraktiven Kapitalverwendungsmöglichkeiten in der amerikanischen Wirtschaft dazu bei, daß die höhere Liquidität der Finanz- und Devisenmärkte in der Wertschätzung der Marktteilnehmer ein entsprechend deutlicheres Gewicht erhielt.

Es bleibt daher festzuhalten, daß eine vergleichbar gute Stabilitätsleistung zweier Währungen für sich genommen noch keine hierzu korrespondierenden symmetrischen Anteile bei der Reservehaltung in diesen Währungen hervorruft.

Abbildung 16: Relative Reservebedeutung und monetäre Stabilitätsperformance

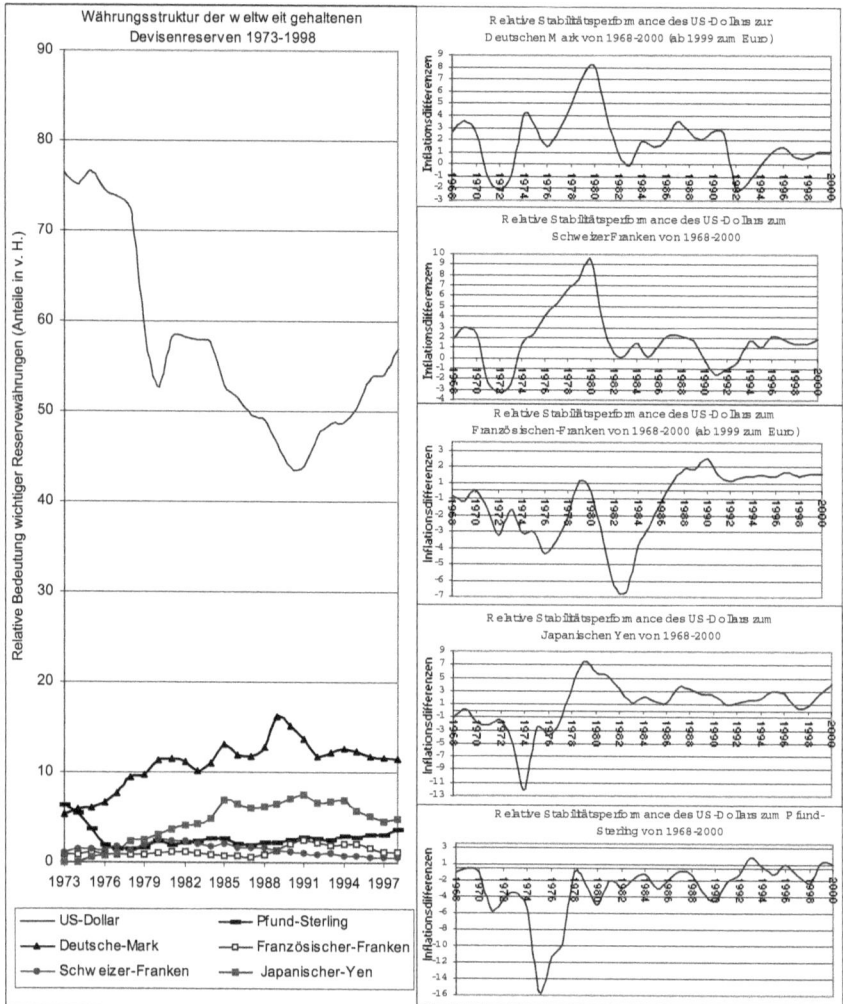

Quellen: Daten entnommen aus Veröffentlichungen des IMF (Jahresberichte verschiedener Jahrgänge und IFS), ohne Gold und IMF-bezogene Positionen als Reserveaktiva, relative Reservebedeutung gemessen an der anteiligen Bedeutung bei den weltweit gehaltenen offiziellen Devisenreserven, relative monetäre Stabilitätsperformance gemessen an der Differenz in der (jährlichen) prozentualen Veränderung des Verbraucherpreisindex einer Währung zu derjenigen der Leitwährung US-Dollar in Prozentpunkten, eigene Berechnungen und Darstellung

Numerisch ließen sich für die verschiedenen Währungen konkret die in Tab. 8 angebenen Kennzahlen ermitteln.

Tabelle 8: Reservebedeutung und Kaufkraftstabilisierung von Währungen

Währung	Anteilige De-nominationsbe-deutung (1973-1998)	Statistische Kennziffern zu den Inflationsraten 1968-2000				
		Mittel[414]	Volatilität	Maximum	Minimum	Spann-weite
US-Dollar	**57,32**	4,46	2,92	13,51	1,55	11,96
Deutsche Mark	10,93	3,24 (1,88)	**1,92** (2,26)	**7,00** (8,09)	-0,13 (-2,19)	**7,12** (10,28)
Schweizer Franken	1,43	**2,36** (1,74)	2,47 (2,68)	9,77 (9,49)	0,06 (-3,35)	9,71 (12,84)
Französischer Franken	1,26	4,46 (-0,78)	4,03 (2,11)	13,65 (2,02)	0,67 (-6,25)	12,98 (8,27)
Pfund Sterling	2,71	6,02 (-2,46)	5,38 (3,43)	24,24 (1,39)	1,56 (-15,10)	22,67 (16,49)
Japanischer Yen	4,41	4,09 (0,95)	4,72 (3,56)	23,12 (7,51)	**-0,6** (-12,09)	23,72 (19,60)

Quellen: IMF (Jahresberichte, IFS), ohne Gold und IMF-bezogene Positionen als Reserveaktiva, Werte in Klammern beziehen sich auf die entsprechenden Angaben für die Inflationsdifferenz zum US-Dollar, Reservebedeutung gemessen an den über den Untersuchungszeitraum gemittelten Jahresanteilen, eigene Berechnungen und Darstellung[415]

Die Wertsicherungsfunktion einer Währung kann als um so besser erfüllt angesehen werden, je geringer das Ausmaß ihrer Kaufkraftentwertung ist und um so weniger volatil diese ausgeprägt ist.[416] Beide Kriterien hat der US-Dollar im Betrachtungszeitraum deutlich schlechter erfüllt als die Deutsche Mark oder der Schweizer Franken. Auch die Spannweite möglicher Inflationsraten fiel für den US-Dollar im Vergleich zu diesen beiden Alternativwährungen für die Geldverwender nachteilig größer aus. Die Inflationsdifferenz des US-Dollars zu diesen beiden Währungen betrug in einzelnen Perioden über 10 Prozentpunkte. Phasen nachhaltiger Kaufkraftentwertung fielen beim US-Dollar verglichen mit denjenigen der Deutschen Mark fast doppelt so hoch aus. Die mittlere Inflationsdifferenz zum US-Dollar lag sowohl für die Deutsche Mark als auch für den Schweizer Franken bei knapp 2 Prozentpunkten. Ungeachtet dieser komparativ schwächeren Stabilisierungsperformance dominiert der US-Dollar klar die Währungsstruktur der weltweit gehaltenen Währungsreserven.

---

[414] Die durchschnittliche Kaufkraftentwertung wurde als geometrisches Mittel der jährlichen Inflationsraten gemessen und die durchschnittliche Inflationsdifferenz zum US-Dollar als arithmetisches Mittel.

[415] Es gelten ansonsten die gleichen Systematisierungen und Abgrenzungen wie in der vorangehenden Abbildung.

[416] In der Tabelle sind diejenigen Werte fettgedruckt, die hinsichtlich der jeweiligen Kennzahl die beste Ausprägung repräsentieren.

Obwohl das Pfund Sterling gegenüber Schweizer und Französischem Franken für alle Kennziffern zur Kaufkraftstabilisierung schlechtere Ausprägungen besitzt, ist seine Denominationsbedeutung größer. Hierin könnte ein Indiz für Trägheitsmomente in der internationalen Währungskonkurrenz gesehen werden. Diese Schlußfolgerung ist allerdings nicht zwingend. Denn soweit das hinter dieser Währung stehende Finanzsystem für internationale Investoren steuerlich attraktiv ausgestaltet ist, es über ein dynamisches Produktspektrum bei Finanztiteln und über komparativ innovative Handelsplattformen verfügt, läßt sich die bleibende Bedeutung dieser Währung durchaus fundamental erklären.

Mit anderen Worten, es zeigt sich hier, daß die Geldverwender von dem Geldemittenten die Erfüllung multidimensionaler Güteeigenschaften einfordern. Zu diesen zählen Eigenschaften, die die Qualität, Glaubwürdigkeit und Nachhaltigkeit der Kaufkrafterhaltung der Währungen betreffen. Darüber hinaus sind zu diesen attraktive Kapitalverwendungsmöglichkeiten, hochliquide Devisenmärkte und moderne Handelssysteme zu rechnen.

In Abb. 17 wird – jeweils bezogen auf die weltweit gehaltenen Devisenreserven - die Reservebedeutung der drei führenden Währungsräume (US-$, DM und Yen) ihrer eigenen Reservehaltung in konvertiblen Fremdwährungen (Reservebedarf) gegenübergestellt.

Abbildung 17: Reservebedeutung und Reservebedarf

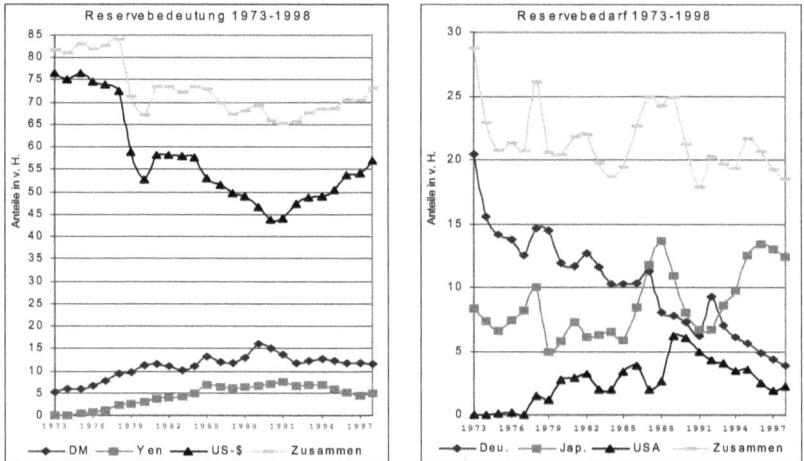

Quelle: IMF, ohne Gold und IMF-bezogene Positionen als Reserveaktiva, eigene Berechnungen und Darstellung

Es ist zu erkennen, daß ein Großteil der weltweit gehaltenen Devisenreserven auf die drei bedeutendsten Währungen entfällt. Andererseits ist die Reservehaltung der diese Währungen emittierenden Länder verhältnismäßig gering.

Die Reservehaltung Deutschlands ist seit dem Ende von Bretton Woods trendmäßig rückläufig. Dies dürfte einerseits als Ausdruck der Tatsache zu verstehen sein, daß mit dem Ende dieses Systems fester Wechselkurse umfangreiche Interventionsmaßnahmen[417] an Nachhaltigkeit verloren. Zum anderen vollzog sich zunehmend der Aufstieg der Deutschen Mark zur regionalen (de facto) Leitwährung in Europa. Dieser Status stellte sich aufgrund der ökonomischen Größe des Währungsraumes gekoppelt mit dem bis in die neunziger Jahre anhaltenden Stabilitätsvorsprung im Vergleich zu benachbarten Währungsräumen ein. Für Deutschland entfiel so, anders als für seine Nachbarländer, die Notwendigkeit zum Aufbau bzw. zur dauerhaften Aufrechterhaltung von Reservebeständen als Puffer gegen einen sich wiederholt anbahnenden Abwertungsdruck gegen die eigene Währung.

Eine Leitwährung, die die Rolle eines Stabilitätsankers im internationalen Finanzsystem erfüllt, ist nicht veranlaßt, im Außenverhältnis zu Währungsräumen von geringerer Größe und/oder geringerer Stabilitätsleistung feste Wechselkursbeziehungen zu unterhalten. Ihre monetären Außenbeziehungen sind vielmehr entweder durch flexible Wechselkurse charakterisiert oder durch einseitige mehr oder weniger feste[418] Wechselkursstabilisierungsversprechen kleinerer Emittenten.[419] Im letzteren Fall wird seitens des kleineren Währungsraumes häufig ein Stabilitätsimport angestrebt, bei dem der Wechselkurs die Rolle eines nominalen Ankers einnimmt. Unabhängig von der Frage, unter welchen Voraussetzungen der beabsichtigte Stabilitätsimport auf diesem Wege tatsächlich gelingt, liegt hierin ein wesentlicher Bestimmungsgrund für eine Asymmetrie in der Reservebedeutung eines Leitwährungsraumes und dessen eigener Nachfrage nach fremden Währungen.

Das Vertrauen in die Nachhaltigkeit des Wechselkursversprechens mag durch eine hundertprozentige Deckung der Basisgeldemission durch Leitwährungsreserven geschaffen werden. Vorstellbar ist aber auch, daß die Haltung von Leitwährungsreserven auf eine Interventionsmasse begrenzt wird, die zur Abwendung eines nicht fundamental begründbaren Abwertungsdrucks geeignet erscheint. In jedem Fall entsteht eine

---

[417] Diese ergaben sich aus dem Zusammenwirken von eingegangenen Interventionsverpflichtungen und realer Unterbewertung der Deutschen Mark.
[418] Ggf. werden fundamentaldatenorientierte regelgebundene Wechselkursänderungsvorbehalte für die Erreichung einer nachhaltigeren Stabilisierung der Preisbildung auf dem Devisenmarkt als zweckmäßiger eingestuft.
[419] Vgl. Feldsieper (1997), S. 124.

Nachfrage nach Leitwährungsreserven, der kein hierzu korrespondierender Reservebedarf dieses Währungsraumes gegenübersteht. Der Leitwährungsemittent wird vielmehr seine Wechselkurspolitik in einer Weise zu gestalten geneigt sein, daß seine interne Stabilitätsorientierung optimal flankiert wird und die Wertschätzung seines Geldes keinen Vertrauensverlust erleidet.

Weiter zeichnen sich Leitwährungsräume durch den Umstand aus, daß sie ihre aus der internationalen Güter- und Kapitalbeschaffung resultierenden Zahlungsverpflichtungen wegen der dort vorherrschenden Preisstellungsgewohnheiten in der Leitwährung größtenteils in eigener Währung begleichen können und damit keinem oder nur einem entsprechend geringeren Risiko der Illiquidität unterliegen. Auch diejenige Reservenachfrage, die mit der Intention einer Sicherstellung der internationalen Zahlungsfähigkeit eines Währungsraumes betrieben wird, entfällt deshalb für Leitwährungsräume weitgehend. Dies gilt um so mehr, je mehr die Leitwährung nicht nur nur regionale, sondern darüber hinaus weltwirtschaftliche Bedeutung besitzt. Schließlich minimieren die hochliquiden Devisenmärkte von Leitwährungsräumen, die Notwendigkeit zur Vorhaltung von Reserven, um etwaige technische Liquiditätsimperfektionen zu glätten.

In Tab. 9 wird diese Asymmetrie nun numerisch verdeutlicht. Für einen Zeitraum von 18 Jahren wurde das mittlere Verhältnis der Denominationsbedeutung einer Währung zu den von diesem Währungsraum selbst unterhaltenen Devisenreserven dividiert.

Tabelle 9: Reservebedeutung in Relation zur Reservehaltung von 1980-1998[420]

Vereinigte Staaten	Deutschland	Vereinigtes Königreich	Japan
17,9	1,7	0,9	0,7

Quelle: IMF (Jahrbücher und IFS), eigene Berechnungen

Es ist erkennbar, daß sich hier die Weltwährung von den übrigen Reservewährungen mit einer Ausprägung von knapp 18 deutlich abhebt. Ansonsten gelang es mit einer Ziffer von 1,7 nur noch der Deutschen Mark bzw. Deutschland eine Dominanz in der Reservebedeutung der emittierten Währung gegenüber dem eigenen Bedarf an konvertiblen Fremdwährungen zu etablieren. In dem Maße nun wie der Euro zur gleichberechtigten zweiten Weltwährung avanciert und in der Geschwindigkeit, mit der die Informationseffizienz der Finanzmärkte den Prozess dorthin begleitet, wird auch der Reservebedarf für diesen Wirtschaftsraum in absehbarer Zeit auf ein mit den Verei-

---

[420] Gemessen an den über den Untersuchungszeitraum gemittelten Jahresrelationen

nigten Staaten vergleichbares Niveau sinken. Da so gleichzeitig ein (ehemaliger) Hauptnachfrager nach Dollarreserven entfällt, wird sich die relative Reservebedeutung des US-Dollar zu Gunsten derjenigen des Euros verringern.

In diesem Zusammenhang stellt sich die Frage, wie der aus dem früheren Währungs- gefüge resultierende Reserveüberhang in der Übergangszeit ökonomisch optimal ab- zubauen ist. Möglicherweise wird sich eine situativ abgestimmte Mischung der von Feldsieper[421] bereits frühzeitig vorgeschlagenen passiven und aktiven Politikoptionen durchsetzen: Indem das Eurowährungsgebiet die absolute Höhe seiner gehaltenen Reserven einfriert, verringert sich der Überhang bereits im Zeitablauf allmählich. Aus Ertragserwägungen heraus wird es zudem ratsam sein, auch absolute Minderungen dieser niedrig verzinsten Aktivpositionen in einem Umfang in Erwägung zu ziehen, der noch keinen irritierenden Einfluß auf die Devisenmarktpreisbildung erwarten läßt. Schließlich erübrigt sich die Notwendigkeit, solche Reserveabgänge zu kompensieren, zu denen es durch Interventionen kommt, die der Sicherung der internen Preisstabilität und des Vertrauens internationaler Investoren dienen.

Bisher wurde der Reservebedarf eines Währungsraumes noch nicht in Bezug zu fun- damentalen volkswirtschaftlichen Strukturdaten wie etwa dem Bruttoinlandsprodukt, der Zahlungsbilanzsumme, den Leistungsimporten, den Kapitalimporten und/oder der Summe aus den letzten beiden Größen betrachtet. Tab. 10 und Tab. 11 enthalten des- halb neben der absoluten Höhe der Reservehaltung auch das Verhältnis zu den ge- nannten volkswirtschaftlichen Strukturziffern. Es findet für die USA, für die Staaten des Eurowährungsgebietes (EU-11) und für die 1999 (noch) nicht an der EWWU teilnehmenden Länder der Europäischen Union (EU-4) eine Analyse der Reservehal- tungsgewohnheiten vor und nach Einführung des Euros statt.

In Tab. 10 wird dies zunächst für die EU-11- und EU-4- Staaten dargelegt. Es zeigt sich, daß die Relationen für beide Währungsaggregate bis zur Einführung des Euro eine recht deutliche Ähnlichkeit aufweisen, wobei Abweichungen für die Länder der EU-11 im allgemeinen nach oben tendieren. Während die Relationen nach Einführung des Euro für die EU-4- Staaten im wesentlichen unverändert bleiben, verringern sich die Werte für die EU-11- Staaten spürbar und liegen nun strukturell unter denjenigen der Kontrollgruppe.

---

[421] Vgl. Feldsieper (1997), S. 124ff.

Tabelle 10: Reservehaltung der EU-11- und EU-4- Staaten

Zeit	absolut in Mrd. ECU/Euro		Im Verhältnis zu:									
			Bruttoinlands-produkt		Importe		Zahlungsbilanz-summe		Kapitalimporte		Kapital- und Leistungsimporte	
	EU11	EU4	EU11	EU4	EU11	EU4	EU11	EU4	EU11	EU4	EU11	EU4
1995-1998	256,3	64,5	4,6	4,4	13,6	10,7	10,4	7,5	51,0	25,5	10,6	7,4
1997-1998	273,6	61,6	4,8	3,7	13,5	9,2	9,6	6,3	35,6	21,4	9,8	6,3
1999	207,9	82,1	3,2	4,4	9,0	11,2	5,6	7,4	15,9	20,6	5,8	7,3

Anmerkungen: Sofern sich die Jahresangaben auf Zeiträume beziehen, wurden Durchschnittswerte gebildet; vor der Verhältnisbildung wurden alle Werte in ECU/Euro umgerechnet, Euro ab 1999; Werte für Kapitalimporte wurden approximiert durch die Summe von Direktinvestitionen, Portfolioinvestitionen und anderen Investitionen aus dem Ausland; Jahresendbestandsangaben wurden dabei mit dem Jahresendkurs konvertiert, alle Stromgrößen hingegen mit dem Jahresdurchschnittswechselkurs; wenige Einzelländerangaben, die in der IFS (März, 2001) noch nicht berichtet sind, wurden extrapoliert

Tabelle 11: Offizielle Reservehaltung in den EU-11- Staaten und in den USA

Zeit	absolut in Mrd. ECU/Euro		Im Verhältnis zu:									
			Bruttoinlands-produkt		Leistungsimporte		Zahlungsbilanz-summe		Kapitalimporte		Kapital- und Leistungsimporte	
	EU11	USA	EU11	USA	EU11	USA	EU11	USA	EU11	USA	EU11	USA
1995-1998	256,3	31,7	4,6	0,5	13,6	3,2	10,4	2,5	51,0	7,1	10,6	2,2
1997-1998	273,6	29,4	4,8	0,4	13,5	2,5	9,6	1,9	35,6	5,5	9,8	1,7
1999	207,9	32,0	3,2	0,4	9,0	2,3	5,6	1,7	15,9	4,5	5,8	1,5

Quelle für beide Tabellen: IFS, eigene Berechnungen

Indem diese Werte aber mit denjenigen der Vergleichseinheit USA in Beziehung gesetzt werden (Tab. 11), ist bei Anerkennung der mittelfristigen Gleichwertigkeit dieser Währungsräume aufgrund der theoretischen Ausführungen in diesem Abschnitt ersichtlich, daß im Eurosystem ein deutlicher Überhang an vornehmlich auf US-Dollar lautenden Reserven besteht.[422]

Der unmittelbare Rückgang spiegelt im wesentlichen die technischen Effekte der Währungsumstellung wider, da diejenigen Währungsreserven die vor 1999 auf alten EU-11- Währungen oder ECU lauteten mit Beginn der Währungsunion keine externen Aktiva der monetären Behörden mehr repräsentieren.

---

[422] Vgl. in diesem Sinne Feldsieper (1997), S. 124ff.

Hinzu kommt, daß diejenigen Kennziffern, die auf Berechnungen nationalstaatlich-außenwirtschaftlicher Bezugsgrößen basieren, für den EU-11-Raum nur verzerrte Informationen vermitteln. Für einen wie hoch auch immer veranschlagten Reservebedarf, der aus relationalen Sollwerten in Bezug zu diesen Größen abgeleitet wird, muß für diesen Währungsraum berücksichtigt werden, daß der Bedarf an internationaler Liquidität nicht mehr wie zuvor per se durch den grenzüberschreitenden Wirtschaftsverkehr dieser Länder ableitbar ist. Der Bedarf entfällt unmittelbar schon in dem Ausmaß, wie die jeweiligen nationalen Außenhandelsdaten Intraeurogebietstransaktionen umfassen.

6.3.1.2 Währungsstruktur internationaler Bankverbindlichkeiten

Abb. 18 veranschaulicht für einen Zeitraum von 15 Jahren die Entwicklung der Währungsstruktur bei den von Nichtbanken unterhaltenen internationalen Bankeinlagen.

Abbildung 18: Internationale Nichtbankeneinlagen von 1983-1998

Quelle: BIS, numeric spreadsheets, Tafeln 5B und 5D, eigene Berechnungen[423]

---

[423] Die gesamten für die Anteilsbildung relevanten Passiva wurden aus der Summe von grenzüberschreitenden Bankverbindlichkeiten und lokalen Fremdwährungsverbindlichkeiten, jeweils gegenüber Nichtbanken, gebildet.

Ausgehend von einem Anteil von deutlich über 60 Prozent zeigt sich für den US Dollar ein trendmäßiger Bedeutungsrückgang, der in den neunziger Jahren zum Stillstand kommt und dann einer leichten Erholung weicht. Die Bedeutung dieser Währung erwies sich in neunziger Jahren aber insgesamt recht stabil; die Anteile bewegten sich in einem Korridor von 40 bis 45 Prozent.

Die Bedeutung von Schweizer Franken und Japanischem Yen lag während des gesamten Betrachtungszeitraums stabil unter 5 Prozent. Im Unterschied dazu kam das Pfund Sterling auf einen durschnittlichen Anteil von leicht über 5 Prozent.

Die Deutsche Mark hat als einzige Währung einen markanten Bedeutungszuwachs erfahren können. Dieser manifestierte sich in Anteilswerten, die in den neunziger Jahren zeitweise nahe 20 Prozent und damit um 15 Prozentpunkte höher als die anfänglichen Werte lagen.

Eine Differenzierung der Statistiken nach Fristigkeit der Einlagen existiert nicht. Es kann daher keine Aussage darüber gemacht werden, ob sich die Entwicklung der Währungsstruktur geldähnlicher Einlagen von derjenigen bei Geldkapital substantiell unterscheidet. Mit Hinblick auf die theoretischen Hypothesen zur Denominierung von Schuldtiteln kann jedoch vermutet werden, daß die Konzentrationstendenzen mit zunehmender Fristigkeit weniger ausgeprägt sind und sich elastischer gegenüber komparativen Veränderungen in der realen Verzinsung verhalten. In dieser Hinsicht wäre die Folgerung plausibel, daß der Bedeutungszuwachs für die Deutsche Mark bei internationalen Einlagen mit Liquiditätscharakter verhältnismäßig geringer ausgefallen ist.

Vergleicht man nun die Währungsstruktur des bei Banken unterhaltenen privaten Geldvermögens mit derjenigen offiziell gehaltener internationaler Liquiditätsreserven, lassen sich deutliche Parallelen feststellen: In beiden Fällen dauerte der nachhaltige Bedeutungsverlust der amerikanischen Währung aufgrund der komparativ schwachen Stabilitätsleistung bis Anfang der neunziger Jahre an und in beiden Fällen führte dieser auch zu Anteilswerten, die deutlich unter 50 Prozent lagen. Bei den offiziellen internationalen Liquiditätsreserven fiel die nachfolgende Erholung allerdings kräftiger aus, auch konnte die Deutsche Mark hier zu keinem Zeit die Schwelle von 20 Prozent erreichen.

Ähnlich wie die Währungsstruktur der Reservehaltung erscheint auch die Währungsstruktur der internationalen Einlagen nicht als technischer Reflex komparativer monetärer Stabilitätsdifferenzen. Das Pfund Sterling behauptete hier gegenüber dem wertstabileren Schweizer Franken wiederum einen höheren Rang. Gegenüber dem stabileren und liquideren Japanischen Yen gelang dem Pfund Sterling ebenso die Einnahme einer vorderen Stellung. Beide Beobachtungen zusammengenommen legen den Schluß nahe, daß weder die höhere Stabilität noch die größere gesamtwirtschaftliche

Basis einer Währung per se hinreichen, ihr einen vorderen Platz vor Währungen zu sichern, die bei diesen Kriterien schwächer abschneiden.

Aus den vorangehenden Überlegungen kann aber nicht gefolgert werden, eine schwache Stabilitätsleistung einer Währung oder eine potentielle Währungszersplitterung eines Wirtschaftsraumes werde vom internationalem Publikum ohne größere negative Sanktionen hingenommen. Vielmehr muß im Gegenteil festgehalten werden, daß die Erfüllung dieser Kriterien ein Sprungbrett schafft, mit dem eine erfolgreiche Teilnahme an der internationalen Währungskonkurrenz möglich wird. Ob und in welchem Ausmaß der Teilnahme aber tatsächlich Erfolg beschieden ist, darüber entscheiden zusätzlich attraktive Ausgestaltungen des gesamten Finanzsystems für Gebietsansässige und Gebietsfremde gleichermaßen sowie eine hohe Innovationsdynamik bei den Finanzprodukten in dieser Währung und bei deren Kommunikations- und Handelsplattformen.

6.3.1.3 Denominierung auf den internationalen Finanzmärkten

In Abb. 19 wird für den Zeitraum von 1993-1998 die private Währungswahl auf den internationalen Geld- und Kapitalmärkten veranschaulicht. Man erkennt strukturelle Unterschiede in der Denominierungspolitik von kurzfristigen und langfristigen Papieren. Während die Dominanz des US-Dollars bei der Denominierung von internationalen Geldmarktpapieren noch höher ausfällt als bei der Reservebedeutung, läßt sich für die Denominierung von internationalen Kapitalmarktpapieren kein strukturelles Dominanz- bzw. Hierachiegefüge erkennen.

Bereits den Währungen der EU 11 gelang unter Einschluß des ECU 1995 bspw. eine Anteilswertannäherung bis auf 5 Prozentpunkte zum US-Dollar. Verbleibende Unterschiede lassen sich vermutlich im wesentlichen auf die (noch) geringere Größe dieses europäischen Teilgebiets, eine unterschiedliche Wachstumsdynamik bzw. divergierende Grenzleistungsfähigkeit des Kapitals und entsprechende Wechselkurserwartungen zurückführen.[424] Letztere Faktoren begründen eher erratische Anteilswertschwankungen, als daß sie ein Indiz für eine eine persistente Währungshierachie abgeben.

---

[424] Würde man etwa den Schweizer Franken und das Pfund Sterling zu den Eurogebietswährungen hinzurechnen, wäre der US-Dollar im Jahre 1995 diesen sogar deutlich unterlegen.

Abbildung 19: Denomierung von internationalen Geld- und Kapitalmarkttiteln von 1993-1998

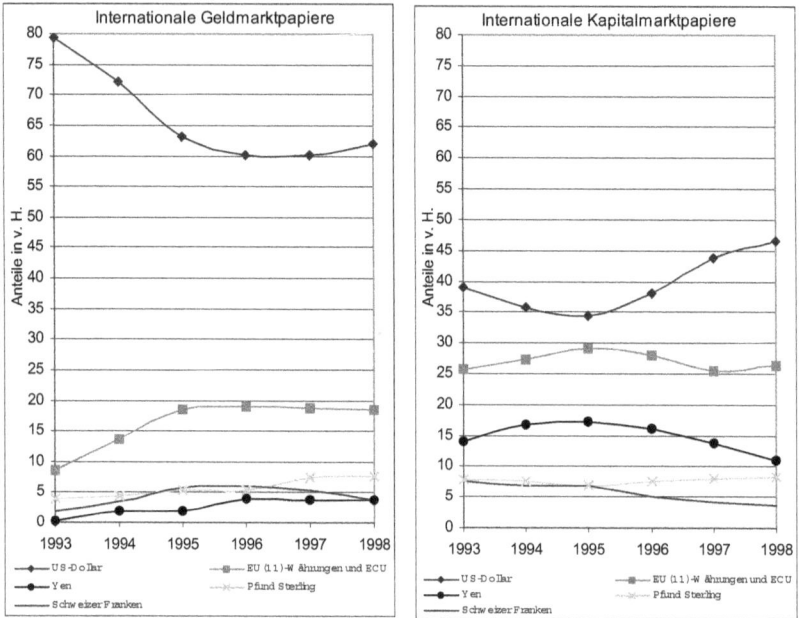

Quelle: BIS, Statistical Annex, Numeric Spreadsheets, Tafeln 13A und 13B[425], Jahresend-werte ausstehender Beträge[426], eigene Berechnungen und Darstellung

Mit anderen Worten, es lassen sich hier erste Anzeichen für die Gültigkeit der theoreti-schen Hypothesen zur Denominerung von Schuldtiteln finden. Nach denen ist zu erwarten, daß bei Geldtiteln aufgrund des globalen Vehikelcharakters einer Weltwäh-rung und zur Minimierung von Transaktionskosten bei internationalen Zahlungsse-quenzen der größte Konzentrationsgrad auftritt. Zugleich findet die Komplemen-tärhypothese, daß bei Kapitalmarkttiteln die Bedeutung von Währungskonvertierungs-kosten gegenüber den üblichen Risiko- und Ertragsabwägungen (Zins- und Kurserträ-ge) in den Hintergrund tritt, eine erste Bestätigung.

---

[425] Die Geldmarkttitel umfassen Euro-Commercial Paper und andere kurzlaufende Schuldpapiere. Die Kapitalmarkttitel umfassen zinsvariable und zinsfixe sowie aktienbezogene Anleihen.

[426] Für das Jahr 1998 wurden für die Kapitalmarktdaten die Werte des 2. Quartals und für die Geld-marktdaten diejenigen des 3. Quartals gewählt. Diese Werte fügten sich noch in den Trend ein, ohne von der positiven Ausstrahlung der sich anbahnenden Währungsunion schon nach oben über-zeichnet zu sein.

Abschließend soll der Frage nachgegangen werden, inwieweit die Einführung des Euros unmittelbar eine Veränderung der mit Abb. 19 beschriebenen Denominierungsmuster bewirkt hat.

Dabei ist zunächst zu berücksichtigen, daß anders als im Zeitraum vor der Einführung des Euros grenzüberschreitende Finanzgeschäfte innerhalb der Eurozone im Regelfall nicht mehr mit einem Währungswechsel verbunden sind.[427] Andererseits zählt nach der Klassifikation der BIS beispielsw. ein Bankkredit einer deutschen Bank in Euro an ein spanisches Unternehmen zum internationalen Finanzgeschäft ebenso wie ein auf Euro lautender Kredit derselben Bank an ein englisches Unternehmen (broad measure).

Vor dem Hintergrund dieser Problematik wird von einigen deshalb eine Bereinigung der BIS-Daten für die ehemaligen Gebietswährungen der EU-11 dergestalt vorgeschlagen, daß sie sowohl vor als auch nach 1998 um die betreffenden Intraeuroraumtransaktionen bereinigt werden (narrow measure), um gleichermaßen die Homogenität von Längs- und Querschnittsvergleichen zu gewährleisten: „If this adjustment was not made, historical comparisons...would be biased. For example, a bond issued by a resident of California and held by a resident of New York would not count for the dollar, but a similar case for Belgium and the Netherlands would count for the euro."[428]

Dieser Vorgehensweise soll aber nicht gefolgt werden. Ob besser die eng oder weit abgegrenzten Daten zu verwenden sind, wird hier vielmehr unter währungstheoretischer Perspektive entschieden. Aus dieser besteht vor allem ein Interesse daran, das Ausmaß der wettbewerblich erfolgreichen Penetration anderer Währungszonen durch das betreffende Geld zu messen. Solange die Basisgeldemission nationalstaatlich verfaßt ist, also für Europa bis zur Einführung des Euros, wird genau dieser Sachverhalt durch die klassische „broad measure" der BIS in geeigneter Weise erfaßt.[429] Entsprechend ergibt sich ein Korrekturbedarf im Rahmen der „narrow measure" für die Eurodaten regelmäßig nur für die Zeit nach 1998. Nähme man die Bereinigung der Eurodaten für diese Zeit nicht vor, würde die Internationalisierung des Euros nach oben verzerrt gemessen.[430] Für die verbleibenden EU-Währungen und sonstigen bedeutenden außereuropäischen Währungen erscheint dagegen für keinen Zeitraum eine Bereinigung ökonomisch geboten.

---

[427] Eine Ausnahme bleibt der Vertragsabschluß in einer Drittwährung.
[428] S. Detken/Hartmann (2000), S. 10.
[429] Denn zu diesem Sachverhalt zählt eben auch die Kreditvergabe einer holländischen Bank in Niederländischen Gulden an einen italienischen Schuldner.
[430] Auch eine simultane Bereinigung der EU-11- Daten für die Zeit vor und nach Einführung der europäischen Gemeinschaftswährung würde den „wahren" Internationalisierungsgrad der neuen Währung relativ überzeichnen. Denn in diesem Fall wäre der tatsächliche Internationalisierungsgrad der verschiedenen ehemaligen nationalen Gebietswährungen unterzeichnet.

Gemäß dieser währungstheoretischen Konzeption wurden die Angaben für die Währungsstruktur bei den internationalen Bruttoemissionen von Geldmarkt(GM)- und Kapitalmarkt(KM)-Titeln in Tab. 12 zusammengestellt.

Tabelle 12: Währungsstruktur der Bruttoemissionen auf den internationalen Finanzmärkten

EU-11-Währungen und nach 1998 Euro		Andere EU-Währungen		US-Dollar	
KM-Titel	GM-Titel	KM-Titel	GM-Titel	KM-Titel	GM-Titel
Zeitraum[431]					
1994(Q1)-1998(Q4)					
25,6	15,0	7,5	6,3	43,1	63,4
1997(Q3)-1998(Q2)					
25.5	14,5	7,4	8,1	52,9	58,7
1999(Q1)-1999(Q4)					
32,6 (bereinigt)	20,3 (bereinigt)	7,4	9,5	42,4	47,0

Quelle: Daten entnommen aus Detken/Hartmann (2000, S. 39ff.), Angaben in Anteilen v. H., die auf absoluten Angaben zu laufenden Wechselkursen (Marktpreisen) basieren, eigene Berechnungen und Darstellung

Es ist erkennbar, daß die Finanzmärkte die Aufhebung der Währungszersplitterung zwischen den EU-11-Staaten und der damit einhergehenden Produktivitätsverbesserung seines monetären Gesamtsystems unmittelbar positiv belohnt haben. Die anteilige Bedeutung der Gemeinschaftswährung bei dem Denominierungsverhalten ist gegenüber derjenigen der Summe der Einzelwährungen auf den Rentenmärkten um ca. 7 Prozentpunkte und auf den Geldmärkten um ca. 5 Prozentpunkte gestiegen. Während bei den anderen EU-Währungen keine deutliche Bewegung zu erkennen ist, geht insbesondere die Anteilserhöhung bei den Geldmarktpapieren für den Euroraum mit einer Anteilswertverringerung für den US-Dollar einher.[432]

Diese Beobachtung deutet darauf hin, daß durch die europäische Währungsunion kritische Schwellen in der Liquidität des Devisenmarktes erreicht wurden, die nun auch

---

[431] Für jeden der angegebenen Zeiträume wurden über die Quartale hinweg Durschnittswerte ermittelt.
[432] Bei den Rentenpapieren ist zwar auch eine Verringerung der Anteilswerte für den US-Dollar festzustellen; diese trifft aber nur für den unmittelbaren Vergleich (1997-1998) und nicht für einen zeitlich weiter zurückliegenden Vergleich (1994-1998) zu. Dieser Befund geht wiederum konform mit den theoretischen Hypothesen zur Denominierung längerfristiger Finanztitel und den diese bereits bestätigenden empirischen Evidenzen in Abb. 19.

eine volle Bestreitbarkeit der am stärksten von Skaleneffekten gekennzeichneten Geld-funktionen ermöglichen. Es kommt so zu einer Wohlfahrserhöhung durch Erweiterung der Handlungsmöglichkeiten für die Entscheidungsträger. Die Geldverwender können nun bei Unzufriedenheit mit der Erfüllung einer beliebigen Geldfunktion durch den einen Emittenten ohne prohibitive Friktionskosten zu dem „Produkt" des anderen Emittenten wechseln.

6.3.2 Schätzungen

6.3.2.1 Methodik

Bevor mit den multivariaten Schätzungen und Hypothesentests zur Denominierungs-politik auf den internationalen Finanzmärkten und zur internationalen Geldnachfrage nach bedeutenden (Reserve-) Währungen begonnen wird,[433] soll noch kurz auf die relevante Methodik eingegangen werden. Bei der Untersuchung kommt eine Kombi-nation von Querschnitts- und Längsschnittdaten zur Verwendung. Die Querschnitts-daten beziehen sich auf n verschiedene Länder bzw. Währungen. Bei den Längs-schnittdaten handelt es sich um T Jahresdaten. Da nicht über sämtliche Perioden und Querschnittseinheiten hinweg für alle Regressanden und Regressoren Quartalsdaten verfügbar waren, wurden Jahresdaten verwendet. Auf diese Weise sind für alle nach-folgend durchgeführten Regressionen balancierte Panelstrukturen gegeben, d. h. es gehen in jede Schätzung $n*T$ Beobachtungen ein.[434] Das Regressionsergebnis bleibt so unbeeinflußt von Schieflagen in der Datenverfügbarkeit.

Je nachdem, welche Annahmen über die Störprozesse konkret getroffen werden, d. h. länderspezifische Besonderheiten postuliert werden (müssen), erhöht sich die Anzahl der Freiheitsgrade gegenüber der Schätzung entsprechend längerer Zeitreihen mit nur einer Querschnittseinheit weniger oder mehr. Andererseits erhalten eine Vielzahl der hier konkret involvierten ökonomischen Größen wie Inflationsraten, Zinsen und Liquidiätsgrade ihre Aussagekraft gerade durch den internationalen Vergleich. Die Berücksichtigung dieses Vergleichs wird im Grunde erst durch eine Paneldatenstruktur ermöglicht. Andere Größen wie der volkswirtschaftliche Offenheitsgrad streuen zu-dem im zeitlichen Kontext eines einzigen Landes nicht, sondern unterliegen allenfalls

---

[433] Verwendete Datenquellen sind: International Banking and Financial Market Developments, Sta-tistical Annex: Numeric Spreadsheets (www.bis.org.publ/...), teilweise auf eigene Anfrage genauer spezifiziert; International Financial Statistics Yearbook sowie Jahrbücher verschiedender Jahrgän-ge des IMF.

[434] Vgl. Johnston/Dinardo (1997), S. 388.

leichten Trendeinflüssen, so daß dann ohne eine Paneldatenstruktur Scheinkorrelationen nicht auszuschließen wären.

Da die hier zur erklärenden Größen neben den quantitativen Ausprägungen der Modellregressoren aber auch teilweise von weiteren qualitativen Einflüssen wie der heterogenen Regulierung in den verschiedenen Ländern beeinflußt werden dürften, wird die Existenz länderspezifischer Störprozesse bei der Schätzmethode berücksichtigt. Dazu stehen je nach getroffenen Annahmen über die Natur der zu berücksichtigenden Effekte mit der „random effects" und „fixed effects"- Methode zwei unterschiedliche ökonometrische Standardverfahren zur Verfügung. In beiden Verfahren wird der Störprozeß in zwei miteinander unkorrelierte Komponenten zerlegt. Eine Komponente folgt den Standardregressionsannahmen, d. h. sie streut unsystematisch über Zeitpunkte und Querschnittseinheiten hinweg. Die andere Komponente erfaßt den zeitunabhängigen aber länderidiosynkratischen Störprozeß.

Hier soll die „fixed effects" Methode angewendet werden. Indem bei ihr im Unterschied zur „random effects" Methode für jede Querschnittseinheit die Berechnung eines eigenen Achsenabschnitts erfolgt, ermöglicht sie selbst bei zeitinvariant fehlenden erklärenden Variablen[435] eine konsistente Schätzung der identifizierbaren Parameter.

Wegen ihrer vorrangig schätztechnischen Bedeutung werden die Achsenabschnittswerte in den hier durchgeführten Regressionen nicht referiert. Einer etwaig verbleibenden Heteroskedastie in der Fehlermatrix wird ggf. ergänzend durch eine geeignete Transformation bzw. Gewichtung der Beobachtungen im Rahmen einer verallgemeinerten Kleinst-Quadrateschätzung (cross section weights) Rechnung getragen.

Im Rahmen von Kointegrationsanalysen läßt sich für Zeitreihenregressionen die Anwesenheit einer langfristigen Gleichgewichtsbeziehung (steady state) prüfen. Auch Panelregressionen sind einer Kointegrationsanalyse zugänglich, d. h. es ist möglich die hier geschätzten funktionalen Zusammenhänge dahingehend zu prüfen, ob sie langfristige Gleichgewichtsbeziehungen repräsentieren. Im Anschluß an die Regressionen wurden die Ergebnisse der Schätzungen deshalb auf ihren langfristigen Gleichgewichtscharakter geprüft. In allen Schätzungen sind Variablen mit unterschiedlichen

---

[435] Von fehlenden Variablen ist hier auszugehen, sobald auch der Existenz persistenter heterogener Finanzmarktregulierungen ein gewisser Einfluß auf das Entscheidungsverhalten der Marktteilnehmer zugeschrieben wird. Auch müßte die Anzahl der Querschnittseinheiten größer als diejenige der Regressoren sein und dürfte kein autoregressiver Prozess als Regressor Verwendung finden. Beide Bedingungen für sich genommen sind in drei der vier hier behandelten Verhaltensgleichungen aber schon nicht erfüllt. Schließlich bleibt die Schätzkonsistenz der „fixed effects" Methode selbst bei tatsächlichem Vorliegen der „random effects"- Konstellation erhalten, was umgekehrt eben nicht gilt.

Integrations- bzw. Instationaritätsgraden enthalten. Die Stationarität bzw. Kointegration des gesamten Modellsystems setzt in diesem Fall die Stationarität der (geschätzten) Linearkombination der involvierten Variablen voraus. Diese kann mit einem erweiterten Dickey-Fuller-Test auf die Zeitreihe der Regressionsresiduen überprüft werden.[436] Die Nullhypothese besteht in der Annahme einer Einheitswurzel, d. h. dem Vorliegen von Instationarität bzw. Nicht-Kointegration.

Die kritischen Werte für den Test auf Vorliegen einer Einheitswurzel variieren mit der Anzahl der zu schätzenden Parameter für nicht-stationäre Regressoren, sind aber ggf. um bereits bekannte Elemente des Kointegrationsvektors zu verringern.[437] Dem höheren Informationsgehalt von Panelstrukturen wird eine größere Zuverlässigkeit bei den herkömmlichen Stationaritätstest zugeschrieben, die selbst bei einem beträchtlichen Ausmaß an Querschnittsheterogenität[438] erhalten bleibt.[439] Ergibt der Test auf Einheitswurzel für die Residuen eine Entscheidung für die Alternativhypothese der Stationarität existiert gemäß dem Granger Repräsentationstheorem[440] ein langfristiges Gleichgewicht. Temporäre Abweichungen hiervon lassen ihre systemimmanente Rückbildung in den Folgeperioden erwarten und zu der langfristigen Niveaubeziehung läßt sich ein korrespondierendes Fehlerkorrekturmodell aufstellen.[441] Auch die Schätzung von Fehlerkorrekturmodellen wurde hier durchgeführt.

6.3.2.2 Operationalisierungen

Gegenstand der ökonometrischen Auswertungen sind vier Regressiongleichungen, die mit einer Paneldatenstruktur geschätzt werden. Sie beziehen sich einerseits auf die private und offizielle Nachfrage nach internationaler Liquidität und andererseits auf das Denominationsverhalten auf den internationalen Geld- und Kapitalmärkten. Ihnen ist die Grundidee gemein, die Beliebtheit einer Währung im internationalen Wirtschaftsverkehr bzw. ihre Nachfrage beim internationalen Publikum auf eine begrenzte Anzahl als zentral eingestufter makroökonomischen oder finanzmarktspezifischer Strukturkennziffern zurückzuführen. Diese repräsentieren in unterschiedlicher Operationalisierung die Wert-, Liquiditäts- und Risikocharakteristik einer Währung.

---

[436] Vgl. Eckey u. a. (1995), S. 214.
[437] Vgl. Davidson/MacKinnon (1993), S. 721. Die entsprechenden kritischen Werte sind den Angaben für Näherungswerte bei endlichen Datenumfang in Bannerjee u. a. (1993, S. 212f.) entnommen.
[438] Wie etwa bei Anwesenheit der „fixed effects"- Prämissen für die Regressionsresiduen.
[439] Voraussetzung ist hierfür lediglich die hier erfüllte Prämisse einer homogenen autoregressiven Wurzel. Vgl. Maddala/In-Moo Kim (1998, S. 133f.), Banerjee (1999, S. 607f.) u. Pedroni (1999, S. 653).
[440] Vgl. Engle/Granger (1987).
[441] Vgl. Gujarati (1995), S. 728f.

Die meisten den internationalen Finanzstatistiken entnommenen Zeitreihen enthalten Angaben in US-Dollar. Die Währungsstruktur der offiziellen Reservehaltung wird jedoch in Sonderziehungsrechten berichtet und die jeweiligen Bruttoinlandsprodukte lagen in nationaler Währung vor. Aus Normierungsgründen wurden diese Größen gleichfalls in US-Dollar umgerechnet. Bei den Währungsreserven, die in Jahresendbeständen dokumentiert vorlagen, fand diese Umskalierung mit dem Jahresendkurs des US-Dollar zum Sonderziehungsrecht statt. Bei der jährlichen Stromgröße Bruttoinlandsprodukt wurde hingegen der periodendurchschnittliche Wechselkurs der jeweiligen Landeswährung zum US-Dollar verwendet. Letztlich gingen alle Größen, die auf Währungseinheiten lauten, in Mrd. US-Dollar in die Regressionen ein.[442]

Für die Untersuchung wurde unter statistischen Streuungsgesichtspunkten eine Auswahl von 11 verschiedenen internationalen Währungen als Panelquerschnittseinheiten getroffen. Die 11 Währungen sind der Australische Dollar, der Kanadische Dollar, der Schweizer Franken, der Französische Franken, die Deutsche Mark, die Italienische Lira, der Japanische Yen, der Niederländische Gulden, der Neuseeländische Dollar, das Pfund Sterling und der US-Dollar. Diese Anzahl stellt eine Obergrenze dar, die tatsächlich nur bei der Untersuchung der internationalen Kapitalmärkte erreicht wird. In den anderen Fällen war der Konzentrationsprozeß entweder weiter fortgeschritten, waren nur lückenhafte Angaben vorhanden oder waren für die internationalen Bankverbindlichkeiten im Fall europäischer Währungen nur noch Zeitreihen für ein Aggregat von Währungen („euro area currencies") verfügbar.[443]

Der Untersuchungszeitraum war gleichfalls der Datenverfügbarkeit anzupassen. Dieser umfaßt den Zeitraum von 1983 bis 1998 für die Schätzung der internationalen Reserve- und Geldnachfrage sowie den Zeitraum von 1993 bis 1998 für die Schätzung der Denominationspolitik auf den internationalen Finanzmärkten.

Im einzelnen liegen den Proxys für die Risiko-, Ertrags- und Liquiditätscharakteristik der verschiedenen Währungen folgende inhaltliche Überlegungen zugrunde:

Die Risikocharaktistik eines in einer bestimmten Währung denominierten Aktivums wird mit ihrem außenwirtschaftlichen Offenheitsgrad approximiert. Denn je weniger offen ein marktwirtschaftlich verfaßter Wirtschaftsraum ist, desto weniger außenwirtschaftliche Störeinflüße dürften auf den wettbewerblich generierten Renditeprozess

---

[442] Dies sind im einzelnen die Werte für die weltweite offizielle Reservenachfrage nach einer Währung, die internationalen Bankverbindlichkeiten in einer Währung gegenüber Nichtbanken, die ausstehenden Bestände an internationalen Geld- und Kapitalmarkttiteln in einer Währung, der Welthandel, die außenwirtschaftlichen Leistungsumsätze eines Währungsraumes und seine Zahlungsbilanzsumme.

[443] Auf persönliche Anfrage bei der Bank für internationalen Zahlungsausgleich konnten immerhin noch spezifische Zeitreihen für die Deutsche Mark mitberücksichtigt werden.

dieses Aktivums einwirken. Der Offenheitsgrad ging deshalb als Summe von Exporten und Importen[444] im Verhältnis zum Bruttoinlandsprodukt in Anteilen von Hundert in alle Untersuchungen ein.

Die Liquiditätscharakteristik einer Währung, d. h. ihre (liquiditätssichernden) Sockelumsätze auf den Devisenmärkten, dürfte fundamental von der absoluten Höhe der außenwirtschaftlichen Sockelumsätze gesteuert sein. Weniger zweifelsfrei mag hingegen die Entscheidung darüber sein, ob hierfür besser die Größe der gesamten leistungswirtschaftlichen Umsätze als Proxy gewählt werden sollte oder mit der gesamten Zahlungsbilanzsumme auch die Kapitalströme Berücksichtigung finden sollten.[445]

Währungsgrenzen überschreitende Investitionen (Kapitalexporte) führen im Grundsatz ebenso unmittelbar zu einer Devisennachfrage wie der ausländische Leistungsbezug (Importe), sofern die bezogenen Finanztitel und Güter in der Währung des veräußernden Marktpartners ausgezeichnet sind. Kapitalimporte und Exporte führen unter diesen Voraussetzungen umgekehrt zu einem Devisenangebot. Sowohl der Währungsgrenzen überschreitende Leistungs- als auch der Kapitalverkehr beeinflussen Angebot und Nachfrage auf dem Devisenmarkt quantitativ und so letztlich dessen Liquidität.[446]

Es wurden für beide Approximierungsvarianten Zeitreihen gebildet.[447] So haben Zeitreihen mit den leistungswirtschaftlichen Daten den Vorzug, daß sie gleichzeitig Informationen über die internationale Komponente der nationalen Wertschöpfung enthalten. Darüber hinaus bilden sie ab, wieviel (nationale) Wertschöpfung im Rahmen der internationalen Währungskonkurrenz maximal in der eigenen oder möglicherweise in einer besseren Alternativwährung zu finanzieren ist. Die Auswahl der Proxy er-

---

[444] Genauer unter Berücksichtigung der Handels-, Dienstleistungs- und Einkommensbilanz.
[445] In der vergangenen Dekade haben sich die Umsätze an den Devisenmärkten verdreifacht, während sich in derselben Zeitspanne der Welthandel real verdoppelte (Remsperger 2001, S. 2). Folglich läßt sich weder eine Entkopplung von Leistungs- und Devisenumsätzen noch eine Identität zwischen beiden konstatieren.
[446] Kann der Bezug mit der heimischen Währungen erfolgen, bleibt zunächst eine Devisennachfrage aus. Dies wäre etwa bei einem amerikanischen in US-Dollar fakturierten Ölimport der Fall. Allerdings tritt sekundär doch noch ein Wechselvorgang aus dem Dollarraum heraus ein, falls der Ölexporteur mit seinen Dollarerlösen bspw. den Erwerb von in Schwedischen Kronen fakturierten Automobilen anstrebt. Diese sekundären Wechselvorgänge werden sich einstellen, falls die Zahlungseingänge in der Leitwährung dazu führen, daß die reale Kassenhaltung in internationaler Liquidität größer wird als die reale Nachfrage danach.
[447] Da im IFS die Zahlungbilanzsumme nicht als eigene Ziffer dokumentiert wird, wurde diese durch Summenbildung der wichtigsten Einzelbruttoströme ermittelt. Beim Kapitalverkehr wurden dabei die drei Positionen Direktinvestitionen, Portfolioinvestionen und andere Investitionen, nicht aber der behördliche Devisenverkehr berücksichtigt. Um statistische Erhebungslücken und -ungenauigkeiten zu glätten, wurde die Summe aus Importen, Exporten, Kapitalimporten und Kapitalexporten gebildet und durch zwei dividiert. Die außenwirtschaftlichen Leistungsumsätze aller untersuchten Länder fielen größer aus als ihre Zahlungsbilanzsumme.

folgte in Abhängigkeit vom konkreten Untersuchungsziel und- Zusammenhang pragmatisch.

Etwas schwieriger ist die Beantwortung der Frage, welche Ertragskomponenten einer Währung bzw. des gesamten Währungsraumes in welcher Weise erfaßt werden sollten. Prinzipiell wurden hierfür die Geldmarkt- und Kapitalmarktzinsen,[448] die Entwicklung des jahresdurchschnittlichen nominalen Effektivwechselkurses und die relative monetäre Stabilitätsleistung in Betracht gezogen.

Die letzte Größe wurde in zweifacher Hinsicht relativ operationalisiert. Denn einerseits ist die Aussagekraft einer einzelnen jährlichen Inflationsrate hinsichtlich der Stabilitätsqualität dieser Währung vom zeitlichen Kontext und andererseits von der Leistung der relevanten Konkurrenten abhängig. In diesem Sinne wurde hier eine Bench Mark Formulierung gewählt. Es wurde die schlechteste Leistung (maximale jährliche Inflationsrate) aus dem Kreis der 11 internationalen Währungen als Negativ Bench Mark gewählt. Indem die Inflationsrate jeder Währung zu dieser in Bezug gesetzt und mit Hundert multipliziert wird, schwankt der jeweilige monetäre Stabilitätsgrad bei Abwesenheit von Deflation zwischen Null und Hundert, wobei kleine Werte einen relativ hohen und große Werte einen relativ geringen Stabilitätsgrad indizieren.

Zudem sind Informationen über die Wertstabilität einer Währung bzw. über die Güte der Geldpolitik indirekt via Kaufkraftparitätentheorie in der nominalen Effektivkursentwicklung und via rationaler Erwartungen auch in der Höhe der nominalen Kapitalmarktzinsen enthalten. Unter rein monetären Gesichtspunkten kann deshalb die Möglichkeit einer schätztechnisch problematischen Multikollinearität bei simultaner Verwendung aller Proxies nicht ausgeschlossen werden.

Im Grunde könnte auch für die absolute Höhe der Geld- und Kapitalmarktzinsen argumentiert werden, daß ihre Aussagekraft im dynamischen Kontext von weltwirtschaftlichen Trendeinflüssen bei der Entwicklung der Grenzleistungsfähigkeit des Kapitals abhängt. Eine relative Formulierung wird hier aber dennoch nicht gewählt, weil andererseits für Anlageentscheidungen ohnehin die Zinstruktur insgesamt von maßgeblicher Bedeutung sein dürfte. Indem gegebenfalls simultan Geldmarkt- und Kapitalmarktzinsen berücksichtigt werden, bleiben Informationen über die Zinsstruktur jedoch nicht gänzlich außer Betracht.

A priori gilt es für die Rolle von Zinsen anzumerken, daß das Vorzeichen ihrer Parameter aus theoretischer Sicht durchaus als unbestimmt gelten kann. Denn Zinsen sind neben Träger monetärer Informationen und Ertragskomponenten für Anleger auch

---

[448] Die berücksichtigten Zinsgrößen stellen das arithmetische Mittel aus den Monatsangaben für das betreffende Jahr dar.

Ausdruck von Kapitalkosten für die Kapitalnehmer und Opportunitätskosten der Kassenhaltung für die Geldverwender. Der letztere Aspekt kommt allerdings bei der hier verwendeten Proxy, die anstelle der internationalen Komponente des Bargeldumlaufs Informationen über die internationale Geldkapitalbildung einer Währung enthält, eher schwächer zur Geltung. Beim Geldkapital dürften sich marktliche Schutzmechanismen gegen eine inflationäre Entwertung am ehesten durchsetzen. Gleichwohl werden marktliche Reaktionen auf inflationsinduzierte Nominalzinssteigerungen, die einen monetär verschuldeten und vermeidbaren Anstieg der Opportunitätskosten der Kassenhaltung nach sich ziehen, immer noch über die hier berücksichtigte Währungsstruktur der sonstigen niedrig verzinsten Geldmengenbestandteile, namentlich den Sichteinlagen, erfaßt.

Aus den aufgezeigten Gründen läßt sich schließlich aus theoretischer Sicht eine Vielzahl von Variationen in der Modellformulierung rechtfertigen. Hier wird aus Platzgründen jedoch für jede endogene Variable nur eine einzige aussagekräftige Verhaltensgleichung ausführlicher diskutiert. Gleichzeitig wird dabei versucht, den Facettenreichtum indirekt durch Strukturvariationen über die verschiedenen endogenen Variablen hinweg abzudecken.

Tabelle 13: Untersuchungsdesign der Schätzungen

Eigenschaften / *Erklärte Variable*	Zeit-raum	Beteiligte Währungen	Erlärende Variablen	Methoden
Internationale Geldnachfrage	1983-1998	Schweizer Franken, Deutsche Mark, Yen, Pfund Sterling, US-Dollar	Welthandel, leistungs-wirtschaftlicher Außenumsatz, Offenheitsgrad, Geld- und Kapi-talmarktzinsen, effektiver Wechselkurs	Kleinste Quadrate, Fixed Effects, AR(1), Fehler-korrektur-statistik N*T=75
Internationale Reservenachfrage	1983-1998	Französischer und Schweizer Franken, Deutsche Mark, Yen, Niederländischer Gulden, Pfund Sterling, US-Dollar	Welthandel, Zahlungs-bilanzsumme, Of-fenheitsgrad, Geld- und Kapi-talmarktzinsen, relativer monetä-rer Stabilitätsgrad	Kleinste Quadrate, Fixed Effects, Fehlerkorrek-turstatistik N*T=112
Demoninationspo-litik auf den inter-nationalen Geldmärkten	1993-1998	Australischer-, Kanadischer-, Neuseeländischer- und US-Dollar, Schweizer Franken, Deutsche Mark, Italienische Lira, Yen	Außenwirtschaftlicher Leistungsumsatz, Offenheitsgrad, Kapitalmarktzinsen	Kleinste Quadrate, Fixed Effects, AR (1), Fehlerkorrektur-statistik *N*T=45*
Denominationspo-litik auf den inter-nationalen Kapitalmärkten	1993-1998	Australischer-, Kanadischer-, Neuseeländischer- und US-Dollar, Französischer- und Schweizer Franken, Deutsche Mark, Italieni-sche Lira, Yen	Außenwirtschaftlicher Leistungsumsatz, Offenheitsgrad, Kapitalmarktzinsen	Generalisierte Kleinste Quadrate, Fixed Effects, Fehlerkorrekturstati-stik *N*T=66*

Quelle: Eigene Untersuchung und Übersicht

Wichtige Charakteristika des Untersuchungsdesigns, der Datenstruktur[449] und der ausgewählten Regressionsgleichungen werden in Tab. 13 zusammengefaßt. In den nachfolgend präsentierten Schätzergebnissen wird in der Modellstatistik neben der Durbin Watson Statistik (DW) und den τ-Werten[450] für die Kointegrationstests wegen variierender Regressorenanzahl für den Anteil der erklärten Variation grundsätzlich

---

[449] Als Integrationsgrade I() für sämtliche hier verwendeten Variabelen ließen sich feststellen: I(0) für die monetäre Stabilitätsperformance, den Effektivwechselkurs sowie die Geld- und Kapital-marktzinsen; I(I) für die internationale Geld- und Reservenachfrage, den Leistungsumsatz, die Zahlungsbilanzsumme und den Offenheitsgrad; I(2) für die Geld- und Kapitalmarktpapiere sowie den Welthandel.

[450] In allen Fällen wurden die Stationaritätstests ohne Trend und ohne Achsenabschnitt durchgeführt, d. h. es handelt es sich streng genommen stets um Werte für $τ_{nc,nt}$.

das adjustierte (R^2) dokumentiert. Ein Stern symbolisert eine Signifikanz auf dem 10-Prozent Niveau, zwei und drei Sterne stehen hingegen für eine Signifikanz von jeweils 5 und 1 Prozent.

6.3.2.3 Schätzung der internationalen Geldnachfrage

Begonnen wird mit der Prüfung einer Verhaltensgleichung zu den Bestimmungsgründen für die internationale Geldnachfrage nach einer Währung. Eine dem nationalen Rahmen vergleichbare statistische Basis zu der Entwicklung der Geldmenge in den verschieden Abgrenzungen wird für die internationale Dimension der verschiedenen Währungen nicht erhoben. Auch gibt es für die „internationale" Komponente des Bargeldumlaufs von international führenden Währungen nur lückenhafte Schätzungen.

Gleichwohl sind der internationalen Bankenstatistik immerhin solche Angaben zu entnehmen, die Aufschluß über die Entwicklung der Währungssegmentierung der gesamten internationalen Bankverbindlichkeiten gegenüber dem Nichtbankenpublikum geben. Als Proxy für die internationale Geldnachfrage nach einer Währung wurde deshalb das Aggregat von weltweit grenzüberschreitenden Verbindlichkeiten gegenüber gebietsfremden Nichtbanken in einer bestimmten Währung zuzüglich den Fremdwährungsverbindlichkeiten gegenüber Gebietsansässigen in derselben Währung gewählt.

Diese Größe enthält zwar neben der Währungsstruktur des Geldes auch die Währungsstruktur des internationalen Geldkapitals. Die hierdurch entstehende Verzerrung hält sich in Bezug auf die ermittelten Relationen aber in tolerierbaren Grenzen, solange die beiden Größen sich für eine bestimmte Währung als über die Zeit hinweg relativ konstante Linearkombinationen darstellen lassen.

Die internationale Geldnachfrage (m) wird dabei auf die Weltexporte (wex), den leistungswirtschaftlichen Außenumsatz ($leis$), den Offenheitsgrad des Währungsraumes (op), die Geldmarktzinsen (ig), die Kapitalmarktzinsen (ik) sowie den nominalen Effektivwechselkurs (ew) regressiert.

Um zu testen, ob für die Finanzierungsfunktion der internationalen Komponente der weltweiten Wertschöpfung aus dem größeren Kreis internationaler Währungen nur solche nachgefragt werden, die kritische Schwellen überschritten haben, wurde für den US-Dollar (US) und die D-Mark (DM) eine Dummykodierung des Steigungsparameters gewählt.

Für das theoretische Modell, das sich durch Berücksichtigung eines autoregressiven Prozesses erster Ordnung [ar(1)] weiter abrunden ließ, ergab sich konkret folgende Schätzstruktur:

$$\hat{m} = \hat{\beta}_1 wex \; + \hat{\beta}_1^{US} wex \; + \hat{\beta}_1^{DM} wex \; + \hat{\beta}_2 leis \; + \hat{\beta}_3 op \; + \hat{\beta}_4 ik \; + \hat{\beta}_5 ef \; + \hat{\beta}_6 ig \; + \hat{\beta}_7 ar(1)$$

$$\hat{\beta}_i = 0{,}0002 \quad 0{,}1039^{***} \quad 0{,}0550^{***} \quad 0{,}1725^{***} -1{,}23^{*} \quad -10{,}45^{**} -0{,}69^{*} \quad 9{,}35^{***} \quad 0{,}49^{***}$$

$$R^2 = 0{,}993 \qquad DW = 1{,}832 \qquad \tau_{nc,nt} = -7{,}251^{***}$$

Das Modell ist in der Lage, einen sehr großen Teil der Streuung der internationalen Geldnachfrage nach den hier betrachteten Währungen zu erklären. Inhaltlich kann ein zentrales Ergebnis der Regression in dem empirischen Nachweis von kritischen Schwellen gesehen werden. Das internationale Publikum artikuliert den Wunsch, den mit dem Welthandel wachsenden internationalen Liquiditätsbedarf vornehmlich mit den beiden größten Währungen zu finanzieren. Bei den sonstigen Währungen korrespondierte die internationale Geldnachfrage nicht signifikant mit der Expansion des Welthandels, sondern nur – wie auch bei den beiden größten Währungen - mit dem Wachstum der eigenen außenwirtschaftlichen Leistungsumsätze.

Auch ist erkennbar, daß dem DM-Währungsraum die volle Last einer Weltwährung von den Märkten nicht zugetraut wurde. Die Bedeutung für die Finanzierung des Welthandels verblieb beim US-Dollar fast doppelt so hoch. Die über den Offenheitsgrad approximierte strukturelle Risikocharakteristik eines Währungsraum hatte den theoretisch erwarteten negativen Einfluß auf die Höhe der Geldnachfrage.

Der Einfluß der Zinsen erwies sich, wie theoretisch vermutet, ambivalent. Das Vorzeichen der Geldmarktzinsen ist signifikant positiv, während das der Kapitalmarktzinsen signifikant negativ ist. Eine mögliche Erklärung hierfür mag darin gesehen werden, daß sich in den Kapitalmarktzinsen zum einen bessere Informationen über Inflationsängste der Marktteilnehmer widerspiegeln und sich in ihnen zum anderen auch die Last einer konsumtiv motivierten Staatsverschuldung, in Gestalt ansteigender Kapitalkosten für den Unternehmenssektor, ausdrücken kann. Die Geldmarktzinsen würden dann stärker die Rolle einer Indikatorfunktion für die Ertragscharakteristik einnehmen. Eine schwache Performance in der Stabilisierung des effektiven Außenwertes einer Währung beeinflußt die Nachfrage des internationalen Publikums in signifikanter Weise negativ.

Der Test auf Einheitswurzel für die Residuen aus dieser Regression ergab eine Entscheidung für die Alternativhypothese der Stationarität bei einem Signifikanzniveau von einem Prozent. Für die internationale Geldnachfrage wurde sodann ein einfaches Fehlerkorrekturmodell geschätzt, bei dem Differenzen der endogenen Variablen auf

Differenzen der exogenen Variablen (ΔX_{it}) und Gleichgewichtsabweichungen ($\hat{u}_{t-i}$) zurückliegender Perioden regressiert wurden. Es ergab sich folgendes Schätzergebnis:

$$\Delta m_t = -0,01\Delta wex_t + 0,05^*_{US}\Delta wex_t + 0,04^*_{DM}\Delta leis_t + 0,24^{***}\Delta leis_t - 0,36\Delta op_t - 0,42\Delta ef_t + 4,51^*\Delta ig_t - 11,6^{**}\Delta ik_t$$

$$-0,4^{***}\hat{u}_{t-1} - 0,58^{***}\hat{u}_{t-2}$$

$$R^2 = 0,584 \qquad DW = 1,832$$

Die Vorzeichen der einzelnen Parameter sind bei der Differenzenregression bis auf einen insignifikanten Wechsel beim Einfluß des Welthandels für Nicht-Leitwährungen erhalten geblieben. Temporäre Störungen des steady state Gleichgewichts werden in der Folgeperiode hochsignifikant zu 0,4 und in der wiederum darauffolgenden Periode hochsignifikant zu 0,58 abgebaut.

6.3.2.4 Schätzung der internationalen Reservenachfrage

Die zweite Regressionsgleichung untersucht die Determinanten der Nachfrage nach internationaler Liquidität (r). Wiederum wurden der Welthandel, die Geld- und Kapitalmarktzinsen sowie der Offenheitsgrad als Regressoren verwendet. Anstelle des Einflusses des Effektivwechselkurses wurde hier die relative monetäre Stabilitätsleistung (ir) als Proxy für die Qualität der Währung aufgenommen. Weiterhin wurde diesmal die Zahlungsbilanzsumme (*bop*) als Regressor den nur leistungswirtschaftlichen Außenhandelsumsätzen vorgezogen und gleichzeitig versucht, die etwaige Existenz einer Sonderrelation bezüglich dieser Größe für die Weltwährung abzuschätzen.

Zudem wurde über eine Dummykodierung für den Steigungsparameter des US-Dollar getestet, ob es auch beim Offenheitsgrad Anzeichen für die Existenz kritischer Schwellen gibt. Es ergab sich nachstehende Schätzstatistik.

$$\hat{r} = 0,001 wex + 0,092^{***}_{US} wex + 0,025^{***}_{DM} wex + 0,085^{***} bop + 0,335^{***}_{US} bop - 0,113 op - 19,04^{***}_{US} op$$

$$+ 1,53 ik + 0,446 ig - 0,143^* ir$$

$$R^2 = 0,993 \qquad DW = 1,96 \qquad \tau_{nc,nt} = -10,44^{***}$$

Wieder ist das Ausmaß an erklärter Variation der abhängigen Variablen durch das geschätzte Modell bei Abwesenheit von Autokorrelation sehr hoch. Ähnlich wie in der vorangehenden Regression läßt sich auch hier die Höhe der gewünschten Reserven in einer Währung nur bei den beiden bedeutendsten zwei Währungen signifikant durch den Umfang des Welthandels erklären. Die Rangunterschiede unter diesen fallen sehr viel deutlicher aus als zuvor. Sowohl für den Einfluß des Liquiditätsgrades als für denjenigen des Offenheitsgrades ließen sich hochsignifikante kritische Schwellen feststellen.[451]

Für die übrigen Währungen hatte der Offenheitsgrad zwar auch das theoretisch richtige Vorzeichen. Dieses erwies sich jedoch nicht als statistisch signifikant. Die positiven Vorzeichen für die Parameter der Geld- und Kapitalmarktzinsen deuten darauf hin, daß ihre Höhe eher als eine attraktive Wertcharakteristik interpretiert werden sollte. Beide Parameterwerte sind jedoch nicht statistisch signifikant. Eine dem wettbewerblichen Umfeld unterlegene monetäre Stabilitätsperformance bzw. eine nur geringe Distanzierung von der Negativ-Bench-Mark wird mit einem theoretisch plausiblen Vorzeichen von den Märkten signifikant negativ sanktioniert.

Da auch bei dieser Schätzung die hochsignifikante Ablehnung der Nullhypothese des Vorhandenseins einer Einheitswurzel bei den Residuen gewährleistet ist, wird nun das zum langfristigen Gleichgewichtszusammenhang korrespondierende Fehlerkorrekturmodell angegeben.

$$\Delta r_t = 0{,}01\Delta wex_t + 0{,}04^{**}_{US}\Delta wex_t + 0{,}03^{**}_{DM}\Delta wex_t + 0{,}01\Delta bop_t + 0{,}17^{***}_{US}\Delta bop_t - 0{,}11\Delta op_t - 7{,}46^{*}_{US}\Delta op_t + 2{,}56^{*}\Delta ik_t$$
$$+ 0{,}75\Delta ig_t - 0{,}18^{***}\Delta ir_t - 1{,}07^{***}\hat{u}_{t-1}$$

$$R^2 = 0{,}797 \qquad DW = 1{,}425$$

Die Schätzung belegt wiederum die Existenz einer langfristigen Gleichgewichtsbeziehung. Gleichgewichtsstörungen werden hier bereits nach einer Periode mit einem hochsignifikanten Wert von 1,07 vollständig korrigiert.

6.3.2.5 Schätzung des Denominationsverhaltens auf den internationalen Finanzmärkten

An dieser Stelle werden nun zwei Schätzungen zu den Denominationsdeterminanten von Finanztiteln mit unterschiedlicher Fristigkeit, d. h. konkret von Geld- und Kapitalmarktinstrumenten, vorgestellt. Da es sich hier um die beiden Panelschätzungen mit dem relativ geringsten Datenumfang handelt, wurden die Verhaltensgleichungen sparsam formuliert.

Liquiditätscharakter und Finanzierungsbedarf in einer Währung werden über die jeweiligen leistungswirtschaftlichen Außenumsätze approximiert. Die Risikocharakteristik wird wiederum über den Offenheitsgrad approximiert. Für die Wert- und

---

[451] In einer Alternativregression wurde die Existenz derselben auch gleichzeitig für die DM getestet. Es stellten sich in diesem Falle keine signifikanten Parameterschätzungen heraus. Sie wiesen darüber hinaus sogar noch umgekehrte und damit theoretisch widersinnige Vorzeichen auf.

Stabilitätscharakteristik werden nur die Kapitalmarktzinsen als bündelnde Informationsträger verwendet.

Für Geldmarktpapiere (mi) wurde die Schätzung unter i) ermittelt; für die Kapitalmarktpapiere (ki) ergab sich dagegen die unter ii) angegebene Schätzung.

i)
$$\hat{mi} = 0,011^{**}\,leis + 0,096^{***}_{US}\,leis - 0,023op - 10,81^{**}_{US}\,op - 0,52^{**}\,ik + 0,393^{***}\,ar(1)$$
$$R^2 = 0,997 \qquad DW = 1,883 \qquad \tau_{nc,nt} = -5,29^{***}$$

ii)
$$\hat{ki} = 0,395^{***}\,leis + 0,567^{***}_{US}\,leis - 2,498^{***}\,op - 5,776^{***}\,ik$$
$$R^2 = 0,976 \qquad DW = 1,716 \qquad \tau_{nc,nt} = -6,431^{***}$$

In beiden Fällen ist wiederum eine recht gute Modellanpassung gelungen. Alle geschätzten Parameter sind signifikant und besitzen die theoretisch erwarteten und auch schon vorher bestätigten Vorzeichen. Für die Existenz kritischer Schwellen bei den Liquiditätseigenschaften gibt es auch hier deutliche Hinweise. Für den Offenheitsgrad gilt die empirische Vermutung kritischer Schwellen im Grunde auch. Allerdings mußte diese mit einem vom Vorzeichen her zwar richtigen aber statistisch insignifikanten Einfluß dieser Variable für die anderen Währungen erstritten werden.

Das zentrale Ergebnis dieser Regression sollte aber ohnehin eher in der Feststellung gesehen werden, daß sich das Denominationsverhalten in Abhängigkeit von der Laufzeit deutlich unterscheidet. Wie im vorangehenden theoretischen und deskriptiven Teil bereits vermutet, schlagen sich Netzwerkeffekte und Schwellenvorteile sehr viel deutlicher auf den Geldmärkten nieder. Auf den Kapitalmärkten werden diese von dem relativem Erfüllungsgrad der sonstigen Güteeigenschaften des Geldes begrenzt oder sogar vollständig neutralisiert. Während sich das Ausmaß der Netzwerkeffekte bei Geldmarkttiteln in einer Parameterkonstellation von 0,96 zu 0,11 beim Liquiditätseinfluß niederschlägt, drückt es sich bei den Kapitalmarkttiteln in einer Konstellation 0,567 zu 0,395 zugunsten der führenden Währung aus.

In beiden Regressionen erwiesen sich die Kapitalmarktzinsen als geeignete Proxy für die Abbildung der monetären Stabilitätscharakteristik von Währungsräumen. Ob ihr deutlich negativer Einfluß zusätzlich darauf zurückzuführen ist, daß sie die Last drückender (konsumtiver) Staatsschuld und damit hohe Kapitalkosten verkörpern oder eher eine höhere Zinselasitizität der Kapitalnachfrage gegenüber derjenigen des Kapitalangebots signalisieren, sei dahingestellt.

In beiden Fällen erwiesen sich die Regressionsresiduen wiederum als stationär. Auch hier konnten folglich gleichgewichtige langfristige Zusammenhänge identifiziert werden. Die zum obigen Vorgehen analog geschätzten Fehlerkorrekturmodelle ergaben einen hoch signifikanten Abbau von Gleichgewichtsstörungen in Höhe von 0,865 im

Falle der Bestände an Kapitalmarkttiteln und von 0,537 für den Bestand an Geldmarkttiteln in den jeweiligen Folgeperioden.

6.3.3 Fazit

Die empirischen Untersuchungen haben verdeutlicht, daß es unterschiedliche Grade an
erreichter Währungsinternationalität gibt. Die Beteiligung an der Finanzierung des
Welthandels war nur für die zwei größten Währungen festzustellen, wobei eine klare
Rangordnung zu Gunsten des US-Dollars vorherrscht. Die Existenz kritischer
Schwellen in der Währungskonkurrenz konnte im Wege von Dummykodierungen
durch alle Regressionsergebnisse belegt werden.

Der Offenheitsgrad von Währungsräumen stellt nachweisbar eine strukturelle Risiko-
kennziffer dar. Die Existenz kritischer Schwellen konnte auch hier nicht ausgeschlossen werden. Sie sind insofern theoretisch plausibel, als der Beleg für eine hinreichende
Spannkraft zur Abwehr externer Störeinflüsse von den Marktteilnehmern erst ab einem
„erhabenen" Niveau als glaubwürdig eingestuft wird.

Die Rolle der Zinsen erwies sich, wie theoretisch vermutet, ambivalent. Die Ambiva-
lenz ergibt sich aus der gleichzeitigen Indikatorfunktion für die Grenzleistungsfähigkeit des Kapitals, Güte der Geldpolitik sowie Höhe der Kapital- und Kassen-
haltungskosten.

Bei den Effektivwechselkursen und der relativen monetären Stabilitätsperformance
einer Währung ließ sich zweifelsfrei die negative Sanktionierung einer inferioren
Geldpolitik darlegen.

Es konnte die Hypothese empirisch belegt werden, daß die Denominierung auf den
Geld- und Kapitalmärkten unterschiedlichen theoretischen Gravitationskräften folgt.
Bei der Wertaufbewahrungsfunktion des Geldes spielen Schwelleneffekte in der
Liquiditätsgüte gegenüber Renditebedürfnissen eine untergeordnete Rolle. Die Wett-
bewerbsintensität um die Erfüllung dieser Geldfunktion erweist sich hier als maximal,
und zwar auch dann, wenn der Gebrauch alternativer Währungen als internationale
Zahlungsmittel wegen fehlender gesamtwirtschaftlicher Basis nicht zur Diskussion
steht.

Es ist unter Anwendung des ökonometrischen Verfahrens der Panelkointegration gelungen, diejenigen Fundamentalfaktoren zu eruieren, die die internationale Nachfrage
nach einer Währung maßgeblich steuern. Soweit eine nach Geld- und Geldkapitalcha-
rakter differenzierende Anpassung der internationalen Statistiken vorgenommen werden würde, könnte nun auch die ausländische Komponente der Geldnachfrage in einer

hierzu korrespondierenden Geldpolitik von Weltwährungsräumen adäquat berücksichtigt werden.

6.4 DER WELTBANKCHARAKTER VON LEITWÄHRUNGEN

6.4.1 Die internationale Ausrichtung des monetären Systems

Die Nachfrage nach der Währung eines Leitwährungsraumes löst sich von der Größe ihres Wirtschaftsraumes. Denn die Höhe der Wertschöpfung, die das Publikum insgesamt in der Leitwährung zu finanzieren wünscht, übersteigt - bedingt durch ihren Gebrauch in Drittländern und im internationalen Wirtschaftsverkehr - diejenige des Leitwährungslandes bei weitem.

Eine Nichtberücksichtigung bzw. Unterschätzung dieser Mehrnachfrage bei der Basisgeldemission des Leitwährungsemittenten führt so zu deflationären Tendenzen und einem (nominalen) Aufwertungsdruck auf den Außenwert der Währung dieses Wirtschaftsraumes.[452]

Während der Geldschöpfungsgewinn aus der erhöhten Bargeldemission[453] in jedem Falle dem Basisgeldemittenten bzw. der Zentralbank des Leitwährungslandes zufließt, gilt dies jedenfalls nicht in vollem Umfang für die Gewinne aus der zusätzlichen Buchgeldschöpfung in dieser Währung. Denn die in der Weltwährung denominierte Giralgeldschöpfung kann von wettbewerbsfähigen Kreditinstituten grundsätzlich weltweit vorgenommen werden. Allerdings müssen diese für ihre Giralgeldschöpfung entsprechende Liquiditätsreserven[454] und auch Korrespondenzbankbeziehungen in den Leitwährungsraum unterhalten.

Da zudem die Verwendung der Weltwährung gerade in Ländern mit erodierter Geldordnung und einem schwachen Bankensektor einen besonderen Stellenwert besitzt, wird das monetäre System des Leitwährungsraumes gleichermaßen von erhöhten Giralgeldschöpfungsgewinnen als auch von seiner hervorgehobenen Korrespondesbankenrolle bei den internationalen Interbankenforderungen profitieren.

---

[452] Vgl. Sachverständigenrat (1978/79), S. 168.
[453] Die ausländische Bargeldverwendung wird für den US-Dollar von Sprenkle (1993, S. 182) auf ungefähr 80% und von Haughton (1995, S. 600) sowie Portes (2000, S. 31) auf ungefähr 50% Prozent des gesamten Bargeldumlaufs geschätzt. Für die DM schätzt Seitz (1995, S. 54), daß sich zwischen 30% bis gut 40% des gesamten Bargeldumlaufes im Ausland befunden haben dürften.
[454] Im Regelfall dürften diese Reserveerfordernisse dann wegen eines „löcherigen" Gironetzes deutlich größer als für die Geldemission am angestammten Heimatmarkt ausfallen.

Das Leitwährungsland muß diesen Umständen im Rahmen seiner Geldmengensteuerung durch eine passende Geldmengenabgrenzung Rechnung tragen. Das Ausmaß der potentiellen Nachfragewirksamkeit gegenüber der eigenen Volkswirtschaft ist insbesondere im Hinblick auf von Ausländern bzw. im Ausland gehaltenen Leitwährungsguthaben zu prüfen.[455] Aber auch im Falle kriseninduzierter heftiger internationaler Portfolioumschichtungen in sogenannte sichere Häfen hinein, als welche Leitwährungsräume gelten, müssen die Abgrenzungen und Deutungen mit erhöhter Aufmerksamkeit getroffen werden. Da in diesem Fall sowohl Inländer als auch Ausländer in erhöhtem Maße Mittel in höher verzinslichen Geldmengenkomponenten spekulativ parken, kommt es ggf. zu einem Geldmengenanstieg, der jedoch kein entsprechendes inflationäres Folgepotenzial indiziert.

In je mehr Ländern mit erodierter Geldordnung das heimische Geld gegen den Stabilitätsgaranten getauscht wird, desto größer ist die internationale Komponente der Nachfrage nach der Leitwährung. Die Architektur des Weltwährungssystems und der Charakter der vorherrschenden währungspolitischen Dogmen werden insbesondere merklichen Einfluß auf die offizielle Nachfrage nach internationaler Liquidität besitzen. Die offizielle Geldnachfrage würde mit der Anzahl von (einseitigen) Festkursbeziehungen steigen.

Selbst bei Dominanz von flexiblen Wechselkursen im Weltwährungssystem wird eine offizielle Nachfrage nach internationaler Liquidität fortbestehen. Bestimmungsgründe für eine solche Nachfrage können einerseits in der Reservehaltung für fallweise Interventionen auf dem Devisenmarkt[456] und andererseits in dem Bedürfnis nach öffentlicher Grundsicherung in der internationalen Zahlungsfähigkeit einer Volkswirtschaft gesehen werden.

Sieht man aber von Strukturbrüchen in der internationalen monetären Ordnung ab, werden die offizielle und private Nachfrage nach internationaler Liquidität insbesondere mit dem Wachstum des Welthandels und der weltwirtschaftlichen Wertschöpfung steigen, und zwar in dem Ausmaß wie dieses Geld zur Finanzierung der weltweiten Wertschöpfungsketten eingesetzt wird.

6.4.2 Die Effekte auf den Auslandsvermögensstatus, die Zahlungsbilanz und die Kapitalmarktzinsen

Das Ausland erwirbt im Umfang seiner auf die Leitwährung lautenden Geldhaltung einen realen Absorptionsanspruch auf die gesamte Wertschöpfung dieser Währungszone. Je nachdem, ob die kumulierten Ansprüche aus Drittländern stärker auf kreditä-

---

[455] Vgl. EZB (08/99), S. 47, Terres (1996), S. 82 u. Schäfer (1988), S. 22.
[456] Diese erfolgen etwa mit der Intention einer Glättung technischer Kursvolatilitäten.

rem Wege oder stärker im Wege von Exporten entstanden sind, stehen deren Forderungen an das monetäre System des Weltwährungsraumes jedoch Verbindlichkeiten gegenüber.

Geldschöpfung erfolgt aus einzelwirtschaftlicher Sicht des Finanzintermediärs stets im Wege einer bilanzverlängernden Monetisierung von Aktiva. Mit anderen Worten, der Transmissionskanal der internationalen Liquiditätsversorgung entscheidet nur darüber, gegen welches Land die zusätzlichen Kreditforderungen des monetären Systems aufgebaut werden. Die Höhe des Transmissionsbedarfs insgesamt bleibt davon unberührt.

Die Kredite, die dem Ausland in der Leitwährung bereitgestellt werden, wirken sich auf den Wechselkurs neutral aus. Die Kreditvergabe ist ein Kapitalexport, dieser kann jedoch in der eigenen Währung und damit ohne Tauschdispositionen am Devisenmarkt beglichen werden.[457] Dies gilt gleichermaßen, wenn das Leitwährungsland die Importe in der eigenen Währung bezieht und letztlich für alle weiteren Zahlungen (z. B. Transfers), die die Empfänger zum Halten der Leitwährung bewegen.

Insoweit sich die Transmission über die Monetisierung ausländischer Aktiva vollzieht, kommt es nicht in vollem Umfang zu einer Erhöhung der Auslandsvermögensposition des Leitwährungslandes, sondern nur in Höhe des damit verbundenen Geldschöpfungsgewinns. Die Aktivierung wird verstärkt durch sonstige Intermediationsgewinne, die etwa aus der verstärkten Korrespondenzbankenfunktion für den internationalen Interbankenzahlungsverkehr resultieren.

Klarzustellen bleibt jedoch, daß sowohl die einzelwirtschaftlichen als auch die gesamtwirtschaftlichen Vorteile der zusätzlichen Geldschöpfung für die internationale Verwendung dieser Währung nicht daran geknüpft sind, ob hierfür stärker in- oder ausländische Aktiva monetisiert werden.

Die Vorstellung eines Leitwährungsraumes als einer Drehscheibe für internationales Kapital, in welcher kurzfristiges Kapital aus dem Ausland aufgenommen und langfristige Kredite an das Ausland vergeben werden, ist irreführend. Zum einen fehlt diesem Bild der monetäre Bezug und zum anderen können internationale Ersparnisse grundsätzlich von jedem leistungsfähigen Finanzzentrum bzw. Ländern mit leistungsfähigen Bankensystemen oder Kapitalanlagegesellschaften verwaltet werden; eines Leitwährungsstatus bedarf es hierzu nicht. Schließlich werden auf arbitragefreien Märkten Intermediationsgewinne mit dem Aspekt einer nicht monetär begründeten Fristentransformation nur unzureichend erfaßt.

---

[457] Grundvoraussetzung für die Gewährleistung der Wechselkursneutralität bleibt aber, daß bei der aggregierten monetären Expansion die Mehrnachfrage aus dem Ausland auch tatsächlich berücksichtigt wird.

De facto wird das monetäre System des Leitwährungsraumes zwar auch Ersparnisse aus Konsumverzicht für das Ausland verwalten; aber der Vorteil, der unmittelbar aus der „bloßen" Internationalität der Leitwährung resultiert, besteht vorrangig in dem Umstand, daß aus der starken Verwendung dieses Zahlungsmittels durch Gebietsfremde der weltweite Intermediations-, Geldschöpfungs- bzw. Geldhaltungsbedarf in dieser Währung wächst. Aufgrund des komparativ günstigeren Zugangs der Leitwährungsintermediäre zum Geldmarkt bzw. zu Refinanzierungsfazilitäten des Basisgeldemittenten werden sie in natürlicher Weise einen nicht unerheblichen Teil an den hierbei anfallenden Geldschöpfungsgewinnen (internationale Seigniorage) erstreiten können.[458]

Entscheidend für das Ausmaß, mit dem ein beliebiger Finanzintermediär an den Geldschöpfungsgewinnen in der Weltwährung partizipiert, ist die Produktivität seiner international auszurichtenden Zahlungsverkehrstechnologie und die Qualität seines Aktivgeschäfts. Denn nur mit der Erfüllung dieser beiden Voraussetzungen kann er seinen Einlegern glaubwürdig eine marktfähige Vergütung seiner zinstragenden Finanzinstrumente versprechen.

Die Notwendigkeit einer marktgerechten Verzinsung bringt die aus der internationalen Verwendung der Leitwährung resultierenden Vorteile einer zusätzlichen Geldschöpfung bzw. (offiziellen und privaten) Geldhaltung nicht zum Verschwinden.[459] Diese erhöht für die hieran beteiligten MFI's das Gewinnpotenzial aus der Finanzintermediation in dieser Währung, und zwar unabhängig davon, ob das geschöpfte Geld an Leitwährungsinländer oder –ausländer verliehen wird.

Die zusätzliche internationale Geldnachfrage hat dabei aber auch für die betreffende Währungszone als Ganze im Wege der Erhöhung des aggregierten Kapitalangebots positive Rückwirkungen; das Wachstum in dieser Währungszone wird unterstützt.

Das aggregierte Kapitalangebot erhöht sich zum einen um die zusätzliche Menge an Ersparnissen, die aus der international erweiterten Wertschöpfung in dieser Währung resultieren. Zum anderen vergrößert sich das Kapitalangebot aber auch um die aus der staatenübergreifenden Verwendung eines einheitlichen Tauschmittlers induzierten und monetisierten (institutionellen) Transaktionskostenersparnisse.

Die modelltheoretische Sicht

Die vorangehenden Erörterungen sollen nun in graphischen Analysen veranschaulicht werden. Hierzu werden die Systeme monetärer Finanzinstitute eines kleinen und eines

---

[458] Auf diesen Gesichtspunkt weist auch die Europäische Zentralbank hin. Vgl. EZB (08/99), S. 49.

[459] Dies wird etwa von Johnson (1994, S. 12ff.) behauptet und von Feldsieper (1997, S. 126f.) zu Recht bestritten.

großen (Leit-)Währungsraumes miteinander verglichen. Dabei wird angenommen, daß die Währung des kleinen Landes weder signifikant im Ausland verwendet wird noch dessen Bankensystem in nennenswertem Umfang (fremdwährungsdenominierte) Mittel aus dem Ausland zur Verwaltung anvertraut werden. Für den Leitwährungsraum gelten die entgegengesetzten Prämissen.

Die unterschiedlichen Tätigkeiten der nationalen Systeme monetärer Finanzinstitute sollen in geometrischen Bilanzmodellen (Abb. 20 u. Abb. 21) aufgezeigt werden. Während auf der rechten Seite der Grafik die Passivseite der Bilanz bzw. die Mittelherkunft zu erkennen ist, wird auf der linken Seite ihre Aktivseite bzw. Mittelverwendung dargestellt. Auf der Abzisse werden nach rechts die kurzfristigen Kapitalüberlassungen (KM) und nach links die kurzfristigen Finanzierungen (KF) abgetragen. Auf der Ordinate sind nach rechts die langfristigen Kapitalüberlassungen an den Intermediär (LM) und nach links die langfristigen Finanzierungen (LF) abgetragen.

Die von Banken angebotenen Finanzinstrumente besitzen aktivisch und passivisch definierte Zinsbindungsfristen, die einen Fristenvergleich zwischen Kapital- und Vermögensstruktur der monetären Intermediäre erlauben. Im Fall eines kleinen Währungsraumes, der keinen international bedeutenden Finanzplatz aufweist, beziehen die MFI's nur Mittel aus dem Inland. Die Kassenhaltung des Publikums bei ihnen ist im wesentlichen auf die Finanzierung des inländischen Transaktionsbedarfs begrenzt.

Geld ist zwar wegen seiner Natur als liquides Finanzinstrument nominell kurzfristiges Kapital für die monetären Intermediäre. Da seine Haltung aber im Grundsatz dauerhaft vom Publikum zur Erleichterung seiner Tauschsequenzen gewünscht wird, kann der Sektor der MFI's entsprechend in Höhe der gleichgewichtigen Geldnachfrage dauerhaft Fristentransformation betreiben. Die durch Geldhaltung freiwerdenden und zusätzlich verleihbaren Mittel können langfristig eingesetzt werden. Geldeinlagen stellen für Finanzintermediäre auf diese Weise eine zusätzliche, tendenziell zinsgünstige Refinanzierungsmöglichkeit ihres Aktivgeschäfts dar.

Abbildung 20: Bankenmodell für den kleinen Währungsraum

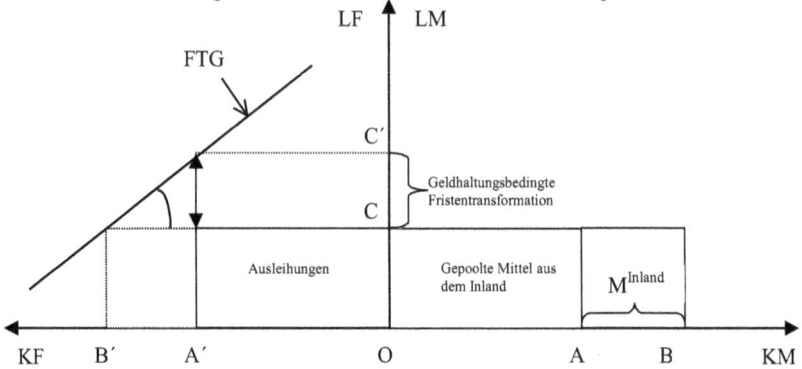

LF   LM

FTG

C′

C

Geldhaltungsbedingte Fristentransformation

Ausleihungen

Gepoolte Mittel aus dem Inland

M^{Inland}

KF   B′   A′   O   A   B   KM

Abbildung 21: Bankenmodell für den Leitwährungsraum

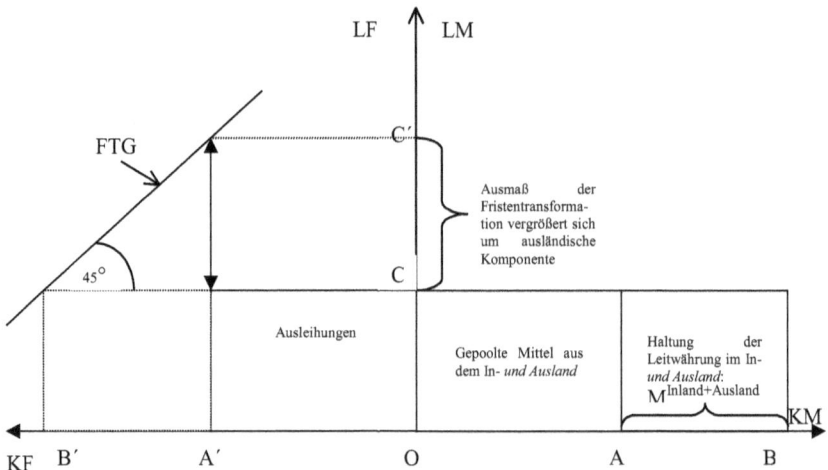

LF   LM

FTG

45°

C′

C

Ausmaß der Fristentransformation vergrößert sich um ausländische Komponente

Ausleihungen

Gepoolte Mittel aus dem In- *und Ausland*

Haltung der Leitwährung im In- *und Ausland*: $M^{Inland+Ausland}$

KM

KF   B′   A′   O   A   B

KM, LM bzw. KF, LF: kurz (K)- und langfristig (L) eingesetztes Kapital (M) bzw. bereitgestellte Finanzierungen (F)
OA, OC: vom Publikum bereitgestelltes kurz- und langfristiges Vermögen
AB: zusätzliches aus der Geldhaltung (M) induziertes Kapital
OB′, OC: zur Kapitalstruktur fristenkongruente kurz- und langfristige Ausleihungen der Banken
CC′(=A′B′): tatsächlich durch den volkswirtschaftlichen Geldgebrauch mögliche Fristentransformation
FTG: Fristentransformationsgerade

Quelle: Eigene Abbildungen

Die Graphiken sollen insbesondere den Aspekt der (Liquiditätsprämien abschöpfenden) Fristentransformation deutlich machen. Sie erheben nicht den Anspruch, Bankentechnologien erschöpfend abzubilden.

Obwohl die monetären Intermediäre vom Publikum nur längerfristige Mittel in Höhe von OC zur Verfügung gestellt bekommen, können sie in Höhe von CC′ weitere längerfristige Mittel vergeben. In dem Maße, wie sich die Geldhaltung AB durch die internationale Verwendung erhöht, kann das monetäre System des Leitwährungsraumes durch die zusätzliche Auslandskomponente mehr Fristentransformation betreiben. Sofern die Leitwährungsrolle idealerweise durch leistungsfähige Finanzzentren und eine in ihrer Produktpalette leistungsfähige Finanzindustrie untermauert wird, erhöht sich zugleich der Poolingumfang.[460]

Die Graphiken lassen sich auch in einer Stromgrößenbetrachtung formulieren. Anstelle der Bestandsgrößen gepooltes Vermögen und Geldhaltung wären dann die Stromgrößen Konsumverzicht aus der laufenden Wertschöpfung und Geldschöpfung zur Finanzierung des wachsenden Produktionspotenzials zu verwenden. Hierauf soll jedoch nicht näher eingegangen werden.

Stattdessen soll noch die Auswirkung der um die Auslandskomponente erhöhten Geldhaltung auf das Zinsniveau auf dem Kreditmittelmarkt in einem Marktdiagramm (Abb. 22) dargestellt werden.

Abbildung 22: Auswirkung der erhöhten Geldhaltung auf den Kreditmittelmarkt

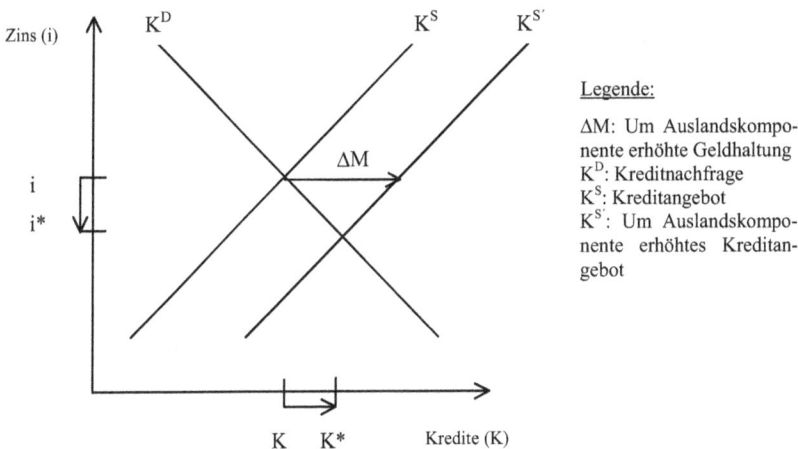

Quelle: Eigene Abbildung

---

[460] Auch Finanzsektoren kleinerer Länder, wie z. B. derjenige der Schweiz, poolen zwar regelmäßig ausländisches Vermögen. Allerdings trägt eine international wettbewerbsfähige Finanzintermediation dieser Länder nicht unbedingt zu einer Erhöhung der weltweiten auf ihre Währung lautenden Geldvermögenshaltung bei.

Es wird deutlich, daß die um die ausländische Komponente erhöhte Geldhaltung ΔM über ein erhöhtes Kreditangebot $K^{S'}$ c. p. das Gleichgewicht auf dem Kreditmittelmarkt dieser Währungszone verändert. Der Kreditzins sinkt und die Kreditmenge steigt; im neuen Gleichgewicht (*) gilt i*<i und K*>K

6.4.3 Die „metaphorische" Bankenrolle in der internationalen Kapitalallokation

Bislang wurde darauf abgestellt, daß die Intermediationsfunktion einer Leitwährung vor allem die internationale Ausrichtung der Liquiditätsproduktion, Liquiditätstransmission und Liquiditätsdistribution seines monetären Systems betrifft.

Ergänzend stellt sich die Frage, ob die spezifische ökonomische Gesamtkonstitution von Leitwährungsräumen sie nicht - losgelöst von ihrem institutionellen Intermediationssystem - auch für eine metaphorische Bankenrolle in der internationalen Kapitalallokation prädestiniert. Dabei geht es um die Frage, ob der Leitwährungsraum als ganzes einen stetigen Sog auf die internationalen Kapitalströme ausübt, der selbst auf das Kalkül gebietsfremder Direktanleger ausstrahlt. Es geht um eine Anziehungskraft, die ggf. aus ökonomischen Vorteilen resultiert, falls eine (Direkt-) Anlage in ein in der Leitwährung denominiertes Finanzaktivum getätigt wird. Im folgenden sollen zwei Ansätze für die Begründung einer solchen mittelbaren Bankenrolle aufgezeigt werden.

Zunächst kann festgestellt werden, daß die in einer Leitwährung gebildeten Ersparnisse größer sind als die Ersparnisse des Leitwährungsraumes selbst, da die Gesamtersparnis zusätzlich die aus dem Leistungsverkehr zwischen Drittstaaten resultierenden Ersparnisse umfaßt. Ersparnisse in einer Leitwährung stehen grundsätzlich allen Schuldnern geeigneter Bonität, die sich in der Leitwährung verschulden wollen, zur Verfügung.

Leitwährungsinländer können sich in diesem Fall aber extern ohne Währungsrisiko verschulden. Gebietsfremde hingegen sehen sich bei einer Aufwertung der Leitwährung gegenüber ihrer Landeswährung, sofern sie in dieser Gewinnmaximierung betreiben, mit einer Erhöhung ihres externen Schuldenstandes bzw. der aus diesem resultierenden Auszahlungsverpflichtungen konfrontiert.[461]

---

[461] Einer solchen Erhöhung kann durch Absicherungsgeschäfte entgegengewirkt werden. Ob die Zunahme des Schuldenstandes zudem überhaupt realer Natur ist, wird davon abhängen, in welchem Umfang die Wechselkursbewegungen kaufkraftparitätisch erfolgen. Je mehr dies der Fall ist, desto stärker würde sich ein Unternehmen in gleicher Weise höheren nominalen Einzahlungen wie nominalen Auszahlungen gegenübersehen, ohne daß sich seine reale Nettoposition verschlechtern würde. Der in heimische Währung umgerechnete externe Schuldenstand bliebe nach Deflationierung mit dem heimischen Preisniveau real unverändert. Allerdings lassen sich in der realen Welt immer wieder Wechselkursbewegungen beobachten, die nicht oder nur partiell kaufkraftparitätisch

Insoweit dies tatsächlich eine gewisse natürliche Rückströmungstendenz begünstigt, kommt es zu entsprechenden Kapitalimporten, die das gesamte Kapitalangebot in zinssenkender Weise für den Leitwährungsraum erhöhen. Rückwirkungen auf den Devisenmarkt in Form von Aufwertungstendenzen würden ausbleiben, da die Leitwährungsausländer zum Erwerb der leitwährungsdenominierten Finanztitel keine Tauschhandlungen mehr auf dem Devisenmarkt durchführen müssen.

Ein zweiter Argumentationsansatz läßt sich über die lineare Bewertungsgleichung der Portefeuilletheorie[462] bei Anwesenheit einer sicheren Anlage aufstellen. Ausgangspunkt der Überlegungen sei ein aus Sicht des Leitwährungsraumes gebietsfremder Investor, der dazu übergeht, sein Portefeuille international auszurichten. Die Einbeziehung eines ausländischen Wertpapiers (i) wird im Fall heterogener Erwartungen für ihn nur dann in Betracht kommen, wenn seine wechselkursbereinigte erwartete Rendite die folgende Ungleichung erfüllt:

$$\mu_i^{Inv.} \geq r_f + \left(\mu_m^{Inv.} - r_f\right) \cdot \beta_{im}^{Inv.}.$$

In Worten ausgedrückt, die vom Investor erwartete Rendite ($\mu_i^{Inv.}$) des ausländischen Finanztitels muß größer gleich der von ihm diesem Aktivum beigemessen systematischen Risikomenge ($\beta_{im}^{Inv.}$) sein, die er mit der von ihm erwateten Marktrisikoprämie ($\mu_m^{Inv.} - r_f$) bewertet und zu der er die sichere Verzinsung (r_f) addiert. In der Realität wird die Ungleichung von zahlreichen ausländischen Finanztiteln erfüllt, womit zunächst einmal nur die Vorteilhaftigkeit eines freien Kapitalverkehrs unterstrichen wäre.

Dennoch gilt es darüber hinaus Charakteristika zu berücksichtigen, die aus der besonderen ökonomischen Konstitution eines Leitwährungsraumes resultieren und deren Auswirkungen im Rahmen der empirischen Untersuchung bereits nachgewiesen werden konnten. Zu diesen zählen die Liquidität,[463] die Tiefe und der hohe Grad an Vollständigkeit des Kapitalmarktes im Leitwährungsraum,[464] die hohe Liquidität seiner

---

begründbar erfolgen. Auch ist die Durchführung von Absicherungsgeschäften mit zusätzlichen Mühen und sonstigen Transaktionskosten verbunden.

[462] Die Bedingungen für ein Kapitalmarktgleichgewicht, d. h. homogene Erwartungen wie im CAPM, müssen nicht erfüllt sein; entscheidend ist nur ein Handeln nach dem μ-σ Prinzip.

[463] Für den Euro-Raum wird sich diese über günstige Abwicklungskonditionen technisch erst voll entfalten können, wenn die Segmentierung der Börsen vor allem in den Bereichen Clearing (Netting) und Settlement dem ökonomisch optimalen Ausmaß an Konsolidierung und Integration – ähnlich wie zuvor bereits auf dem ungesicherten Geldmarkt durch Target - weicht. Eine Vervielfachung der Handelsforen einschließlich außberbörslicher internetbasierter ist dagegen für die Qualität der Preisbildung nicht problematisch. Vgl. EZB (08/99), S. 40, Santillán/Bayle u. Thygesen (2000), S. 53-63 sowie Breuer in einem Interviewbeitrag mit der FAZ vom 23.11.2000.

[464] Vgl. Danthine u. a. (2000), S. 11f. u. S. 18f., Issing (1998), S. 14 u. McCauley (1997), S. 43.

sämtlichen bilateralen Devisenmärkte sowie der großen Wirtschaftsräumen eigene geringe außenwirtschaftliche Offenheitsgrad.

Die qualitativ hochwertigen Liquiditätseigenschaften auf beiden Finanzmarktsegmenten werden seitens der Investoren wie eine höhere erwartete (Netto-)Verzinsung aufgenommen.[465] Denn verglichen mit vergleichsweise illiquiden Märkten bleiben transaktionskostentreibende Handelsfriktionen aus.

Der geringe Offenheitsgrad bedingt hingegen, daß außenwirtschaftliche Einflüsse auf die Wachstumsdynamik des Leitwährungslandes begrenzt bleiben. Der Renditeprozeß eines Leitwährungsaktivums ist deshalb von demjenigen des Marktportefeuilles ausländischer Investoren regelmäßig weitgehend unabhängig.

Die dargelegten Effekte führen dazu, daß sich die Wahrscheinlichkeit einer Erfüllung der Bewertungsgleichung erhöht. Dieser Umstand wird in Abb. 23 graphisch veranschaulicht.

Abbildung 23: Die besondere Risiko-Ertragscharakteristik eines Leitwährungsaktivums

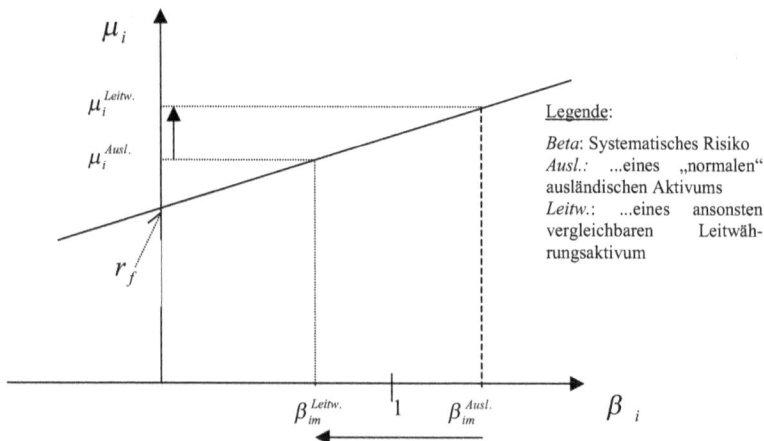

Legende:

Beta: Systematisches Risiko
Ausl.: ...eines „normalen" ausländischen Aktivums
Leitw.: ...eines ansonsten vergleichbaren Leitwährungsaktivum

Quelle: Eigene Abbildung

Während der positive Liquiditätseffekt auf der linken Seite die vom Inverstor erwartete Rendite $(\mu_i^{Leitw.} > \mu_i^{Ausl.})$ erhöht, sichert die attraktive Risikocharakterisik auf der

---

[465] Alternativ könnte argumentiert werden, daß via Liquiditätsprämieneffekt die gleichgewichtigen Verzinsungsanforderungen für die komparativ liquideren Finanztitel sinken. Die weiteren Schlußfolgerungen bleiben davon aber unberührt.

rechten Seite bei ansonsten ähnlichen Wertpotenzialen anderer ausländischer Aktiva eine vergleichsweise niedrige(re) systematische Risikomenge ($\beta_{im}^{Leitw.} < \beta_{im}^{Ausl.}$). In der Graphik sind die Reduktion des systematischen Risikos und die Erhöhung des erwarteten Ertrages veranschaulicht.

Auf diese Weise läßt sich die behauptete Sogwirkung auf die internationalen Kapitalströme begründen. Die aus diesem Kalkül heraus entstehenden Kapitalimporte haben Rückwirkungen auf die Preisbildung am Devisenmarkt. Der Erwerb der Leitwährungsaktiva ist mit Tauschvorgängen in die Weltwährung hinein verbunden und begründet so eine Aufwertungstendenz für dieselbe.

6.5 ZUSAMMENFASSUNG UND SCHLUßFOLGERUNGEN

In diesem Kapitel wurde herausgearbeitet, daß der internationale Vermögensschmetterling zur Erfassung der internationalen Dimension der monetären und nichtmonetären Finanzintermediation nicht sonderlich geeignet ist.

Für die internationalen Gütermärkte wurde theoretisch dargelegt, daß eine zunehmende Tendenz zur Irrelevanz der Fakturierung zu erwarten ist. Hinsichtlich der Denominierungskalküle auf den internationalen Finanzmärkten wurde theoretisch und empirisch gezeigt, daß zwischen den Begebenheiten auf den Geld- und Kapitalmärkten zu trennen ist. Für die Denominierung von Beteiligungstiteln wurden eigenständige Hypothesen aufgestellt.

Überlegungen zur Mikrostruktur von Devisenmärkten haben ergeben, daß die Existenz eines natürlichen Monopols bei der Rolle eines internationalen Zahlungsmittels für den Erwerb von Drittwährungen (Rolle als Zahlungsmittel im Devisenhandel) nicht zwingend ist. Die Einführung des Euros dürfte die bisherige Monopolstruktur in diesem Bereich mittelfristig nachhaltig aufbrechen.

Die Fundamentalfaktoren der internationalen Geldnachfrage wurden im Rahmen einer Panelanalyse geschätzt. Dem volkswirtschaftlichen Offenheitsgrad kam dabei eine signifikante Eigenschaft als struktureller Risikoparameter zu. Zudem konnte die Existenz von kritischen Schwellen nachgewiesen werden. Die Ergebnisse der empirischen Schätzungen wurden dann in einen abschließenden geld- und kapitalmarkttheoretischen Zusammenhang gestellt.

Zur Frage des Weltbankcharakters eines Leitwährungsraumes wurde gezeigt, daß sich dieser in der internationalen Ausrichtung seines monetären Systems manifestiert. Konkret läßt sich diese Ausrichtung in der Aufgabe erfassen, neben der währungsraumbezogenen Finanzierung der Wertschöpfung auch einen erheblichen Teil des Welthandels zu finanzieren. Selbst wenn die Geldschöpfung in internationaler Liquidität von beliebigen Finanzintermediären weltweit betrieben werden kann, so verfügt das monetäre System des Weltwährungsraumes doch über komparative Vorteile bei der Refinanzierung.

In jedem Fall gehen von der um die internationale Dimension erweiterten monetären Expansion reale Zinssenkungseffekte aus. Daneben wirken aber auch die international erweiterte Wertschöpfung in dieser Währung sowie die aus portefeuilletheoretischer Perspektive günstige Risiko- und Ertragscharakteristik von Leitwährungsaktiva belebend auf das in dieser Währungszone insgesamt gehandelte Kapitalangebot. Es wurde weiter dargelegt, welche Effekte auf den Auslandsvermögensstatus, die Zahlungsbilanz und den Wechselkus zu erwarten sind.

Die Wahrnehmung von Leitwährungsfunktionen bringt Pflichten mit sich. Denn u. a. muß für die Bestimmung einer angemessenen monetären Expansion nun zusätzlich die um die internationale Dimension erweiterte Geldnachfrage bestimmt werden. Nur so bleibt gewährleistet, daß das interne Stabilitätsziel nicht gefährdet und das internationale Publikum in seinem Vertrauen zu dieser Währung nicht enttäuscht wird sowie die Voraussetzungen für stabile Erwartungen der Marktteilnehmer erfüllt bleiben. Ohne die gebotene Sorgfalt bei der Erfüllung dieser Pflichten strahlen Leitwährungsräume nicht Stabilität, sondern Instabilität auf das Weltwährungsgefüge aus. Statt das solide monetäre Fundament für eine weltweite Arbeitsteilung auf Basis komparativer Kostenvorteile darzustellen, würden sie mit überraschenden monetär verursachten Wechselkursschwankungen diese empfindlich und vermeidbar beeinträchtigen.

7 UNTERSUCHUNGSERGEBNISSE

Informationsasymmetrien begründen die Existenz von Transaktionskosten auf den Finanzmärkten. Infolge von Fixkostendegressionspotentialen in der Informationseinholung, Informationsverarbeitung und der Marktbeobachtung trägt die Existenz von Finanzintermediären zu einer erheblichen Reduktion dieser Friktionen bei.

Das Ausmaß an Fixkostendegressionspotentialen ist jedoch systemimmanent begrenzt, was Anreize zur Direktanlage vermittelt und die Notwendigkeit eines universalen Wettbewerbs begründet. Dieser umfaßt den Wettbewerb zwischen Intermediären sowie die Konkurrenz zwischen diesen und Direktanlegern.

Informationsasymmetrien begründen stringent weder eine Konnexität zwischen dem Pooling von Anlagebeträgen und einer Informationsproduktion noch eine schuldbestimmte Kapitalstruktur in Verbindung mit einer illiquiden Vermögensstruktur des Intermediärs.

Der Informationsverarbeitung auf einem anonymen Markt mit heterogener und polyzentrischer Informationsverarbeitung in Verbindung mit der Anwesenheit transparenter standardisierter Bonitätsprognosen, die ein evolutionäres Benchmarking ermöglichen, wurde die größte Informationseffizienz zugesprochen.

Der Wechselkurs ist als Signalgeber für die Qualität einer Geldemission unzureichend.

Das Gewinnmaximierungskalkül sämtlicher Nicht-Leitgeldproduzenten in einer freien monetären Ordnung wurde in der Verwirklichung systematischer Sekundäremissionen gesehen. Sekundäremssionen sind als der zentrale Pfeiler in der Funktionsweise sowohl staatlicher als auch privater Basisgeldsysteme zu verstehen. Im letzteren Fall wäre die Emission von Basisgeld aber auf dem Markt für Unternehmenskontrolle bestreitbar.

Die internationale Dimension der Währungskonkurrenz bleibt auch in einer Freigeldordnung erhalten.

Der Fremdkapitalcharakter von Depositengeld läßt sich weder mit dem Hinweis auf Anreizkompatibilität noch mit dem auf divergierende Risikoeinstellungen der Geldverwender zwingend ableiten. Er sollte besser auf eine unvermeidlich heterogene Erwartungsbildung hinsichtlich der zu treffenden Risiko- und Ertragseinschätzungen bei Eigenkapitaltiteln zurückgeführt werden. Diese stünde einer breiten Akzeptanz von Geld mit Eigenkapitalcharakter entgegen. Eine breite Akzeptanz ist aber eine Güteeigenschaft von Tauschmedien, die von den Märkten nachgewiesenermaßen eingefordert wird.

Monetäre und nichtmonetäre Finanzintermediäre lassen sich voneinander unterscheiden. Während die Passivstruktur von nichtmonetären Intermediären nur von ihrer Marktpositionierung und den artikulierten Präferenzen der Sparer abhängig ist und damit prinzipiell auch stark eigenkapitalorientiert sein kann, gilt dies wegen des Fremdkapitalcharakters des Geldes nicht für monetäre Intermediäre. Monetäre Finanzintermediäre verleihen nicht nur die ihnen anvertrauten Mittel weiter, sondern monetisieren via aktiver Geldschöpfung zugleich die durch ihre Existenz induzierte institutionelle volkswirtschaftliche Transaktionskostenersparnis.

Die Fakturierung auf den Gütermärkten dürfte bei weiterem Ausbau von Terminmärkten von einer zunehmenden Irrelevanz gekennzeichnet sein. Konkrete Auszeichnungsstrategien sind dann stärker an komparativen Kostenvorteilen bei der Absicherung ausgerichtet. Doppelte Preisauszeichnungsstrategien konnten mikroökonomisch fundiert werden.

Bei der Erklärung des Denominierungsverhaltens auf den internationalen Finanzmärkten muß zwischen Beteiligungs- und Schuldtiteln unterschieden werden. Letztere sind zudem nach ihrer Laufzeit zu unterscheiden.

Ein natürliches Monopol ließ sich bei der Funktion von Leitwährungsgeld als internationalem Zahlungsmittel zum Erwerb von Drittwährungen nicht ableiten. Vielmehr konnte unter Zuhilfenahme stochastischer Gleichgewichtsbetrachtungen des Devisenmarktes und empirischer Analysen die Existenz kritischer Schwellen begründet werden.

Sowohl die monetäre internationale Finanzintermediation als auch die nichtmonetäre Finanzintermediation führen zu einer Verlängerung der Transaktionsketten. Diese Verlängerung schafft in beiden Fällen einerseits Kostendegressionspotentiale und etabliert andererseits zugleich Grenzen für die Tendenz zu einer natürlichen Monopolisierung.

Die europäische Währungsunion kann nicht als konstruktivistische Anmaßung im ordnungspolitischen Sinne interpretiert werden. Vielmehr ergab die theoretische und empirische Analyse, daß unter strikt gewinnmaximierenden Geldschöpfungsannahmen und unter Respektierung von Marktbewertungen die Existenz großer und supranationaler Währungsräume im Grunde wesentlicher früher zu erwarten gewesen wäre. Das marktfremde Element besteht dann eher in der vergleichsweise zu lange hinausgezögerten Einführung der europäischen Währung.

Die Schätzung der internationalen Nachfrage nach einer Währung ist mit dem Rückgriff auf bestimmte Fundamentalfaktoren und der Methode der Panelkointegrationsschätzung möglich.

Leitwährungsräumen kommt in mehrfacher Hinsicht die Rolle von Finanzintermediären für die Weltwirtschaft zu. Sie profitieren von einem erweiterten Monetisierungsauftrag mit zinssenkender Wirkung. In ihrer Währung denominierte Finanztitel weisen zudem eine attraktive Portefeuillecharakteristik auf, die gleichfalls dämpfend auf die realen Zinsen wirkt.

LITERATURVERZEICHNIS

Akerlof, George A. (1970): The Market for „Lemons": Quality Uncertainty and the Market Mechanism, Quarterly Journal of Economics, Vol. 84, S. 488-500.

Allen, Franklin u. Santomero, Anthony M. (1998): The Theory of Financial Intermediation, Journal of Banking & Finance, Vol. 21, S. 1461-1485.

Arrow, Kenneth J. (1951): Alternative Approaches to the Theory of Choice in Risk-taking Situations, Econometrica, Vol. 19, S. 404-437.

Arrow, Kenneth J. (1953): Le Rôle des Valeurs Boursières pour la Répartition la Meilleure des Risques. Econometrie, Colloques Internationaux du Centre National de la Recherche Scientifique 11, Paris, S. 41-47; Übersetzung ins Englische (1964): The Role of Securities in the Optimal Allocation of Risk bearing, Review of Economic Studies, Vol. 31, S. 91-96.

Arrow, Kenneth J. u. Debreu, G. (1954): Existence of an Equilibrium for a Competitive Economy, Econometrica, Vol. 22, S. 265-290.

Axelrod, Robert (1984): The Evolution of Cooperation, New York: Basic Books [deutsche Übersetzung (1995): Die Evolution der Kooperation, 3. Aufl., München: Oldenbourg].

Balassa, Bela (1964): The Purchasing Power Parity Doctrine: a Reappraisal, Journal of Political Economy, Vol. 72, S. 584-596.

Banerjee, Anindya (1999): Panel Data Unit Roots and Cointegration: An Overview, Oxford Bulletin of Economics and Statistics, Vol. 61, No. 4 Supplement (1999), S. 607-629.

Bank, Matthias (1998): Gestaltung von Finanzierungsbeziehungen – Diversifikation und Liquidität als Aktionsparameter, Wiesbaden: Gabler.

Bannerjee, Anindya; Dolado, Juan; Galbraith, John W. u. Hendry, David F. (1993): Co-Integration, Error-Correction, and the Econometric Analysis of Non-Stationary Data, Oxford, New York.

Becker, Hans P. u. Peppmeier, Arno (2000): Bankbetriebslehre, 4., völlig neue Auflage, Ludwigshafen (Rhein)/Mainz: Friedrich Kiehl.

Beike, Rolf u. Schlütz, Johannes (1999): Finanznachrichten, lesen – verstehen – nutzen, 2., überarb. und akt. Aufl., Stuttgart: Schäffer-Poeschel.

Bénassy, Agnès, Italianer, Alexander u. Pisani-Ferry, Jean (1993): Les Implications Extérieures de la Monnaie Unique, Economie et Statistique, No. 262-263, S. 49-62.

Bénassy-Quéré, Agnès (1996): Potentialities and Opportunities of the Euro as an International Currency, Document de Travail, No. 96-09, août.

Bernard, Henri u. Galati, Gabriele (2000): The Co-movement of US Stock Markets and the Dollar, International Banking and Financial Market Developments, BIS Quarterly Review, August, S. 31-34.

Bernoulli, D. (1738); trans. Louise Sommer (1954): Exposition of a New Theory on the Measurement of Risk. Econometrica, Vol. 22, S. 23-36.

Bester, Helmut (1987): The Role of Collateral in Credit Markets with Imperfect Information, European Economic Review, Vol. 31, S. 887-899.

Bigus, Jochen (2000): Finanzierung über Asset Backed Securities – Ansatzpunkte für eine finanzierungstheoretische Analyse, Zeitschrift für Bankrecht und Bankwirtschaft, 12. Jahrgang, Heft 1, S.33-44.

Bilson, John F. O. (1983): The Choice of an Invoice Currency in International Transactions, in: Economic Interdependence and Flexible Exchange Rates, hrsg. von Jagdeep Bandari u. Bluford Putnam, Cambridge/Massachusetts, S. 384-401.

BIS (1995): The Bis Statistics on International Banking and Financial Market Activity, Basle.

BIS: International Banking and Financial Market Developments, Statistical Annex: Numeric Spreadsheets (www.bis.org.publ/...).

BIS: Triennial Central Bank Survey of Foreign Exchange and Derivatives Market Activity, diverse Jahrgänge.

Bitz, Michael (1998): Finanzdienstleistungen; 4., unwesentlich veränd. Aufl.; München, Wien: Oldenbourg.

Black, Fischer (1970): Banking and Interest Rates in a World without Money, Journal of Bank Research, Vol. 1, S. 9-20.

Black, Stanley (1991): Transactions Costs and Vehicle Currencies, Journal of International Money and Finance, Vol. 10/4, S. 512-527.

Blattner, Peter (1997): Internationale Finanzierung, München: Oldenbourg.

Bodart, Vincent (1997): Le Rôle de l'Euro en tant que Monnaie Internationale, Service d'Analyse Economique, juin, 7, S. 99-108.

Bogle, John C. (1999): Common Sens on Mutual Funds: New Imperatives for the Intelligent Investor, New York, Toronto u.a.

Borio, Claudio (2000): Market Liquidity and Stress: Selected Issues and Policy Implications, International Banking and Financial Market Developments, BIS Quarterly Review, November, S. 38-48.

Börsenzeitung: Bundesbank schafft neues Zahlungssystem, Gespräch mit Hans-J. Friederich vom 11.9.1999.

Brandenberger, Susanne (1995): Investment Engineering – Intermediation und Produktegestaltung in der Vermögensverwaltung, Dissertation. Bern u. a.: Haupt.

Breuer, Rolf E. (2000): „Der Wettbewerb unter den Vermögensverwaltern führt zum Herdentrieb". Interviewbeitrag mit der FAZ vom 23.11.2000.

Breuer, Wolfgang (1993): Finanzintermediation im Kapitalmarktgleichgewicht, Wiesbaden: Gabler.

Breuer, Wolfgang (1994): Finanzintermediation und Wiederverhandlungen, Kredit und Kapital, 27. Jg., S. 291-309.

Breuer, Wolfgang (1995): Finanzintermediation und Reputationseffekte, Kredit und Kapital, 28. Jg., S. 516-534.

Breuer, Wolfgang (1998): Finanzierungstheorie: Eine systematische Einführung, Wiesbaden: Gabler.

Breuer, Wolfgang u. Gürtler, Marc (1999): Performancemessung mittels Sharpe-, Jensen und Treynor-Maß: Eine Anmerkung, Zeitschrift für Bankrecht und Bankwirtschaft, 11. Jahrgang, Heft 5, S. 273-286.

Browne, F. X. u. Cronin, David (1997): Payment Technologies, Financial Innovation, and Laissez-Faire Banking: A Further Discussion of the Issues. In: Dorn, James A. (Hrsg.), The Future of Money in the Information Age, Cato Institute Washington D. C., S. 153-165.

Brunner, Karl u. Meltzer, Allan (1971): The Uses of Money: Money in the Theory of an Exchange Economy, American Economic Review, Vol. 61, S. 784-805.

Buckley, Adrian (2000): Multinational Finance, 4. Aufl., Harlow, England; London; New York u. a.

Büschgen, Hans E. (1997): Das Kleine Banklexikon, 2. akt. Aufl. 1997, Düsseldorf.

Büschgen, Hans E. (1998): Bankbetriebslehre, 5. vollst. überarb. und erw. Aufl., Wiesbaden: Gabler.

Cai, Jun, Chan, K. C. u. Yamada, T. (1997): The Performance of Japanese Mutual Funds, The review of financial studies, Vol. 10, No. 2, S. 237-273.

Chrystal, Alec (1984): On the Theory of International Money, in: John Black u. Graeme Dorrance (Hrsg.), Problems of International Finance, London u. Basingstoke, S. 77-92.

Clark, Peter B., MacDonald, Ronald (1999): Exchange Rates and Economic Fundamentals: A Methodological Comparison of BEERs and FEERs, in: MacDonald, R., Stein, J. (Hrsg.), Equilibrium Exchange Rates, Kluwer, Boston, 1999, S. 285-322.

Copeland, Thomas u. Galai, Dan (1983): Information Effects on the Bid-Ask Spread, Journal of Finance, Vol. 38, No. 5, S. 1457-1469.

Corell, Simon (2000): Der Herr der Schlüssel - PKI-Technologien mit Chipkarten für maximale Sicherheit im Internet-Banking; Bank der Zukunft, FAZ vom 20.3.2000.

Cramer, Jörg E. C. (2000): Venture Capital, in: Innovative Kapitalanlagekonzepte, hrsg. von Hehn, Elisabeth, Wiesbaden: Gabler, S. 163-173.

Dahlquist, Magnus, Engström, Stefan u. Söderlind, Paul (1999): Performance and Characteristics of Swedish Mutual Funds 1993-7, Disussion Paper No. 2166, Centre for Economic Policy Research, London.

Danthine, Jean-P., Giavazzi, Francesco u. Thadden von, Ernst-L. (2000): European Financial Markets after EMU: A first Assessment, National Bureau of Economic Research, Working Paper 8044, Cambridge (http://www.nber.org/papers/w8044).

Davidson, Russel u. MacKinnon, James G. (1993): Estimation and Inference in Econometrics, New York, Oxford.

De Boissieu, Christian (1996): Problématique des Relations entre l'Euro et le Dollar, La Revue d'Economie Financière, No. 38, S. 47-58.

Debreu, Gerad (1959): Theory of Value, New York.

Decressin, Jörg u. Disyatat, Piti (2000): Capital Markets and External Current Accounts: What to Expect from the Euro, International Monetary Fund, Working Paper 00/154.

Demuth, Michael u. a. (1995): Investmentfonds, Produkte-Fakten-Strategien, Wiesbaden: Gabler.

Deutsche Bundesbank (01/00): Die Beziehung zwischen Bankkrediten und Anleihemarkt in Deutschland, Monatsbericht, 52. Jahrgang, Nr. 1, S. 33-48.

Deutsche Bundesbank (01/00): Die Integration des deutschen Geldmarkts in den einheitlichen Euro-Geldmarkt, Monatsbericht, 52. Jahrgang, Nr. 1, S. 15-32.

Deutsche Bundesbank (03/99): Hedge-Fonds und ihre Rolle auf den Finanzmärkten, Monatsbericht, 51. Jahrgang, Nr. 3, S. 31-44.

Deutsche Bundesbank (03/99): Monetäre Analyse für das Eurowährungsgebiet, Monatsbericht, 51. Jahrgang, Nr. 3, S. 15-29.

Deutsche Bundesbank (04/01): Rolle und Verhalten deutscher Fondsmanager auf dem Aktienmarkt, Monatsbericht, 53. Jahrgang, Nr. 4, S. 45-60.

Deutsche Bundesbank (04/98): Strukturwandel am Kapitalmarkt im Lichte der Finanzmarkteffizienz, (Unterkapitel aus: Strukturveränderungen am deutschen Kapitalmarkt im Vorfeld der Europäischen Währungsunion), Monatsbericht, 50 Jg., Nr. 4., S. 63-70.

Deutsche Bundesbank (06/99): Neuere Entwicklungen beim elektronischen Geld, Monatsbericht, 51. Jahrgang, Nr. 6, S. 41-58.

Deutsche Bundesbank (10/00): Der Markt für Wagniskapital in Deutschland, Monatsbericht, 52. Jahrgang, Nr. 10, S. 15-30.

Deutsche Bundesbank (2000): Devisenkursstatistik, Statistisches Beiheft zum Monatsbericht 5, Dezember 2000.

Deutsche Bundesbank (2000): Ergebnisse der gesamtwirtschaftlichen Finanzierungsrechnung für Deutschland 1991-1999, Statistische Sonderveröffentlichung 4, Dezember 2000.

Diamond, Douglas W. (1984): Financial Intermediation and Delegated Monitoring, Review of Economic Studies, Vol. 51, S. 393-414.

Diamond, Douglas W. (1989): Reputation Acquisition in Debt Markets. Journal of Political Economy, Vol. 97, S. 828-862.

Diamond, Douglas W. (1991): Monitoring and Reputation: The Choice between Bank Loans and Directly Placed Debt, Journal of Political Economy, Vol. 99, S. 689-721.

Die FAZ vom 01.12.2000: Privatanleger den Profis gleichstellen.

Die FAZ vom 07.04.2000: Die letzte Fluglotsin in der Stratosphäre des Aktienmarktes - Abby Joseph Cohen, die Anlagestrategin von Goldman Sachs, genießt an der Wall Street Kultstatus.

Die FAZ vom 09.08.2000: Viele Unternehmen kehren der Börse den Rücken.

Die FAZ vom 10.07.2000: Auf der Hochzeit von Hochtechnologie und Hochfinanz; wie die Deutsche Bank auf den virtuellen Marktplätzen das Kreditgeschäft umkrempelt; raffinierte Finanzkonzepte; einige Kredittranchen werden sogar besser als „AAA" eingestuft.

Die FAZ vom 13.04.2000: Indexfonds auf dem Vormarsch.

Die FAZ vom 16.11.2000: DespaFonds setzt verstärkt auf deutsche Immobilienmärkte.

Die FAZ vom 22.09.1999: Hedge Fonds haben Ruf als Parias der Märkte abgeschüttelt.

Die FAZ vom 26.07.2000: Der europäische Markt für Unternehmensanleihen wächst kräftig.

Die FAZ vom 29.01.2000: Die Bedeutung von Private Equity bei der Vermögensanlage wächst.

Die FAZ vom 29.09.1999: Es gibt keinen objektiven Unternehmenswert. Auf dem Betriebswirtschafter-Tag diskutieren Referenten über den Sinn und Unsinn von Fusionen.

Dilworth, James (2001): Hedge Funds übernehmen an den Kapitalmärkten eine wichtige Rolle, FAZ vom 12.02.2001.

Dimson, Elroy u. Mussavian, Massoud (1999): Three Centuries of Asset Pricing, Journal of Banking & Finance, Vol. 23, S. 1745-1769.

Dixit, Avinash K. u. Nalebuff, Barry J. (1991): Thinking Strategically. The Competitive Edge in Business, Politics, and Everyday Life, New York [deutsche Übersetzung (1995): Spieltheorie für Einsteiger, Stuttgart: Schäffer-Poeschel].

Eckey, Hans-F.; Kosfeld, Reinhold u. Dreger, Christian (1995): Ökonometrie – Grundlagen, Methoden, Beispiele; Wiesbaden: Gabler.

ECU Institute (1995): International Currency Competition and the Future Role of the Single European Currency, Abschlußbericht einer Arbeitsgruppe zu dem Thema: European

Monetary Union – International Monetary System, unter Mitwirkung von Michel Aglietta, Pierre Deusy-Fournier, Fabienne Ilzkovitz, Niels Thygesen u. a., London, Cambridge: Kluwer Law International.

Engels, Wolfram (1981): The Optimal Monetary Unit: Real-Asset Currency, State Monetary Sovereignty and the Private Issue of Bank Notes, Frankfurt/Main.

Engels, Wolfram (1982): Die Realassetwährung – Währungsmonopol bei Notenemissionskonkurrenz; in: Starbatty, Joachim (Hrsg.): Geldordnung und Geldpolitik in einer freiheitlichen Gesellschaft, Tübingen, S. 35-43.

Engels, Wolfram (1985): The Competitive Creation of Money: State-Defined Currency and Free Issue of Bank Notes; in: Zeitschrift für Wirtschafts- und Sozialwissenschaften, Vol. 5, S. 589-601.

Engle, Robert F. u. Granger, Clive W. J. (1987): Cointegration and Error Correction: Representation, Estimation and Testing, Econometrica, Vol. 55, S. 251-275.

Estrella, Arturo u. a. (2000): Credit Ratings and Complementary Sources of Credit Quality Information, Basel Committee On Banking Supervision, Working Paper, No. 3.

EZB (01/99): Wirtschaftliche Entwicklungen im Euro-Währungsgebiet, Monatsbericht, Januar 1999, S. 19-41.

EZB (02/01): Charakteristika der Unternehmensfinanzierung im Euro-Währungsgebiet, Monatsbericht, Februar 2001, S. 41-56.

EZB (07/00): Geldpolitische Transmission im Euro-Währungsgebiet, Monatsbericht, Juli 2000, S. 45-62.

EZB (08/99): Die Bilanzen der Monetären Finanzinstitute des Euro-Währungsgebietes zu Beginn des Jahres 1999, Monatsbericht, August 1999, S. 59-75.

EZB (08/99): Die internationale Rolle des Euro, Monatsbericht, August 1999, S. 35-58.

EZB (10/99): Inflationsunterschiede in einer Währungsunion, Monatsbericht, Oktober 1999, S. 39-49.

EZB (11/00): Determinanten des „Gleichgewichtswerts" einer Währung, Monatsbericht, November 2000, S. 36-37.

EZB (11/99): Target und der Euro-Zahlungsverkehr, Monatsbericht, November 1999, S. 49-60.

EZB (12/00): Inflationsunterschiede innerhalb des Euro-Währungsgebiets, Monatsbericht, Dezember 2000, S. 34-37.

EZB (2000 u. 2001): Statistische Anhänge verschiedener Monatsberichte.

Fahrmeir, Ludwig u. a. (1997): Statisitik; Berlin, Heidelberg, New York: Springer.

Fama, Eugene F. (1972): Components of Investment Performance, The Journal of Finance, Vol. 27, S. 551-567.

Fama, Eugene F. (1980): Banking in the Theory of Finance, Journal of Monetary Economics, Vol. 6, S. 39-57.

Feldsieper (1998): Die Zukunft des Goldes im Internationalen Währungssystem, Hamburger Jahrbuch für Wirtschafts- und Gesellschaftspolitik; Bd.43 (1998), S. 311-325.

Feldsieper, Manfred (1996): Ein Jahrhundertwerk in Gefahr: Die Europäische Währungsunion, Wirtschaftsdienst, Heft 1/1996, S. 36-41.

Feldsieper, Manfred (1997): The International Dimension of the European Monetary Union, in: The European Monetary Union: Blessing or Disaster? CEMS Graduate Conference (5), Köln: Schirmer, S.117-131.

Feri Trust GmbH, Bad Homburg/http://www.feritrust.de.

Fisher, Irving (1930):The Theory of Interest, New York.

Franke, Günter u. Hax, Herbert (1999): Finanzwirtschaft des Unternehmens und Kapitalmarkt, 4. Aufl., Berlin, Heidelberg, New York: Springer.

Friberg, Richard (1998): In which Currency should Exporters set their Prices? In: Journal of International Economics, Vol. 45, S. 59-76.

Funke, Norbert u. Kennedy, Mike (1997): International implications of European Economic and Monetary Union, OECD, Working Papers No. 174.

Galati, Gabriele (2000): Trading Volumes, Volatility and Spreads in Foreign Exchange Markets: Evidence from Emerging Market Countries, BIS Working Paper No. 93.

Gessner, Thomas (2000): Zweimal an die Börse? Die FAZ (Verlagsbeilage: *Börsensegment Neuer Markt*) vom 06.03.2000.

Giersberg, Georg (2000): Das Rating wird zum Dreh- und Angelpunkt der Kreditvergabe, FAZ vom 29.11.2000.

Glaus, Andreas (1997): Anlagefonds – Typen, Funktionen und nationale Märkte, Bamberg.

Görgens, Egon u. a. (1999): Europäische Geldpolitik, Düsseldorf: Werner.

Grassman, Sven (1973): A Fundamental Symmetrie in International Payment Patterns, Journal of International Economics, Vol. 3, S. 105-116.

Greenfield, Robert L. u. Yeager, Leland B. (1983): A Laissez-Faire Approach to Monetary Stability, Journal of Money, Credit and Banking, Vol. 15, No. 3, S. 302-315.

Gujarati, Damodar N. (1995): Basic Econometrics, 3. Aufl., New York, St. Louis u. a.

Gurley, John G. u. Shaw, Edward S. (1960): Money in a Theory of Finance, Brookings Institution, Baltimore: Lord.

Hall, Robert E. (1982): Monetary Trends in the United States and the United Kingdom: A Review from the Perspective of New Developments in Monetary Economics, Journal of Economic Literature, Vol. 20, S. 1552-1556.

Hamich, Lars (2000): Europa-Premiere für börsengehandelte Indexfonds, Die Bank 06/2000.

Handelsblatt vom 28.07.2000: Keine Angst mehr vor dem E-Geld.

Hartmann, Philipp (1994): Vehicle Currencies in the Foreign Exchange Market, Delta No. 94-13.

Hartmann, Philipp (1996): The Future of the Euro as an International Currency a Transaction Perspective, Special Paper No. 91, LSE Financial Markets Group.

Hartmann, Philipp (1999): Trading Volumes and Transaction Costs in the Foreign Exchange Market – Evidence from Daily Dollar-Yen Spot Data, Journal of Banking &. Finance, Vol. 23, No. 5, S. 801-824.

Hartmann, Wendelin (1999): Target beschleunigt Zahlungsverkehr, FAZ vom 14.07.1999.

Hartmann-Wendels, Thomas; Pfingsten, Andreas u. Weber, Martin (2000); Bankbetriebslehre; 2. überarb. Aufl.; Berlin, Heidelberg: Springer.

Haughton, Jonathan (1995): Adding Mystery to the Case of the Missing Currency, The Quarterly Review of Economics and Finance, Vol. 35, Special 1995, S. 595-602.

Hayek von, Friedrich August (1976): Choice in Currency: A Way to Stop Inflation, Institute of Economic Affairs, Occasional Paper 48, London.

Hayek von, Friedrich August (1977a): Entnationalisierung des Geldes: eine Analyse der Theorie und Praxis konkurrierender Umlaufsmittel, Tübingen: Mohr.

Hayek, Friedrich A. v. (1952): Die Verwertung des Wissens in der Gesellschaft, in: Individualismus und wirtschaftliche Ordnung, Erlenbach-Zürich, S. 103-121.

Hayek, Friedrich A. v. (1968): Der Wettbewerb als Entdeckungsverfahren, Kieler Vorträge (Hrsg.: Erich Schneider), Neue Folge 56.

Hayek, Friedrich A. v. (1971): Die Verfassung der Freiheit, Tübingen: Mohr.

Hayek, Friedrich A. v. (1977b): Drei Vorlesungen über DEMOKRATIE; GERECHTIGKEIT UND SOZIALISMUS, Tübingen: Mohr.

Hayek, Friedrich A. v. (1996): Evolution, Wissen und spontane Ordnung, in: Die Anmaßung von Wissen, hrsg. von Wolfgang Kerber, Tübingen: Mohr, S. 3-15.

Hayek, Friedrich A. v. (1996): Methodologie, Zur Bewältigung von Unwissenheit, in: Die Anmaßung von Wissen, hrsg. von Wolfgang Kerber, Tübingen: Mohr, S. 307-316.

Henriksson, Roy D. u. Merton, Robert C. (1981): On Market Timing and Investment Performance II. Statistical Procedures for Evaluating Forecasting Skills, Journal of Business, Vol. 54, S. 513-533.

Hermani, Gabriele (1999): Im Handelsraum ist kein Platz für Einzelkämpfer, FAZ vom 13.11.1999.

Hodenberg, Wilken von (2000): Private-Equity lockt immer mehr Kapitalgesellschaften von der Börse, FAZ vom 1.11.2000.

Hoffmann, Johannes (1998): Probleme der Inflationsmessung in Deutschland, Diskussions-papier 1/98, Volkswirtschaftliche Forschungsgruppe der Bundesbank.

Holler, Manfred J. u. Illing, Gerhard (2000): Spieltheorie, 4., vollst. überarb. und erw. Aufl., Berlin: Springer.

Horn, Christian u. Müller, Christoph (2000): Neue Entwicklungen bei der Kreditrisikosteue-rung, FAZ vom 14.02.2000.

Hübner, Otto (1854): Die Banken, Leipzig.

Icard, André (1996): Dollar, DeutscheMark, Yen, Euro: Qu'est-ce qu'une Monnaie Interna-tionale? In: Turbulences et Speculations dans l'Economie Mondiale, Paris, S. 175-201.

Ilzkovitz, Fabienne (1996): Les Perspectives de l'Internalisation de l'Euro, Revue d'Econo-mie Financière, No. 36, S. 151-169.

International Monetary Fund: Diverse Jahresberichte.

International Monetary Fund: International Financial Statistics, IFS 2000 und 2001.

Issing, Otmar (1998): Von der D-Mark zum Euro – Auswirkungen auf das Weltwährungssy-stem und die deutsche Wirtschaft, Tübingen: Mohr.

Issing, Otmar (1999): Hayek – Currency Competition and European Monetary Union, Speech at the Annual Hayek Memorial Lecture, Deutsche Bundesbank/ Auszüge aus Presse-artikeln, Nr. 36, 1999, S. 9-17.

Issing, Otmar (2000): Hayek, Currency Competition and European Monetary Union, The Institute of Economic Affairs, Occasional Paper 111, London.

Jacob, Adolf-F. u. Klein, Sebastian (1996): Investment Banking, Bankpolitik, Methoden und Konzepte. Wiesbaden: Gabler.

Jaffee, Dwight u. Stiglitz, Joseph E. (1990): Credit Rationing, in: Benjamin M. Friedman und Frank H. Hahn (Hrsg.), Handbook of Monetary Economics, Bd. 2, Amsterdam: North-Holland, S. 837-888.

Jensen, Michael C. (1968): The Performance of Mutual Funds in the Period 1945-1964, Jour-nal of Finance, Vol. 23, 2/1968, S. 389-416.

Johnson, Karen H. (1994): International Dimension of European Monetary Union: Implica-tions to the Dollar, International Finance Discussion Papers, Number 469.

Johnston, Jack u. Dinardo, John (1997): Econometric Methods, 4. Aufl., New York u. a.: Mc Graw-Hill.

Jones, Robert (1976): The Origins and Development of Media of Exchange, Journal of Political Economy, Vol. 84, S. 757-775.

Kabelac, Gabriele (1999): Netzgeld als Transaktionsmedium, Diskussionspapier 5/99, Volkswirtschaftliche Forschungsgruppe der Deutschen Bundesbank.

Kindleberger, Charles P. (1965): Balance of Payments Deficits and the International Market for Liquidity, in: Europe and the Dollar, Cambridge u. a., S. 1-26.

Klein, Michael (2000): Banks lose Control of Money, Financial Times, Frankfurt/London vom 14. Januar 2000.

Klump, Rainer (1986): Entstehung und Verwendung internationaler Schlüsselwährungen - Theoretische Erklärungen, historische Erfahrungen, wirschaftspolitische Schlußfolgerungen, Hamburg.

Knight, Frank H. (1921): Risk, Uncertainty and Profit. Houghton Mifflin, Boston.

Köhn, Rüdiger u. Prüfer, Tillmann (2000): Neuer Posten – alte Probleme, Financial Times Deutschland vom 28.06.2000.

Köpf, Georg (2000): Erfolgreich auf Branchen und Börsen setzen, BANK MAGAZIN 5/2000, S. 48-49.

Krugman, Paul (1980): Vehicle Currencies and the Structure of International Exchange, Journal of Money, Credit and Banking, Vol. 12, No. 3, S. 513-526.

Krugman, Paul (1984): The International Role of the Dollar: Theory and Prospects, in: Bilson, John u. Marston, Richard (Hrsg.), Exchange Rate Theory and Practice, Chicago, London, S. 261-278.

Krugman, Paul R. (1992): Currencies and Crises, Cambridge: Massachusetts Institute of Technology.

Lerbinger, Paul (1984): Die Leistungsfähigkeit deutscher Aktieninvestmentfonds, Zeitschrift für betriebswirtschaftliche Forschung, 36. Jg, 1984, S. 60-73.

Lier, Monika (2000): Was eine Firma wert ist, bestimmen der Analyst und seine Methode. Financial Times Deutschland vom 28.06.2000.

Lintner, John (1965): The Valuation of Risk Assets and the Selection of Risky Investments in Stock Portfolios and Capital Budgets, Review of Economics and Statistics, Vol. 47, S. 13-37.

Maag, Felix u. Zimmermann, Heinz: On Benchmarks and the Performance of DEM Bond Mutual Funds, Working Paper Series, S-00-3, New York University.

Maag, Felix (1999): Performance-Messung von Bondsfonds, Stuttgart, Wien.

Maag, Felix u. Zimmermann, Heinz: Schwierige Performance-Analysen, SCHWEIZER BANK 2000/5, S. 60-63.

Maddala, Gangadharrao S. u. Kim, In-Moo (1998): Unit Roots, Cointegration, and Structural Change, Cambridge.

Magee, Stephen u. Rao, Ramesh (1980): The Evolving World Dollar Standard: Vehicle and Nonvehicle Currencies in International Trade, American Economic Review, Papers and Proceedings, Vol. 70, No. 2, S. 368-373.

Makepeace, Mark (2000): Streubesitz als Kriterium – Der Freefloat ist umstritten, spiegelt aber die Forderungen des Marktes wider, FAZ (Verlagsbeilage: *Finanzmärkte*) vom 20.09.2000.

Markowitz, Harry M. (1952): Portfolio Selection, Journal of Finance, Vol. 7, S. 77-91.

Markowitz, Harry M. (1959): Portfolio Selection. Efficient Diversification of Investments, New York.

Markowitz, Harry M. (1999): Warum Anleger auf vielen Hochzeiten tanzen sollten? Interview, FAZ, VorHaben für die Zukunft ihres Geldes, Beilage Nr. 3, (Hrsg.: Deutsche Bank 24), November 1999.

Mc Kinnon, Ronald (1979): Money in International Exchange, New York, Oxford 1979.

McCauley, Robert N. (1997): The Euro and the Dollar, Bank for International Settlements, Working Papers No. 50, Basle.

McCauley, Robert u. Remolona, Eli (2000): Size and Liquidity of Government Bond Markets, International Banking and Financial Market Developments, BIS Quarterly Review, November, S. 52-60.

Meister, Edgar (2000): Elektronisches Geld und seine bankaufsichtliche Relevanz, Zeitschrift für das gesamte Kreditwesen vom 15. Juli 2000.

Meyer, Claus-Peter (2000): Konkurrenz bei der Rente, BANK MAGAZIN, 07/2000, S. 34-36.

Michels, Bernd (2000): Die Rente wird sicher, FAZ (Verlagsbeilage: Versicherungen) vom 24.10.2000.

Modigliani, Franco u. Miller, Merton H. (1958): The Cost of Capital, Corporation Finance, and the Theory of Investment, American Economic Review, Vol. 48, S. 261-297.

Mossin, Jan (1966): Equilibrium in a Capital Asset Market, Econometrica, Vol. 34, S. 768-783.

Myers, Stewart C. (1977): Determinants of Corporate Borrowing, Journal of Financial Economics, Vol. 5, S. 147-175.

Neumann, Manfred (1981): Theoretische Aspekte der DM als internationale Anlage- und Reservewährung, in: Die Deutsche Mark als internationale Anlage- und Reservewährung – Folgen für den Kapitalmarkt -, Frankfurt, S. 7-23.

Niehans, Jürg (1980): Theorie des Geldes, Bern und Stuttgart.

Niehans, Jürg (1984): International Monetary Economics, Baltimore, Maryland 1984.

Obst/ Hintner (1993): Geld-, Bank- und Börsenwesen, Handbuch; hrsg. von Norbert Kloten u. Johann H. von Stein, 39., völlig neu bearb. Aufl., 1993, Stuttgart: Schäffer-Poeschel.

Obstfeld, Maurice u. Rogoff, Kenneth (2000): The Six Major Puzzles in International Macroeconomics: Is there a Common Cause? National Bureau of Economic Research Working Paper 7777, http://nber.org/papers/w7777.

Ott, Ulrich (2000): Das letzte Wort hat der Kunde – Internetbanken und Direktbanken reflektieren Ansprüche und Bedürfnisse, FAZ (Verlagsbeilage: *Finanzmärkte*) vom 20.09.2000.

Pedroni, Peter (1999): Critical Values for Cointegration Tests in Heterogeneous Panels with Multiple Regressors, Oxford Bulletin of Economics and Statistics, Vol. 61, No. 4 Supplement (1999), S. 653-670.

Pool, Frank (1998): Währungswettbewerb in kritischer Perspektive – Währungssubstitution, Bankenwettbewerb und Sekundäremissionen, Köln: Eul.

Portes, Richard (2000): The Role of the Euro in the World: Past Developments and Future Perspectives. Rede, London Business School and CEPR, abgedruckt in: Deutsche Bundesbank/ Auszüge aus Presseartikeln, Nr. 49, 2000, S. 31-35.

Poschadel, Burkhard (1981): Rentabilität und Risiko als Kriterien für die Bewertung der Managementleistung deutscher Investmentgesellschaften, Berlin.

Rao, Ramesh u. Magee, Stephen (1980): The Currency of Denomination of International Trade Contracts, in: Exchange Risk and Exposure – Current Developments in International Financial Management, hrsg. von Richard M. Levich und Clas G. Wihlborg, Toronto, S. 61-86.

Rehkugler, Heinz u. Schindel, Volker (1990): Entscheidungstheorie – Erklärung und Gestaltung betrieblicher Entscheidungen, 5. Aufl., München, S. 169-195.

Remsperger, Hermann (1999): Banken und Finanzmärkte aus geldpolitischer Sicht, Deutsche Bundesbank, Auszüge aus Presseartikeln, Nr. 29, 1999, S. 1-6.

Remsperger, Hermann (2000a): Aktuelle Probleme der Geld- und Währungspolitik, Deutsche Bundesbank, Auszüge aus Presseartikeln, Nr. 32, 2000, S. 4-7.

Remsperger, Hermann (2000b): Bankenwettbewerb und Geldpolitik, Deutsche Bundesbank, Auszüge aus Presseartikeln, Nr. 27, 2000, S. 2-6.

Remsperger, Hermann (2001): Nein zur Symptom-Therapie, Deutsche Bundesbank: Auszüge aus Presseartikeln, Nr. 12, 2001, S. 2-4.

Rieke, Wolfgang (1982): The Development of the Deutschemark as a Reserve Currency, in: Reserve Currencies in Transition, Group of Thirty, S. 16-23 .

Riley, Derek (1997): L´EURO: Rèflexions autour d´un Scénario Vraisemblable; Chef Economiste, Groupe Elf Aquitaine, Revue du Marché commun et de l´Union Européenne, No. 406, S. 175-191.

Ross, Stephen A. (1976): The Arbitrage Theory of Capital Asset Pricing, Journal of Economic Theory, Vol. 13, S. 341-360.

Rudoph, Bernd u. Röhrl, Heiner (1997): Grundfragen der Börsenorganisation aus ökonomischer Sicht, in: Klaus J. Hopt, Bernd Rudolph u. Harald Baum (Hrsg.): Börsenreform: Eine ökonomische, rechtsvergleichende und rechtspolitische Untersuchung, Stuttgart: Schaeffer-Poeschel, S. 143-285.

Sachverständigenrat zur Begutachtung der gesamtwirtschaftlichen Entwicklung (1978/79): Wachstum und Währung, Stuttgart und Mainz: Kohlhammer.

Samuelson, P. A. (1964): Theoretical Notes on Trade Problems, Review of Economics and Statistics, Vol. 46, S. 145-164.

Santillán, Javier; Bayle, Marc u. Thygesen, Christian (2000): The Impact of the Euro on Money and Bond Markets, European Central Bank, Occasional Paper No. 1.

Schäfer, Rainer (1988): Geldmengenpolitik bei offener Volkswirtschaft, Die Bank, Heft 1, S. 21-27.

Schlag, Jürgen (1999): Ein Zwitter macht Furore, FAZ (Verlagsbeilage: Private Vermögensbildung) vom 28.09.1999.

Schmidt, Reinhard H. u. Terberger, Eva (1997): Grundzüge der Investitions- und Finanzierungstheorie. 4. akt. Aufl., Wiesbaden: Gabler.

Schobert, Franziska (1998): Der Euro – eine Weltleitwährung? Dollar – Dollar-, Yen- und künftiger Euro-Raum, Beiträge zur freiheitlichen Ordnung von Kultur, Staat und Wirtschaft, Heft 249, Bad Boll, S. 17-29.

Schulmeister, Stephan (2000a): Globalizastion without Global Money: the Double Role of the Dollar as National Currency and World Currency, Journal of Postkeynesian Economics, 2000, 22(3), S. 365-395.

Schulmeister, Stephan (2000b): Kaufkraftparitäten des Dollars und des Euros, WIFO, Monatsberichte, 8/2000, S. 487-500.

Schulz, Bettina (2000): Style-Fonds halten Einzug auf dem europäischen Investmentmarkt, FAZ vom 14.02.2000.

Seiche, Florian (1997): Währungskonkurrenz und Notenbankfreiheit, in: Manfred Feldsieper (Hrsg.), Wirtschaftspolitische Forschungsarbeiten der Universität zu Köln, Bd. 14, Marburg: Tectum.

Seitz, Frank (1995): Der DM-Umlauf im Ausland, Volkswirtschaftliche Forschungsgruppe der Deutschen Bundesbank, Diskussionspapier 1/95.

Sharpe, William F. (1994): The Sharpe Ratio, Journal of Portfolio Management, Fall, S. 49-58.

Sharpe, William F. (1964): Capital Asset Prices: A Theory of Market Equilibrium under Conditions of Risk, Journal of Finance, Vol. 19, S. 425-442.

Sharpe, William F. (1966): Mutual Fund Performance, Journal of Business, Vol. 39, 1/1966, S. 119-138.

Sickenberger, Peter (1988): Die Nachfrage von Exporteuren und Importeuren nach ausländischem Geld – Ein Beitrag zur Theorie der Geldnachfrage in der offenen Volkswirtschaft, Würzburg.

Sieg, Gernot (2000): Spieltheorie. München, Wien: Oldenbourg.

Sievert, Olaf (1997): Zur Europäischen Währungsunion – Das Eigentliche und der Unrat auf dem Wege dahin, Deutsche Bundesbank, Auszüge aus Presseartikeln, Nr. 49, 1997, S. 6-15.

Single, Gerhard u. Stahl, Markus (2000): Risikopotential Hedge-Fonds – der Fall LTCM, in: Risikomanagement an den internationalen Finanzmärkten, hrsg. von Conrad, Christian, A. u. Stahl, Markus, Stuttgart: Schäffer Poeschel, S. 207-221.

Söllner, Fritz u. Wilfert, Arno (1996): Elektronisches Geld und Geldpolitik, List Forum für Wirtschafts- und Finanzpolitik, Bd. 22, H. 3, S. 389-405.

Spicher, Thomas (1997): Kapitalmarkt, unvollständige Verträge und Finanzintermediäre, Lohmar; Köln: Eul.

Spörk, Wolfgang (1999): Indexzertifikate versus Investmentfonds, Mitteilungen und Berichte des Instituts für Bankwirtschaft und Bankrecht – Abteilung Bankwirtschaft, 30. Jahrgang (1999), Köln, S. 37-50.

Sprenkle, Case M. (1993): The Case of the Missing Currency, The Journal of Economic Perspectives, Vol. 7, No. 4, S. 175-184.

Staudt, Erich (1999): Innovation im Konsens ist Nonsens. Nur „Partisanenstrategien" machen den Aufbruch möglich, FAZ vom 28.09.1999.

Stehmann, Andreas (1999): Das Firmenkundenkreditgeschäft als Wertfalle deutscher Banken, FAZ vom 09.08.1999.

Stiglitz, Joseph E. u. Weiss, Andrew (1981): Credit Rationing in Markets with Imperfect Information, American Economic Review, Vol. 71, S. 393-410.

Stützel, Wolfgang (1983): Bankpolitik heute und morgen, 3. Aufl., Frankfurt/Main.

Swoboda, Alexander K. (1968): The Euro-Dollar Market: An Interpretation, Essays in International Finance, No. 64, Princeton.

Terres, Paul (1996): Der Weg zur Internationalisierung der D-Mark, in: Manfred Feldsieper (Hrsg.), Wirschaftspolitische Forschungsarbeiten der Universität zu Köln, Bd. 1, Marburg: Tectum.

Terres, Paul (1999): Die Logik einer wettbewerblichen Geldordnung, Tübingen: Mohr.

The Economist vom 22.07.2000: E-money revisited.

Tobin, James (1958): Liquidity Preference as a Behaviour toward Risk. Review of Economic Studies, Vol. 25, S. 65-86.

Treynor, Jack L. (1965): How to Rate Management of Investment Funds? Harvard Business Review, Vol. 43, No. 1, S. 63-75.

Treynor, Jack L., Black, Fischer (1973): How to Use Security Analysis to Improve Portfolio Selection, Journal of Business, Vol. 46, S. 66-86.

Treynor, Jack L. u. Mazuy, Kay K. (1966): Can Mutual Funds Outguess the Market? Harvard Business Review, Vol. 44/4, S. 131-136.

Tsatsaronis, Kostas (2000): Hedge Funds, International Banking and Financial Market Developments, BIS Quarterly Review, November, S. 61-71.

Volk, Hartmut (2000): Verunsicherte Mitarbeiter werden schneller krank. Die Angst des Managers als Tabu/ Auch Führungskräfte brauchen „Sicherheitsinseln", von denen aus sie in das Neue vordringen können, FAZ vom 18.09.2000.

Wagner, Adolf (1857): Beiträge zur Lehre von den Banken, Leipzig.

Westermann, Rainer (2000): Der Reiz des Doppellistings – Tipps und strategische Implikationen, FAZ (Verlagsbeilage: *Börsensegment Neuer Markt*) vom 06.03.2000.

Wettlaufer, Dieter (1987): Der Gewinn der Notenbank in volkswirtschaftlicher Sicht, Volkswirtschaftliche Beiträge, Bd. 113, Idstein: Schulz-Kirchner.

White, Lawrence H. (1999): Hayek′s Monetary Theory and Policy: A Critical Reconstruction, Journal of Money, Credit and Banking, Vol. 31, No. 1, S. 109-120.

Will, Frank (1999): Determinanten von Reservewährungen und die Entwicklung des Euros, in: Finanzmärkte – Funktionsweise, Integrationseffekte und ordnungspolitische Konsequenzen, hrsg. von Hartwig, Karl-H. u. Thieme, Jörg H., Schriften zu Ordnungsfragen der Wirtschaft, Bd. 58, Stuttgart: Lucius Lucius, S. 283-313.

Willnow, Joachim (1999): Zertifikate als Investmentalternative, FAZ (Verlagsbeilage: *Private Vermögensbildung*) vom 28.09.1999.

Zeyer, Fred (1999a): Das Geschäft mit islamischen Fondsanlegern wächst kräftig, FAZ vom 20.12.1999.

Zeyer, Fred (1999b): Die richtige Mischung der Fonds ist langfristig wichtig, FAZ vom 02.08.1999.

Zeyer, Fred (2000): Euro-Fondspolice bietet deutschen Anlegern Wahlmöglichkeiten, FAZ vom 11.10.2000.

Zeyer, Fred (2000): Indexfonds wollen den Aktienmarkt möglichst genau nachbilden, FAZ vom 21.02.2000.

In der Schriftenreihe *Wirtschaftspolitische Forschungsarbeiten der Universität zu Köln* sind bisher erschienen:

Terres, Paul:
Der Weg zur Internationalisierung der D-Mark
(Wirtschaftspol. Forschungsarbeiten, Bd. 1)
2 Mikrofiches, 135 S., 68 DM, 1996
ISBN 3-89608-221-3

Schaffer, Thomas:
Privatisierungskonzepte im Transformationsprozeß sozialistischer Planwirtschaften
(Wirtschaftspol. Forschungsarbeiten, Bd. 2)
2 Mikrofiches, 141 S., 68 DM, 1996
ISBN 3-89608-222-1

Prokop, Marc:
Finanzwirtschaftliche und finanzwissenschaftliche Aspekte eines Europäischen Finanzausgleichs
(Wirtschaftspol. Forschungsarbeiten, Bd. 3)
2 Mikrofiches, 135 S., 48 DM, 1996
ISBN 3-89608-223-X

Merten, Iris:
Geldpolitik in Spanien. Von den frühen 70er Jahren bis zur Gegenwart.
(Wirtschaftspol. Forschungsarbeiten, Bd. 4)
2 Mikrofiches, 152 S., 68 DM, 1996
ISBN 3-89608-224-8

Mikoleizik, Andreas:
Geldverfassung und Geldwertstabilität
(Wirtschaftspol. Forschungsarbeiten, Bd. 5)
1 Mikrofiche, 87 S., 48 DM, 1996
ISBN 3-89608-225-6 (inzwischen auch als Buchausgabe lieferbar unter der ISBN 3-8288-9019-9 zum Preis von 49,80 DM)

Scharrenbroch, Christiane:
Die Konvergenzkriterien des Vertrages von Maastricht und ihre ökonomische Begründung
(Wirtschaftspol. Forschungsarbeiten, Bd. 6)
2 Mikrofiches, 125 S., 68 DM, 1996
ISBN 3-89608-226-4

Böhlich, Susanne:
Die Verschuldung als Finanzierungsinstrument der Europäischen Union
(Wirtschaftspol. Forschungsarbeiten, Bd. 7)
1 Mikrofiche, 93 S., 48 DM, 1996
ISBN 3-89608-227-2

Seiche, Florian:
Die Savings und Loan Industrie in den Vereinigten Staaten von Amerika. Anatomie einer Krise
(Wirtschaftspol. Forschungsarbeiten, Bd. 8)
1 Mikrofiche, 87 S., 48 DM, 1996
ISBN 3-89608-228-0

Borgis, Oliver:
Internationale Währungskooperation am Beispiel des Weltgeldmengenkonzeptes von McKinnon
(Wirtschaftspol. Forschungsarbeiten, Bd. 9)
2 Mikrofiches, 105 S., 68 DM, 1996
ISBN 3-89608-229-9

Ditzer, Roman:
Die japanische Entwicklungshilfe
(Wirtschaftspol. Forschungsarbeiten, Bd. 10)
2 Mikrofiches, 99 S., 68 DM, 1996
ISBN 3-89608-230-2

Klein, Thilo:
Die peruanische Währungsreform von 1990
(Wirtschaftspol. Forschungsarbeiten, Bd. 11)
2 Mikrofiches, 106 S., 68 DM, 1997
ISBN 3-89608-594-8

Hagenkort, Susanne:
Der Geldschöpfungsgewinn bei staatlichem Geldangebot
(Wirtschaftspol. Forschungsarbeiten, Bd. 12)
1 Mikrofiche, 83 S., 48 DM, 1997
ISBN 3-89608-595-6

Zängerle, Robert:
Medienkonzentration im Fernsehen. Ursachen und Möglichkeiten ihrer Begrenzung am Beispiel Brasilien
(Wirtschaftspol. Forschungsarbeiten, Bd. 13)
2 Mikrofiches, 108 S., 68 DM, 1997
ISBN 3-89608-596-4

Seiche, Florian:
Währungskonkurrenz und Notenbankfreiheit. Möglichkeiten einer wettbewerblich organisierten Geldverfassung ?
(Wirtschaftspol. Forschungsarbeiten, Bd. 14)
als Buch lieferbar, 232 S., 49,80 DM, 1997
ISBN 3-89608-764-9

Stapf, Jelena:
Zur Theorie der Währungskonkurrenz. Beseitigung des staatlichen Geldangebotsmonopols und der Geldnachfrageschranken
(Wirtschaftspol. Forschungsarbeiten, Bd. 15)
1 Mikrofiche, 82 S., 48 DM, 1997
ISBN 3-8288-0031-9

Brochhagen, Thomas:
Die westdeutsche Währungsreform von 1948 und die Währungsreform 1990 in der DDR: eine vergleichende Betrachtung
(Wirtschaftspol. Forschungsarbeiten, Bd. 16)
2 Mikrofiches, 186 S., 68 DM, 1997
ISBN 3-8288-0103-X

Wacker, Heiko:
Das brasilianische Wechselkurssystem
(Wirtschaftspol. Forschungsarbeiten; Bd. 17)
als Buch lieferbar, 114 S., 39,80 DM, 1997
ISBN 3-89608-812-2

Ute Eckhardt:
Dezentralisierung in Kolumbien. Eine Analyse der Reorganisation von Aufgaben, Finanzbeziehungen und Kontrollmechanismen zwischen Gebietskörperschaften,
(Wirtschaftspol. Forschungsarbeiten; Bd. 18)
als Buch lieferbar, 290 S., 49,80 DM, 1998
ISBN 3-8288-9013-X

Fritsche, Michael:
Der aktive Finanzausgleich in Brasilien auf der Grundlage der Verfassung von 1988
(Wirtschaftspol. Forschungsarbeiten; Bd. 19)
als Buch lieferbar, 174 S., 49,80 DM, 1997
ISBN 3-89608-815-7

Schmücker, Julia:
Erfolgreiche Stabilisierungspolitik nach einer großen offenen Inflation. Der Plan Cavallo in Argentinien
(Wirtschaftspol. Forschungsarbeiten; Bd. 20)
als Buch lieferbar, 114 S., 49,80 DM, 1998
ISBN 3-8288-9008-3

Kellner, Gundula:
Die chilenische Rentenreform und ihre Bedeutung für die inländische Kapitalbildung
(Wirtschaftspol. Forschungsarbeiten; Bd. 21)
als Buch lieferbar, 140 S., 49,80 DM, 1998
ISBN 3-8288-9016-4

Mann, Thomas:
Fundamentale Zahlungsbilanzkrisenmodelle und Bankenkrise am Fallbeispiel Mexiko
(Wirtschaftspol. Forschungsarbeiten; Bd. 22)
als Buch lieferbar, 204 S., 49,80 DM, 1998
ISBN 3-8288-9017-2

Thiel, Ingo:
Der dörfliche Bodenübernahmevertrag (nongcun tudi chengbao hetong) in der VR China
(Wirtschaftspol. Forschungsarbeiten; Bd. 23)
als Buch lieferbar, 118 S., 49,80 DM
ISBN 3-8288-9018-0

Sachon, Julia:
Das Currency-Board-System der Währungspolitik als Stabilisierungsinstrument am Beispiel Argentiniens
(Wirtschaftspol. Forschungsarbeiten; Bd. 24)
als Buch lieferbar, 140 S., 49,80 DM, 1998
ISBN 3-8288-9023-7

Forati Kashani, Vahid:
Das iranische Finanzsystem
(Wirtschaftspol. Forschungsarbeiten; Bd. 25)
als Buch lieferbar, 336 S., 49,80 DM, 1998
ISBN 3-8288-9024-5

Schumacher Xavier, Cordula:
Stabilisierungspolitik in Brasilien. Der Plano Real
(Wirtschaftspol. Forschungsarbeiten; Bd. 26)
als Buch lieferbar, 116 S., 49,80 DM, 1998
ISBN 3-8288-9026-1

Ditzer, Roman:
Der Instrumenteneinsatz in der japanischen Regionalpolitik mit einer Fallstudie zur Präfektur Okinawa
(Wirtschaftspol. Forschungsarbeiten; Bd. 27)
als Buch lieferbar, 214 S., 49,80 DM, 1998
ISBN 3-8288-9028-8

Rumker-Yazbek, Dorothee:
Die Indexierung in der Wirtschaft Brasiliens
(Wirtschaftspol. Forschungsarbeiten; Bd. 28)
als Buch lieferbar, 92 S., 44,80 DM, 1999
ISBN 3-8288-9032-6

Prokop, Marc:
Finanzausgleich und europäische Integration.
Ein regionaler Ansatz
(Wirtschaftspol. Forschungsarbeiten; Bd. 29)
als Buch lieferbar, 302 S., 49,80 DM, 1999
ISBN 3-8288-9030-X

Homann, Simone:
Reformen des Finanzsystems im
Transformationsprozeß zentral geplanter
Volkswirtschaften. Das Beispiel der
Volksrepublik China
(Wirtschaftspol. Forschungsarbeiten; Bd. 30)
als Buch lieferbar, 174 S., 49,80 DM, 1999
ISBN 3-8288-9036-9

Mohr, Matthias:
Der Einfluß der Kommunalverfassung auf die
Kommunalverschuldung
(Wirtschaftspol. Forschungsarbeiten; Bd. 31)
als Buch lieferbar, 200 S., 49,80 DM, 1999
ISBN 3-8288-9031-8

**Feldsieper, Manfred; Wessels, Wolfgang
(Hrsg.):**
Die Beziehungen zwischen der Europäischen
Union und Lateinamerika. Ein Materialband
zum Lehrprojekt "Simulationsseminare EU-
Lateinamerika" an der Universität zu Köln
(Wirtschaftspol. Forschungsarbeiten; Bd. 32)
als Buch lieferbar, 120 S., 49,80 DM, 1999
ISBN 3-8288-9034-2

Hartmann, Philipp:
Agrarreform im brasilianischen Bundesstaat
Ceará. Ökonomische Analyse und Bewertung
(Wirtschaftspol. Forschungsarbeiten; Bd. 33)
als Buch lieferbar, 118 S., 49,80 DM, 1999
ISBN 3-8288-9037-7

Bürfent, Peter:
Rentenreformen in Lateinamerika
(Wirtschaftspol. Forschungsarbeiten; Bd. 34)
als Buch lieferbar, 366 S., 49,80 DM, 2000
ISBN 3-8288-9038-5

Conrad, Heinz Harald:
Reformen und Problembereiche der
öffentlichen Rentenversicherung in Japan
(Wirtschaftspol. Forschungsarbeiten; Bd. 35)
als Buch lieferbar, 331 S., 49,80 DM, 2000
ISBN 3-8288-8159-9

Gerstenberger, Björn:
Die Stellung der Zentralbank im
wirtschaftspolitischen System Brasiliens
(Wirtschaftspol. Forschungsarbeiten; Bd. 36)
als Buch lieferbar, 105 S., 49,80 DM, 2000
ISBN 3-8288-8164-5

Botzenhardt, Philipp:
Konzepte zur Messung der Unabhängigkeit
von Zentralbanken
(Wirtschaftspol. Forschungsarbeiten; Bd. 37)
als Buch lieferbar, 105 S., 49,80 DM, 2000
ISBN 3-8288-8214-5

Murwanashyaka, Ignace:
Untersuchungen über die Geldnachfrage in
Südafrika
(Wirtschaftspol. Forschungsarbeiten; Bd. 38)
als Buch lieferbar, 203 S., 49,80 DM, 2001
ISBN 3-8288-8232-3

Hügle, Wolfgang J.:
Finanzsysteme, wirtschaftliches Wachstum und
die Rolle des Staates. Ein funktionaler Ansatz
unter Berücksichtigung der Reformerfahrung
lateinamerikanischer Länder
(Wirtschaftspol. Forschungsarbeiten; Bd. 39)
als Buch lieferbar, 301 S., 49,80 DM, 2001
ISBN 3-8288-8234-X

König, Torsten:
Das regelgebundene Währungssystem der
Franc-Zone im Wandel der Zeit.
(Wirtschaftspol. Forschungsarbeiten; Bd. 40)
als Buch lieferbar, 280 S., 49,80 DM, 2001
ISBN 3-8288-8270-6

www.ingramcontent.com/pod-product-compliance
Lightning Source LLC
Chambersburg PA
CBHW020831210326
41598CB00019B/1868